Manual de Direito Digital

Manual de Direito Digital

Daniel Freire e Almeida • Diogo Leite de Campos • Verônica Scriptore Freire e Almeida

Blockchain
Crimes eletrônicos
Crimes sexuais digitais
Cyberbullying
Fake news
Inteligência artificial
LGPD
Marco Civil da Internet
Marco legal dos jogos eletrônicos
Metaverso
Organização global digital
Patrimônio digital
Propriedade intelectual

ALMEDINA
BRASIL

Rio de Janeiro, 2025

Manual de direito digital

ISBN: 978-85-8493-811-7

Impresso no Brasil – 1ª Edição, 2025 – Edição revisada conforme o Acordo Ortográfico da Língua Portuguesa de 2009.

Dados Internacionais de Catalogação na Publicação (CIP)
(BENITEZ Catalogação Ass. Editorial, MS, Brasil)

A447m
1.ed. Almeida, Daniel Freire e
Manual de direito digital / Daniel Freire e Almeida, Diogo Leite de Campos, Verônica Scriptore Freire e Almeida. – 1.ed. – Rio de Janeiro : Almedina Brasil, 2025.
384 p.; 15,7 x 23 cm. – (Coleção manuais universitários)

Bibliografia.
ISBN 978-85-8493-811-7

1. Blockchains (Base de dados). 2. Crime por computador. 3. Direito digital. 4. Direito e tecnologia. 5. Proteção de dados pessoais – Direito – Brasil. 6. Proteção de dados pessoais – Leis e legislação. 7. Sociedade da informação e comunicação. I. Título. II. Série.

04-2025/133 CDU 342.721(094.56)

Índice para catálogo sistemático:
1. Brasil : Proteção de dados pessoais e da privacidade : Leis : Direito digital 342.721(094.56)
Aline Graziele Benitez – Bibliotecária – CRB-1/3129

Grupo Editorial Alta Books

Produção Editorial: Grupo Editorial Alta Books
Diretor Editorial: Anderson Vieira
Editora-Chefe: Manuella Santos de Castro
Editor Pleno: Aurélio Nogueira
Vendas Governamentais: Cristiane Mutüs
Gerência Comercial: Claudio Lima

Produtora Editorial: Andreza Moraes
Diagramação: Natalia Curupana
Revisão: João Pedro Guterres

ALTA BOOKS
GRUPO EDITORIAL

Rua Viúva Cláudio, 291 – Bairro Industrial do Jacaré
CEP: 20.970-031 – Rio de Janeiro (RJ)
Tels.: (21) 3278-8069 / 3278-8419
www.altabooks.com.br – altabooks@altabooks.com.br
Ouvidoria: ouvidoria@altabooks.com.br

Editora **afiliada à:**

SOBRE OS AUTORES

Daniel Freire e Almeida

Pós-Doutor em Direito Internacional e Relações Internacionais pela Georgetown University, Law Center, em Washington DC, Estados Unidos da América (2015-2017).

Doutor em Direito Internacional pela Faculdade de Direito da Universidade de Coimbra, em Portugal, com reconhecimento e revalidação pela Universidade de São Paulo-USP (2008-2012).

Mestre em Direito Internacional pela Faculdade de Direito da Universidade de Coimbra, em Portugal, com reconhecimento e revalidação pela Universidade de São Paulo-USP (1999-2002).

Professor Permanente do Programa de Pós-Graduação Stricto Sensu, Doutorado e Mestrado em Direito da Universidade Católica de Santos.

Professor da Universidade Santa Cecília.

Advogado, atuando, no Brasil e no exterior, nas áreas de Direito Digital, Direito Internacional, Direito Espacial e Relações Internacionais.

Diogo Leite de Campos

Professor Catedrático jubilado da Faculdade de Direito da Universidade de Coimbra.

Professor Catedrático da Universidade Autónoma de Lisboa.

Doutor em Direito pela Universidade de Coimbra, em Portugal.

Docteur d'État en Droit pela Universidade de Paris II, na França.

Doutor em Economia – Políticas Económicas e Sociais, pela Universidade de Paris IX, na França.

Verônica Scriptore Freire e Almeida

Doutora em Direito Econômico pela Faculdade de Direito da Universidade de Coimbra, em Portugal, com reconhecimento e revalidação pela Universidade de São Paulo-USP (2009-2016).

Mestre em Direito Econômico pela Faculdade de Direito da Universidade de Coimbra, em Portugal, com reconhecimento e revalidação pela Universidade de São Paulo-USP (2005-2008).

Residiu em Washington DC, EUA, em período de Pesquisa Acadêmica Doutoral (2015-2016) e Pós-Doutoral (2016-2017) na Georgetown University (Law Center).

Professora Permanente do Programa de Pós-Graduação Stricto Sensu, Mestrado em Direito da Saúde, da Universidade Santa Cecília.

Advogada, atuando, no Brasil e no exterior, nas áreas de Direito Digital, Direito Econômico, Direito Internacional, Direito Empresarial, Health Law, Trust Law e Relações Internacionais.

Sumário

INTRODUÇÃO

A Internet apresenta-se como o principal veículo condutor das novas tecnologias. De fato, ela tem proporcionado o avanço, a integração e uma enredada interligação nunca vivenciada em qualquer outro momento da história.

No mesmo sentido, a Internet passou a configurar ambiente novo para os seres humanos, com desafios para o contexto jurídico. Diante disso, as repercussões sociais e legais estão a direcionar debates e proposições legislativas e judiciais em todas as partes do planeta. Logo, o futuro das pessoas, definitivamente, está alinhado à Internet.

Para além destes pontos, a Internet reúne certas características que desafiam as antigas formas de ordenação e regulação estabelecidas pelo Direito ao longo dos últimos 800 anos, desde os primórdios, em Coimbra e Salamanca.

Isto porque o Ambiente Digital, formado a partir da Internet, tem sido ampliado pelas múltiplas formas de conexão, com usuários, empresas, aplicativos e dados espalhados pelo mundo. Tal contexto tem apresentado gama significativa de situações jurídicas que extrapolam as fronteiras nacionais.

Sob os referidos ângulos, a Internet, com suas distintas dinâmicas digitais, revela a necessidade de um diálogo permanente entre os quadros normativos e o contexto global hodierno. Se de um lado exige regulação nacional, para vencer os problemas mais próximos, de outro depende de novos formatos de cooperação e regulamentação internacional, na direção de um Direito Global.

Como já anteriormente referido em estudo anterior, acerca da criação de uma Organização Internacional, nos moldes de um Tribunal Internacional para a Internet, ponderando o que ocorre digitalmente em escala global, os países, por meio de seus quadros jurídicos restritos, não podem mais lutar isolados nesta inovadora conjuntura eletrônica. Não com seus atuais instrumentos de ordenação e julgamento de casos, limitados nacionalmente.

Para enfatizar a profundidade deste contexto, é o argumento de que, nunca, um fenômeno envolveu tantos atores (os usuários), com tantas empresas (as digitais), com uma constelação de dados e uma tempestade de problemáticas legais daí advindas. Tudo, pois, em uma seara global.

De fato, é importante indicar que não existe nada mais internacional do que a Internet. Desde a sua estruturação global, até as repercussões jurídicas internacionais, ela vem configurando um Ambiente Digital **único. As novas tecnologias, de que são exemplo os múltiplos usos da Internet, estão automaticamente interligando as pessoas e o mundo.**

Logo, inicial primazia para a construção de um novo quadro jurídico é destinado ao Direito Internacional, com chamado para buscar contribuir na resolução das múltiplas questões que se colocam.

No entanto, a ordem legal não pode prescindir de respostas diretas aos contextos nacionais, ainda que limitados pelos motivos inicialmente apontados. Diante deste dilema, o presente livro buscará apresentar os diferentes e complementares caminhos para regular a Internet.

Primeiramente, demonstrando toda a legislação brasileira que atualmente configura o Direito Digital nacional. Em seguida, revelando que a constituição de um novo Ambiente Digital global implica perceber que há crescente necessidade de mudanças na estrutura legal para enfrentar os desafios hodiernos. Tudo isso a ser permeado por casos e julgados, nacionais e internacionais, que comprovarão os desafios e problemas enfrentados no contexto digital.

Para atingirmos os pontos mencionados, este livro será iniciado pela constituição do Ambiente Digital, com aspectos da sociedade digital, do contexto digital, e das redes sociais. Em prosseguimento, ser**ão analisados tópicos modernos como o** EaD Live, os estudos online, a integração global da Internet, o metaverso e os non-fungible tokens-NFTs, que demonstrarão inovações enfrentadas pela juridicidade. O Capítulo 1 será integrado, também, pelo E-commerce, por blockchain, bitcoin, criptomoedas, e pelo trabalho online.

A partir daí, conhecido o Ambiente Digital, em seus principais componentes, o livro passará a discorrer sobre o Direito Digital brasileiro, no Capítulo 2. Contudo, abordará, preliminarmente, as características desafiadoras da Internet, fundamentais para o enfrentamento dos Cybercrimes e das novas problemáticas jurídicas digitais. Os referidos pontos, das particularidades da Internet, dos crimes digitais e das inovadoras formas de embates digitais, tornarão a análise da legislação brasileira de Direito Digital mais qualificada e certeira.

Sendo assim, como sinalizado, o Capítulo 2 abordará e analisará, em seu âmago, as principais normas de Direito Digital do Brasil, revelando o panorama legislativo brasileiro a respeito. Para melhor compreensão e conhecimento das regras, dividiremos o Capítulo em temas que englobam todo o cenário jurídico digital brasileiro. Além disso, para cada temática desenvolvida, traremos casos e julgados que demonstrarão a prática jurídica digital, e a tendência jurisprudencial do Direito Digital.

Neste sentido, trataremos, nesta ordem, da regulação da propriedade industrial, dos direitos autorais e do software. Em prosseguimento, analisaremos as normas acerca da divulgação de segredo digital, da inserção de dados falsos, da modificação ou alteração não autorizada de sistema de informações e da violação de sigilo funcional. Em continuidade, abordaremos o regramento da pedofilia digital e do cyberbullying. Em sequência, o home office também será objeto de tratamento jurídico. Mais à frente, em ponto também relevante, concentraremos nossa análise sobre os crimes eletrônicos, a invasão de dispositivos, o furto e o estelionato digitais. A seu turno, o E-commerce, com seus aspectos legislativos e tributários nacionais, também serão conhecidos.

Pontos essenciais do Direito Digital brasileiro terão análise especial, como o Marco Civil da Internet e a Lei Geral de Proteção de Dados Pessoais (LGPD), incluindo seu alinhamento com a Constituição Federal.

Em andamento, o livro também demonstrará o tratamento jurídico dos crimes sexuais digitais, como o stalking, o estupro digital e a exposição virtual. Ainda, os crimes contra a honra no cenário digital serão analisados. Em sede final do Capítulo 2, estarão as regulações sobre os ativos digitais (virtuais), as apostas online, o Marco Legal dos Jogos Eletrônicos, as eleições e a Internet, a importantíssima Convenção sobre o Cybercrime (Convenção de Budapeste) e a tributação do E-commerce internacional.

Todos os assuntos servirão de base fundamental para o Capítulo 3, que refletirá sobre o Futuro das Pessoas na Era Digital. Neste derradeiro ponto do livro, a análise englobará alguns pontos centrais, como a inteligência artificial, os robôs, a Internet das coisas, as smart cities, o patrimônio digital, as criptomoedas, blockchain, e os smart contracts. Igualmente, serão levantados aspectos fulcrais para o futuro da Internet, como o big data, as fake news, a responsabilidade das redes sociais, o metaverso e o novo mundo híbrido.

Por fim, o livro apresentará pontos diretivos sobre a nova governança global digital, com a proposta de construção de uma Organização Global Digital (Global Digital Organization), com um Tribunal Internacional para a Internet.

A estruturação do livro, como se perceberá por sua leitura, parte da conclusão de que a Internet está em toda parte, com máximo interesse da sociedade atual. Em alinhamento, a conjuntura digital combinará desenvolvimento e oportunidades extraordinárias ao futuro das pessoas. Entretanto, trará disrupções, riscos e profundos desafios ao Direito.

A complexidade das novas tecnologias e a velocidade dos seus avanços exigem respostas dos países para que criem regras relevantes a um ritmo razoável, em âmbito nacional, e que, ao mesmo tempo, cubram todos os pontos internacionais de repercussão provocados pela Era Digital, em contexto global.

Diante dos desafios, o livro elevará os principais itens implicantes com o tema, a partir da demonstração do Ambiente Digital, do Direito Digital, e da prospecção sobre o Futuro das Pessoas na Era Digital. Vale destacar, por fim, que a completude à atualização dos temas trazidos à tona nesta obra configuram um **Manual de Direito Digital**, atualizado e extremamente relevante para estudiosos e profissionais do Direito.

01
O AMBIENTE DIGITAL

A maior transformação social vivenciada nos últimos anos foi oportunizada pelos diferentes usos da Internet e da digitalização dos conteúdos. Do físico, nos transportamos ao digital.

De fato, com o distanciamento social, durante a pandemia, passamos à aproximação digital. Descobrimos que poderíamos realizar múltiplas e decisivas tarefas de forma online. Aprendemos relevantes ferramentas digitais, que transformaram as relações humanas de forma irreversível.

A este respeito, é importante, antes de mais nada, indicar que a constituição de um Ambiente Digital tornou-se uma realidade incontestável. Agora, destaca-se, que o cenário de nossas vidas contempla um forte componente nas ondas da Internet.

Com efeito, e de início, as pessoas passaram a ter dedos livres para optar por novas formas de relacionamento e identificação com as redes sociais, virtualizadas, de natureza cultural, ideológica, política, comercial e profissional[1].

Sobre este último ponto, aliás, percebemos uma revolução no contexto do trabalho online, a tal ponto que as referências físicas passaram a disputar espaço com o mundo virtual.

Em outras palavras, a compreensão em torno dos aspectos socioprofissionais não diz respeito apenas ao que ocorre dentro de um espaço

1 *Vide* KULESZ, Octavio. **Culture in the Digital Environment**. Paris: UNESCO- United Nations Educational, Scientific and Cultural Organization, 2017.

de trabalho físico, tornando-se também uma questão integrada pelo Ambiente Digital.

As novas tecnologias, de que são exemplo os múltiplos usos da Internet, estão interligando as pessoas, suas atividades e o mundo em um ambiente global, com impactos que merecem nossa reflexão.

O planeta ficou maior, pois alcançamos redes e conexões antes distantes. Paradoxalmente, o mundo ficou menor, com tudo à distância de um clique.

Nada parece estar fora do Ambiente Digital. Para além de merecer sua autonomia, o contexto online vem impactando todos os segmentos humanos e trazendo, ainda, a interação com as máquinas (coisas), os programas de computador (software), os aplicativos (apps) e a inteligência artificial.

Essencialmente, melhor ilustrando, traremos a seguir o Ambiente Digital, retratado pela **sociedade digital,** pelo **metaverso,** pelos **non-fungible tokens-NFTs,** pelo **E-commerce, blockchain, bitcoin, criptomoedas, e pelo trabalho online, ou home office.**

1.1 A Sociedade Digital

Atualmente, estamos em meio a uma época de profundas transformações. Nesta perspectiva, uma das mais impactantes e revolucionárias modificações constitui-se pelas atividades da sociedade via Internet.

Em verdade, um novo paradigma tecnológico, organizado em torno das tecnologias da informação, da comunicação e do conhecimento, está em ação. A esse respeito, as novas tecnologias têm sido utilizadas pela nova sociedade digital para contactar, interligar, aproximar, obter, manipular, organizar, armazenar, lucrar e transmitir informação sob a forma digital.

Por conseguinte, as inovações alavancadas pelos diferentes usos da Internet provocaram mudanças na maneira como as pessoas se relacionam, passando da forma presencial para a digital; da forma física para a híbrida; da maneira tradicional para o formato atual, fortemente digitalizado.

Em verdade, estamos vivenciando os pressupostos, bem como os primeiros impactos, desta inesgotável fonte de inovação, que tem transformado o desenvolvimento tecnológico em transformação social, com choques profundos para o futuro das pessoas.

Importa mencionar que os smartphones, os tablets e os notebooks estão agora a desempenhar um papel fundamental como ferramentas para a navegação digital. Uma vez conectados à Internet, constituem as plataformas para o Ambiente Digital. Mas, sem a necessária conexão, perdem, em grande parte, suas funções hodiernas.

Em suma a respeito, a Internet e o aparelho (hardware) que utilizamos para a conexão online estão a abrir novos caminhos para transformar a forma como vivemos, nos relacionamos, interagimos, aprendemos, trabalhamos e nos comunicamos. E o que é mais impactante: para sempre.

Nesta linha, para melhor situarmos o Ambiente Digital no âmbito da **sociedade digital**, é que trazemos alguns contornos sobre o que forma o **contexto digital,** as **redes sociais,** o **EAD live** (os **estudos online**) e a **integração global.**

1.1.2 O Contexto Digital

Em realidade, o **contexto digital** impulsionado pela Internet, tem sido um espaço virtual de convergência e concentração sem precedentes, das mais variadas formas de informação, comunicação e entretenimento.

Podemos arriscar dizer que tudo passa pela Internet. Se já não está no contexto digital, em algum momento é referenciado na Internet. Os links estão em todas as partes, e as conexões entre o real e o virtual são uma constante neste século.

A Internet passou a ser parte de nossas vidas a um ponto que nos recusamos a admitir que seja. A realidade demonstra que não vivemos mais sem o contexto digital. Para além de ser um tecido de nossas vidas, a Internet é, simultaneamente, um espaço social, uma forma de conexão, e uma tecnologia.

A revolução proporcionada pela Internet mudou (e continua a mudar) as formas com as quais organizamos o nosso cotidiano, como damos a ele significado, como interagimos e como olhamos para nós mesmos e para os outros.

Esta nova técnica de comunicação, que nasceu do cálculo e destacou-se, inicialmente, por uma fase quase exclusiva, consagrada à memorização dos dados e ao tratamento passivo da informação, colocou-se em movimento para se transformar no suporte de uma intensa atividade de circulação de ideias e transformações entre as pessoas.

A partir da invenção desta técnica, a evolução social passa a decidir a forma como os novos instrumentos de comunicação irão revolucionar o planeta. Infelizmente, neste ponto, vale lembrar que a pandemia do novo coronavírus proporcionou um cenário que levou a humanidade a buscar novas formas de integração, tendo encontrado na Internet um instrumento perfeito para contornar as adversidades do distanciamento físico, possibilitando contatos, contratos e negócios por todo o mundo. Aquilo que desejamos, que é estarmos próximos uns dos outros, nos realizarmos com as demais pessoas, somente foi possível durante o período pandêmico, com segurança, com a Internet[2].

Diante deste quadro, a Internet passou a ser o motor do novo Ambiente Digital, estruturado por redes de conexão, textos, som, imagens, vídeos, aplicativos e websites. De qualquer lugar, para os mais distantes pontos do globo, as pessoas passaram a pilotar seus trajetos virtuais, estabelecendo ligações globais.

---

2 *Vide* LEITE DE CAMPOS, Diogo. **A felicidade somos Nós. Pessoa, contrato e matrimónio**. Rio de Janeiro: Editora Lumen Juris, 2019.

Em adição, a Internet passou a interligar redes de computadores, notebooks, smartphones, cabos, fibras e satélites, atravessando o planeta por ligações virtuais. Ninguém parece poder ficar de fora das repercussões do mundo online.

Em consequência, a necessidade que se tinha por aparelhos celulares e smartphones há alguns anos transformou-se, em virtude da essencialidade atual destes utensílios na busca pelas ligações, à forma inovadora de comunicação proporcionada pela Internet. De fato, a convergência da telefonia móvel com a Internet tem impulsionado o número de comunicações digitais.

Nesta linha, o território digital ocupado pelas técnicas de comunicação moderna, que se organiza em torno do tratamento de dados, de início reservado exclusivamente às aplicações científicas, depressa se transformou em utensílio ao serviço de aplicações sociais e comerciais, cada vez mais numerosas, sendo o celular a ferramenta mais direta nas mãos do usuário. Portanto, a mais fidedigna em revelar os hábitos das pessoas e traçar perfis digitais, fortemente utilizados pelas novas empresas e redes sociais.

Em alinhamento, os smartphones estão se tornando uma utilidade indispensável, e os diagnósticos de nossas vidas online, que determinam a forma como nós vivemos e trabalhamos, estão sendo reescritos.

Daí o inconteste acerto, de se definir o aparelho celular moderno, ou smartphone, como um dos instrumentos da revolução digital. Em outras palavras, o atual alicerce da constante evolução da Internet.

Entretanto, a compreensão destes novos instrumentos torna o usuário comum em um verdadeiro aprendiz. Terminologias, jargões e aplicações inovadoras criaram um exército de analfabetos digitais, exigindo um repensar de saberes, literacias e conhecimentos, que integrem o Ambiente Digital. Nenhum segmento, área, organização ou pessoa pode ficar de fora, sob pena de ter que absorver os impactos negativos da nova vida virtual.

Dentro deste novo contexto, um fator decisivo para a constituição do Ambiente Digital, é a **digitalização de conteúdo**. De fato, a possibilidade da digitalização de mensagens, informações, documentos, músicas, vídeos, software e livros tem facilitado a comunicação distante entre os usuários, a disseminação de informações, a reprodução de conteúdo, a multiplicidade de contatos, a aproximação das pessoas e a escalabilidade sem precedentes de resultados.

Logo, o sistema tradicional de comunicação física foi substituído por sistemas integrados, onde grandes quantidades de informações são comprimidas e transferidas, sob o formato digital. Além de sempre ter espaço para mais, a digitalização permite sua replicação e pulverização de forma nunca encontrada em qualquer outra maneira de comunicação. Registros, gravações, streaming e podcasts, entre outros, tornam o formato digital acessível online, de forma instantânea e global. Nenhum outro instrumento de comunicação tem condições de se equiparar ao que é proporcionado pelo Ambiente Digital.

Por outro lado, para além dos inúmeros aparelhos que podem se conectar à Internet, como os computadores, smartphones, as coisas (daí a expressão "Internet of things") e os tablets, observa-se uma crescente busca global pela infraestrutura necessária para o atingimento de conexões, com velocidade alta e banda capaz de suportar uma enorme quantidade de dados. Fibra ótica, satélites, wi-fi, 5g, antenas e outros aparatos tecnológicos passaram a fazer parte da estruturação das empresas, residências e países, na busca das condições de interligação à Internet.

Em ponteamento oportuno, salienta-se que tais condições, aliás, são de extrema importância na constatação de que as mais variadas formas de comunicação e relacionamentos proporcionados hoje pela Internet são a base estrutural para a constituição de uma sociedade digital.

Como um ciclo crescente, as diversas condições de conexão aumentam o número de usuários e de relacionamentos daí decorrentes. Espera-se, por conseguinte, um incremento substancial das problemáticas jurídicas daí advindas, como verificaremos no Capítulo 2 deste livro.

Resta, essencialmente, doravante, passar-se à compreensão das redes sociais enquanto componente básico da sociedade digital.

1.1.3 As Redes Sociais

O fenômeno das **redes sociais** conquistou o interesse das pessoas de forma impactante e global. Com efeito, as redes sociais estão entre os motivos e interesses basilares para o acesso ao mundo da Internet atualmente.

Para se chegar a tal contexto, inicial primazia na condução de usuários ao mundo online estava a World Wide Web (WWW), também conhecida como *Web*, ou rede mundial de computadores, sendo um nome genérico utilizado para definir o serviço informático que disseminou a Internet por todo o mundo. Idealizada em 1989, por Tim Berners-Lee, a World Wide Web é um serviço baseado em hipertextos, que permite buscar e disponibilizar páginas (*websites*) distribuídas pela rede mundial.

Indubitavelmente, a disseminação global da Internet iniciou-se com a WWW, onde inúmeras e poderosas utilidades são disponibilizadas. As empresas e organizações passaram a oferecer seu novo endereço digital, e passamos a ter o mundo em nossas mãos. Logo, a tarefa mais difícil é a de apontar o que está de fora da Internet, tamanha foi a transformação proporcionada pela rede mundial.

Outro ponto marcante, nesta linha, é que, na Internet, nós somos o piloto. A autonomia e a liberdade de navegarmos em busca dos bilhões de sites permitem ao usuário traçar seu percurso e realizar suas interações.

Aliás, igualmente poderoso é o recurso de disponibilizar informações, que pode ser realizado mais facilmente pelas pessoas. Ao contrário das restritas possibilidades anteriores da televisão, do rádio e da editoria jornalística, concentradas nas mãos de poucos, um website, blog, aplicativo ou perfil em rede social permite a qualquer um, de qualquer lugar para o mundo, divulgar suas ideias e assuntos de interesse nas mais variadas áreas, por todo o globo, sem ter que lidar com os filtros tradicionais.

Melhor ilustrando, posts, stories, bios, mensagens, tweets, textos, músicas, vídeos e imagens podem estabelecer comunicações entre usuários, com interações sem fronteiras. Esses recursos nunca estiveram tão próximos das pessoas e empresas, e de uma forma tão maciça e pulverizada, como agora.

Perceba-se, com razão, que a publicação de comentários, o estabelecimento de conversações e a disseminação de informações e conhecimentos, nas mais variadas áreas, está mais facilitada com a Internet.

A seu turno, a aproximação entre os usuários também. Isto porque os motores de busca aperfeiçoaram seus algoritmos, tornando a integração de fatores de ligação fiáveis e consistentes. O maior destaque, neste segmento, continua sendo o Google (do conglomerado Alphabet), conhecido mecanismo de busca, global, que procura encurtar aos internautas a tarefa de atingir novos websites pela rede mundial de computadores. Aliás, nas palavras da própria empresa, "*Nossa missão é organizar as informações do mundo para que sejam universalmente acessíveis e úteis para todos.*"[3]

Nesta natural trajetória de integração social pela Internet, do contexto da World Wide Web, passamos para o e-mail. Pela sua simplicidade e comodidade, o e-mail passou a possibilitar a realização de contatos e contratos por todo o mundo. Permeado por vantagens como o baixo custo, a rapidez e podendo utilizar arquivos de documentos,

3 *Cf.* GOOGLE. Disponível em: https://about.google/?utm_source=google-BR&utm_medium=referral&utm_campaign=hp-footer&fg=1 .

som, imagens e vídeos, o correio eletrônico passou a estabelecer uma comunicação básica e sem barreiras entre os usuários.

Contudo, devemos mencionar que, se por um lado oferece facilidade e aproximação entre usuários distantes, permite, também, a utilização com finalidades maliciosas, possibilitando a prática de crimes através de mensagens que buscam fisgar (phishing) a atenção de outros usuários, buscando captar informações sigilosas (senhas, por exemplo), invadir computadores ou dispositivos, entre outras práticas criminosas. Em outras palavras, o e-mail tem sido uma das armas dos criminosos virtuais.

Efetivamente, as duas iniciais ferramentas (os websites e os e-mails) proporcionaram a comunicação e a interação de pessoas e empresas, sem limites geográficos e físicos. Entretanto, a Internet também alterou a nossa noção de tempo. Isto porque os internautas passaram a buscar a instantaneidade em suas comunicações. As mensagens de texto proliferaram e, com elas, surgiram as mensagens instantâneas. Através deste modo de comunicação, o diálogo entre os usuários é simultâneo, com textos, mensagens de voz, vídeo e videochamadas. Iniciado pelo software Skype, os aplicativos WhatsApp, WeChat, Facebook Messenger, QQ (China), Snapchat e Telegram são os mais usados atualmente para este fim.

Logo, tais condições, aliás, tornam os contextos de interação e comunicação social pela Internet universais, imediatos, simultâneos, numerosos e incrivelmente atrativos. Todo este arsenal de ferramentas e aplicativos tornou o cenário das redes sociais digitais cada vez mais popular e interessante.

No momento atual, passamos mais tempo utilizando estes novos serviços da Internet, nos conectando com amigos, conhecidos, colegas e desconhecidos nas redes sociais. Gerimos e compartilhamos nossos perfis, bios, linhas do tempo, fotos, vídeos, mensagens e reflexões, interagindo como nunca foi possível.

Plataformas como o Facebook, YouTube, Instagram, Tik Tok, Douyin, X (Twitter), LinkedIn, Threads (da Meta), Mastodon, Bluesky e Reddit, entre outras, permitem que bilhões de pessoas estejam no mesmo Ambiente Digital, formando redes de relacionamento digital globais.

Por necessário aprofundamento a esse ponto de exame, vale referir que este espaço é novo para o Direito, merecendo compressão cuidadosa em virtude das repercussões jurídicas daí advindas.

De fato, todos estes aplicativos e utilidades revolucionaram o potencial de utilização da informação e dos relacionamentos sociais, integrando pessoas, ideias, algoritmos, tendências, perfis, robôs e interações. Acrescente-se que, atualmente, bilhões de pessoas (e robôs!) utilizam as redes sociais da Internet, e de forma global.

Temáticas como marketing digital, empresas, comunidades, privacidade, política, fake news, amor, esportes, Direito, moda, liberdade de expressão, crimes e responsabilidade são questões que estão associadas com o conceito das plataformas de redes sociais digitais.

Logo, observamos uma profunda relação entre as ferramentas de comunicação online e as transformações em nossas relações sociais. O maior significado de tal argumento é que as consequências para a sociedade, pela maneira que vivemos, trabalhamos, aprendemos, nos comunicamos, nos entretemos, pensamos e nos relacionamos digitalmente prometem ser igualmente profundas.

Importante aqui se realçar que as consequências destas mudanças são enormes para o futuro das pessoas e das nossas sociedades, cada vez mais digitais. Contudo, não é uma evidência de que ela irá revelar-se apenas para o bem.

As redes estão permeadas, também, por inúmeras práticas com repercussões sociais e jurídicas complexas. A liberdade proporcionada pelas ferramentas digitais apresenta exemplos de atitudes insidiosas, criminosas, fake news e cyberbullying, entre outros. Os algoritmos impulsionam tais postagens e levam a discussões sobre a responsabilidade das grandes empresas (big techs) sobre os resultados negativos. Tudo, pois, em contornos a serem analisados nos Capítulos sobre o Direito Digital (2) e sobre o Futuro das Pessoas na Era Digital (3).

1.1.4 O EaD Live – os estudos online

Presentemente, o segmento educacional vem sendo revolucionado pelos diversos usos da Internet, da digitalização dos conteúdos e das inovações pedagógicas, que culminam em **estudos online**. Trata-se, em verdade, de uma enorme transformação nas práticas de ensino e aprendizagem, em especial no ensino superior.

De início, conforme já antes sinalizado, deve-se destacar que, depois de muito tempo, estamos em meio a uma época de alterações educacionais. Nesta linha, uma das mais impactantes e revolucionárias modificações constitui-se pelas atividades de ensino pela Internet.

Em alinhamento, vivenciamos um momento de alteração de nossa cultura material e procedimental, pelo trabalho de um novo paradigma tecnológico, organizado em torno da Internet.

Neste rumo, as tecnologias da informação têm sido utilizadas pela sociedade educacional para pesquisar, organizar, armazenar, construir, publicar e transmitir conhecimento sob a forma digital.

Essencialmente, as inovações alavancadas pelos diferentes usos da Internet provocaram mudanças na maneira como as pessoas podem ensinar, aprender, investigar e pesquisar, ampliando seus limites, do presencial para o digital, à distância.

Em tal contexto, estamos vivenciando os pressupostos, bem como os primeiros impactos, desta inesgotável fonte de inovação, e que tem transformado o desenvolvimento tecnológico em revolução educacional.

Em verdade, inicial prioridade na compreensão de tais fenômenos têm os estudiosos das Ciências da Educação. No entanto, todos as áreas de formação estão sendo chamadas a responder aos desafios educacionais propostos.

Nesta linha, os computadores, tablets, smartphones, sistemas, lives, online, web, chats, fóruns, postagens, screen e ambiente virtual são agora a nova nomenclatura, abrindo novos caminhos para transformar a forma como vivemos, trabalhamos, nos comunicamos, pesquisamos, aprendemos e construímos conhecimento.

É oportuno mencionar novamente aqui que, em realidade, a Internet tem sido um espaço virtual de convergência e concentração sem precedentes, das mais variadas formas de informação, comunicação, comercialização de produtos, serviços, entretenimento e, agora, de educação.

Todo o processo educacional atual passa pela Internet. Em alguma fase, o assunto, o conteúdo, a transmissão, a universidade, o aluno ou o professor estará na Internet, constituindo um novo tecido de nossas vidas digitais.

Essencialmente, chegamos até este estágio digital porque, de um lado, os acadêmicos foram compelidos ao distanciamento social físico, em virtude da pandemia do novo coronavírus. De outra parte, as novas tecnologias, de que são exemplo as múltiplas qualidades da Internet, passaram automaticamente a aproximar os estudantes, os docentes, as escolas, as universidades, os conteúdos e o mundo.

De fato, pedagogicamente, o estudante passou a conhecer novas formas de construção da aprendizagem e do conhecimento, com ferramentas outras, desterritorializadas, de natureza científica, educacional e cultural.

Novas modalidades de ensino, como o online (live – ao vivo), a EaD-Educação à Distância, ou a híbrida entraram na rotina acadêmica. Em outras palavras, as pesquisas, as aulas, os webinars, os eventos acadêmicos, não mais dizem respeito apenas ao que ocorre dentro do ambiente educacional local, tornando-se também uma oportunidade internacional, global e digital.

Não obstante os constantes empecilhos sanitários impostos no período da pandemia da Covid-19, obrigando ao necessário distanciamento social acadêmico, como uma das formas de evitar o contágio e a disseminação do novo coronavírus, a comunidade acadêmica viu-se impactada por outros desafios.

Em verdade, sair do secular espaço físico da sala de aula e adentrar no Ambiente Digital não foi tarefa simples para todos os envolvidos. A este respeito, é importante indicar que as práticas pedagógicas foram abruptamente alteradas, de forma profunda e impactante, para os atores educacionais, em todas as partes do mundo.

Em consequência, guardadas as devidas particularidades, a universidade, os professores e os estudantes viram-se obrigados a lidar com o novo vírus e a tratar das novas dinâmicas do inovador Ambiente Digital.

De fato, este atual contexto digital, vislumbrado pelas inovações e interações promovidas pela Internet, apresenta desafios e oportunidades aos atores educacionais, ensejando a necessidade de diferentes, instigantes e criativas metodologias e práticas pedagógicas.

Por primeiro, a universidade, tradicionalmente provedora dos espaços físicos, salas de aulas, bibliotecas, cantinas e espaços de convivência perdeu o protagonismo central da disponibilização de ferramentas estruturais e locais de aprendizagem.

Em seu lugar, sem é claro a substituir, apresentaram-se novos motores digitais, como o Google Meet, o Zoom, o Microsoft Teams, o Moodle (que já era utilizado), o YouTube e o WhatsApp, entre muitos outros.

Nesta perspectiva dos desafios, as universidades passaram a disputar um ambiente que está distante de suas localizações físicas. Novos mercados, nova concorrência, novo ambiente e novas estruturas são necessárias. A primazia passou para o aparato digital.

De seu turno, os professores e professoras iniciaram uma jornada de aprendizagem, buscando compreender as novas salas de aula digitais que proliferavam, tornando-se estudantes novamente, empenhando esforços para proporcionar conhecimentos neste atual contexto digital.

Os docentes estão aprendendo as novas técnicas de ensino, sem um espaço físico definido, com outros utensílios e com a velha necessidade de entreter para construir o conhecimento. A atenção dos estudantes está nas múltiplas telas, contatos e redes digitais disponíveis em suas mãos.

Dentro deste segmento digital, ausente de um ponto central e delimitado, a tarefa dos educadores foi inicialmente dificultada. Isto porque, as relações e conexões pela Internet são frequentemente separadas do tradicional espaço geográfico das salas de aula, o que levanta complexidades sobre a compreensão e as novas técnicas a serem utilizadas pedagogicamente.

Por sua vez, os estudantes também não têm tido tarefa fácil. Primeiramente encontravam-se contrariados (porque, inicialmente, desejavam a continuidade das aulas presenciais). Ademais, embora conheçam o mundo digital, e a ele estivessem familiarizados para outros fins, não haviam experimentado um direcionamento formativo de conteúdos, imagens, vídeos e vozes dos seus maestros.

Na perspectiva dos estudantes, os cursos inteiramente online (ou EaD – Educação à Distância pleno) estabelecem uma ruptura da convivência física, também importante nas relações humanas. Não ir presencialmente à faculdade, por exemplo, pode significar ao aluno não ter amigos, não conhecer novas pessoas e não estabelecer uma vida acadêmica completa.

O ensino híbrido, com conjuntura presencial e online alternada, pode significar a construção de novos caminhos educacionais, alinhando os interesses de interação e convívio físico às facilidades de conexão digital.

Fundamentalmente, estas facilidades proporcionadas pela Internet permitem atividades à distância, como palestras, aulas, reuniões científicas e profissionais, apresentações, transmissões de eventos, ampliando as atividades possíveis (anteriormente impossíveis), ao aproximar acadêmicos ao redor do mundo.

Neste sentido, na perspectiva das oportunidades, o exercício educacional foi ampliado, saindo do local para o global. Mesmo considerando as dificuldades enfrentadas, a sala de aula passou a ser o planeta, interligado por redes digitais globais.

Com efeito, não existe nada mais global do que a Internet, estando o globo atravessado e conectado por autoestradas do conhecimento, e nada do que ocorre em algum lugar da terra pode estar de fora.

Mesmo os cursos de Direito, que apresentam resistência para sua autorização na modalidade EaD, não poderão ignorar a realidade, irreversível, que se apresenta. É de se lembrar, nesse ponto, que o mundo do Direito já está, também, no Ambiente Digital. Aliás, o segmento profissional jurídico já integrou suas atividades ao modelo digital. Igualmente, os cursos preparatórios, de capacitação, especialização e eventos já aderiram à modalidade à distância. Por conseguinte, sua aceitação legal deve ser reconhecida com urgência. Não podemos atrasar a história do futuro digital, sob justificativas ultrapassadas e baseadas em outro momento histórico.

Em suma e em verdade, o mundo acadêmico não será mais o mesmo depois do surgimento da pandemia. De toda sorte, a Internet apresentou-se como uma formidável capacidade de aproximação. Hoje, com alguns cliques, podemos aceder a oportunidades globais de ensino sem sair de seu computador ou smartphone. Com efeito, aprendemos que a educação pode ser feita, também, com a utilização plena da Internet.

No entanto, não podemos olvidar os enormes desafios de acesso, conexão, velocidade, aparelhos, compreensão, práticas, processos e dificuldades na utilização e na distância do ensino pela Internet. Mas não podemos colocar mais "distância" neste contexto, com argumentos impeditivos. Devemos, pois, buscar aproximar as partes e facilitar o acesso às estruturas da Internet, como aparelhos e conexões.

Em prosseguimento, nesta órbita, a perspectiva internacional proporcionada ampliou as possibilidades de aprendizagem, que agora podem ser oriundas de outros espaços, de outros países e comunidades acadêmicas globais.

As ferramentas disponibilizadas facilitam o acesso, os procedimentos, as práticas pedagógicas e a oportunidade de estudar em contexto de eventual distanciamento acadêmico. Para além de facilitar as aulas de dentro da universidade, provisionam capacidades globais de interação e conexão com outras redes de ensino, através das lives, dos webinars, dos cursos, dos congressos e encontros acadêmicos e dos profissionais internacionais.

Como já antes sinalizado, em termos práticos, a técnica digital colocou-se em movimento, para se transformar no suporte de uma intensa atividade de circulação de ideias, conteúdos e oportunidades entre as pessoas na educação e, da mesma forma, uma vez compreendida a técnica e proporcionadas as condições materiais, será o contexto da evolução social digital que decidirá a forma dos novos instrumentos de aprendizagem.

Em alinhamento, de fato, os utensílios como computador, celulares, tablets, sistemas, microfones, câmeras e ferramentas de interação digital estão se tornando ferramentas indispensáveis no processo educacional. Logo, as diretrizes e metodologias pedagógicas que determinavam a forma como nós aprendemos estão sendo reescritas.

Neste contexto digital, um fator contributivo para a disseminação do conhecimento tem sido, realmente, a digitalização dos conteúdos e materiais. A possibilidade da digitalização de mensagens, informações, documentos, vídeos, software, podcasts, aulas e slides têm facilitado a comunicação longínqua entre os usuários, resolvendo um importante problema do distanciamento e do acesso à educação.

Logo, o sistema tradicional das aulas presenciais (totais, cinco a seis dias por semana), foi substituído pela modalidade online (live), EaD, ou híbrida, onde o conhecimento passou a ser transferido e construído, também, sob o formato digital.

Tudo isso, então, alterou a forma como os universitários passaram a encarar as aulas. De forma crescente, observa-se um aumento no interesse por cursos online, EaD ou híbridos. Em suma, aprendemos novas formas de aprendizagem, e não desejamos voltar no tempo. A tradicional resistência vai dando lugar aos novos formatos. Docentes, estudantes e instituições de ensino vão, paulatinamente, aderindo às novas modalidades de ensino.

Como se observa atualmente, as diversas condições de conexão e estrutura aumentam o número de estudantes e de cursos daí decorrentes, ampliando as oportunidades de formação, nunca vivenciadas, de forma tão numerosa e constante.

Em ponteamento final, salienta-se que tais condições, aliás, são de extrema importância na constatação de que as mais variadas formas de interação educacional proporcionadas hoje são a alavanca para a constituição de uma sociedade digital.

Se por um lado estudantes e professores podem ficar afastados fisicamente de uma sala de aula presencial, ganhamos oportunamente um universo de novas possibilidades de integração com acadêmicos e estudiosos globais.

Assim, compartilhamos conhecimentos e adquirimos uma extensa rede de relacionamentos online, proporcionando enriquecedores debates científicos e contatos educacionais jamais experimentados.

Em nenhum outro momento da história tivemos a oportunidade de estarmos cada vez mais próximos uns dos outros, ainda que distantes fisicamente.

O ensino mudou para sempre. A aprendizagem e os impactos devem ser encarados positivamente neste âmbito digital. De fato, o ensino e a aprendizagem não deverão prescindir das imensas possibilidades proporcionadas pelo Ambiente Digital[4].

Por todos os títulos, neste ponto, a revolução da Internet mudou (e continua a mudar) as formas com as quais nós aprendemos e ensinamos no mundo, como damos um significado a este processo pedagógico, como interagimos e olhamos para nós mesmos e para os outros neste momento desafiador da história.

1.1.5 A integração global da Internet

Em suma, desde já deve ser mencionado que o paradigma complexo e dinâmico deste novo segmento digital apresenta características naturalmente globais.

Em termos práticos, milhões e milhões de pessoas podem, a partir do seu computador ou aparelho conectado à Internet, procurar novas e dinâmicas formas de relacionamento e contratualização com outras redes, distantes geograficamente.

A natureza global da Internet, com certeza, foi uma das características idealizadas pelos seus criadores. De fato, a rede foi desenvolvida sem um ponto central, com o intuito de evitar que a destruição deste pudesse paralisá-la. Assim, o surgimento de diversos outros pontos de

4 O desafio é tão enredado que, no Brasil, em virtude das técnicas pedagógicas ainda não incorporarem plenamente os recursos digitais, bem como as crianças e adolescentes terem aderido aos aparelhos celulares de forma, por vezes, indiscriminada, foi proibido o uso, por estudantes, de aparelhos eletrônicos portáteis pessoais durante a aula, o recreio ou intervalos entre as aulas, para todas as etapas da educação básica. Trata-se, pois, de decisão que pode distanciar, ainda mais, os jovens de aprenderem com as novas tecnologias, e os docentes de ensinarem com as mesmas. Vide BRASIL. Lei nº 15.100, de 13 de janeiro de 2025. Dispõe sobre a utilização, por estudantes, de aparelhos eletrônicos portáteis pessoais nos estabelecimentos públicos e privados de ensino da educação básica. Disponível em: https://www.planalto.gov.br/ccivil_03/_ato2023-2026/2025/lei/L15100.html

conexão, que se equivaliam, poderia ocorrer a partir de qualquer lugar, conectando-se aos que já estavam ligados à rede.

Nesta linha, a Internet passou a ser a condutora e a transmissora das ondas da informação, constituindo-se como formidável veículo de **integração global**. Em resumo, ao extremo, a Internet é composta de uma infraestrutura partilhada, que fala a mesma linguagem informática, ligando computadores e outros dispositivos móveis em todo o mundo.

Em virtude da diversificação de aparelhos que podem realizar uma conexão à Internet, da pulverização destas fontes, bem como da digitalização de seus conteúdos, a Internet pode ser qualificada como adimensional. Ademais, tal grandeza não é limitada pelas fronteiras dos Estados.

Outro ponto marcante é que as empresas dominantes (big techs), provedoras de acesso, de conteúdos, de e-mails, de redes sociais, de aplicativos, de hospedagem e de tratamento de dados, são empresas declaradamente globais.

Logo, com um clique após o outro, buscamos e recebemos informações dos mais distantes pontos do globo. Nossas referências passam do local ao global em instantes.

Deve-se ressaltar, novamente, neste plano, que uma das mais impactantes características da Internet é sua natureza global.

Isto porque, conforme já sinalizado, a Internet é um conjunto de redes de computadores, interligadas internacionalmente e comunicando praticamente todos os países do globo. Logo, a Internet extrapola naturalmente as fronteiras dos países. As formas de conexão, as redes, as empresas, as hospedagens, os dados e o contexto digital são claramente globais.

Ademais, a expansão e o desenvolvimento das novas tecnologias da informação aumentaram, significativamente, as possibilidades de contatos internacionais. A rapidez, bem como o custo reduzido (em comparação com as formas tradicionais de comunicação) da maneira diferente de interação online, colocam as pessoas cada vez mais próximas umas das outras.

Melhor ilustrando, os operadores de websites das empresas, por exemplo, abraçaram o conceito de que a criação de uma única página ou aplicativo iria expor o seu conteúdo a toda a população conectada à rede mundial, não importando onde o usuário estivesse situado geograficamente.

Na mesma linha de ideias, milhares de negócios têm baseado suas decisões no aproveitamento das virtualidades que são oferecidas pelas novas tecnologias, sendo a principal delas o carácter global do E-commerce. Realmente, os contatos negociais, a exposição e os contratos, passam a ser feitos de forma cada vez mais internacional.

As empresas digitais, mesmo quando estão claramente sediadas em um país, podem ter, agora, objetivos de conquistar mercados e consumidores em todo o globo, estabelecendo relações internacionais mais facilmente. Isto porque o E-commerce envolve todo o planeta, sobrepondo-se aos mercados tradicionais[5].

Realmente, o E-commerce, como aprofundaremos adiante, proporciona o alcance global de uma empresa, que pode, em pouco tempo, receber e realizar pedidos provenientes de todas as partes do mundo. Logo, o comércio eletrônico, em sua vertente internacional, pode aproximar relações com os consumidores distantes, estender a companhia a limites inimagináveis e atingir novos mercados exteriores. Para facilitar ainda mais, estão disponíveis ferramentas digitais, como os contratos eletrônicos, os smart contracts, os pagamentos digitais e as criptomoedas.

---

5 *Cf.* LEITE DE CAMPOS, Diogo. **A Internet e o Princípio da Territorialidade dos Impostos**. Lisboa: Revista da Ordem dos Advogados, ano 58, 1998, p. 641.

Em sequência, segundo a International Telecommunication Union – ITU, estar sempre online passou a ser a norma da vida digital[6]. Da mesma forma, ninguém parece desejar ficar de fora. Com efeito, trata-se de um assunto que interessa a todos os povos, sendo de perspectiva global.

Por tais motivos, as pessoas acessam sites e conteúdos internacionais, circulando de um país para outro e, mesmo ficando na própria terra, agora com a Internet podem estabelecer, mais facilmente, contatos sociais e comerciais com outros indivíduos, estabelecendo relações por cima das fronteiras.

Como consequência, atualmente, as pessoas e empresas estão mais conscientes da sua ligação aos outros e mais dispostas a identificar-se com questões, desafios, oportunidades e processos globais. Isso tem levado a uma reorientação do modo de pensar das pessoas, bem como da estratégia das empresas, passando-se do nível nacional para, também, o global.

Sobre tal prisma, as ações das pessoas passam a ter uma dimensão para além das fronteiras nacionais. Pela Internet, a mencionada dimensão é naturalmente global.

Com efeito, a Internet é transnacional, e uma nova comunidade internacional está se formando, havendo questões jurídicas que se colocam em pauta.

No mesmo sentido, a Internet apresenta outra característica distinta: sua ubiquidade. Em outras palavras, ela está em todos os países ao mesmo tempo. Por tais razões, a globalidade caracteriza a rede mundial de computadores.

Repare-se, então, que a principal conclusão que pode ser elevada é que a distinção de espaço e horizonte que caracterizaram a primeira modernidade estão a tornar-se ultrapassadas. Isto porque o mundo da

---

6 INTERNATIONAL TELECOMMUNICATION UNION. **Wireless communication systems in beyond 5G era**. ITU Journal on Future and Evolving Technologies, Volume 2 (2021), Issue 6.

primeira modernidade era primariamente nacional. Havia uma clara distinção entre interior e exterior, entre nacional e estrangeiro. Sob aquele espectro, o Estado-nação era a referência da ordem, a política era nacional, a cultura era nacional, o território era nacional. Nacional e internacional eram dois lados de um espaço independente. Entretanto, atualmente, quando analisamos o mundo de uma perspectiva digital, é óbvio que está cada vez mais difícil distinguir o nacional do internacional.

Por tais motivos, consideramos que, em virtude da globalização digital, as partes definidoras do espaço nacional estão se tornando desnacionalizadas. Cada vez mais, as atitudes das pessoas, das empresas e dos próprios países estão ultrapassando as fronteiras e buscando uma integração global.

Uma perspectiva integradora global significa que as pessoas, quando formulam a sua própria noção de identidade, ou se relacionam pela Internet, estão a referir-se, cada vez mais, e também, a outros contextos que não somente o de seu país de origem.

A Internet global, funcionando com base em protocolos de comunicação abertos, denota que os utilizadores podem ignorar a sua própria localização física e a de qualquer pessoa com quem trocam informações ou contratualizam.

Por conseguinte, a Internet é o melhor veículo condutor para a integração global.

No entanto, dentro do referido cenário global, as legislações e o exercício dos poderes judiciais, limitados nacionalmente, já começam a perceber as dificuldades no exercício de sua tradicional autoridade. Voltaremos a este ponto, no capítulo sobre o Direito Digital (2).

1.2 O Metaverso e os Non-fungible tokens-NFTs

Não obstante o que acabamos de ilustrar a respeito da sociedade digital elevada a partir da Internet, a comunicação instantânea de quantidades maciças de informação, com a interação e a integração advindas, tem criado a impressão de que existe um lugar chamado ciberespaço, uma terra sem fronteiras, onde todos os povos do mundo podem ser interligados como se fossem moradores da mesma localidade.

Com efeito, com a Internet, passamos ao ciberespaço. Do ciberespaço evoluímos ao **metaverso**.

Como decorrência, pois, isto nos leva a reflexionar, mais criticamente, sobre este novo paradigma. Isto porque, em termos simples, a própria Internet é um ciberespaço, ou em termos mais modernos, um metaverso, em relação à vida real, física.

Desde os basilares escritos de Lessig, o cenário jurídico tem considerado o ciberespaço como um lugar. As pessoas interagem lá. Submetem-se a todo tipo de experiências, tal como na vida real. Tais experiências não são somente isoladas, são em grupos, em comunidades, com estranhos, com pessoas que gostam ou não, nacionais ou estrangeiros[7].

De fato, os usuários da Internet estão em todos os lugares, em um computador em casa, no trabalho, nos laboratórios de computadores das universidades, nos tablets, e principalmente nos celulares por todo o mundo. Por igual, as pessoas vivem lá (Internet) e aqui (no mundo físico), simultaneamente. A rede mundial de computadores trouxe-nos esta mudança. Aliás, a Internet configurou este espaço digital e global. Quando as pessoas acessam a Internet, elas passam a estar, ao mesmo tempo, no espaço real (nacional, físico) e no ciberespaço (mundo digital, internacional), trazendo consequências sociojurídicas relevantes.

7 *Cf.* LESSIG, Lawrence. **Code. Version 2.0**. New York: Basic Books, 2006. *Cf.* LESSIG, Lawrence. **Code and Other Laws of Cyberspace**. New York: Basic Books, 1999.

Nesta linha de raciocínio, com a Internet, ninguém vive apenas no ciberespaço; as pessoas estão no ciberespaço e no espaço físico ao mesmo tempo, sempre.

Contudo, as novas tecnologias que são aplicadas ao Ambiente Digital acabaram por transformar o desenvolvimento do ciberespaço em metaverso. Em breve ilustração a respeito, a inteligência artificial, a Internet das coisas, a realidade ampliada, as interfaces entre os computadores e os cérebros, a modelagem e reconstrução 3D, a computação espacial e de borda e o blockchain têm revolucionado o potencial da Internet para abrigar o metaverso.

Dentro desse contexto, consideramos o metaverso como um ecossistema digital, construído sobre vários tipos de tecnologia 3D, software de colaboração em tempo real e ferramentas de finanças descentralizadas, baseadas em blockchain.

Devemos acrescentar que o metaverso é o nível seguinte de interação e integração da Internet. De fato, o metaverso é um espaço digital único, compartilhado, imersivo, resiliente e 3D, onde as pessoas experimentam a vida de maneiras que não poderiam no mundo físico. Ainda, onde podem, também, replicar o próprio mundo físico utilizando-se das realidades virtual e ampliada[8].

Nestas circunstâncias, algumas das tecnologias que fornecem acesso a esse mundo digital, como fones de ouvido de realidade virtual, óculos de realidade aumentada, microfones e luvas de captura de movimento para representar com precisão a expressão, a linguagem corporal e a qualidade da voz estão a evoluir rapidamente, proporcionando experiências digitais diferenciadas.

---

8 O conceito de metaverso possui menção antecedente. De fato, o termo metaverso foi inicialmente cunhado em 1992, pelo autor Neal Stephenson, em seu romance de ficção científica Snow Crash. O romance prevê um sucessor virtual, baseado na realidade da Internet, onde as pessoas usam avatares digitais para explorar o mundo online, geralmente como uma maneira de escapar de uma realidade difícil.

Outros componentes mais complexos, em termos estruturais, para ampliação do metaverso, como a capacidade de banda digital adequada para o funcionamento uniforme da experiência, bem como os padrões de interoperabilidade de sistemas e tecnologias, poderão determinar o futuro do metaverso, de forma global.

Em termos práticos, pois, podemos antecipar um Ambiente Digital onde bilhões de pessoas podem viver, trabalhar, comprar, aprender, interagir, a partir do mundo físico, integrando-se ao metaverso, com utilização maciça da Internet.

Assim, a adoção de tecnologias que permitem a realidade ampliada se torna um portal para um domínio digital 3D, onde avatares digitais de nós mesmos (ou criados), passam a inovadoras experiências digitais, utilizando-se de identidades e dinheiro virtual.

A relevância do fenômeno que se apresenta tornou-se mais familiar quando o Facebook renomeou a sua identidade corporativa para Meta, anunciando um plano de investimentos de mais de US$10 bilhões. Em consequência, o conceito do metaverso passou a configurar os interesses de outras empresas de tecnologia, como o Google, a Microsoft, a Nvidia, a Epic Games, a Sony e a Qualcomm, entre outras. Em complemento, o E-commerce no metaverso é previsto como um impulsionador do segmento, estimando-se um montante futuro de mais de US$10 trilhões, composto por jogos digitais, eSports, entretenimento, educação, marketing, filmes, streaming, apostas online e criptomoedas.

Em breve ilustração a respeito, podemos citar que a indústria de jogos online já tem uma experiência consolidada na criação de mundos virtuais imersivos, nos termos do metaverso. Igualmente, as empresas em geral estão experimentando aplicações do metaverso no local de trabalho, que se baseiam nas empresas de aplicativos virtuais implantados durante a pandemia, para apoiar o trabalho remoto. Avatares digitais, hologramas e imagens holográficas movidas a inteligência artificial são alguns dos recursos utilizados pelas empresas para tornar mais realista a experiência do trabalho à distância.

Em prosseguimento, de forma mais aprofundada, o metaverso vem ganhando outras aplicações. Nesta linha, os tokens não fungíveis (**Non-fungible tokens - NFTs**) figuram para desempenhar um grande papel na utilidade e popularidade do metaverso. Os referidos tokens são um tipo seguro de ativo digital, com base na mesma tecnologia blockchain utilizada pelas criptomoedas. Ao invés de uma moeda, um token digital pode representar uma obra de arte, uma música ou imóveis digitais, oferecendo ao proprietário uma espécie de ativo digital, ou prova de propriedade que pode ser comercializada no metaverso.

Por conseguinte, tokens digitais e blockchain estabeleceram as bases para a propriedade digital, com repercussões inevitáveis ao futuro do Direito.

Em adição a este ponto jurídico, entretanto, podemos antecipar outros desafios em termos de comportamentos viciantes, violentos, de desinformação, ilegalidades, de violação de padrões de segurança cibernética, aplicação incorreta de normas sobre privacidade, coleta de dados intrusiva e extensa, questões relativas aos direitos e propriedade de dados, exploração de menores, responsabilidade e Cybercrimes.

Consequentemente, quando este novo espaço ganhar dimensão enredada, as pessoas passarão a acreditar que possuem direitos e deveres neste novo contexto, na medida em que afetem suas vidas, como tais.

Um ponto que será debatido (e deve ser elevado desde já) diz respeito ao exercício da soberania dos países no metaverso. Isto porque nós podemos ter uma ideia do poder da soberania para pautar o comportamento das pessoas, mas nossa noção é expressiva, absoluta, somente quando estamos num contexto de regulação ou em uma particular área de controle nacional. O poder estatal deve ser absoluto, mas se a localidade não suporta comando pleno, constrangimento, como no metaverso, o poder efetivo de um país, de forma individual, é mitigado.

Acresce, em outras palavras, que o metaverso é digital e universal; e os países, originalmente territoriais, serão desafiados no exercício de seu poder soberano neste espaço virtual, assim como já ocorre na Internet tal como a conhecemos.

Deve-se atentar, também, que nós, operadores do Direito, temos o desejo de saber onde as pessoas estão, quais regras serão aplicadas, qual o país competente para regular e julgar determinados casos. O metaverso e a Internet são digitais e globais. Como então, poderemos estabelecer a governança neste novo cenário virtual?

Estes questionamentos serão relembrados e abordados nos próximos tópicos deste livro, em especial no Capítulo 3.

1.3 O E-Commerce, Blockchain, Bitcoin e Criptomoedas

A nova onda, consequente das crescentes interações promovidas pela Internet no Ambiente Digital, é o comércio eletrônico, ou **E-commerce**. Com efeito, não existe produto que não possa ser negociado ou ofertado pela Internet, sendo que alguns, como os serviços e produtos digitais, podem ser enviados eletronicamente, permitindo que todo o ciclo comercial possa ser feito online.

Este novo segmento da Internet iniciou sua formação a partir da compreensão de que, pela Internet, seria mais fácil aproximar-se de consumidores e fornecedores. Não demorou muito para que as informações e conhecimentos que integravam a Internet chegassem aos domínios do mercado. A exposição, negociação, transação, pagamento, recebimento e a execução de serviços, entre muitas outras atividades digitais, encontraram na Internet ambiente propício para uma expansão sem precedentes.

De fato, nos últimos anos, a importância do E-commerce para as economias dos países tem se tornado crescente e evidente.

Em um prisma histórico, cabe inicialmente enfocar que os economistas clássicos, como Adam Smith (1776), Jean-Baptiste Say (1803), David Ricardo (1817), passando pela escola neoclássica de Thomas Robert Malthus (1798), John Stuart Mill (1848), Alfred Marshall (1890) e John Maynard Keynes (1936), entre outros ilustres e notáveis, despenderam enorme energia na compreensão do funcionamento do mercado e na produção de estudos que reflexionam sobre as alterações, as tendências e as inovações na sociedade. Mais à frente, Samuelson e Nordhaus (1999) introduziram em seu manual os impactos que a Internet provoca no mundo, cada vez mais interligado e competitivo, devido aos computadores e à comunicação. Em substância, os autores sublinham a Internet como a biblioteca mundial que, em virtude do acesso rápido às fontes de informação e estatísticas, permite, agora, maior agilidade na investigação e formulação de teorias para os desafios socioeconômicos[9]. No entanto, não poderiam imaginar a revolução que a Internet promoveria nos negócios, na qualidade de veículo condutor em praticamente todo o ciclo de um negócio digital.

Em alinhamento, realmente, um novo ambiente de mercado surgiu com a Internet: o E-commerce. Este inovador conceito reveste-se na comercialização do envio e no processamento digital de serviços, produtos, informações e conhecimento, em todos os formatos, e possibilitando que toda a cadeia de comercialização possa ser realizada via Internet.

Nesta perspectiva, o E-commerce pode ser direto ou indireto. O direto é aquele no qual os recursos digitais são utilizados em todas as fases do negócio, pois há uma transmissão online do vendedor para o comprador, do produto (software, filmes, livros, músicas, jogos, eventos, ativos digitais...) ou serviço (atividades profissionais, consultoria, serviços bancários, investimentos, atividades educacionais...) contratado. A tecnologia, em constante evolução, vem ampliando o

---

9 *Cf.* SAMUELSON, Paul; NORDHAUS, Willian. **Economics**. New York: McGrall-Hill, 1999, prefácio.

leque de possibilidades de exposição, negociação e entregas digitais através da Internet.

A seu turno, o E-commerce indireto permite a negociação, a compra, a venda, a exposição do produto ou serviço online, mas a entrega ao adquirente depende do meio físico. Em verdade, o comércio eletrônico indireto trouxe o mundo para a Internet. Nada está de fora, em termos negociais. O surgimento de portais digitais, e-marketplaces, websites, aplicativos e metaverso proporcionam uma exposição e ampliação de mercado nunca anteriormente vivenciada na história.

Em consequência, o E-commerce vem provocando mudanças profundas no cenário comercial, com velocidade, automatização e inovação das empresas. Nesta linha, algumas significantes vantagens e diferenças podem ser elencadas.

Inicialmente, é a **economia de custos** nas transações. Mesmo que mínima, uma redução de custos pode compensar às empresas, que reparam prospectivamente as transações pela Internet. Com o E-commerce, a redução de custos pela gestão otimizada permite melhores preços, melhor competitividade e, por conseguinte, o afastamento de empresas que não souberam se ambientar neste paradigma. Embora estabelecer e manter um website comercial ou aplicativo (ou ambos) tenha custos, os gastos negociais digitais em comparação a outros meios ou canais de vendas são substancialmente reduzidos pela facilidade de promoção (exposição nacional e internacional) dos produtos e serviços, da negociação, da entrega (digital), do pagamento, do recebimento, da organização, do controle organizacional, do marketing digital, da integração, entre muitos outros pontos do processo de um negócio. Fazer negócios pela Internet tem se demonstrado rentável, com vantagens econômicas advindas da utilização da rede, levando as empresas e organizações a repensarem a forma como executam suas operações[10].

---

10 *Vide* FREIRE E ALMEIDA, Daniel. **The Taxation of Electronic Commerce in the United States of America and in the European Union**. São Paulo: Almedina, 2016.

Neste passo, um segundo fator provocado pelo E-commerce é a constante **desintermediação** que ele possibilita. As empresas perceberam que podem atingir seus consumidores pela Internet, sem a necessidade de intermediários. Em verdade, a conexão digital aproximou as empresas, os consumidores e os fornecedores.

Em prosseguimento, as empresas digitais e aplicativos permanecem **disponíveis em tempo integral**, 24 horas por dia, 7 dias por semana. Estar sempre online proporciona aos consumidores comprar a qualquer hora, analisar, negociar e efetuar pagamentos a qualquer momento, não importando qual o fuso horário de seu país. A empresa permanece disponível para os seus negócios de maneira permanente. Poucas lojas no mundo real podem dispor destes recursos, aliados com o baixo custo.

Adicionalmente, outra importante característica das empresas na Internet é a **não obrigatoriedade de possuir instalações físicas**. Sendo, o produto ou serviço comercializado online, por website, aplicativo, redes sociais, ou mesmo por mensagens instantâneas, as lojas físicas são supérfluas, pois todo o ciclo de comercialização, desde o pedido até o pagamento e entrega, podem ser feitos em linha.

Isto tem levado à constante desocupação de áreas comerciais físicas, plantas, lojas e locais físicos destinados à exposição e comercialização de produtos. A transformação neste ponto é tão relevante que, em muitos casos, cria-se uma concorrência entre as lojas online e física, com clara desvantagem para o estabelecimento presencial, recheado de custos operacionais e de disponibilidade menor.

Acrescenta-se, da mesma forma, não haver restrições em relação à quantidade de itens disponíveis por uma loja digital, o que pode ser inviável, por questões de espaço, organização e custo, para uma loja física.

Em importante consideração, utilizando a forma digital, uma pessoa, uma pequena empresa ou aplicativo pode, facilmente e a um custo muito mais baixo, não só ter acesso a informações e fornecedores localizados nos mais distantes pontos do globo, como também criar, gerenciar, organizar, comparar, disponibilizar, oferecer e distribuir produtos em larga escala, em **âmbito global**, algo que somente uma grande organização poderia fazer, usando os meios de comunicação e comercialização convencionais[11].

De fato, o E-commerce proporciona o **alcance mundial de uma empresa**, que pode, em pouco tempo, ofertar e receber pedidos provenientes de todas as partes do mundo. O mundo fica maior para a empresa, que amplia a sua área de atuação. Paradoxalmente, o mundo fica menor para o consumidor, à distância de um clique, podendo acessar e comercializar produtos e serviços em todo o planeta. Trata-se de uma revolução sem precedentes.

Melhor ilustrando, empresas como Amazon, Alibaba, Netflix, Apple, Alphabet, Meta, Disney, Microsoft, Samsung, IBM, Cisco, Tencent e Intel, entre milhares de outras, souberam aproveitar as qualidades do E-commerce e fazer parte de um mercado mundial em expansão.

Posto tudo isso, em prosseguimento, as companhias podem crescer seus negócios e estrutura muito rapidamente, porque são **negócios** construídos quase que inteiramente por códigos informáticos **digitais** e software. A exposição de seus produtos é virtual, com dados hospedados em nuvem pela Internet. Após ter desenvolvido seu aparato digital, o preço de criar cópias digitais do produto e distribuí-los digitalmente, oferecendo-os para novos consumidores em qualquer lugar do mundo, é "zero". Esta é uma das razões pelas quais a Microsoft, de Bill Gates, permaneceu anos entre as mais ricas do mundo. E se não for ela a mais rentável, com certeza será outra empresa de tecnologia digital que aparecerá nas próximas listas globais de valor e desenvolvimento.

De fato, a proliferação de aplicativos, postagens, podcasts, vídeos, conteúdos e streaming forma uma nova economia de criação virtual. E

11 *Vide* FREIRE E ALMEIDA, Daniel. **A Tributação do Comércio Eletrónico nos Estados Unidos da América e na União Europeia**. São Paulo: Almedina, 2015.

todos estes novos produtos e serviços digitais, feitos por profissionais ou startups, podem achar seu espaço no mercado online. A característica digital da Internet pode expandi-la, naturalmente, para acomodar tudo.

Oportuno salientar aqui que, se por um lado a disseminação de produtos digitais tem custos baixos, por outro, efetivamente, uma característica que surpreende é o valor que as empresas digitais têm atingido. Inicialmente, a compra do YouTube pelo Google, por US$1,65 bilhão, marcou um inegável e incrível crescimento dos valores de aquisição de empresas majoritariamente digitais. No entanto, como sabemos, não parou por aí. O WhatsApp foi comercializado por um total de US$22 bilhões, e o Twitter, por US$44 bilhões , em seguida transformado em "X". Algumas companhias do Ambiente Digital, como a Apple, a Alphabet e a Amazon, atingiram valores que ultrapassaram o trilhão de dólares.

Em complemento, devemos mencionar que o surgimento dos aplicativos (**Apps**) direcionados para o comércio eletrônico aliaram a facilidade de integração entre consumidores e vendedores com a mobilidade, própria dos aparelhos celulares. Neste contexto, observa-se que o crescimento utilitário dos aplicativos durante a pandemia prossegue no Ambiente Digital. Em verdade, os Apps se tornaram um pilar robusto do mercado mundial do E-commerce, com crescimento constante, atingindo aproximadamente US$4 trilhões ao ano, em todo o planeta[12].

Em razão disso, neste ambiente de aplicativos vinculados ao E-commerce, algumas tendências surgem, como as experiências com áudio (como o Spotify) e as compras ao vivo nas mídias sociais, nas quais as marcas exibem um produto e, em seguida, um alfinete para o produto aparece, permitindo que os espectadores toquem no alfinete e adicionem o item ao carrinho de compras. Também, os consumidores

12 *Cf.* BUSINESS OF APPS. **E-commerce App Revenue and Usage Statistics (2023)**. Disponível em: https://www.businessofapps.com/data/ecommerce-app-market/.

esperam cada vez mais serviços como "compre agora, pague depois", como um método de compra alternativo. Essa opção de pagamento permite que os compradores façam uma compra e depois paguem em várias parcelas, de forma mais fácil e flexível.

No mesmo sentido, estamos vislumbrando vários aplicativos de comércio eletrônico recorrerem à realidade aumentada para permitir que os compradores experimentem um produto em um app de E-commerce. Nesse caso, a realidade aumentada adiciona um produto digitalmente a uma visão da vida real, obtida de um smartphone. Por exemplo, a Amazon Fashion lançou seu "Virtual Try-on Eyewear and Shoes" para o aplicativo de compras da Amazon. Esse recurso usa a realidade aumentada para permitir que os clientes visualizem como um par de sapatos ficará em seus pés de todos os ângulos, ou um par de óculos em seu rosto. Da mesma forma, o aplicativo da Sephora possui um recurso denominado "Virtual Artist", que utiliza reconhecimento facial para permitir que os compradores experimentem diferentes tons de maquiagem no aplicativo[13].

Para facilitar o contexto digital, a proliferação de **criptomoedas** (como a **Bitcoin**) e moedas digitais tem promovido a circulação de pagamentos e recebimentos virtuais. A criptomoeda é uma moeda digital. Uma criptomoeda é um ativo digital baseado na tecnologia blockchain, que é um livro-razão digital público, que registra transações. Essa tecnologia é baseada em criptografia e em um algoritmo matemático, sendo utilizada para gerar dinheiro novo, realizar transações e validar essas transações[14].

Em apartado necessário, um **blockchain** é um banco de dados distribuído e compartilhado entre os nós de uma rede de computadores.

---

13 *Vide* AMAZON. **Virtual Try-on Eyewear and Shoes.** Disponível em: https://www.amazon.com/b?ie=UTF8&node=23595320011. *Vide* SEPHORA. **Virtual Artist.** Disponível em: https://www.sephora.my/pages/virtual-artist.

14 UNITED NATIONS OFFICE ON DRUGS AND CRIME. **Cryptocurrencies Course.** Disponível em: https://gpml-crypto.org/modules/Crypto%20English/launch.html.

Os blockchains podem ser usados para tornar imutáveis os dados em qualquer setor. Em virtude de não ser possível alterar um bloco, a única confiança necessária é no ponto em que um usuário ou programa insere os dados. Este aspecto reduz a necessidade de terceiros de confiança, que geralmente são auditores, ou que centralizam a emissão, ou outras pessoas que agregam custos e que podem cometer erros[15].

Feitas as referidas considerações acerca do blockchain, a criptomoeda surgiu em 2008, com o white paper Bitcoin, como um experimento científico. Em menos de 10 anos, tornou-se parte do sistema financeiro global, com a capitalização de bilhões de dólares e milhões de transações.

Uma criptomoeda reúne algumas características essenciais. É descentralizada, não existindo um servidor central, nem um ator específico pelo sistema. A transferência de fundos pode ser iniciada facilmente pelo cliente, por exemplo, através da utilização de uma aplicação, sem o envolvimento de instituições financeiras tradicionais, como bancos e instituições de pagamento. O sistema é anônimo. Embora exista um registo público de transações, este contém apenas números de contas (os chamados "endereços"). Não inclui nomes, números de telefone ou mesmo endereços IP (Internet Protocol address). Em palavras diretas, o sistema consiste em uma grande rede de pequenos vendedores, caixas eletrônicos e provedores de câmbio, onde uma criptomoeda pode ser facilmente trocada de e para dinheiro normal (chamado "fiduciário")[16].

Usando como exemplo uma Bitcoin, constata-se que é uma criptomoeda digital descentralizada, armazenada em um livro-razão distribuído e aberto, chamado "Bitcoin-Blockchain". Em maiores detalhes, a Bitcoin é um sistema de pagamento eletrônico, o que significa que existe apenas como registro eletrônico. Ela é armazenada em um livro-razão aberto e distribuído em todo o mundo. Não há ouro

---

15 UNITED NATIONS OFFICE ON DRUGS AND CRIME. **Cryptocurrencies Course.** Disponível em: https://gpml-crypto.org/modules/Crypto%20English/launch.html.

16 UNITED NATIONS OFFICE ON DRUGS AND CRIME. **Cryptocurrencies Course.** Disponível em: https://gpml-crypto.org/modules/Crypto%20English/launch.html.

ou outro ativo tangível que lastreie esta forma de moeda. O sistema é descentralizado, porque não existe um repositório central ou administrador único. Em vez disso, é uma rede peer-to-peer (P2P) e as transações ocorrem diretamente entre os usuários, sem intermediários[17].

Uma transação consiste em centenas de nodes (nós), com computadores conectados via Internet, com cada um deles executando um software Bitcoin e mantendo uma cópia do livro-razão distribuído. É importante notar que todos os nós são iguais. Nas redes P2P, todos os nós se comunicam diretamente, e não através de algum servidor central. Alguns exemplos de redes P2P são: redes privadas (Darknet), redes de compartilhamento de arquivos (Bittorrent), sistemas de redes de computação distribuídas (GIMPS) e redes de mensagens (Firechat), entre outras[18].

Qualquer utilizador de Bitcoin executa o mesmo software. Seu código-fonte é gratuito e está disponível para qualquer pessoa. Igualmente, qualquer pessoa pode instalar o software Bitcoin e executar um novo nó ou nós[19]. Nenhuma autorização ou permissão é necessária. Ainda é possível criar uma nova criptomoeda, modificando o código original. Por isso a proliferação de moedas digitais constatada hodiernamente. Todos os nós possuem uma cópia do livro-razão distribuído (blockchain). Um blockchain contém os registros de todas as transações de Bitcoin e está em constante atualização[20].

Pode-se afirmar, também, que as criptomoedas foram inventadas na era da Internet para evitar alguns dos riscos dos sistemas de pagamento centralizados. Os sistemas tradicionais, como SWIFT, IBAN, PayPal ou qualquer sistema de pagamento nacional são centralizados. Eles têm

---

17 UNITED NATIONS OFFICE ON DRUGS AND CRIME. **Cryptocurrencies Course**. Disponível em: https://gpml-crypto.org/modules/Crypto%20English/launch.html.

18 UNITED NATIONS OFFICE ON DRUGS AND CRIME. **Cryptocurrencies Course**. Disponível em: https://gpml-crypto.org/modules/Crypto%20English/launch.html.

19 *Vide* BITCOIN. Disponível em: https://bitcoin.org/en/download.

20 UNITED NATIONS OFFICE ON DRUGS AND CRIME. **Cryptocurrencies Course**. Disponível em: https://gpml-crypto.org/modules/Crypto%20English/launch.html.

um administrador (um servidor central), que valida ou rejeita cada pagamento. Os usuários devem confiar no administrador do sistema de pagamento. Este não apenas tem acesso a todas as informações transacionais, mas também pode adicionar, modificar ou excluir qualquer informação. Além disso, o administrador tem autoridade para aceitar ou recusar a validação das transações, e pode alterar o histórico das transações. Tal sistema, tradicional, está sujeito aos riscos associados a uma arquitetura centralizada. O servidor centralizado com dados de transações pode se tornar objeto de um ataque cibernético. Outros riscos incluem, por exemplo, falhas no sistema, fuga de dados e perda de informações sobre transações.

Porém, as criptomoedas têm várias vantagens importantes, como a confiabilidade e a descentralização, que reduzem os riscos de um ataque cibernético, pois não existe um servidor central. Também evita atos maliciosos por parte do administrador. Enquanto alguns nós estiverem conectados à Internet, o sistema permanecerá operacional. Os usuários podem começar a usar bitcoins em questão de minutos, com alguns cliques conectados à Internet[21]. A Bitcoin pode fornecer um nível considerável de anonimato, pois é possível enviar e receber bitcoins sem fornecer quaisquer dados de identificação pessoal. E não há necessidade de assinar nada. As transações são validadas rapidamente e não possuem limitações geográficas, nem limites de valor mínimo ou máximo. Daí a globalidade do tema.

Para além dos contextos de investimentos em criptomoedas, elas podem servir de forma de pagamento. Em suma, para tais efeitos, um pagamento digital é a transferência de dinheiro ou moeda digital de uma conta para outra, usando tecnologias de pagamento eletrônico, como carteiras móveis ou aplicativos de pagamento móvel. Os pagamentos digitais também podem ser chamados de pagamentos eletrônicos. Logo, um sistema de pagamento eletrônico busca facilitar

---

21 UNITED NATIONS OFFICE ON DRUGS AND CRIME. **Cryptocurrencies Course.** Disponível em: https://gpml-crypto.org/modules/Crypto%20English/launch.html.

digitalmente as transações financeiras entre as partes. Com a mudança para compras online continuando a acelerar, os métodos de pagamento virtual estão integrando ainda mais as partes interessadas. Em consequência, os aplicativos de pagamento digital permitem que os usuários transfiram fundos para um indivíduo ou empresa também por meio de um dispositivo móvel, incluindo smartphones e tablets.

Em tal contexto, vale aqui então enfatizar que as tecnologias que possibilitam esses serviços de pagamento digital envolvem aprendizado de máquinas e inteligência artificial. Assim, à medida que os consumidores continuam fazendo compras com seus cartões, carteiras móveis ou aplicativos, a tecnologia de aprendizado de máquinas é capaz de estudar essas experiências e melhorá-las ao longo do tempo. Essa experiência aprimorada garante maior proteção e segurança contra fraudes, quando acontecem compras que fogem do padrão, por exemplo.

Por conseguinte, uma nova economia emergiu, em escala global, digital, integrada, configurando uma fundamental parte do Ambiente Digital.

Contudo, se por um lado oferece vantagens e peculiaridades positivas, o mercado das empresas digitais enfrenta desafios, igualmente. Isto porque a evolução tecnológica tem procurado tornar o sistema virtual mais atraente, rápido, interativo e responder à outra face fundamental da Internet: a cybersegurança.

Realmente, a gestão e a disponibilidade de um website, aplicativo ou sistema totalmente seguro é custoso, tecnicamente difícil e pode ser determinante para o sucesso, prosseguimento e fiabilidade do negócio digital. Isto sem contar com as consequentes responsabilidades envolvidas.

De fato, um dos paradoxos consiste em estar disponível aos usuários em todo o mundo e, ao mesmo tempo, protegido contra ataques, invasões não autorizadas, interceptações e apropriação digital dos conteúdos estruturais e dados da empresa.

Em verdade, as empresas digitais que envolvem seus produtos, pagamentos e recebimentos online, dependem nuclearmente da segurança, em um ambiente global como a Internet. Os cybercriminosos e robôs estão espalhados por todos os cantos do planeta, atacando os sistemas digitais constantemente. Eles atingem alvos grandes e pequenos, desde redes corporativas até smartphones pessoais. Segundo o Internet Crime Complaint Center-IC3 (do Federal Bureau of Investigation – FBI), ninguém e nenhum dispositivo está imune à ameaça digital. No contexto da segurança digital, onde um único comprometimento pode impactar milhões de pessoas, não pode haver brechas. Para o renomado centro, toda organização e indivíduo precisa tomar medidas técnicas para proteger seus dispositivos e sistemas e aprender como detectar e evitar fraudes. Para corroborar a gravidade do quadro digital, o IC3 reportou que recebeu mais de 3,26 milhões de denúncias, com perdas financeiras de mais de US$27,6 bilhões nos Estados Unidos da América, entre 2018 e 2022[22].

Desde já, vale notar a observação feita pelo relatório acima referido, de que um dos componentes de complexidade dos crimes cometidos através da Internet, que torna a investigação e consequente julgamento difíceis, é que o autor e a vítima podem estar localizados em qualquer lugar do mundo, completando nestes termos: "This is a unique characteristic not found with 'traditional' crime." Em adição, como o E-commerce corre na direção global, acaba por necessitar de regras, investigações e judicializações igualmente globais.

Pelas razões expostas, as empresas acabam por gastar somas vultosas para garantir que estão protegidas contra os riscos associados a ataques, invasões e sequestro de dados online.

Vale destacar, em alinhamento, que o cenário das criptomoedas revela desafios e riscos, igualmente. De fato, algumas características

22 *Cf.* FEDERAL BUREAU OF INVESTIGATION (FBI). **Internet Crime Complaint Center (IC3)**. Disponível em: https://www.ic3.gov/.

das criptomoedas atraem criminosos e lavadores de dinheiro. As criptomoedas permitem que os criminosos recebam anonimamente os rendimentos dos crimes digitais. Um exemplo disso é o ransomware, no qual um vírus criptografa os dados de um site ou empresa e exige um resgate em bitcoins para retirar a criptografia. De modo geral, não existe nenhum banco ou instituição financeira que monitore as transações com Bitcoins e detecte comportamentos suspeitos. As transações de Bitcoin são baratas e rápidas e é possível gerenciá-las com software acessível facilmente. Isto torna possível fazer um grande número de pequenas transações e tornar o dinheiro muito difícil de rastrear. As transações de Bitcoin são particularmente perigosas, quando realizadas em mercados obscuros e mercados eletrônicos para produtos ilícitos na Darknet, por exemplo. Em contrapartida, os governos nacionais começaram a perceber a necessidade de mudanças ordenatórias, e a integração global deve entrar em ação, como veremos no Capítulo 3 deste livro.

Partindo-se da essência dos pontos levantados, podemos considerar que o Ambiente Digital, alavancado pela Internet e atravessado pelo E-commerce, é um fenômeno socioeconômico. Chegamos a um ponto fascinante da história, em uma onda especial de sinergias inovadoras, integrando as pessoas, as empresas, os países, as organizações, as invenções e inovações (como o microprocessador), o computador, os smartphones, os satélites, a fibra ótica e os aplicativos, entre outras, tornando possível o surgimento de um potencial novo de captação, análise, comercialização e disseminação de informação e conhecimento em um grau surpreendente.

Ante o até aqui examinado, percebe-se que a explosão do E-commerce global já é realidade. As mudanças da era digital são difusas, profundas e irreversíveis. A sociedade digital está se configurando, e o Direito deve fazer parte deste contexto em prol do futuro das pessoas.

1.4 O Trabalho Online – Home Office

As características e finalidades da Internet, como ferramentas de comunicação digital, constituem-se como pressupostos e paradigmas das transformações em nossas relações sociais.

Neste cenário, já se verificava, em andamento, uma flexibilização do trabalho físico, com a permissão de que o mesmo fosse realizado em modelo de teletrabalho, ou home office. Nos Estados Unidos da América, in exemplis, sextas-feiras quinzenais já eram utilizadas nesta modalidade. Alguns modelos de trabalho flexíveis, como de atendimento ao cliente (call center), também já serviam como modelo.

Contudo, a pandemia do novo coronavírus levou o trabalho online para o primeiro plano de transformações do Ambiente Digital. A impossibilidade de presencialidade revolucionou as possibilidades de exercício laboral.

Em termos práticos, pois, o teletrabalho (**home office**) configura-se pelo exercício do trabalho a partir da residência do empregado. O trabalho remoto, por sua vez, é aquele exercido em polos alternativos da própria empresa ou empregador. E, mais recentemente, o "anywhere office" é aquele realizado de qualquer lugar do mundo, utilizando a Internet[23].

Indubitavelmente, o que era exceção passou a ser a tendência do trabalho em todo o mundo. Em diversos setores, a presencialidade passou a ser periódica, ou intercalando sessões online.

A verdade é que aprendemos novas formas de trabalho, aproveitando as conveniências da Internet. Isto porque, de fato, se desligarmos as conexões em uma empresa, o trabalho praticamente é paralisado. Assim, se o fator primordial para o trabalho existir passou a ser a Internet, então o home office passa a ser uma opção cada vez mais adotada.

---

23 No entanto, para a CLT, nos termos do artigo 75-B, o teletrabalho ou o trabalho remoto equivalem à prestação de serviços fora das dependências do empregador, com a utilização de tecnologias de informação e de comunicação.

Neste sentido, surgiu a desnecessidade de escritórios físicos por parte de muitas empresas. Estas passaram a depender menos de seus ambientes físicos e mais dos seus ambientes digitais, sendo a Internet o condutor tecnológico desta transformação.

Conforme já referenciado, as companhias têm utilizado aplicações tecnológicas no local de trabalho, como câmeras, microfones, avatares digitais, hologramas, imagens holográficas movidas a inteligência artificial e recursos para tornar mais realista a atividade laboral à distância. Por conseguinte, reuniões virtuais, designação de tarefas e o uso intensivo das ferramentas online já são realidade no contexto do home office.

Neste passo, observamos uma modificação em muitas cidades do mundo, com o rompimento de contratos de aluguel corporativo. Logo, os empregados passaram a suportar os custos estruturais de uma organização, como a conexão à Internet, a energia, o cafezinho e o espaço, entre outros.

A seu turno, e por outro lado, alguns problemas começaram a surgir. Nesta nova relação laboral digital, os funcionários entraram em modo "non stop", onde não há mais divisão entre a vida familiar e a do trabalho. Os impactos nos ambientes familiares começaram a ser sentidos, em virtude da integração das atividades. As crianças e outros membros da família tiveram que suportar a interferência em suas rotinas.

No mesmo sentido, ao transformar as casas em ambiente de trabalho, sem as devidas proteções digitais, facilitou-se a ocorrência de invasões de computadores, dispositivos e sistemas das empresas. Isto porque, sem os necessários aparatos tecnológicos normalmente disponibilizados pelas organizações em seus escritórios, as brechas digitais oportunizadas pelos funcionários passaram a constituir uma ameaça.

No entanto, uma coisa é certa: o mundo do trabalho nunca mais será o mesmo, após o surgimento da Internet. As diversas formas de conexão e de aproximação entre as pessoas, as empresas, os fornecedores, os consumidores e os atendimentos e reuniões online oportunizadas, colocam o home office na centralidade das relações de trabalho atuais.

No próximo Capítulo (no tópico 2.3.6), verificaremos a regulação do home office e suas consequências no Brasil.

Posto tudo isso, podemos concluir, nesta parte, que o Ambiente Digital é uma realidade em todo o planeta, integrando a sociedade digital, o contexto digital, as redes sociais, o EaD live, os estudos online, a configuração global da Internet, o metaverso, os non-fungible tokens--NFTs, o E-Commerce, a blockchain, a Bitcoin, as criptomoedas e o home office.

02
O DIREITO DIGITAL

Depois de termos conhecido o Ambiente Digital, o presente Capítulo concentra relevantes esforços em ofertar um panorama sobre a legislação brasileira de **Direito Digital**.

Para atingir tal conformação do Direito Digital brasileiro, o trabalho é permeado pela identificação seletiva da legislação, pela análise detalhada dos tópicos normativos e pela apreciação de julgados (casos) essenciais a respeito.

De início, para chegarmos à legislação propriamente dita, é de todo coerente, de forma introdutória, passar-se ao exame, detido e fundamental, das "Características Desafiadoras da Internet" (2.1), que tornam a Internet tão especial na perspectiva jurídica e que exige correta abordagem.

Em seguida, conheceremos os "Os Cybercrimes e as Novas Problemáticas Jurídicas Digitais" (2.2), em verdadeiro cenário sobre as condutas desviantes na Internet.

A análise crítica dos referidos tópicos revela-se oportuna para a adequada e efetiva apreensão do ordenamento jurídico da Internet.

Finalmente, então, averiguaremos o contexto regulatório e judicante brasileiro (2.3), completando a dedicação ao Direito Digital.

É de nosso desejo, então, que o Capítulo possa servir para amparar na consideração de alguns conceitos e critérios que podem ser de importância essencial, e muito relevantes, para a compreensão e estudo do Direito Digital.

2.1 Características Desafiadoras da Internet

Com o objetivo maior de conhecer as principais **características** que o Ambiente Digital e a **Internet** proporcionam ao Direito, o presente tópico possui direcionamento certo: identificar e revelar distintivos da Internet que possam impactar a regulação do Ambiente Digital e que, por isso, devem ser considerados. Mais do que isso, a presente parte busca proporcionar a compreensão de que, para além da criação de um novo ramo do Direito, o **Direito Digital** passou a trazer repercussões a todos os demais ramos do Direito. É o que conheceremos nesta seção.

A Internet proporciona conexões e ligações, que envolvem o planeta todo. Como já sinalizado neste livro, este aspecto traz inúmeras oportunidades de integração global, de novos negócios e de novas aplicações. Mas, por outro lado, também traz ao Direito inúmeros **desafios**. Para que possamos compreender adequadamente esta assertiva, necessitamos por iniciar pelo conhecimento de algumas das características, que fazem a Internet proporcionar a maior revolução tecnológica do Século XXI.

Neste diapasão, em 1969, pesquisadores da ARPANET (Advanced Research Projects Agency Network) conseguiram realizar um feito histórico. Com efeito, estabeleceram a conexão entre 4 pontos distantes de Universidades norte-americanas. Ao vencer esse desafio, eles deram início ao que hoje conhecemos por Internet. Mas o toque fulcral desta nova invenção (e fator motivador naquele tempo) era que, em um conflito internacional ou uma guerra, os inimigos normalmente tentassem atacar as centrais. Por conseguinte, era assim que ocorria. Ataques eram feitos contra a central telefônica, a central telegráfica, a central de águas. Uma vez destruídas, elas acabavam por minar as opções de defesa estrutural da nação atacada. Considerando este contexto é que o então presidente dos Estados Unidos da América, Dwight D. Eisenhower, durante seu período na presidência (1953-1961), lançou uma importante tarefa: criar uma rede de comunicação que não apresentasse um ponto central, ou seja, se um dos pontos de conexão (computador) estivesse desligado (por ter sido destruído em um ataque), os outros conseguiriam se conectar assim mesmo.

Logo, com o estabelecimento de uma rede de conexões, sem que houvesse um ponto central, deu-se origem ao que nós conhecemos por Internet, hodiernamente.

De fato, a Internet demonstrou, então, que era possível a conexão de pontos distantes, **sem um ponto central**, e se tornou, dentro do mundo acadêmico e científico da época, uma importante forma de comunicação, de trocas de impressões do desenvolvimento científico.

Para além de tudo isso, a Internet é "muito legal", razão pela qual as pessoas aumentaram o número de conexões, e o feito da ARPANET se tornou naquilo que nós conhecemos mais recentemente por Internet. Os pais dessa invenção conseguiram demonstrar que, se não há um ponto central, é difícil destruir, razão pela qual a Internet é resiliente e continua funcionando.

Por outro lado, não havendo um ponto central, um ponto de localização territorial, é mais difícil regular. A seu turno, aquilo que é difícil regular, também é difícil de julgar. Tais condições, para o Direito, são basilares para a sua efetividade.

Em outras palavras, um olhar atento para esta característica permite visualizar os primeiros desafios que o Direito confronta na era digital, na medida em que ele passa a abrigar algo com estrutura **desterritorializada**, ausente de um ponto de conexão territorial. Isto porque o Direito atual, com suas regras jurídicas, é majoritariamente construído levando-se em consideração um local, uma comarca, um condado, um território, uma nação, um estado, um país. Contudo, a Internet está ausente dessas ligações territoriais que, tradicionalmente, conhecemos no meio jurídico.

Não podemos olvidar, igualmente, o fato de que a Internet, desde a década de 90, já vem evidenciando que estamos lidando com algo revolucionador, disruptivo e, ao mesmo tempo, transformador. O estranho novo mundo da Internet irá proporcionar as novas batalhas digitais, eliminando fronteiras, abrigando o ciberespaço, o metaverso, criando novas terminologias e problemáticas. Com efeito, trata-se de uma conflagração tecnológica, que vem integrando os espaços digitais e físicos e colocando o Direito em novo dealbar.

Algo grandioso e global como a Internet, sem um ponto central, confronta diretamente o Direito, tradicionalmente estabelecido sobre bases limitadas por um território definido (um país).

Em breve apartado, neste desenrolar, em 1995 estavam surgindo as primeiras empresas, como o Yahoo, que já chegava ao Japão como motor de busca, e o Windows, que também era reconhecido e utilizado em várias partes do mundo. Esta nova direção tecnológica já começava a transformar o cenário das empresas e das universidades, em especial nos Estados Unidos da América. Os labs já faziam parte do cotidiano dos estudantes, ávidos por trocar mensagens e e-mails com os seus antigos colegas de high school em outras partes do país. Além disso, os trabalhos, essays e textos já despertavam a necessidade de utilização do computador, trazendo um novo "beabá" informático aos estudantes.

Por sua vez, os veículos de comunicação e as companhias já começavam a exibir seus conteúdos pela Internet. Em verdade, esse fenômeno global, despertou a ideia de que os fornecedores poderiam chegar até os seus consumidores de forma online. O e-mail, ou como nós conhecemos, o correio eletrônico, passou a executar tarefas de trocas de informações e de documentos antes impossíveis. Portanto, a partir dali o Direito passou a conhecer a desmaterialização de muitas das suas peças, dos seus documentos, que reconhecíamos tradicionalmente por meio do papel.

Considerando esta anunciada revolução, vale ainda destacar neste ponto que, em março de 2003, foi criada a primeira Comissão da Ordem dos Advogados do Brasil que tratava do Direito na Internet. Isso aconteceu na cidade de Bauru, São Paulo. Esta Comissão passou a estudar, discutir e reunir profissionais para essa nova temática, mais recentemente denominada de Direito Digital[1].

Nesta linha, as formas de comunicação passaram a mover os nossos destinos e a Internet, atualmente, responde como o principal veículo de integração global. As pessoas, as empresas e os governos perceberam que é mais fácil chegar até os outros e outras através da Internet. Contudo, conforme direcionado inicialmente, a Internet tem certas características que passaram a desafiar algumas das regras tradicionais do Direito.

Logo, para que possamos compreender o Direito Digital em sua plenitude, é muito importante conhecermos mais algumas destas características.

Então, para além de não possuir um ponto central, está a conclusão de que **a Internet é global**, internacional. No entanto, o Direito é pensado de maneira mais localizada, para ser estabelecido e aplicado em um dado local ou jurisdição. Contudo, a Internet permite mais facilmente a realização de contatos e contratos além das fronteiras, de uma maneira muito numerosa e constante. Assim, qualquer um pode ser internacional.

Em consequência, se de um lado ela permite um aumento exponencial de conexões, de integrações, de outro, cria atos, fatos, negócios jurídicos e repercussões internacionais, que precisam do acolhimento do Direito.

Como sabemos, quando iniciamos o estudo das Ciências Jurídicas, em nosso primeiro ano, conhecemos que, normalmente, as regras e

---

1 A referida Comissão foi fundada em 2003, pelo advogado Daniel Freire e Almeida, com o nome de **Comissão de Relações Internacionais e Direito na Internet**. Reuniu centenas de membros oficiais e permaneceu em funcionamento até o ano de 2015, com a realização de dezenas de eventos, com profissionais do Brasil, dos Estados Unidos da América, de Portugal e de Cuba, entre muitos outros. O Jornal local noticiou a respeito, em 14 de março de 2003, em reportagem de Luciana La Fortezza, da seguinte forma: JORNAL DA CIDADE. "**OAB institui comissão inédita no País - Comissão de Relações Internacionais e Direito na Internet é a primeira do Brasil a discutir os problemas** na rede."

tribunais estão baseados em comarcas, em localizações, em territórios. Mas, como passamos a experimentar, a Internet ignora esses mesmos locais, trazendo desafios iniciais ao Direito. Devemos notar, desde já, que os dados, as provas, as empresas e as pessoas estão espalhadas pela Internet (global), desencadeando repercussões apontadas ao Direito, configurado nacionalmente.

Logo, na medida em que necessitamos estabelecer uma ação judicial, nos deparamos com conflitos legislativos, dados (provas) hospedados e tratados no exterior, empresas localizadas em outras jurisdições e sem um ponto de contato físico, termos de serviços das empresas indicando legislações e tribunais (ou nenhum) em outros países, entre outros desafios que traremos mais à frente.

De outra parte, destaca-se distintivo ponto do ambiente retratado. **Tudo está na Internet**. A visualização, a escolha, a comparação, o pedido, o pagamento e, muitas vezes, a entrega. Em termos práticos, não quer dizer que vamos comprar uma pizza pela Internet e ela vai chegar digitalmente. Mas, que já podemos escolher através deste instrumento e até pagar. O mesmo com um carro. Não significa que ele vai se desmaterializar e aparecer em nossa casa. Mas já escolhemos modelos, comparamos e negociamos. Ou seja, a Internet é uma integração de tudo, e tudo passa pela Internet. Incluindo as pessoas, suas relações sociais, e seus dados.

Em termos diretos, o mundo está na Internet.

Em continuidade, um outro elemento muito relevante para o Direito é a **digitalização** dos conteúdos. De fato, na Internet, tudo se transforma em digital. Logo, nós conhecemos novas formas de gerarmos e transmitirmos conteúdo. Para o Direito, isto equivale a dizer que as provas passam a ser digitais. A seu turno, as formas de fundamentação do Direito, de investigação nos casos, exigem o conhecimento dos meios eletrônicos, dos meios tecnológicos e das novas tecnologias digitais que perfazem as provas.

Igualmente, precisamos de novos profissionais para cobrir as Ciências Jurídicas, que conheçam o Direito Digital, com suas peculiares configurações, e que possam responder às necessidades dos seus jurisdicionados, das pessoas, das empresas e dos governos. Da mesma forma, é claro, eleva-se a necessidade de reconhecimento de que há uma transformação em ação, com o imperativo de uma nova Justiça, de um novo Direito, o Digital.

Em alinhamento, de fato, está o ponto que nos direciona a melhor compreender que essas novas dinâmicas estão na linha das **novas gerações**, das crianças, que são o futuro da Justiça. Serão elas que criarão as atitudes, as condições jurídicas que estaremos patrocinando, que estaremos investigando, denunciando e julgando. As crianças nasceram no Ambiente Digital e são o futuro da Justiça. Como se observa atualmente, os jovens estão direcionados cada vez mais para o contexto digital, aprendendo, usufruindo e convivendo com as novas tecnologias. Isto ocorre em todas as partes do mundo, desde a Austrália até o Brasil, desde a Alemanha, até o Japão. Não obstante a necessidade de se proporcionar um acesso global à Internet, tanto em termos estruturais como em termos qualitativos, uma questão é certa: a Internet está para as novas gerações assim como as novas gerações estão configurando o futuro da Internet. De forma decisiva, a Internet é um dos pontos centrais do futuro das pessoas.

O formato dos novos motores de buscas, dos aplicativos, dos códigos de programação, está formando um novo contexto digital. Tudo a partir das necessidades das novas gerações. O mundo busca estar conectado, para acompanhar lá e cá, ao mesmo tempo, os acontecimentos.

Ademais, essa transformação geracional está em linha com a produção de conhecimentos digitais. Foi o que o mundo aprendeu em pouco mais de três anos de pandemia global. As novas relações educacionais, laborais e jurídicas viram na Internet uma opção formidável. Não fosse isso, nossas relações em inúmeros setores de atividade humana teriam um obstáculo intransponível. Mas a Internet aproximou as pessoas, ampliou a exposição das empresas, proporcionou oportunidades, mesmo em tempos muito difíceis[2].

Analisando a conjuntura do Ambiente Digital, com a devida concentração aos aspectos basilares da Internet, podemos perceber algumas das inovações e características que tornam a Internet hoje precursora de novas discussões jurídicas e da criação de um ramo do Direito, que é o Direito Digital.

Contudo, neste momento, damos prosseguimento às novas características da Internet, que culminaram em sua aplicabilidade no **E-commerce** e nas **redes sociais**, bem como em outros contextos digitais que trazem repercussões jurídicas.

Sendo assim, em nossos estudos sobre a Internet, percebemos que houve um aumento exponencial de conexões, de contatos e contratos, tanto nas regiões nacionais como no mundo digital. Neste sentido, nós passamos para o E-commerce. Percebeu-se que, facilitando as conexões entre usuários da rede, aplicabilidades comerciais seriam possíveis. Então, na década de 1990, surgiram as primeiras companhias que perceberam que negócios seriam possibilitados em virtude da Internet. O principal destaque, como já referido no Capítulo 1, desde então, tem sido a Amazon, criada nos Estados Unidos da América, na região de Seattle. A Amazon passou a ser um marketplace global, vendendo, integrando e intermediando a troca de produtos e serviços em todo o mundo. A companhia surgiu com uma característica muito peculiar e própria das empresas de comércio eletrônico: o **âmbito de atuação é global**, e a integração com seus consumidores passa a ser deslocalizada, ausente de uma estrutura territorial. A ideia é justamente utilizar-se das distâncias para conseguir novos clientes e estabelecer novas relações que, para além das comerciais, podem ser também jurídicas.

2 *Vide* FREIRE E ALMEIDA, Daniel; SCRIPTORE, Verônica (Org.). **O Ambiente Digital e os Novos Desafios ao Direito Internacional**. New York: Lawinter Editions, 2020.

Aproveitando o exemplo da Amazon, podemos citar que grande parte das suas transações dizem respeito ao E-commerce indireto, ou seja, a conexão possibilita a integração entre vendedores e compradores em diferentes setores, mas a entrega do produto ainda é feita pelo modo físico. Em outras palavras, a compra do produto é de bens corpóreos, com a exposição, a negociação e o pagamento sendo feitos de forma digital. No entanto, sabemos que hoje a Amazon também vende em outros formatos, como o digital, onde produtos como músicas, vídeos, streaming e hospedagem de dados em nuvem são comercializadas eletronicamente. Portanto, atualmente, a empresa é um exemplo de E-commerce em todas as suas dimensões. As redes de distribuição que a Amazon possui hodiernamente integram praticamente todo o globo.

Outra companhia que nasceu e se desenvolveu nesse novo Ambiente Digital é o Google. Todos nós conhecemos e, em algum momento do dia, "damos um Google" e localizamos a informação que desejamos. Devemos notar que a missão da empresa, desde o início, como já referido, era de organizar as informações do mundo e torná-las mundialmente acessíveis e úteis. A ousadia dos fundadores, Larry Page e Sergey Brin, de integrar diferentes partes do planeta através dos resultados de buscas, mostrou-se realizada. Ademais, a empresa diversificou seu portfólio de serviços digitais, oferecendo aplicações de vídeo, e-mail, mapas, tradutor, google books e google meet, entre muitos outros.

Em consequência, podemos visualizar, desde o início, que as novas companhias que surgiram a partir da Internet ignoravam as fronteiras físicas e elevavam um desafio muito importante ao Direito, tradicionalmente territorial.

Outro ponto interessante é que essas companhias têm diferentes produtos e aplicabilidades, passando a formar conglomerados. O Google está dentro de uma estrutura centralizada da Alphabet, por exemplo. Em outras partes do mundo, para além da Amazon, surgem companhias interligando milhões de pessoas em todo o mundo, como o Alibaba, com novas formas de pagamento, com milhões de transações eletrônicas por dia, construindo conexões, contatos e contratos em todo o planeta.

Para Jack Ma, fundador do Alibaba Group, o cenário do E-commerce permite, à empresa, a realização de mais de **80 milhões de transações** por dia. As pessoas não conhecem umas as outras. Mesmo assim, as transações são realizadas com a transferência de dinheiro do comprador para a companhia. Devemos notar que tal configuração de negócios, aos milhões e à distância, e sem as formalidades anteriores estruturadas pelo Direito Civil clássico, desafiam as noções basilares civilistas e do Direito de Empresa. Isto porque as empresas enxergaram e vislumbraram novos formatos de transações, digitais, que nas regras tradicionais não estavam devidamente estabelecidas. De fato, as pessoas normalmente realizavam negócios baseados na confiança, em trust, e mais proximamente. Dificilmente iriam transferir (ou entregar) um dinheiro para alguém que não conhecessem. Mas a Internet aproxima todas as partes, ampliando o número de negócios, em escala impensável pelas cadeiras tradicionais do Direito. Empresas realizam milhões de transações diárias, com negócios jurídicos, confrontando o Direito tradicionalmente escrito, que não fora construído para situações excepcionais, com circulações que tivessem uma amplitude tão difusa e integradora como a Internet. E tudo isso podendo ser global.

A seu turno, com a criação da Apple e os novos desenvolvimentos trazidos por um de seus fundadores, Steve Jobs, os aparelhos de conexão à Internet, como os celulares (iPhone) e tablets (iPad), possibilitaram colocar a rede mundial nas mãos das pessoas. Quando o iPhone foi apresentado, com uma tela de "touch" e a possibilidade de navegar na Internet, telefonar e ouvir músicas, as possibilidades digitais foram ampliadas para sempre. Steve Jobs passou a demonstrar que, com um mesmo instrumento, as pessoas poderiam realizar inúmeras atividades digitais diferentes e, ainda, teriam um computador em suas mãos. Esta nova dinâmica revolucionou os produtos móveis oferecidos no mercado digital, ampliou consideravelmente o número de acessos à Internet e alavancou as transações comerciais pelo Ambiente Digital. Além disso, milhões de novas conexões sociais, com consequências jurídicas passaram a fazer parte do cotidiano global.

Não bastasse a transformação sinalizada, o mercado dos aplicativos atingiu mais de 100 bilhões de downloads, e as empresas passaram a oferecer seus endereços de "**apps**". Por conseguinte, novos aproveitamentos surgiram dentro desses instrumentos que estão nas mãos de bilhões de pessoas no planeta. O E-commerce direto, onde todas as fases da transação são realizadas, foi ampliado globalmente. Desde a escolha do produto até a entrega e o pagamento, tudo é feito de forma online, digitalizada.

Em prosseguimento, os **dados** passaram a ser compartimentados, deslocados, comprimidos e distribuídos de forma digital. Mais recentemente, a utilização de **nuvens de dados** passou a hospedar e a tornar o conteúdo disponível para as conexões distantes. Logo, as hospedagens em nuvens digitais passaram a ser a regra. Anteriormente, os dados eram hospedados em algum lugar físico, no disco rígido de algum servidor. Agora, do formato físico passaram a estar distribuídos ao redor do universo, em nuvens. Esta característica tem permitido que empresas ofereçam os serviços de hospedagem de dados, que são espalhados pelo Ambiente Digital. Tal situação, de estar em locais diversos em todo o planeta, ou mesmo em lugar nenhum, traz um desafio gigantesco para o Direito, justamente porque os dados são as conexões, as realizações na Internet, os logs, as **provas**, as evidências de determinado processo judicial. Como eles estão espalhados pelo mundo, fica muito mais difícil para uma autoridade local conseguir o necessário acesso.

Nesta linha, o acesso aos mesmos por parte de um interessado em um processo judicial passa a ser mais enredado. Partes mais vulneráveis em um litígio podem ter dificuldades, ou mesmo impossibilidade, de obter provas que possam fundamentar suas ações judiciais.

Para além de questionamentos acerca do tratamento de dados, a hospedagem distante, que pode constituir uma empresa digital, coloca os poderes judiciais e regulatórios em clara desvantagem. Isto porque a transferência internacional de dados pessoais e empresariais é prática rotineira das empresas, que guardam esta nova riqueza da Internet, desafiando as legislações nacionais. Diversas razões estimulam esta atitude, como a legislação que será aplicada no destino, a jurisdição que poderá ser acionada, a tributação que incidirá, bem como os custos e tecnologia disponível no local ou nuvem dos dados.

A esse respeito, em substância, é de merecido destaque o anúncio por parte da rede social X (Twitter) sobre o fechamento, em 17 de agosto 2024, de seus escritórios no Brasil, justificando que não desejava cumprir certas ordens judiciais oriundas do Supremo Tribunal Federal. Ainda, retirou, naquela ocasião, a sua representação no Brasil. Ademais, contrariou intimação posterior do Ministro Alexandre de Moraes para a referida indicação representativa. Não obstante, deixou claro que continuaria a ofertar seus serviços ao Brasil[3]. Deve-se destacar, nesse plano e por fundamental, que a empresa continuará a funcionar normalmente no Ambiente Digital global, utilizando as virtualidades da Internet (satélite, VPN), mas buscará estar distante das demandas e legislações, limitadas territorialmente no Brasil.

Por outro lado, ainda acerca deste episódio, em consequência, o Ministro Alexandre de Moraes, em 30 de setembro de 2024, determinou o bloqueio da plataforma X em todo o território do Brasil, até que todas as ordens judiciais relacionadas à empresa fossem cumpridas, as multas quitadas e um representante em território brasileiro fosse indicado[4].

Como decorrência, então, verificamos que a urgência pela indicação de um representante no Brasil deu-se, na perspectiva do STF, pela

---

3 AGÊNCIA BRASIL. **Rede social X fecha sede no Brasil e acusa Moraes de ameaça** (17.08. 2024). Disponível em: https://agenciabrasil.ebc.com.br/justica/noticia/2024-08/rede-social-x-fecha-sede-no-brasil-e-acusa-moraes-de-ameaca.

4 *Cf.* SUPREMO TRIBUNAL FEDERAL. **Petição 12.404 Distrito Federal** (2024). Relator Min. Alexandre de Moraes. Disponível em: https://noticias-stf-wp-prd.s3.sa-east-1.amazonaws.com/wp-content/uploads/wpallimport/uploads/2024/08/30171714/PET-12404-Assinada.pdf.

dificuldade posterior em se intimar ou executar ordens judiciais ao X (Twitter), podendo desencadear em trâmites judiciais internacionais (como as cartas rogatórias) eventuais homologações de sentenças estrangeiras e a utilização de MLAts (Tratados de Assistência Jurídica Mútua). Tudo isso torna enredada a tarefa em constranger juridicamente a empresa, situada digitalmente no exterior.

A seu turno, usuários passam a sofrer restrições no acesso à empresa, sendo prejudicados pelo imbróglio. Alternativas como a Internet via satélite, paradoxalmente oferecida no Brasil pela Starlink, pertencente ao mesmo proprietário do X (Twitter), ou o uso de VPN (Virtual Private Network ou Rede Privada Virtual), podem acabar por burlar as ordens da corte brasileira. Vale destacar, desde já, que a ampliação do serviço de Internet via satélite poderá provocar um paradoxo ao Direito. Se, por um lado, ampliará o acesso direto à Internet de milhões de usuários em todo o planeta, de outro evitará bloqueios e suspensões oriundas de decisões judiciais nacionais. Isto porque a Internet via satélite não estará sujeita a eventuais filtros de operadoras de Internet e provedores de acesso à rede (aptos a seguirem as determinações de bloqueios), sendo diretamente disponível aos usuários, sem contato físico com o poder regulatório nacional, não obstante a outorga concedida pela Agência Nacional de Telecomunicações-Anatel no Brasil.

Logo, os governos de todo o mundo estão sendo chamados a responder a estes novos desafios, de constante mobilidade e difícil acesso e regulação dos conteúdos dos usuários e empresas espalhados pelo Ambiente Digital[5].

Em prosseguimento, sobre as características da Internet, as **redes sociais** também ampliaram as formas de aproximação das pessoas, de exposição de ideias, de publicação de conteúdos, bons e ruins, e criaram novas relações sociais e jurídicas. O protagonismo tem sido

---

5 *Vide* FREIRE E ALMEIDA, Daniel; SCRIPTORE, Verônica. **Proteção de Dados na Perspectiva do Direito Internacional na Internet**. New York: Lawinter Editions, 2019, p. 12.

alcançado pela Meta. A despeito do que nós demonstramos com o Google (Alphabet), a Meta Platforms integra diferentes plataformas de acesso e conexão social, como o Facebook, o Instagram, o Messenger e o WhatsApp, conseguindo aproximar bilhões de pessoas em todo o mundo, construindo conexões internacionais, interligando e praticamente dominando as comunicações, que antes eram feitas tradicionalmente por telefone ou mensagens de texto.

Vale mencionar, neste contexto, que a utilização de criptografia de ponta a ponta, por parte de companhias como o WhatsApp e o Telegram, têm criado escusas, por parte destas empresas, para atender ordens judiciais de fornecimento e interceptação de mensagens (provas) de seus usuários.

Aliás, o Telegram, mensageiro baseado em nuvem, explica que o processamento de solicitação de dados, por parte de órgãos judiciais, é obstaculizado por sua arquitetura digital, nestas palavras:

> Chats secretos usam criptografia de ponta a ponta, graças à qual não temos dados a serem divulgados ou compartilhados.
>
> Para proteger os dados que não são cobertos pela criptografia de ponta a ponta, o Telegram usa uma infraestrutura distribuída. **Os dados dos chats em nuvem são armazenados em vários data centers em todo o mundo, controlados por diferentes entidades jurídicas, espalhadas por diferentes jurisdições.** As chaves de decodificação relevantes são divididas em partes e nunca são mantidas no mesmo lugar que os dados que elas protegem. Como resultado, várias ordens judiciais de diferentes jurisdições são necessárias para nos obrigar a desistir de quaisquer dados.
>
> Graças a essa estrutura, podemos garantir que nenhum governo ou bloco de países com ideias afins possa invadir a privacidade e a liberdade de expressão das pessoas. **O Telegram só pode ser forçado a entregar dados se um assunto for grave e universal o suficiente para passar pelo escrutínio de vários sistemas jurídicos diferentes em todo o mundo.**

> **Até hoje, divulgamos 0 bytes de dados de usuários para terceiros, incluindo governos. (grifo nosso)** [6].

Graças a esta postura, de criar **obstáculos em atender ordens judiciais nacionais**, é que o Telegram trouxe inúmeras discussões jurídicas no Brasil, como no caso da Lava Jato, e no atendimento a decisões do Supremo Tribunal Federal. Os referidos imbróglios acabaram retratando as dificuldades em relação a estas plataformas justamente pelas mesmas ignorarem, em grande parte, ordens e pedidos da Justiça brasileira. Este fator é consequência daquilo que já alertamos: a Internet é global, mas as Justiças são nacionais. Portanto é muito mais difícil obter respostas de companhias que não estão muito interessadas em prestá-las.

A Internet, com suas virtualidades internacionais e, ao mesmo tempo globais, ignora e afronta os espaços delimitados de exercício legislativo e judicial dos países. Por conseguinte, o Direito é chamado a um novo posicionamento e a uma inovadora abordagem nos novéis espaços em que atua, com destaque para o Ambiente Digital[7].

No exemplo do Telegram, in casu, já podemos questionar a respeito sobre qual tribunal (de qual país) seria competente para julgar as ações relacionadas ao mesmo. No mesmo sentido, a lei de qual país seria aplicável ao Telegram? Esse é um fenômeno que repercute em todas essas grandes companhias, em todas essas plataformas globais, por estarem pulverizadas pelo mundo, mas que acabam escolhendo em qual tribunal irão judicializar, ou mesmo qual lei irão seguir (ou nenhuma delas!).

O Tiktok (companhia chinesa, mas regida pela legislação de Cingapura) tornou-se mundialmente utilizado, com formatos engraçados e atrativos, como as dancinhas e paródias. Contudo, tem

---

6 *Cf.* Telegram. **Perguntas Frequentes**. Disponível em: https://telegram.org/faq.

7 *Cf.* FREIRE E ALMEIDA, Daniel, SCRIPTORE, Verônica. **Os Conflitos Jurisdicionais Digitais na Internet Global**. New York: Lawinter Editions, 2019, p. 12.

despertado posições contrárias, preocupadas com a segurança dos dados, pela espionagem, pela liberdade de conteúdo e pela política da empresa em bloquear teores considerados sensíveis aos interesses governamentais. Ademais, seu núcleo, assim como o das demais redes sociais, é formado por **dados não estruturados**, como vídeos e fotos, não possuindo uma estrutura ou arquitetura digital identificável. Essencialmente, são dados desestruturados, dispersos e fragmentados, dificultando a geração de informações, mais rapidamente, para serem utilizadas em processos judiciais.

No mesmo sentido, mas a seu turno, o Instagram, com vídeos, fotos e comentários, disponibiliza conteúdo digital postado pelos milhões de usuários, em formatos atrativos e interativos. Entre estes formatos estão os denominados "reels", publicação em vídeo tipo carretel, que conta com mais de 140 bilhões de reproduções diárias na plataforma. Através destes recursos, as pessoas e empresas ampliam seus seguidores, promovem engajamento digital, criam tendências e interagem com entretenimento.

Por sua vez, o Netflix aparece como destaque global entre as companhias que oferecem o E-commerce direto pelo streaming de filmes. Aquilo que antigamente era feito através de uma locadora de vídeos (substituída por estas novas tendências digitais), agora é feito de qualquer lugar, com o aparelho logado na conta do usuário.

Neste ponto, devemos notar algumas repercussões jurídicas. Tradicionalmente, para se conseguir a concessão de um canal de televisão e receber a autorização para a sua exploração, ofertando conteúdo aos consumidores, a companhia interessada deveria cumprir uma série de requisitos, a fim de usufruir deste benefício por tempo determinado (15 anos, no caso brasileiro de televisão). Contudo, as novas geradoras de **streaming**, como o Netflix, criaram **novas regras digitais globais**. A partir da oferta global via Internet, e por estarem além das fronteiras, essas inovadoras companhias acabam por ignorar tais solicitações, oferecendo serviços em todo o mundo. Ademais, não estão, em termos de conteúdo digital, localizadas no país (Brasil, por exemplo). Em verdade, possuem consumidores espalhados por todo o planeta, obtendo um enorme crescimento, com escala planetária. Em outras palavras, não seguem as regras tradicionais, mas sim acabam criando novas regras digitais.

Essas novas aplicações e formas digitais de oferecimento de serviços acabam impactando antigas práticas, e o Direito é chamado para respondê-las ou formalizá-las juridicamente. Os canais do YouTube, com milhões de inscritos, gerando bilhões em receitas aos YouTubers, configuram outro exemplo.

Mas, neste emaranhado de novas práticas, o Uber, atuando de forma global, trouxe enorme revolução no meio de transportes particulares de passageiros. Os táxis, dependentes de autorização municipal, levantaram diversos questionamentos e oposição, mas foram solapados pela prática digital. O fato de interligar o passageiro com o motorista de forma virtual, com a possibilidade do pagamento eletrônico e a corrida pré-definida, simplesmente dominou o setor. Muitas outras empresas surgiram e integraram-se neste segmento de transportes. Logo, não cabe mais discutir se o Uber é legal ou não, mas sim a formalização da atividade, em virtude da pressão digital evidenciada. Mas não podemos ignorar outras situações advindas, como o serviço de mototáxi via aplicativos, e como a eventual relação de trabalho entre estas empresas e os motoristas, in exemplis. Nota-se, igualmente, esta situação com os entregadores de aplicativos, como o iFood e outros.

Conforme supramencionado, parece-nos que o liame entre todas estas empresas citadas é a **Internet**. A ligação digital entre os consumidores e as companhias, com a utilização maciça de inteligência artificial, mapas globais, criptomoedas, a Internet das coisas, a conexão de instrumentos autônomos, drones e robôs, promete uma próxima onda revolucionária.

Aliás, as entregas de produtos e serviços com a utilização de novos instrumentos robóticos, em muitos casos em áreas internas ou delimitadas (como condomínios), evidenciam que já estamos convivendo em novos tempos, com inovações impactantes. Mas também com indagações sobre se precisaremos de regras para **robôs**, se precisaremos incluir normas que reconheçam novas personalidades digitais e consequentes responsabilidades.

Acrescente-se a isso a possibilidade de **tratamento dos dados digitais**, resultantes desta enorme interação, que são possíveis através de técnicas avançadas de programação, com consequências desafiadoras ao Direito, como aquelas oriundas do escândalo relacionado à Cambridge Analytica e ao Facebook. Em síntese a respeito, percebeu-se que, pela programação e pelo tratamento de dados, era possível influenciar as decisões das pessoas, justamente porque elas procuram na Internet aquilo que desejam. Consequentemente, ao serem os pilotos das suas navegações pela Internet, mas com as aparições digitais e sugestivas sendo realizadas roboticamente por estas redes sociais, elas acabam se aproximando das comunidades, das personalidades, das ideias em temas que gostam, mas com conteúdo distorcido e tendencioso ao resultado pretendido (normalmente, aquele resultado pago pelo interessado – candidato político, empresa, entre outros).

Nesta linha, a manipulação dessas informações, que pode ter objetivos econômicos (marketing digital), também traz, então, interferências nos processos sociais eleitorais e de conhecimento. Por conseguinte, surgiu uma nova nomenclatura nesses últimos anos, as fake news (que discorreremos mais à frente em detalhes). No entanto, vale mencionar, desde já, que as informações falsas ou a desinformação acabam por trazer consequências nas nossas decisões, como foi observado nas eleições norte-americanas de 2016, na consulta realizada por ocasião do Brexit, no contexto da Covid-19 em muitos pontos relevantes, como a vacinação, entre outros[8].

8 *Vide* RÁDIO OBSERVADOR. **Trump vs Twitter: "Ninguém está imune à lei"**. Liberdade de expressão "não está acima de crimes" e as redes sociais "não são imunes à lei". Daniel Freire e Almeida, especialista em Direito Internacional e Internet, sobre a guerra: Trump

Em continuidade, ainda neste âmbito, devemos afirmar que o Direito vai sendo desafiado por novas dimensões dentro do Ambiente Digital. Isto porque, na Internet, aquilo que vemos, que acessamos, está na superfície da rede, no que é denominado **Clear web**. Em verdade, o Direito já sofre os desafios acima referidos nesta parte da Internet.

No entanto, o Ambiente Digital também é permeado pela **Deep web**, que é escondida por senhas, criptografia, estenografia e por novos instrumentos tecnológicos, dificultando o acesso à informação, a provas e evidências. Esta porção da rede refere-se a partes da Internet não totalmente acessíveis por meio de motores de busca padrão, como Google, Yahoo! e Bing, por exemplo. Nesta linha, a Deep web é formada por páginas que não foram devidamente indexadas, sites que exigem pagamento para acesso, senhas, bancos de dados privados, intranets, aplicativos e serviços que exigem inscrição para acesso. A Deep web pode provisionar acesso a informações que não estão livremente disponíveis na Internet, de forma privada.

Ainda, existe a intitulada **Dark web**, que acaba por ser utilizada para a realização de atividades ilegais e criminosas, e que exigem a disponibilização de um software próprio para o acesso. A Dark web também é compreendida como parte da Deep web. Contudo, preferimos classificá-la como uma porção própria, negativa, e destacada do Ambiente Digital. Muitos sites da Dark web podem ser acessados por mecanismos de pesquisa especializados, projetados para esse fim, mas não por mecanismos de pesquisa padrão. Para acessar esses mecanismos de busca e sites, é necessário usar navegadores específicos, como o Tor Browser, por exemplo. A Dark web permite que usuários legítimos evitem a censura injustificada, mas também cria oportunidades para crimes digitais e inúmeras atividades ilegais, como a pedofilia, o tráfico de drogas, de armas e de pessoas.

---

vs Twitter (2020). Disponível em: https://observador.pt/programas/resposta-pronta/trump-vs-twitter-ninguem-esta-imune-a-lei/.

Nota-se, em especial no tocante à Dark web, que o seu contexto está praticamente ausente de juridicidade, ou seja, o Direito não tem chegado de forma satisfatória até lá.

Em inovador complemento, está o **Space web**. Trata-se, em verdade, do novo contexto espacial, integrado ao cenário digital. As conexões via satélite estão em crescimento exponencial. Ademais, o espaço extra-atmosférico está sendo impulsionado, em termos de utilidades, pela necessidade de lançamentos de constelações de satélites, que provisionam serviços de conexão satelital. O Starlink, por exemplo, é um projeto de desenvolvimento de constelações de satélites lançados pela SpaceX para oferecer Internet global, em alta velocidade e com custos mais acessíveis. Trata-se, pois, de revolucionária dinâmica de oferecimento de Internet global. Por conseguinte, a ampliação deste serviço, como já sinalizado acima, poderá provocar um paradoxo ao Direito. De fato, ampliará o acesso direto à Internet de milhões de usuários em todo o planeta. Contudo, evitará bloqueios e suspensões oriundas de decisões judiciais nacionais. Isto porque as conexões diretas aos satélites não estarão sujeitas aos filtros de operadoras de Internet e aos provedores de acesso à rede, que estão mais diretamente sujeitos aos poderes regulatórios e judiciais nacionais.

Por outro lado, e em adendo relevante, a integração do ambiente espacial com o Digital torna mais vulnerável a proteção de dados, de conexões, e coloca os países em alerta quanto aos aparatos de segurança digital. Isto porque determinadas problemáticas já começam a florescer como ataques propositais entre países para indisponibilizar conexões, interceptar sistemas ilegalmente, capturar e destruir dados, espionar, destruir a estrutura digital, inviabilizar o acesso a dados, desconectar e cegar satélites, sabotar digitalmente empresas e países, e transformar lixo espacial em armas espaciais (colidindo com satélites operacionais).

Ainda, o referido contexto ameaça diretamente a resiliência da Internet. Um conflito espacial poderá repercutir globalmente. Em complemento, vale destacar que a Internet satelital, com a transmissão constante de dados entre a Terra e o espaço, pelas inúmeras aplicações hodiernas, como Waze, GPS, georreferenciamento, geolocalização, monitoramento espacial, satélites utilizados para navegação aérea e marítima e satélites com dados climáticos, entre outras, estão comprometidas pela radiação espacial, que exige menores cuidados em relação à proteção dos dados, como a criptografia e a estenografia. Quando camadas criptográficas são adicionadas em dados que trafegam no ambiente espacial, expostos pela radiação de corpos celestes, estes podem ser corrompidos e não serem entregues de forma correta. Logo, o tráfego de dados acaba por estar vulnerável a invasões, espionagem e interferências digitais.

Por tudo quanto examinado neste tópico, para conseguirmos tornar o mundo mais justo em qualquer dimensão da Internet, precisamos considerar esses contextos e **características desafiadoras do Ambiente Digital**, conforme buscamos contemplar.

Assim, formas efetivas de investigação, formas corretas de regulação e formas adequadas de judicialização, que ponderem este novo contexto digital, podem ser investigadas, denunciadas, julgadas e coibidas de maneira efetiva. Portanto o Direito deve conhecer o Direito Digital, com suas características próprias e, também, globais.

Por derradeiro, a busca pela compreensão e resolução dessas atividades que o Direito tradicionalmente encarava de forma nacional, baseadas em uma jurisdição, em território dividido, encontra os desafios levantados. Por mais uma vez, deve ser encarado que, de um lado, o ambiente global proporcionado pela Internet naturalmente possibilita esta dimensão internacional, conectando mais facilmente as pessoas e as empresas na oferta de produtos e serviços digitais. De outro, este dilema entre o Direito nacional e a Internet global oferece a oportunidade de apresentarmos novas soluções que respondam a este fenômeno de conflitos jurisdicionais na rede mundial[9].

---

9 *Vide* FREIRE E ALMEIDA, Daniel, SCRIPTORE, Verônica. **Os Conflitos Jurisdicionais Digitais na Internet Global**. New York: Lawinter Editions, 2019.

Os pontos apresentados nesta seção são de extrema importância para a correta abordagem das legislações e do exercício do poder judicial na Internet.

A assimilação dos desafios jurídicos proporcionados pela natureza da Internet apresenta ao Direito realizado na rede (e mais recentemente ao Direito Digital) a oportunidade de oferecer respostas, tanto no âmbito da regulação (com a criação e implementação de legislações específicas), como por parte do exercício judicial.

De fato, o Direito aplicado na Internet apresenta a possibilidade de reflexões profundas, que estão sendo investigadas e analisadas em diversas partes do Brasil[10] e do mundo.

Devemos acrescentar a tudo isso que novas problemáticas surgiram. É o tema do próximo tópico.

2.2 Os Cybercrimes e as Novas Problemáticas Jurídicas Digitais

Neste momento, traçaremos um panorama das **novas problemáticas jurídicas** do Ambiente Digital, com especial atenção aos **Cybercrimes**. O objetivo não é exaurir todos os novos problemas que surgiram com o Ambiente Digital, que trouxeram novos desafios, mas sim traçarmos um panorama das problemáticas, que nos aproximará, em seguida, do estudo das principais legislações que surgiram nos contextos nacional e internacional, bem como das discussões judiciais que se colocam.

Portanto, a partir do conhecimento dessas iniciais problemáticas, estaremos prontos para os próximos passos.

10 Dentro do referido contexto digital, e com a finalidade de assessorar o Presidente da República na elaboração, na implementação e no acompanhamento de políticas públicas destinadas à transformação digital no Brasil, é que foi criado o Comitê Interministerial para a Transformação Digital. Vide em: https://www.planalto.gov.br/ccivil_03/_ato2023-2026/2024/decreto/D12308.html

Nos escritos iniciais deste livro, buscamos compreender os principais itens implicantes com o espaço digital. Acreditamos que muitas dessas características já são de conhecimento de alguns leitores. Mas nós temos que vislumbrar que a Justiça é maior e engloba todos. Portanto, nos aproximarmos dessas características da Internet torna mais fácil compreender os desafios. Também nos deixa mais próximos de resolvê-los, o que é ainda mais importante.

As pessoas, as empresas e mesmo os governos esperam respostas dos operadores do Direito. Mas só conseguiremos efetivamente apresentar soluções se compreendermos as principais características integradas ao tema. Acima de tudo, o objetivo é termos um novo olhar para essas relações, percebendo que, de fato, trata-se de algo novo, com características especiais, e que, portanto, precisa de um tratamento jurídico e judicial diferente.

Para além da criação do Direito Digital, precisamos efetivamente de um *direito digital*, com todos os seus contornos. Em verdade, trata-se de um fenômeno que está sendo discutido em todas as partes, em todos os centros de estudos e investigação, como no Oxford Internet Institute e no Berkman Klein Center for Internet & Society, da Universidade de Harvard. Ou seja, compreender a vida online é muito importante para o operador do Direito em nível global. Por isso, nos dedicamos ao estudo das características que envolvem a Internet, em seus aspectos basilares.

Nesta ordem, para além das potencialidades e enormes oportunidades que temos com a Internet, confrontamos implicações jurídicas para a sociedade, tanto nacional, como internacional. E por que não dizer, em virtude do Ambiente Digital, para a sociedade global.

No entanto, em atenção a estes pontos levantados, o profissional do Direito pode, com certa ansiedade, acreditar já ter respostas satisfatórias a tudo isso. A esse propósito, em uma primeira impressão, o jurista teria tendência para responder que a Internet nada mais é do que uma técnica dos contratos à distância, que as empresas e pessoas continuarão a ter as suas localidades físicas e as suas residências, que os produtos continuarão a circular pelos meios de transporte já existentes, e que o Direito tem instrumentos de resposta a todos estes desafios. Contudo, em uma análise mais aprofundada, a resposta do jurista já terá de ser mais cautelosa[11].

Logo, o alerta deve ser feito, pois os operadores jurídicos, muitas vezes, têm a pretensão, ou mesmo a ousadia, de acreditar que o Ambiente Digital não é tão diferente assim e que é mais do mesmo. E que basta ter uma regra aqui e ali, dizendo o que pode e o que não pode, que ela vai ser cumprida.

Entretanto, a Internet reúne certas problemáticas que desafiam antigas experiências judiciais e prescrições regulatórias de resolução de conflitos jurídicos, em âmbito local e internacional.

Em outras palavras, temos observado que, quando alguém do meio jurídico responde de forma ligeira que "é tudo igual", "o que muda é que é feito pela Internet", "são velhos problemas em roupagem nova", é sinal de que ainda não compreendeu o contexto digital.

Então, para que não caiamos nessa armadilha, precisamos aprofundar os conhecimentos dessas inovações, dessas tecnologias, para então avançarmos juridicamente.

Muitos problemas têm surgido na Internet. Muitas dificuldades têm sido trazidas em virtude da aproximação das pessoas digitalmente, das conexões terem integrado usuários, sociedades, robôs e até mesmo países. Nesse sentido, novas terminologias foram criadas, como cybersecurity, cyberspace, cyberattacks, cyberespionage e outras expressões norte-americanas. Elas passaram a ser incorporadas na dinâmica do Direito em todo o mundo.

Nesta linha, a expressão que engloba muitas e novas ações criminosas na Internet é aquela denominada de **Cybercrime**.

11 *Cf.* LEITE DE CAMPOS, Diogo. **A Internet e o Princípio da Territorialidade dos Impostos**. Lisboa: Revista da Ordem dos Advogados, ano 58, 1998, p. 640.

Inicialmente, pode-se defini-lo como uma prática que viola uma lei e que é realizada usando a Internet. Há uma gama de atividades enquadradas no contexto do Cybercrime. Em princípio, pode ser a de invadir computadores, aparelhos celulares, tablets, dados, sistemas, bancos de dados, websites, caixas de e-mails, contas digitais, ou ainda ser um facilitador para crimes tradicionais e físicos.

A verdade, também, é que o Cybercrime é o nome utilizado para representar muitas e novas ações criminosas via Internet (crimes que dependem da Internet) e para proporcionar condutas criminosas tradicionais que foram potencializadas pela Internet (crimes que são possíveis também pela Internet), como injúria, calúnia e difamação, por exemplo. Os pontos dispostos abaixo evidenciarão a referida assertiva.

Os Cybercrimes distinguem-se, pois, dos crimes físicos, porque utilizam a Internet, ignoram fronteiras físicas ou geográficas, são instantâneos, conduzidos com menor esforço e podem ser feitos mais facilmente.

Adentrando ao contexto dos Cybercrimes, neste passo, é muito importante perceber que uma das primeiras formas de comunicação via Internet, que é o e-mail, passou a aproximar não só pessoas de boa-fé, mas também criminosos.

De fato, o e-mail passou a ser a arma de ladrões virtuais. A forma como chega até a vítima e como procura fisgar a parte passiva numa relação jurídica penal, por exemplo. Surge aí a prática do **phishing**. A ideia é chamar a atenção para determinado item, no qual o interessado vai clicar, como uma foto, uma mensagem chamativa, um vídeo, um anexo ao e-mail, e introduzir um software malicioso (**malware**) dentro do computador ou aparelho da vítima. O objetivo final, obviamente, é conseguir vantagens e, para tanto, o criminoso precisa de uma ligação ao computador da pessoa. Uma vez instalado, o software, passa a monitorar as informações utilizadas pela vítima, incluindo senhas e informações particulares. Os criminosos, em geral, reúnem as informações de milhares de vítimas, de forma robótica, e depois comercializam estas listas de senhas, cartões e outros na Dark web. Por fim, os compradores destas listas é que perpetuam as práticas, como o acesso a contas bancárias, a utilização de cartões, o pagamento de atividades ilícitas, entre muitas outras.

Em prosseguimento, os e-mails fraudulentos não só se utilizam das formas tradicionais de comunicação da Internet, como também das novas regras, por exemplo dispostas nas páginas da rede, como aquelas que exigem que o usuário clique para aceitar ou não a utilização de cookies, ou outras tecnologias similares para organizar a sua navegação em determinado website, ou personalizar o marketing digital e mostrar conteúdo de costume do usuário. Em outras palavras, rastrear a navegação pela Internet e tratar os dados do usuário. Contudo, se o website já foi invadido por hackers, softwares maliciosos estão embutidos nessas mensagens. Logo, ao aceitar os termos de serviço, ou não, o usuário torna-se vítima e acaba permitindo a captação de todas as informações, como senhas e chaves de criptografia, entre outras, que então facilitam o trabalho do criminoso digital.

Mas o phishing já está, também, nas novas relações digitais, como as redes sociais. O objetivo, como já referido, é conseguir a atenção da vítima para prosseguir, através da exploração de conteúdo chamativo, fotos, vídeos, jogos, falsos prêmios, falsos atrativos, falsas notícias, e personalidades famosas. Ao estabelecer o download de um software malicioso é que a prática é então perpetrada.

Em breve apartado, Lawrence Lessig, que pioneiramente criou a disciplina de Internet Law na Universidade de Harvard e é cofundador do Berkman Klein Center for Internet & Society, escreveu uma obra precursora (Code[12]) onde preconiza que muito daquilo que necessitaríamos para resolver os problemas jurídicos do ciberespaço seriam facilitados pela programação (software) positiva, pela configuração que

12 *Vide* LESSIG, Lawrence. **Code and Other Laws of Cyberspace**. New York: Basic Books, 1999. *Vide* LESSIG, Lawrence. **Code. Version 2.0**. New York: Basic Books, 2006.

levasse em conta essas novas dinâmicas da Internet, impedindo certas condutas criminosas.

Em continuidade, os Cybercrimes passaram a responder pelas motivações dos ataques com essas conexões maliciosas, ou seja, a ideia era perpetrar um crime eletrônico para a transferência de fundos financeiros ou para conseguir dinheiro da vítima. Observe-se que, muitas vezes, o criminoso não está esperando que a vítima transfira o dinheiro (embora isto aconteça, também), mas deseja reunir os instrumentos, ou seja os códigos e as senhas, para ele mesmo realizar isso, à distância. Como hoje tudo é digital, conforme sinalizamos no tópico anterior, é muito mais fácil transferir dinheiro digitalmente também.

Em termos globais, as perdas financeiras anuais atingiram mais de US$10,5 trilhões[13]. Os motivos são múltiplos e englobam condutas, como fraudes em investimentos, comprometimentos em e-mail de negócios, informações capturadas através de suporte técnico, acesso ilegal a dados pessoais, fraudes oriundas da confiança entre as partes (romance digital), fraudes com imóveis falsos, não pagamento, não entrega de produtos, fraudes com cartão de crédito, com transferências indevidas e roubo de identidade, utilização indevida de dados que estão disponíveis à empresa, utilização indevida de dados que estão disponíveis aos órgãos governamentais, pagamentos adiantados, pagamentos acima do valor devido, loterias online fraudulentas, extorsão digital, ransomware, botnet, phishing, stalking, ameaças de violência, sequestro de dados, violação de propriedade intelectual, crimes contra as crianças, contra as mulheres e ofertas falsas de emprego, entre outras[14].

Tudo isso foi impulsionado porque, conforme ilustrado anteriormente, durante o período pandêmico, passamos a ter mais conexões, com a utilização maciça da Internet, com cada vez mais aparatos

---

13 *Cf.* CYBERSECURITY VENTURES. Disponível em: https://cybersecurityventures.com/cybercrime-to-cost-the-world-8-trillion-annually-in-2023/.

14 *Vide* STATISTA. Disponível em: https://www.statista.com/statistics/234987/victim-loss-cyber-crime-type/.

eletrônicos e novos aparelhos, realizando transações de forma mais moderna e vulnerável. Com efeito, o contingente maior de pessoas que não estavam habituadas ao Ambiente Digital proporcionou uma abertura aos seus instrumentos de comunicação, que facilitaram a prática de atividades criminosas.

Como sinalizado anteriormente, as perdas financeiras com ataques cibernéticos cresceram vertiginosamente e ainda acenderam um alerta global, porque tais fenômenos não são localizados, mas sim internacionais, com muitos dos criminosos espalhados em outros países, justamente porque não importa onde a vítima está. Pela Internet, a distância é de um clique.

Na perspectiva dos criminosos, a ideia é estar fisicamente em outro país, para fugir da jurisdição da vítima e dificultar ainda mais o enquadramento jurídico legal e judicial. Trata-se de um fenômeno global. Na perspectiva do Brasil, isto não tem sido diferente, com os ciberataques sendo impulsionados pelo incremento das atividades online. Portanto, a cena do crime mudou. A Internet e o Ambiente Digital passaram a integrar, também, possibilidades de invasões, ataques e transferências de valores digitais.

Por outro lado, em virtude dos riscos digitais, surgiram as oportunidades profissionais, exigindo novos meios de investigação, a necessária compreensão das novas tecnologias e das características levantadas neste livro e novos quadros regulatórios e judiciais.

Como buscamos ilustrar, o conhecimento técnico relevante para a atuação jurídica digital passa a ser um requisito para os novos profissionais do Direito. De fato, as competências específicas digitais permitem a análise das novas formas de provas digitais, ensejam perícias forenses e digitais, quebras de códigos criptográficos, compreensão da estenografia e análise de dados, entre outros pontos de destaque. Vislumbram-se novos tempos na seara jurídica, e o aspecto digital protagoniza o contexto atual.

Abrem-se, desta forma, caminhos fundamentais para que possamos resolver os problemas que se colocam.

Outro ponto relevante é que a **Internet** é tão "**legal**" que nos sentimos donos das conexões. Passamos a ter dedos livres para as nossas relações sociais digitais, ao passo que problemas de relacionamento surgem. Em especial nos pontos do Direito Civil, por exemplo, a Internet contribuiu, paradoxalmente, para o aumento de divórcios, muitos deles iniciados nas redes sociais. Ou seja, com os dedos livres (e as palavras também), as pessoas sentem-se acobertadas pela tela do computador ou do telefone celular para realizarem práticas que, muitas vezes, fisicamente não realizariam, mas digitalmente se sentem mais à vontade em fazer. Isto tem trazido conflitos, onde as pessoas querem ter acesso à senha do cônjuge ou namorado e vice-versa. Desejam saber por que o parceiro curtiu uma foto, uma postagem, por que "deu um like", por que é amigo desta ou daquela pessoa. Portanto, a aproximação digital possibilitou novos relacionamentos, mas também criou novos conflitos, digitais.

Diferentemente dos meios tradicionais de comunicação, em que nós somos espectadores, na Internet, nós somos os pilotos. Apreciamos a autonomia proporcionada por ela e não gostamos de intromissão ou que mexam em nossos celulares ou computadores enquanto estamos online.

Em continuidade, hodiernamente, muitas práticas tradicionais ganharam um impulso exponencial via Internet. Enquanto a **calúnia** era realizada fisicamente, isto é, inventar histórias falsas (crime) sobre alguém, agora a **calúnia digital** passou a ser muito comum pela rede. Também, **a difamação digital**, associando uma pessoa a um acontecimento que possa denegrir a sua imagem, sendo ofensivo à sua reputação, cresceu por meio online. Igualmente, a **injúria digital**, configurada pela ofensa à dignidade de alguém na Internet.

A Internet, por diversas vezes, proporciona facilidades para uma pessoa ser **cancelada**, passando a ser boicotada e banida **digitalmente**, por comportamentos considerados inadequados ou incorretos, que possam ferir valores ou normas de conduta sociais.

Nesta linha, **insultos digitais** com postagens ofensivas ou com qualidades negativas invadiram a Internet, em especial após alguma postagem.

Por outro lado, a **divulgação de material confidencial**, com a revelação de segredos de terceiros, bem como materiais íntimos, como fotos e documentos, ficou mais fácil pelo modo virtual. No ambiente corporativo, a revelação de segredos industriais e conhecimentos acobertados pela propriedade intelectual ganharam força na Internet.

Mas as práticas insidiosas digitais não para por aí. O **ato obsceno digital** (algum ato jurídico que ofenda os terceiros), a **apologia digital ao crime** (criar comunidades ou realizar postagens que ensinem a burlar normas, ou mesmo que divulguem atos ilícitos já realizados), o **perfil falso** (criar uma falsa identidade digital ou página na Internet ou redes sociais), o **preconceito ou discriminação** (fazer comentários nas redes sociais, fóruns, chats, e-mails, mensagens em grupos de WhatsApp, textos, de forma negativa sobre religião, etnias, raças, entre outros), e a **pedofilia digital** (troca, disponibilização ou exploração de informações, imagens digitais ou vídeos de crianças ou adolescentes), são algumas das inúmeras atividades digitais que surgiram, infelizmente.

O Ambiente Digital torna-se enredado, na medida em que as referidas práticas são integradas, como por exemplo a criação de perfis falsos para disseminar informação fake ou criminosa, com conteúdo ofensivo, que é impulsionado pelos meios digitais, com os algoritmos trabalhando fortemente, programados pelas redes sociais (big techs).

Em prosseguimento, o **revenge porn**, ou **revanche pornográfica**, surgiu inicialmente nos Estados Unidos da América e espalhou-se pelo mundo digital. Assim, a disponibilização de fotos e vídeos com conteúdo envolvendo ex-namorados ou cônjuges trouxe dinâmicas muito difíceis de serem resolvidas e reparadas na Internet, tendo em vista que alguns "segundos" na rede são "anos" na vida real. Por conseguinte, a criminalização do revenge porn passou a ser uma atitude buscada em muitas jurisdições, inclusive no Brasil.

As terminologias em língua inglesa demonstram a origem de determinadas práticas, mas também o caráter global da Internet. Neste sentido, o **doxing** é a prática de descobrir informações pessoais sigilosas de uma pessoa e divulgá-las online. Os hackers usam o doxing para ameaçar, assediar, receber recompensa financeira ou se vingar de uma pessoa online.

Nesta linha, as jurisdições e os países passaram a buscar formas de tipificação dessas condutas. Isto porque nunca anteriormente foi possível ter "tanta" informação das pessoas, acessível a outras "tantas" pessoas. Ademais, a Internet passou a reunir um turbilhão de informação e que, uma vez tratada por pessoas ou redes, com objetivos negativos, pode concretizar práticas criminosas e insidiosas. Tudo isso porque, realmente, a Internet invadiu a nossa vida a níveis que nos recusamos a admitir que existem, mas que existem[15].

Um outro ponto que tem se revelado característico na Internet é que, por vezes, as pessoas se sentem envergonhadas em denunciar um fato. Principalmente quando são vítimas de um golpe digital, no qual foram atraídas por falsos prêmios ou ganhos sem mérito. Logo, percebe-se um baixo número de denúncias em relação às ocorrências reais digitais. Isto leva a um menor número de investigações, também, ora porque os profissionais não estão habilitados para investigar e descobrir autores e autoras, ora porque as práticas estão acobertadas pelo anonimato digital. Acrescentem-se a isto tudo os instrumentos de tecnologia, como as senhas, a criptografia, a estenografia, a Deep web e a Dark web.

Até mesmo subterfúgios, como a liberdade de expressão ou a **privacidade**, acabam dificultando a resolução de casos digitais. Foi o que se observou no caso envolvendo a Apple e o FBI, no contexto da atividade terrorista em San Bernardino (Califórnia), onde a empresa se negou

15 *Cf.* LEITE DE CAMPOS, Diogo. **A Imagem que dá poder: privacidade e Informática Jurídica**. Coimbra: Separata das Actas do Congresso Internacional realizado em novembro de 1993 pelo Instituto Jurídico da Comunicação da Faculdade de Direito da Universidade de Coimbra. Coimbra, 1996, p. 300.

a provisionar a senha do telefone celular do terrorista, dificultando e atrasando as autoridades em verificar se novos crimes poderiam ser cometidos, e que poderiam ser antecipados ou evitados. O caso chegou à Suprema Corte dos Estados Unidos, mas o FBI conseguiu desbloquear o telefone antes do julgamento[16].

De fato, casos como este levantam importantes enfoques acerca dos impactos entre a privacidade e a Internet. Tradicionalmente, o direito à privacidade é entendido como o direito de excluir os outros das atividades, dos sentimentos, das amizades, em outras palavras, do eu. Todavia, a Internet está entrelaçada no contexto social. Nossa tarefa, nesse Ambiente Digital, é diminuir a estreitos limites o direito à privacidade, sob pena de nos vermos cercados de outros indesejáveis limites[17].

Nesta mesma linha, há um alinhamento prático dos usuários da Internet, visto que as próprias pessoas, nas redes de relacionamento digitais, publicam aqueles com os quais compartilham amizade, fotos, recados, mensagens, aspectos profissionais, diminuindo de forma proposital (ou escolhida, e em que medida) as noções de privacidade. Em outras palavras, na Internet quase todo "o privado é público", poder-se-ia afirmar. Isto porque cada pessoa está profundamente integrada no conjunto de todas as outras, onde o "eu" dá lugar ao "coletivo", ao "nós"[18]. Ainda mais para a resolução de crimes, como se observou no imbróglio do caso entre o FBI e a Apple, acima referido.

---

16 *Vide* FREIRE E ALMEIDA, Daniel. **O Direito Digital em Temas Complexos e Internacionais**. New York: Lawinter Editions, 2021.

17 *Cf.* LEITE DE CAMPOS, Diogo. **NÓS – Estudos sobre o Direito das Pessoas**. Coimbra: Almedina, 2004, p. 99/107. *Cf.* LEITE DE CAMPOS, Diogo. **A Imagem que dá poder: privacidade e Informática Jurídica**. Coimbra: Separata das Actas do Congresso Internacional realizado em novembro de 1993 pelo Instituto Jurídico da Comunicação da Faculdade de Direito da Universidade de Coimbra. Coimbra, 1996, p. 293/301.

18 *Cf.* LEITE DE CAMPOS, Diogo. **NÓS – Estudos sobre o Direito das Pessoas**. Coimbra: Almedina, 2004, p. 105. *Cf.* LEITE DE CAMPOS, Diogo. **A Imagem que dá poder: privacidade e Informática Jurídica**. Coimbra: Separata das Actas do Congresso Internacional realizado em novembro de 1993 pelo Instituto Jurídico da Comunicação da Faculdade de Direito da Universidade de Coimbra. Coimbra, 1996, p. 299.

Contudo, estas novas relações, nas redes sociais, estão fortemente pautadas por regras estabelecidas pelas empresas provedoras, como o Facebook, o Instagram e o X (Twitter), por exemplo. Então, privatisticamente, quando um usuário acessa ou mesmo se inscreve em um site, passa a concordar com os termos de serviço destas companhias. De forma proposital ou não, só o fato de acessar uma rede pressupõe que o interessado aceita as regras estabelecidas. De uma forma ou de outra, isto levou ao tratamento de dados negativo, feito pela Cambridge Analytica a partir de informações digitais fornecidas pela base de usuários oriunda do Facebook, com repercussões conhecidas.

Tal fato trouxe uma nova discussão global acerca da **responsabilização das redes sociais**, em casos de tratamento de dados, impulsionamento de conteúdos que causassem danos, interferências em decisões, manipulação e edição de conteúdos de terceiros, entrando em uma inovadora órbita jurídica digital[19].

Em verdade, o tratamento dos conteúdos que são divulgados pode resvalar em alterações nas decisões das pessoas, fortemente influenciadas pelas aparições em suas linhas de tempo, likes ou impulsionamentos digitais monetizados (ou não).

Isto tudo tem trazido diversas discussões no âmbito da dicotomia entre a liberdade de expressão e a responsabilização, a liberdade de informação e a responsabilidade, sendo discutido em muitas partes do mundo.

Outro ponto que cresceu bastante, diz respeito à **remoção de conteúdos** indesejados, levantando questionamentos sobre até que ponto uma companhia pode disponibilizar uma informação que é sua, ou sobre você, e qual o direito temos de pedir a remoção desse conteúdo. Trata-se do imbróglio ilustrado pelo caso entre o Google e

19 *Vide* FREIRE E ALMEIDA, Daniel. **Fake News and The Liability of Social Networks**. Cyberlaw by CIJIC. Revista Científica sobre Cyberlaw do Centro de Investigação Jurídica do Ciberespaço – CIJIC – da Faculdade de Direito da Universidade de Lisboa, Portugal. Lisboa: Cyberlaw, Edição n.º X – setembro de 2020, p. 203/219.

o espanhol Mario Costeja González, que culminou no **direito de ser esquecido** na União Europeia.

Contudo, o referido caso gerou nova decisão, emanada pelo Tribunal de Justiça da União Europeia, pela qual o direito de ser esquecido ficou circunscrito ao território daquela jurisdição[20]. A repercussão jurídica clara neste ponto é que os tribunais, como o da União Europeia, reconhecem seus limites territoriais. Mas a Internet é global. Por esta e outras razões é que defendemos "Um Tribunal Internacional para a Internet", que trataremos mais à frente neste livro[21].

Neste ponto, lembramos, por propício que, muitas vezes, ao acessar uma página ou inscrever-se em uma rede, passamos a concordar com os termos de serviço dispostos pela companhia, que estabelecem a resolução de disputas ou a legislação aplicável. Logo, um jurisdicionado brasileiro teria que se submeter à legislação e a um tribunal estrangeiro, para resolver a sua pendência jurídica, para ter acesso aos dados necessários para uma ação judicial, ou para solicitar a remoção dos conteúdos, conforme mencionado.

Trata-se, pois, de um enorme desafio que se coloca atualmente, tendo em vista que os tribunais e legislações são locais, mas a Internet é global. Portanto, qualquer pessoa pode estar submetida à jurisdição estrangeira, e mesmo ter que resolver as suas pendências em tribunal estrangeiro, tornando muito mais difícil para a realização da justiça, considerando as condições atuais.

---

20 *Vide* **Google LLC, v. Commission Nationale de L'informatique et des Libertes (CNIL).** Acórdão do Tribunal de Justiça da União Europeia. C-507/17 - Google (Portée territoriale du déréférencement). Luxemburgo: Tribunal de Justiça da União Europeia, 24.09.2019.

21 *Vide* FREIRE E ALMEIDA, Daniel. **An International Tribunal for the Internet**. São Paulo: Almedina, 2016. *Vide* FREIRE E ALMEIDA, Daniel. **Um Tribunal Internacional para a Internet**. Coimbra: Faculdade de Direito da Universidade de Coimbra, 2012. *Vide* FREIRE E ALMEIDA, Daniel. **Um Tribunal Internacional para a Internet.** São Paulo: Almedina, 2015.

Em continuidade, naquilo que envolve os países mais diretamente, as **cyberwars** também cresceram exponencialmente. A Internet passou a ser o novo campo de batalhas, com ataques aos aparatos tecnológicos de comunicação dos países. A ideia é cegar satélites e desligar a comunicação do local atacado, para se evitar a comunicação. Os ataques são constantes e provenientes de diferentes partes do mundo.

Alinhadas a esses novos ataques estão as **sabotagens digitais**, que indicam a introdução de vírus (malware) que causa a desconexão e dificulta as comunicações digitais entre aparatos físicos, como centrais de eletricidade, infraestrutura tecnológica ou mesmo nucleares. Logo, desligar aparatos de energia elétrica ou mesmo de locais de geração dessas mesmas energias às grandes redes de conexão de telecomunicações está levando à disrupção dos serviços de Internet em muitas áreas, de forma proposital.

Apenas para ilustrar, para não imaginarmos que se trata de ocorrência alienígena, a recente invasão da Rússia na Ucrânia demonstrou que uma das primeiras ações que os governos tomaram, em especial a Rússia, foi realizar **cyberattacks** (e desinformação) como tática de guerra. Isto parece revelar como será o futuro dos conflitos internacionais.

Em relevante continuidade, podemos visualizar também que muitos países, e mesmo empresas, têm utilizado a conexão à Internet para conseguir perpetrar casos de **cyberespionage**, ou seja, a espionagem digital. Com efeito, com a espionagem cibernética, é muito mais fácil adentrar ao aparato de uma empresa ou país, se comparado ao acesso físico. Pela Internet, se o invasor tem uma conexão, ele pode invadir o aparato digital desejado. Foi o que descobrimos no caso da espionagem realizada pelos Estados Unidos da América em relação a muitos países e empresas.

A National Security Agency (NSA) fornece inteligência de sinais estrangeiros para os formuladores de políticas e forças militares dos Estados Unidos da América (EUA). A NSA desempenha um importante papel na segurança nacional dos EUA, fornecendo informações críticas, oriundas de uma perspectiva global. De fato, a segurança cibernética buscada pela Agência pode prevenir e eliminar ameaças aos sistemas de segurança dos Estados Unidos, com parcerias com aliados, com o setor privado, com acadêmicos e pesquisadores para promover a segurança cibernética. Não obstante o relevante trabalho no combate às muitas práticas criminosas e terroristas, a NSA acabou por ser alvo de denúncias relacionadas à espionagem entre países e empresas em diversas partes do planeta. Para além da interceptação ilegal de certos sistemas informáticos e aparatos de tecnologia, acabou por se interligar a computadores e servidores de diferentes países e empresas, conseguindo informações privilegiadas, reconhecidas como espionagem. Muitas destas práticas acabaram por ser denunciadas por Edward Snowden, ex-administrador de sistemas da Central Intelligence Agency (CIA) e ex-contratado da NSA. Snowden buscou demonstrar que esse tipo de atividade tem sido realizada globalmente por iniciativa da NSA, com repercussões muito negativas.

Por conseguinte, percebemos que essa possibilidade pode ocorrer com e para qualquer empresa, pessoa e país. As conexões permitem não somente inúmeras oportunidades positivas de relações sociais, comerciais e jurídicas, mas também conexões clandestinas, que busquem informações que a vítima não quer revelar para terceiros. Em verdade, o potencial de cyberspionage está à disposição de todos com intenções prejudiciais.

Ainda dentro deste contexto, uma das formas que Edward Snowden encontrou para disseminar essas informações foi através do **WikiLeaks**. A referida organização busca, desde a sua fundação, publicar documentos, informações confidenciais e postagens de fontes, que procura manter anônimas. A ideia é disponibilizar globalmente as informações confidenciais de governos e empresas em assuntos sensíveis e com repercussões enredadas. Inicialmente, o WikiLeaks revelava informações relacionadas à corrupção de bancos e conglomerados internacionais, tendo como fundadores Julian Assange e John

Young. Em âmbito mais específico, Assange e Snowden estabeleceram ligações que, de início, proporcionaram a disseminação das denúncias daquele último contra os Estados Unidos. Ambos são considerados criminosos pelos EUA. Enquanto Snowden está asilado na Rússia (recebeu Asilo Político, e nacionalidade, por parte do governo russo), Assange foi preso e sofreu um processo de extradição, requerida pelos EUA, no Reino Unido. Ao final, considerando o longo período em que ficou preso, conseguiu um acordo com os Estados Unidos, em 2024, no qual se declarou culpado, em um tribunal dos EUA nas Ilhas Marianas do Norte, por revelar segredos militares e por conspiração para obter e disseminar informações de defesa nacional, em troca da sua liberdade.

A ideia central do WikiLeaks é justamente revelar informações que as pessoas, às vezes, não estariam dispostas a fazê-la individualmente, ou não possuíam um aparato tecnológico para tanto. Este mesmo imbróglio de revelação e vazamento de informações privilegiadas trouxe desafios à então candidata Hillary Clinton, quando da eleição à presidência dos EUA, contra Donald Trump. O acesso aos e-mails de Hillary, em computadores e celulares não protegidos pela Secretária de Estado dos EUA, e o potencial risco a que ficaram sujeitos, com a possível invasão e revelação de informações sigilosas, foram pontos que acabaram perseguindo e dificultando sua eleição . Isto porque, a candidata (e ex-secretária de Estado) teria acessado e-mails classificados de lugares desprotegidos, misturando atividades pessoais com outras próprias da diplomacia norte-americana, com riscos evidentes. O acesso em servidores ou aparatos com baixa proteção colocaram em potencial risco ataques e invasões, podendo configurar atividade criminosa por parte do usuário[22].

Este enredo, que trouxe muitos desafios a Hillary Clinton, pode ocorrer com qualquer um quando acessa, por exemplo, informações privilegiadas do seu trabalho, da sua organização, de seu país.

22 *Vide* FEDERAL BUREAU OF INVESTIGATION-FBI. FBI Records: The Vault. **Hillary R. Clinton**. Disponível em: https://vault.fbi.gov/hillary-r.-clinton.

Ainda mais recentemente, ocorreu o vazamento de documentos classificados de Defesa, do governo dos Estados Unidos da América, que expuseram segredos militares e perturbaram as relações de Washington com diversos aliados importantes. Ao mesmo tempo, recrudesceram as relações com aqueles países considerados opositores, como a Rússia, por exemplo.

Um dos acusados, Jack Teixeira, foi preso por agentes do FBI, sendo acusado de conexão com a investigação sobre a suposta remoção, retenção e transmissão não autorizada de informações classificadas de Defesa Nacional dos EUA.

Desde já, pois, deve ser mencionado que casos envolvendo questões internacionais da Internet, com atores e vítimas espalhados pelo mundo, ou ainda com repercussões entre países, conforme acima delineado, necessita de uma judicialização específica, nos moldes daquilo que defendemos acerca da criação e implementação de um Tribunal Internacional para a Internet[23].

Em verdade, muitas dessas problemáticas envolvem o contexto internacional do Ambiente Digital, cujas investigações se deparam com ferramentas, hospedagens de dados e vítimas em outras jurisdições, ensejando a reflexão de soluções judiciais, que respondam efetivamente às questões que se colocam.

Em andamento, como já citado, a introdução de softwares maliciosos (**malware**), como o **ransomware,** em aparatos como o computador ou aparelho celular, acaba permitindo a entrada clandestina e criminosa de pessoas que não tinham autorização inicial para tanto. A ideia era que essas pessoas (hackers) fossem barradas por senhas, por criptografia, mas a introdução desse software torna possível conexões, monitoramento e acesso indesejado de redes, sistemas e aparelhos interligados à Internet. Muitas vezes, as próprias vítimas é que acabam por trazer

23 *Vide* ORGANIZAÇÃO DAS NAÇÕES UNIDAS. **Brasileiro defende Tribunal para a Internet**. New York: ONU News, 2012. Disponível em: https://news.un.org/pt/audio/2012/08/1040211.

esse software para dentro dos computadores ou telefones móveis, de maneira despretensiosa, pois clicam em alguma mensagem que não deveriam, atraídas por informações chamativas e falsas. Por vezes, termos de serviços de websites, ou aceitação de cookies (em mensagens iniciais de sites) podem carregar o software maligno. O desafio é enorme porque, muitas vezes (para não mencionar todas), as pessoas não possuem capacidade técnica de identificar aquilo que é fidedigno ou não na Internet, e acabam por clicar em termos que são falsos e que carregam os softwares indesejados.

Uma vez isso ocorrendo, o referido ransomware é projetado para o acesso ilegal, tomando como refém o sistema, o aparelho, os arquivos ou os dados dos usuários, e devolvendo o controle ao titular somente após o pagamento de resgate. Logo, este tipo de malware (ou software malicioso) é usado para infectar sistemas de destino para monitorá-los, coletar dados, assumir o controle do sistema, modificar a operação, alterar dados do sistema, danificar o sistema ou os dados, entre outros.

As situações referidas têm atingido centenas de países em todo o mundo, englobando milhares de empresas que estão expostas na Internet. Vale ressaltar que a **destruição de dados** (Data destruction), resultado do uso de software malicioso para causar estrago em um computador ou deixá-lo inutilizável, é um dos motivos de invasão de dispositivo (computador, celular, tablet).

Ainda, **indisponibilizar o acesso aos sites** de empresas e governos mediante recompensa, acessar, roubar, vender e ameaçar disponibilizar as informações online para terceiros têm agitado o contexto digital global, ensejando preocupações jurídicas, em virtude dos prejuízos evidentes.

Pessoas, países e empresas estão entre as vítimas, como podemos evidenciar constantemente, com dinâmicas de acesso ainda mais enredadas, como por exemplo:

O **worm**, que é um software malicioso autônomo, que se espalha sem a necessidade de atividade do usuário.

O **vírus**, que é um malware que requer atividade do usuário para se espalhar (por exemplo, um arquivo executável com vírus se espalha quando aberto pela vítima).

O **trojan horse** (Cavalo de Tróia), que é um malware projetado para parecer um software legítimo, para induzir o usuário a baixar o programa, que infecta o sistema do usuário para espionar, roubar e causar danos.

O **spyware,** que reveste-se em um malware projetado para monitorar sub-repticiamente os sistemas infectados e coletar e retransmitir informações ao criador e ou usuário do spyware.

O **cryptoransomware** (uma forma de ransomware), que é um malware que infecta o dispositivo digital do usuário, criptografa os seus documentos e ameaça excluir arquivos e dados se a vítima não pagar o resgate[24].

O **doxware,** que é uma forma de cryptoransomware que os criminosos usam contra as vítimas, que libera os dados do usuário (ou seja, os torna públicos) se o resgate não for pago para descriptografar os arquivos e dados.

Ainda neste ponto, o **formjacking** facilita as invasões e o roubo de dados, em virtude de formulários que são preenchidos pela Internet, com informações que são armazenadas virtualmente. Em diversos casos, terceiros acessam a mesma informação, de forma simultânea, conhecendo informações privilegiadas como senhas, que são criadas para utilizar um site ou aplicativo que, por vezes, são repetidas no acesso a contas de e-mails, por exemplo, permitindo a entrada ilegal do criminoso.

---

24 *Cf.* UNITED NATIONS OFFICE ON DRUGS AND CRIME. **Cybercrime**. Disponível em: https://www.unodc.org/e4j/en/tertiary/cybercrime.html.

Em continuidade, a vulnerabilidade também é verificada em questões em relação à paralisação das comunicações por ataques simultâneos em diferentes computadores e servidores, como o **Distributed Denial of Service (DDS),** que é a interrupção de uma rede de conexão à Internet em virtude de uma avalanche de dados sendo enviados ao mesmo tempo, por diferentes e potentes computadores.

A seu turno, a utilização de computadores e terminais distantes e de terceiros, sem o seu consentimento, para **mineração de Bitcoin**, é uma prática crescente e internacional. Isto porque é muito caro realizar a mineração por um servidor, pois são necessárias várias máquinas trabalhando ao mesmo tempo para criar as chaves de blockchain, que seriam necessárias para a criação de uma unidade (ou subunidade) de Bitcoin. Os softwares inseridos ilegalmente integram computadores distantes, que trabalham nesta tarefa (de minerar Bitcoin) sem "saber" que estão trabalhando.

Isso tudo nos leva à reflexão que tivemos anteriormente, sobre o ambiente da Internet ser global, mas os tribunais e as leis serem locais, ensejando questionamentos acerca das investigações e da resolução das questões. Ademais, como vimos antes, em cenários como a Deep e a Dark web, os problemas tornam-se ainda mais complexos.

O vandalismo eletrônico, ou **defacement,** que é o ato digital não autorizado de alterar a aparência de um website ou conta em rede social, modificando visivelmente uma página, trazendo prejuízos aos usuários, bem como às empresas, é prática preocupante e um alerta sobre a constituição digital das vitrines internacionais da rede.

Nesta ordem, a antiga questão de **violação de propriedade intelectual**, que tão tradicionalmente era realizada fisicamente, agora pelo mundo digital ficou ainda mais fácil, em virtude da digitalização dos conteúdos. Logo, a pirataria de software, tendo em vista que seus códigos são digitais, a violação de regras de direitos de autor em diversos segmentos, como músicas, vídeos e livros, crescentemente têm trazido desafios às empresas e aos países no Ambiente Digital. A seu turno, os **streamings ilegais**, ou seja, o acesso a conteúdo de filmes e de eventos esportivos e musicais, entre outros, sem a devida habilitação, apresenta problemática atual e difícil.

Por sua vez, a questão dos **jogos e apostas online**, confrontam diretamente os monopólios do direito de exploração de apostas, como ocorre no Brasil, com a Caixa Econômica Federal, ou em Portugal, com a Santa Casa de Misericórdia. Hodiernamente, as apostas online, com entidades sediadas digitalmente em outras partes do mundo, já estão à disposição dos apostadores brasileiros. Muitos destas casas de apostas patrocinam as equipes e campeonatos brasileiros, a despeito do que já ocorria no exterior, como no famoso caso da Betwin (em Portugal), em clara violação ao regramento nacional.

A saída encontrada pelas autoridades brasileiras tem sido a regulamentação mediante a tributação das referidas apostas, como veremos neste Capítulo, objetivando não mais o impedimento, mas sim (e ao menos) auferir receitas fiscais advindas da prática, já compreendida como irreversível. Aliás, trata-se da dinâmica imposta pelo mundo digital, de alterar regras existentes, como ocorreu com o Uber, o Netflix e o Google Books, entre outros.

Já em âmbito de questão mais insidiosa, as crianças e adolescentes são atraídas ao mundo online, enfrentando riscos pela aproximação de pessoas com objetivos criminosos. Com efeito, trata-se de ponto de preocupação em diversos países, que enfrentam casos de **pornografia infantil** e de vulneráveis. Neste cenário, o sequestro de pessoas fisicamente, mas que depois são exploradas para que essas imagens e vídeos sejam disponibilizadas na Dark web, é um sério problema. Em especial na Europa, pela facilidade de transição pelas fronteiras da União Europeia, crianças são sequestradas em um país e, depois, obrigadas a práticas que são transmitidas em websites na Dark web, a partir de outro país.

Em suma, desde já deve ser mencionado, que somente com uma estrutura internacional, em termos de legislação, investigação e judicialização, é possível dar respostas a estes problemas da Internet.

Em sequência, o bullying, ou mais recentemente o **cyberbullying**, também traz preocupações às pessoas pela rede. O Ambiente Digital hodierno, com as redes sociais, os jogos eletrônicos, o YouTube, integra milhões de crianças e adolescentes. A prática de algum tipo de intimidação online ou assédio, com a difusão de mensagens, publicações, fotos ou vídeos, buscando atingir uma criança, com ameaças online, são algumas das práticas que provocam danos profundos. A autoestima e a segurança eletrônica das crianças são impactadas por estas atividades, que levantam a necessidade de compreensão deste fenômeno. Em todos os tipos de plataformas online, que incluem mensagens instantâneas, perfis em redes sociais, grupos ou comunidades destas redes, as referidas atitudes apresentam desafios educacionais, de saúde digital e de crimes eletrônicos. Em verdade, não desejamos esse tipo de ambiente na Internet. Portanto, precisamos não somente regular essas práticas, mas também conseguir coibir, julgar e evitar, através de mecanismos educacionais e de codificação digital.

Por conseguinte, os perigos elevados pelo cyberbullying, pela intimidação digital, pela proteção dos dados das crianças online e as ameaças de aliciamento digital são vistos como os maiores perigos aos usuários infantis.

Um outro desafio que se coloca a todos pela Internet, em virtude da escala da propagação e da ampliação das audiências digitais, é aquele que envolve a **transferência ilegal de fundos**. Pela Internet, o criminoso consegue enganar mais pessoas, se utilizando de artimanhas, como a criação de pirâmides digitais, infladas por moedas digitais e pela promessa de ganhos acima da média do mercado financeiro. Embora já divulgados, os golpes e fraudes conseguem atingir vítimas porque, pela Internet, o criminoso sempre alcança alguém que cai nessas armadilhas digitais. Talvez o leitor deste livro possa se sentir mais seguro após conhecer os mecanismos do Direito Digital. Mas a Internet é formada por bilhões de usuários, e todos estão à distância de um clique. Sempre há alguém desavisado ou que insiste em arriscar valores em troca de um possível ganho digital.

Os referidos golpes de e-mail, as loterias e sorteios fraudulentos, os golpes de namoro online, os golpes de compras por valor mais baixo, os golpes de falsificação de identidade no WhatsApp, as falsas instituições de caridade e os entes queridos com problemas financeiros urgentes são algumas das situações que proporcionam transferências ilegais de dinheiro. Com as facilidades da digitalização do dinheiro e a instantaneidade do Pix, por exemplo, os golpes digitais são ainda mais fáceis de serem concretizados.

Um ponto desafiador para a investigação e a prevenção dos crimes digitais é o **anonimato** na rede, ou o relativo anonimato. Pela Internet, é mais fácil se esconder ou camuflar a sua identidade, permitindo golpes e crimes com mais facilidade. Também, a autenticação fidedigna online não é fácil de se estabelecer. As pessoas inventam nomes, alteram fotos, criam domínios (nomes de sites), e-mails e perfis nas redes sociais e se utilizam da distância para fugir da jurisdição investigativa, legislativa e de julgamento. Logo, a identificação, que é o primeiro passo para se qualificar alguém criminalmente e proporcionar uma ação judicial, se torna um desafio na Internet, porque por trás de um telefone celular ou um computador, pode ser qualquer coisa (até um robô). Então, identificar e de fato conseguir qualificar um criminoso é uma problemática a ser enfrentada. Para complicar um pouquinho mais a tarefa de todos os envolvidos juridicamente, existem os **robôs** ou o **software robô**, que realiza essas atividades em uma dinâmica de programação e autoprogramação por inteligência artificial. Assim, uma vez programado para atividades ilícitas, o robô vai aprendendo com as práticas que vai realizando e dificultando ainda mais a tarefa de coibir, de evitar e de julgar estas atitudes criminosas. Como se observa, não é uma pessoa que está realizando a atividade criminosa ou ilegal, mas sim um robô, com um software designado para tal. Portanto, a discussão se torna ainda mais acirrada.

A seu turno, a **venda de produtos ilegais** pela Internet, como medicamentos sem receitas ou de circulação restrita, o tráfico de drogas, de pessoas, de trabalhadores e de órgãos, a venda de animais sob proteção, com a utilização de moedas digitais, passou a fazer parte do cotidiano digital. Pelo Ambiente Digital, a venda de produtos falsos ou ilegais é muito mais fácil, porque aquilo que era realizado fisicamente passou a ganhar um potencial maior ao ser feito online, pela aproximação, exposição e dificuldade de coibição.

Ainda, dentro do contexto das problemáticas na Internet, a **neutralidade** na rede aparece como uma ocorrência de necessária discussão no mundo inteiro. Isto porque, para o surgimento de novas empresas, novas pessoas para disponibilizarem seus produtos, seus conteúdos e as suas informações, é fundamental que se tenha uma conexão mais ou menos igualitária ou distribuída da Internet. No entanto, as grandes companhias acabam por comprar as bandas e as conexões e violam aquilo que se chama de neutralidade na rede. Portanto, quando uma companhia vende pacotes ofertando que, para tal empresa, o usuário não paga nada no pacote de dados, ela está dando preferência para essas companhias. Também, quando a velocidade de acesso e disponibilização de um website ocorre de forma mais fácil pela codificação da empresa provedora de Internet, fica muito mais difícil surgir concorrência. Trata-se, pois, de concorrência desleal, afrontando o direito concorrencial e afetando frontalmente uma nova plataforma de surgir em determinado segmento de atividade na Internet. Essa discussão foi inicialmente proporcionada por Tim Wu[25], nos Estados Unidos da América, levando a debates regulatórios naquele espaço, na

25 WU, Tim. **Network Neutrality, Broadband Discrimination.** 2 J. on Telecomm. & High Tech. L. 141 (2003). Disponível em: https://scholarship.law.columbia.edu/faculty_scholarship/1281.

União Europeia e no Brasil, com artigo no Marco Civil da Internet, que veremos adiante.

Outra problemática global, denominado de **fake news**, traz a desinformação e desafia a capacidade das pessoas de compreensão dos seus problemas. Isto porque, muitas vezes, vídeos montados e informações que não são verdadeiras provocam a distorção do conteúdo e levam dezenas de milhares de pessoas a acreditarem naquilo, com repercussões negativas. O planeta enfrentou este problema, com questões envolvendo a Covid-19, a vacinação, os tratamentos com fármacos ineficientes para determinada doença, e levantaram dúvidas e desconfiança às pessoas, em virtude dá informação falsa.

Nesta esteira, as fake news surgem como um relevante tópico, repercutindo no Direito Digital. Desde o início, observamos diversas repercussões advindas dessa nova terminologia[26]. A este respeito, é importante, antes de mais nada, indicar que, conceitualmente, há uma compreensão global de que as fake news equivalem às notícias falsas. Em um primeiro momento, não trariam nenhum prejuízo ou preocupação aparente. Mas, já observamos nos últimos tempos, que a desinformação, a distorção da informação, pode trazer consequências muitas vezes graves, e que é preciso um olhar mais cuidadoso a respeito deste novo acontecimento[27].

De forma mais específica, também podemos compreender que a **deep fake**, com vídeos e áudios, que se utilizam da inteligência artificial e da manipulação digital, podem provocar, sim, prejuízos muito graves, com

26 *Vide* FREIRE E ALMEIDA, Daniel. **Fake News and The Liability of Social Networks**. Cyberlaw by CIJIC. Revista Científica sobre Cyberlaw do Centro de Investigação Jurídica do Ciberespaço – CIJIC – da Faculdade de Direito da Universidade de Lisboa, Portugal. Lisboa: Cyberlaw, Edição n.º X – setembro de 2020, p. 203/219.

27 *Vide* RUBIN, Victoria L. **Misinformation and Disinformation: Detecting Fakes with the Eye and AI**. Swiss: Springer, 2022.

consequências perigosas, e para as quais o Direito não pode ficar alheio. Em verdade, deve apresentar uma visão mais atenta e cautelosa[28].

Em prosseguimento, o fenômeno passou a ser tão poderoso que o **clickbait** surgiu, com a ideia de monetizar os "views", "likes", curtidas, encaminhamentos, "reposts". Enfim, percebemos que, quanto mais a informação circular, mais possibilidade ela tem de ser conhecida e, consequentemente, serem angariados fundos financeiros. Já são centenas de milhares de canais no YouTube, no Instagram e muitos outros que conseguem ganhos financeiros a partir das suas visualizações. Isso tudo, a respeito dos lucros, parece ser saudável e oportuno, e deve ser incentivado. No entanto, quando isso se utiliza de conteúdos enganosos ou sensacionalistas, com manchetes que não necessariamente correspondem ao teor que ali está noticiado, é claro que temos que nos preocupar, e é isso que vem ocorrendo[29].

Não se trata, em um primeiro momento, de coibir a liberdade de expressão. Essa deve existir, deve ser defendida. Desde os primórdios da Humanidade, lutamos para poder falar, para poder expressar nossa opinião, a nossa ideia, a nossa perspectiva de determinado tema e tópico. Com efeito, esse direito deve ser protegido de todas as formas, em especial pela Internet, que provisiona ferramentas poderosas para tanto. Mas quando uma publicação se torna um crime, ou pode levar a um, então estamos falando de uma lesão, de uma infração penal, de uma atitude delituosa e, portanto, ela deve ser coibida. A liberdade de expressão não está acima da atitude criminosa, não podendo acobertá-la[30].

28 *Vide* FILIMOWICZ, Michael. **Deep Fakes. Algorithms and Society**. New York: Routledge, 2022.

29 *Vide* TERRONES, Pedro Chirinos. **Clickbait: Can it Be an Unfair Competition Practice?** Michigan Technology Law Review. Disponível em: https://mttlr.org/2023/01/clickbait-can-it-be-an-unfair-competition-practice/.

30 Vide FREIRE E ALMEIDA, Daniel. **Trump vs Twitter: "Ninguém está imune à lei".** *Liberdade de expressão "não está acima de crimes" e as redes sociais "não são imunes à lei".* Rádio Observador, Portugal, 2020. Disponível em: https://observador.pt/programas/resposta-pronta/trump-vs-twitter-ninguem-esta-imune-a-lei/.

Em consequência, esse emaranhado de conceitos torna a discussão enredada, complexa e oportuna. Ao analisarmos algumas formas e consequências que tivemos nesses últimos anos a respeito da utilização das fake news, podemos citar, primeiramente, o caso das eleições norte-americanas, de 2016, que elegeu Donald Trump[31]. Não se trata, necessariamente, de avaliar se foi bom ou ruim Trump ter exercido a presidência. Isso permanece dentro da liberdade de opinião de cada um, da liberdade de pensamento de um e de outro, da liberdade de escolha própria da democracia. Também, não se refere à avaliação sobre os quatro anos de sua administração, se foi satisfatória ou não. Mas sim sobre a forma que se chega ao resultado, fator que adentra ao âmago das fake news[32]. Isso porque, durante as referidas eleições, muito foi utilizado pelos seus estrategistas de propaganda e de marketing digital de procedimentos baseados em notícias falsas, impulsionadas pelas redes sociais, remuneradas para isso ocorrer. Por exemplo, ao ser publicado que Hillary Clinton, (sua concorrente democrata na época) caso vencesse, iria proibir a utilização de armas de fogo, desagradando os defensores do porte de armas.

Nesta linha, quando uma rede social, paga para isso, faz o tratamento dessa informação e distribui, através dos seus algoritmos, para milhões de seguidores no Facebook, no YouTube, no Instagram, ela provoca a chegada dessa informação quase que instantaneamente a eleitores norte-americanos, interessados em armas de fogo que, ao receberem a notícia acabam, de uma maneira ou de outra, acreditando naquilo que foi veiculado. É muito difícil ser contestada instantaneamente qualquer tipo de publicação como essa, com a mesma repercussão e amplitude, que evite a consequência, que é votar no candidato impulsionador. Por outro lado, dificilmente alguém que seja defensor da possibilidade

---

31 *Vide* KAREY, Kelly. **Fake News. How Propaganda Influenced the 2016 Election, a Historical Comparison to 1930's Germany**. Marzenhale Publishing, 2017.

32 *Vide* KUYPERS, Jim A. **The 2016 American Presidential Campaign and the News: implications for American Democracy and Republic**. New York: Lexington Books, 2018.

de portar armas votaria em Hillary Clinton, após se deparar com a falsa publicação.

Deve-se salientar, neste plano, que esse fenômeno tem sido observado em muitos outros temas e situações. Para além da publicação com informações falsas, as redes atuam no tratamento da informação, no encaminhamento, no impulsionamento, interferindo no resultado da ação das pessoas. Isso ficou mais aparente e evidente quando da veiculação e descoberta do caso da Cambridge Analytica, empresa de consultoria política britânica, que ganhou destaque por meio do escândalo de dados Facebook–Cambridge Analytica[33]. A empresa adquiria e se utilizava de bases de dados do Facebook, resultado de um primeiro tratamento para seleção. Em seguida, de acordo com o pedido do cliente, tratava os dados e aplicava técnicas de programação para provocar a sua disseminação proposital, atingindo pessoas específicas, com consequências e repercussões alinhadas com o interesse do cliente (daquele que estava comprando aquela campanha).

Este contexto digital está envolvido em algoritmos, em programação avançada, em coleta e tratamento de dados, em impulsionamento de conteúdos, em informações falsas ou distorcidas, configurando cenário distante daquilo que se intitula liberdade de expressão. Tamanha foi a importância do caso que, tanto os órgãos institucionais dos Estados Unidos da América, como também da União Europeia, se movimentaram em busca da compreensão e da coibição dessas práticas[34].

---

33 *Vide* KAISER, Brittany. **Targeted. The Cambridge Analytica Whistleblower's Inside Story of how Big Data, Trump, and Facebook Broke Democracy and how it Can Happen Again**. Harper Collins Publishers, 2019.

34 *Vide* FEDERAL TRADE COMMISSION. **FTC Imposes $5 Billion Penalty and Sweeping New Privacy Restrictions on Facebook.** 2019. Disponível em: https://www.ftc.gov/news-events/news/press-releases/2019/07/ftc-imposes-5-billion-penalty-sweeping-new-privacy-restrictions-facebook. Vide EUROPEAN PARLIAMENT. **The use of Facebook users' data by Cambridge Analytica and the impact on data protection. European Parliament resolution of 25 October 2018 on the use of Facebook users' data by Cambridge Analytica and the impact on data protection (2018/2855(RSP))**. Disponível em: https://eur-lex.europa.eu/legal-content/EN/TXT/PDF/?uri=CELEX:52018IP0433.

Em verdade, no caso europeu, a relevância principiou quando da análise do Brexit. Como é de conhecimento público, muitas notícias falsas e induzidas foram utilizadas durante a campanha do "sim ou não", da permanência ou do "leave". Sem desejar adentrar no mérito da consequência da saída do Reino Unido, se foi produtiva para as partes envolvidas, a questão é que ficou evidenciada a força das fake news em provocar resultados. Logo, o tratamento da informação e dos dados, a estruturação dos dados e a utilização avançada de algoritmos podem causar a alteração da opinião das pessoas, a partir do Ambiente Digital, nas redes sociais, e isso não deve ser ignorado[35].

Mais recentemente, um caso com repercussão ainda mais insidiosa foi aquele julgado pela Suprema Corte dos Estados Unidos da América. Trata-se do julgamento do caso **González v. Google**, em que a família de Nohemi Gonzalez afirma que o Youtube, empresa pertencente ao Google, por meio de seu algoritmo de recomendação, agiu como uma plataforma de recrutamento para o grupo Estado Islâmico, violando as normas norte-americanas contra a cumplicidade com organizações terroristas. Gonzalez foi morta em Paris, em atentado terrorista de 13 de novembro de 2015. Os advogados que representam a sua família compreendem que o Google deve ser considerado responsável pelo resultado final, em virtude de ter impulsionado vídeos terroristas da rede ISIS, que foi uma das que perpetrou os ataques terroristas naquela ocasião em Paris[36].

O Google, a seu turno, se defende fundamentado na Seção 230 dos EUA (originalmente parte do Communications Decency Act), que estipula que nenhum provedor ou usuário de um serviço de computador interativo deve ser tratado como o editor ou orador de qualquer

35 REUTERS. **Facebook agrees to pay UK fine over Cambridge Analytica scandal**. 2019. Disponível em: https://www.reuters.com/article/us-facebook-privacy-britain-idUSKBN1X913O .

36 *Cf.* SUPREME COURT OF THE UNITED STATES. **REYNALDO GONZALEZ, ET AL., PETITIONERS v. GOOGLE LLC.** Disponível em: https://www.supremecourt.gov/opinions/22pdf/21-1333_6j7a.pdf .

informação fornecida por outro provedor de conteúdo de informação. Em outras palavras, uma rede social, no caso uma plataforma de conteúdos, não poderia ser responsabilizada pelo conteúdo veiculado por terceiros[37].

Por outro lado, no Brasil, um caso de enorme conhecimento público, e que inclusive foi tratado recentemente pela novela brasileira Travessia, envolve o Facebook e a família de Fabiane de Jesus. Neste caso, a Justiça brasileira analisa a potencial responsabilidade da rede no resultado, no qual Fabiane de Jesus foi torturada e morta por pessoas no Guarujá, depois de uma publicação postada e impulsionada no Facebook. A rede não só permitiu a publicação, como a manteve e a impulsionou, com conteúdo falso, sobre um retrato falado de uma suposta sequestradora de crianças que atuava no Guarujá. A rede social também se utilizou de suas ferramentas de trabalho, tratando a publicação, inserindo-a nas linhas do tempo de milhares de usuários, solicitando reações por e-mail, encaminhando para usuários que possuíam atitudes digitais ou interesses que, de alguma forma, se relacionavam com a postagem, ensejando muitas curtidas, views e ampliando ainda mais o público-alvo daquela informação[38].

Tais fatos levaram dezenas de pessoas a se aglomerarem numa região do Guarujá e escolherem a Fabiane de Jesus como vítima, por se parecer, supostamente, à imagem do retrato falado. Ela morreu e isso traz um despertar para um olhar sobre qual é, de fato, a responsabilidade de uma rede social em casos similares. Se somente dos autores da publicação, dos agentes que a mataram, da rede que impulsionou a postagem ou de todos os envolvidos, analisando-se o grau de acordo com sua participação.

---

37 *Vide* COMMUNICATIONS DECENCY ACT OF 1996. *United States Code/Title 47/ Chapter 5/Subchapter II/Part I/Section 230.* Disponível em: https://transition.fcc.gov/ Reports/tcom1996.txt.

38 *Vide* FREIRE E ALMEIDA, D. **A Responsabilidade das Redes Sociais sobre as Fake News**. in: FREIRE E ALMEIDA, D. (Org.). Os Cybercrimes na Perspectiva do Direito Internacional na Internet. New York: Lawinter Editions, 2020, v. 1, p. 145-182.

É de se lembrar, neste ponto, que quando a Seção 230 foi aprovada, em 1996, e que serviu de parâmetro para o Marco Civil da Internet no Brasil, apenas cerca de 40 milhões de pessoas usavam a Internet em todo o mundo, e havia a percepção de que os websites eram apenas passivos naquilo que havia disponível na Internet. Mas, de lá para cá, a mudança foi total. Além da postagem de um autor com determinada fake news, as plataformas tratam essa informação, espalham por sua rede, por todas as formas, até mesmo com o envio de e-mails, e também com postagens nas linhas do tempo de todos os usuários que podem ter algum tipo de relação com aquela região, tema ou interesse.

Os casos trazidos à tona encontram um ponto em comum, que são as fake news. Acrescente-se que, para além da questão das notícias falsas, alguns motivos tornam as fake news virais na Internet. Em primeiro lugar, porque, segundo os estudiosos que compreendem melhor o Ambiente Digital[39], nós ansiamos pela confirmação das nossas visões do mundo e queremos encontrar alguém que tem a mesma opinião, para nos alinharmos. Os algoritmos fazem isso invisivelmente por todos nós, nos aproximando das publicações e das produções de conteúdo que se assemelham aos nossos perfis, ou aquilo que nós fizemos (nossas atitudes digitais).

Por outro lado, a informação falsa, a notícia em geral, é a nova moeda social, mesmo que seja imprecisa. Os usuários profissionais da Internet, incluindo aqueles que desejam ter ganhos, sejam eles monetários ou mesmo de repercussão através da rede, precisam que a notícia viralize. Logo, "uma certa distorção aqui ou ali não faz mal a ninguém", na lógica destes influenciadores. Portanto, "views", "likes", "se inscreva no canal", "compartilhe", "escreva nos comentários" e "hashtag", são formas de incentivar o algoritmo a puxar aquela informação e disseminá-la pela Internet.

---

39 *Vide* KIRCH, Vanessa. **Social Networks - The Modern-Day Family: Law and Policy of Law and Policy of Regulation**. Swiss: Springer, 2022.

Adicionalmente, muitas pessoas adoram um boato. Infelizmente, o ser humano tem uma certa propensão aos comentários, aos rumores, às fofocas, e este contexto encontra um cenário ideal na Internet. Trata-se, pois, de excelente ambiente, digital, para que isso aconteça e repercuta de maneira mais rápida. Hodiernamente, possuímos um sistema digital atual avançado, que permite que as notícias atuem como contágio, sendo impulsionadas pelas estruturas de programação das redes sociais e das big techs.

Dentro dos novos conglomerados digitais, empresas como o Google (Alphabet), o Facebook e o Instagram (Meta), reúnem habilidosos engenheiros e cientistas de dados, que aplicam suas competências na coleta, no tratamento e na programação de dados estruturados e não estruturados. Tudo isso é feito de maneira proposital. Contudo, da mesma forma que fazem isso propositadamente para o bem, objetivando a propagação da informação, pode acontecer, também, para o mal, como os casos citados. Os algoritmos podem ser sorrateiros, trabalhando em segundo plano, se utilizando, inclusive, da inteligência artificial e da robótica. Como resultado, mostram o que queremos ver, e sempre encontraremos alguém com viés similar, no sentido ideológico, político ou social.

Consequentemente, os editores de notícias falsas são, infelizmente, motivados pelo aspecto financeiro, os "clickbaits", e isso deve ser considerado pelo fenômeno jurídico, quando da responsabilização civil e até criminal. Além disso, insta mencionar que as notícias, principalmente quando são controversas, levam a um cenário de polarização, de discussão, de embates políticos e ideológicos, resultando em mais conteúdo sendo gerado. Isto reflete em mais pessoas participando, mais atitudes digitais sendo coletadas e tratadas, e o marketing digital aplicado, em virtude de tudo isso, passa a atingir valores vultosos.

Como decorrência, então, constatamos que as companhias que organizam, que tratam os dados, usam as fisgas das redes sociais, das mensagens instantâneas, para conhecer os padrões de comportamento digital de seus usuários. Logo, são as empresas mais valiosas do mundo e com potencial de influenciar resultados através das ferramentas digitais.

Em prosseguimento (e por outro lado), a **liberdade digital** é outro ponto de elevada importância. Se de um lado nós defendemos a responsabilidade digital, de outro, também defendemos a liberdade. De fato, a liberdade digital está sendo discutida em qualquer espaço da Internet, seja em um espaço local, em uma rede social ou em outro país. Essa discussão foi amplamente levantada quando da Primavera Árabe, porque muitos dos jovens que se rebelaram contra governos ditatoriais, ou de décadas de duração, que estavam no Egito, na Síria, na Líbia e em muitas regiões do Oriente Médio, combinavam as suas manifestações via Internet. Isto levou alguns governos a tomar medidas de desligar a Internet e as conexões, para que as pessoas não pudessem combinar as manifestações. Esses países envolvidos trouxeram enormes desafios sobre a liberdade digital, sobre a liberdade de expressão, que são ampliados na medida em que certos governos enviam listas diárias de palavras a serem restringidas pelos motores de busca, por exemplo. Logo, muitas empresas têm se queixado de restrições a websites relacionados ao resultado de buscas. Aquilo que a pessoa busca no Google, in exemplis, ou em outro site de buscas, e que deve aparecer nos resultados, acaba sendo restringido por ordens de remoção dos países. A **ditadura da informação online** é uma realidade a ser enfrentada.

Para além destes aspectos mencionados e levantados, está o **monitoramento online**. Ao realizar muitas de nossas atividades online, nós passamos também a ser monitorados pelas nossas navegações. Seja por um país, uma empresa ou uma pessoa, isso pode violar a nossa privacidade e liberdade. Em que ambiente isso seria aceito? Trata-se de ponto de elevada angústia digital, que exige o enfrentamento por parte da sociedade.

Em prosseguimento, e por outro lado, como as companhias são digitais é muito mais fácil para elas se deslocarem online. Portanto, muitos desses grandes conglomerados de comércio eletrônico ou de oferecimento de serviços digitais acabam buscando as jurisdições de **menor regulação** ou de **menor tributação.** Assim como se observa contemporaneamente com o caso do X (Twitter) e do Telegram, que buscam não estar em jurisdição nenhuma ou de baixa intensidade jurídica, para não terem que responder aos anseios judiciais e de regulação, algumas empresas buscam estar hospedadas em locais onde não precisem cumprir regras. Muitas delas escolhem, também, países de baixa tributação. Desta forma, realizam negócios no mundo inteiro, mas são tributadas em um local específico, escolhido pela empresa, mas que muitas vezes não tem nenhuma relação substancial com ela[40].

Isto leva ao questionamento sobre todos os outros pontos sensíveis de regulação e judicialização em geral. As criptomoedas, as apostas online, os cassinos, os robôs, as fake news, os ativos digitais, os Cybercrimes e a inteligência artificial, entre outras atividades online, apresentam desafios de regulação e estão na ordem do dia das problemáticas do Direito Digital.

Neste sentido, o tratamento legislativo brasileiro do mundo digital é o tema de abordagem do próximo e relevante tópico.

2.3 Panorama da Legislação Brasileira em Direito Digital

Durante os itens anteriores, nosso intuito (e maior objetivo) foi o de compreender as dinâmicas apresentadas pela Internet, pelo Ambiente Digital e pelo comércio eletrônico. Com isso, nos aproximamos dos temas e principais tópicos implicantes com o Direito Digital. No mesmo

40 *Vide* LEITE DE CAMPOS, Diogo. **A Internet e o Princípio da Territorialidade dos Impostos**. Lisboa: Revista da Ordem dos Advogados, ano 58, 1998. *Vide* FREIRE E ALMEIDA, Daniel. **A Tributação do Comércio Electrónico nos Estados Unidos da América e na União Europeia**. Coimbra: Faculdade de Direito da Universidade de Coimbra, 2002. FREIRE E ALMEIDA, Daniel. **The Taxation of Electronic Commerce in the United States of America and in the European Union**. São Paulo: Almedina, 2016. FREIRE E ALMEIDA, Daniel. **A Tributação do Comércio Eletrónico nos Estados Unidos da América e na União Europeia**. São Paulo: Almedina, 2015.

sentido, conhecemos algumas das características que fazem da Internet uma das maiores transformações da história. Ainda, pudemos conhecer diversas aplicabilidades do comércio eletrônico, com o surgimento de inúmeras empresas, que estão transformando o mundo digital das pessoas através da introdução das novas tecnologias em suas atividades.

Por outro lado, também pudemos visualizar que muitos problemas novos surgiram, que houve a potencialização de problemas antigos, em virtude das características da Internet e que tudo isso apresenta ao Direito uma chamada para respostas legislativas e judiciais.

Primeiramente, no aspecto legislativo, o chamamento advém da necessidade de criação de novas legislações, bem como também pela utilização de legislações que, embora não tenham sido escritas para responder a esses novos desafios da Internet, encontram, por necessidade, a sua aplicabilidade no contexto do Ambiente Digital.

Desde já, devemos mencionar, que nossa defesa é pela criação de normas específicas para o Direito Digital e que levem em consideração as **características da Internet**. Contudo, compreendemos que algumas normas podem ser utilizadas, ainda que anteriores, e que seus limites de efetividade devem ser considerados pelo Judiciário, clamando pela sua atualização.

A breve história do Direito na Internet no mundo levou à criação da disciplina que, nos Estados Unidos da América, tinha a denominação de Internet Law. Mais à frente, em virtude do contexto digital em que se apresentava o nome, passou a ser Digital Law. Em verdade, o nome de **Direito Digital**, que defendemos, é o que, no Brasil, vem encontrando maior repercussão, maior amplitude, e melhor aceitação.

Para além da criação e reconhecimento desta nova área, o Direito Digital, devemos notar que a Internet vem revolucionando todas as demais áreas do Direito, como se observa nos Direitos Penal, Empresarial, Eleitoral e, mais recentemente, no Direito Civil, seara que passa por uma profunda atualização, inclusive buscando criar, no

Código Civil, um livro próprio sobre o Direito Digital, com inserções acerca do direito digital à intimidade, liberdade de expressão, patrimônio, herança digital, proteção à criança, inteligência artificial, contratos e assinaturas digitais. Em verdade, a Internet é a derradeira área do Direito que necessita de ordenação.

Neste sentido, o Direito passa a ser desafiado em seus aspectos fulcrais, quais sejam, as legislações e os tribunais, através das suas decisões. Então, se acompanharmos o nosso dia a dia, acessando as notícias e casos, vamos perceber que, de um lado, temos discussões relacionadas à criação de novas legislações que possam ser aplicadas na Internet (fake news, criptomoedas, inteligência artificial) e, de outro, encontraremos inúmeros casos que estão sendo julgados pelos tribunais hodiernamente. Vale constatar, igualmente, que não existe nenhuma área do Direito que não esteja sendo afetada pela Internet.

Logo, neste imbróglio que se coloca, cabe a todos nós identificarmos e compreendermos as principais legislações que estão sendo aplicadas para a Internet atualmente no Brasil. Tudo isso em um panorama da **Legislação Brasileira em Direito Digital**.

Para tanto, objetivando tornar mais dinâmico o processo, é que concentraremos a nossa análise, cronologicamente, destacando três pontos centrais: - **Nome e do que trata; - Principais tópicos normativos; - Casos (julgados) essenciais:**

2.3.1 Propriedade Industrial

Nome e do que trata:

Lei n. 9.279, de 14 de maiomaio de 1996. Regula Direitos e Obrigações Relativos à Propriedade Industrial[41].

41 BRASIL. Lei n. 9.279, de 14 de maiomaio de 1996. Regula Direitos e Obrigações Relativos à Propriedade Industrial. Disponível em: https://www.planalto.gov.br/ccivil_03/leis/l9279.htm.

Principais tópicos normativos:

A nossa **Lei de Propriedade Industrial** (1996) é a primeira, na história brasileira, que permitiu a sua aplicabilidade no contexto da Internet. Ela faz parte do conjunto de regras que tiveram uma origem internacional, nomeadamente na Organização Mundial do Comércio. Com efeito, a ela se juntam a Lei do Software (1998) e a Lei de Direitos Autorais (1998), que fizeram parte das discussões das negociações internacionais por ocasião do Uruguay Round (1986-1994), que deu origem, entre outros pontos, à criação da Organização Mundial do Comércio (1995). Naquele contexto, foram levantados muitos temas que eram de interesse dos países mais desenvolvidos, que criavam as novas tecnologias, que possuíam as patentes, que desejavam que determinados direitos fossem de amplitude internacional, e que fossem reconhecidos também em países consumidores, como o Brasil.

Muito embora o Brasil não estivesse na propositura da criação de novas tecnologias, estava entre seus utilizadores. Logo, foi criada a Lei de Propriedade Industrial, atinente ao Direito Econômico e que encontra enorme aplicabilidade nos assuntos da Internet.

Quatro são os bens imateriais protegidos pela Lei de Propriedade industrial:

- **A patente de invenção**, verificando a novidade, a atividade inventiva e a sua aplicação industrial, assegurando ao autor de invenção o direito de obter a patente que lhe garanta a propriedade.
- **A patente de modelo de utilidade**, trazendo a nova forma, disposição ou melhoria na sua utilização ou fabricação. O telefone e o computador talvez sejam os maiores exemplos de modelos de utilidade, com novas formas, disposições ou melhorias, e respondendo pelas maneiras de se conectar à Internet. Estes aparelhos tiveram enorme desenvolvimento, resultando em modelos de utilidade que são registráveis, e cujas patentes passam a ser protegidas em novo formato.

- **O registro de desenho industrial**, considerando-se, nos termos do Artigo 95 da Lei, a forma plástica ornamental de um objeto ou o conjunto ornamental de linhas e cores que possa ser aplicado a um produto, proporcionando resultado visual novo e original na sua configuração externa e que possa servir de tipo de fabricação industrial. O desenho industrial passou a ser mais bem desenvolvido em virtude da novidade e originalidade permitidas com a utilização de desenhos digitais. As telas e programas digitais permitem um desenvolvimento avançado, com o desenho industrial passando a ganhar inúmeras aplicabilidades em virtude da era digital.
- **O registro de marca**, cujos sinais distintivos sejam visualmente perceptíveis, considerando-se a sua aplicação para marca de produto ou serviço, marca de certificação e marca coletiva. As novas marcas, aplicativos e conglomerados passaram a ter inúmeras e diferentes utilidades. As marcas, no contexto da Internet, por serem globais, desejam ser protegidas no planeta todo. Em momento anterior, as marcas eram criadas para um contexto regional, ou nacional, dependendo do poder que essa marca conseguisse atingir. No entanto, as marcas que estão dispostas a todos pela Internet hodiernamente têm uma aplicabilidade global e, portanto, podem fazer o uso daqueles desejos preconizados na Organização Mundial do Comércio e, posteriormente, na Organização Mundial da Propriedade Intelectual (WIPO), para os nomes de domínio (WWW).

Também, dentro da nossa Lei de Propriedade Industrial, temos alguns crimes, contra as violações de patentes, contra os desenhos industriais utilizados indevidamente, contra a utilização indevida de marcas e o crime de concorrência desleal, todos com pena de detenção, de 3 (três) meses a 1 (um) ano, ou multa. Todos estes crimes encontram respaldo nas infrações através do maciço empenho de aplicações na Internet. A Internet, trazendo tudo para essa discussão no Ambiente Digital, acaba por resvalar em infrações. A nossa lei ganhou novas utilidades, em virtude da Internet e do comércio eletrônico, mas com apenamento brando, como se observa.

No contexto digital, a concorrência desleal encontrou ainda mais aplicabilidade, em suas seis modalidades, que são: denigração do concorrente, desvio de clientela, confusão entre estabelecimento ou produto, propaganda com falsa atribuição de mérito especialmente reconhecido, corrupção para obtenção de vantagem indevida e a violação de segredo.

Aquilo que antes era falado ou disseminado de um a um, com o Ambiente Digital ganhou uma proliferação muito maior, por conta da rápida reprodução do conteúdo. A fácil disseminação de uma publicação, informação ou postagem, seja em uma rede social ou site, podem atingir enorme repercussão pela Internet. São mais céleres e, portanto, a aplicabilidade da lei renovou a sua relevância.

Por vezes, uma simples postagem pode levar à denigração do concorrente, sendo objeto de disputa judicial, porque as marcas podem ser constrangidas por estas práticas. Até mesmo os stories, as linhas do tempo ou mesmo os reviews, por comentários na Internet através de uma publicação, podem resultar em litígios. São ambientes que proporcionam a fácil inserção e proliferação, como os sites de notícias, as redes sociais e as mensagens de aplicativos. Nestes locais, pode haver a manipulação de comentários, pagos ou de pessoas da empresa interessada, denegrindo a imagem da concorrente, ou mesmo para impulsionar um conteúdo. Na verdade, todos os setores que se utilizam de propagandas que são veiculadas na Internet ou postagens que são feitas, já que as corporações estão todas na rede, acabam por entrar em choque, com conflitos digitais. Ainda, na Internet, pela digitalização natural, é muito mais fácil enganar os usuários, seja por objetivos relacionados à criminalidade, quando preenchemos formulários em site falso, por exemplo, ou realizando pagamentos para perfis falsos e boletos fraudulentos, entre outros. A propaganda falsa, que imita perfeitamente o site fidedigno e leva o cliente a se enganar, ocorre quando acessamos informações ou publicidades enganosas. Nesta questão da confusão do estabelecimento ou produto na Internet, como é tudo digital, é muito mais fácil enganar as pessoas.

Por fim, o desvio de clientela, que era feito de modo físico antigamente, passou a ser realizado no modo virtual, e com maior facilidade. É o que acontece quando uma empresa compra propaganda em sites de buscas, por exemplo, onde os resultados de determinado assunto, produto ou interesse do usuário, acaba aparecendo nos primeiros tópicos. Neste ponto, mesmo buscando pelo concorrente naquele segmento, os resultados iniciais são da outra empresa que está pagando a propaganda. Em outras palavras, quando você busca a empresa "Y", os resultados iniciam pela empresa "Z" (concorrente), que pagou para a empresa de buscas (Google Ads, por exemplo) para aparecer nos resultados, podendo ser entendido como desvio de clientela digital.

Julgados essenciais:
A verificação da novidade, da atividade inventiva e a sua aplicabilidade industrial encontram conotação no mundo inteiro. Por exemplo, entre os diversos casos envolvendo os contendores, a Samsung foi condenada a pagar US$539 milhões à Apple, em virtude de violações da patente do iPhone (2018)[42]. A batalha global de patentes entre estes fabricantes de smartphones começou em 2011 e, depois de chegar até a Suprema Corte dos Estados Unidos da América, foi objeto de acordo entre as partes, que continuam em outros litígios patentários.

Por oportuno, devemos observar que, quando Steve Jobs desenvolveu o iPhone, trouxe algumas características inovadoras, levando, por exemplo, a Apple a solicitar o registro de quatro patentes de design, apenas quatro dias antes do iPhone ser apresentado ao mundo (em janeiro de 2007). A utilização da digitação diretamente na tela, sem teclados, provocou as empresas a uma provável imitação, ou a possibilidade de ficarem de fora do mercado. A Samsung foi nessa linha,

42 *Vide* Apple Inc. v. Samsung Elecs. Co. - 786 F.3d 983 (Fed. Cir. 2015).

obviamente violando algumas patentes do iPhone da Apple, acabando por ser processada e condenada.

Outros assuntos passaram a culminar nos tribunais. No caso das marcas e da Organização Mundial da Propriedade Intelectual (WIPO), discussões de nomes de domínio da Internet cresceram internacionalmente, atingindo mais de 60 mil casos[43]. Também em nossos tribunais, a situação pode ser exemplificada pelo caso entre a IGB, que é a dona da marca Gradiente, e a Apple, em julgamento pelo Supremo Tribunal Federal, em litígio pela marca IPhone no Brasil. Neste imbróglio, a Gradiente pediu o registro (2000) e obteve a concessão do mesmo no Instituto Nacional da Propriedade Industrial (INPI) do Iphone, com "I" maiúsculo, 8 anos depois. Mas, no ano anterior a esse pedido de registro, ou seja, em 1999, o iPhone era lançado mundialmente através da Apple, nos Estados Unidos da América. Portanto, quando, muitos anos depois, a Gradiente procurou utilizar-se dessa marca no Brasil, encontrou a colidência com o respaldo internacional dos Estados Unidos em relação a Apple e, portanto, o caso chegou aos tribunais. A Apple processou a Gradiente em virtude da utilização indevida desta marca, notoriamente conhecida depois do lançamento do iPhone[44].

43 O WIPO Arbitration and Mediation Center fornece mecanismos para resolver disputas de nomes de domínio da Internet. Este serviço inclui a Política Uniforme de Resolução de Disputas de Nomes de Domínio (UDRP), iniciada pela WIPO, segundo a qual o Centro da WIPO processou mais de 60 mil casos. Vide em https://www.wipo.int/amc/en/domains/.

44 *Vide* SUPREMO TRIBUNAL FEDERAL. Recurso Extraordinário (RE) 1.266.095. Relator: Min. Dias Toffoli).

2.3.2 Direitos Autorais

Nome e do que trata:

Lei nº 9.610, de 19 de fevereiro de 1998. Altera, Atualiza e Consolida a Legislação sobre Direitos Autorais[45].

Principais tópicos normativos:

Neste momento, daremos prosseguimento ao nosso panorama das legislações nacionais aplicadas ao Ambiente Digital. O objetivo é, ao final, conhecer todo o aparato da legislação brasileira aplicada à Internet. Mas, para chegarmos lá, com as mais recentes alterações e introduções legislativas, precisamos conhecer as anteriores.

Foi com esse intuito que, no tópico anterior, estávamos concentrados na Lei de Propriedade Industrial e nas suas aplicabilidades na Internet. Por outro lado, neste momento, nos concentraremos na Lei de Direitos Autorais (1998) [46] e, em seguida, na Lei de Proteção à Propriedade Intelectual dos Programas de Computador, a Lei do Software (1998)[47].

Desde já, pois, deve ser feito destaque que, na década de 1990, por ocasião da promulgação das leis mencionadas inicialmente neste panorama regratório, o Brasil não era expoente, ou estava na vanguarda das inovações tecnológicas. De fato, o país era receptor dessas novas tecnologias, e continua sendo, em muitos quesitos ligados à Internet e ao comércio eletrônico. No entanto, o interesse em estabelecer legislação nestas áreas era das grandes potências, que eram hospedeiras das inovadoras empresas como a Microsoft, por exemplo. Além dela, muitas

45 BRASIL. Lei nº 9.610, de 19 de fevereiro de 1998. Altera, Atualiza e Consolida a Legislação sobre Direitos Autorais. Disponível em: https://www.planalto.gov.br/ccivil_03/leis/l9610.htm.

46 BRASIL. Lei nº 9.610, de 19 de fevereiro de 1998. Altera, Atualiza e Consolida a Legislação sobre Direitos Autorais. Disponível em: https://www.planalto.gov.br/ccivil_03/leis/l9610.htm.

47 BRASIL. Lei nº 9.609, de 19 de fevereiro de 1998. Dispõe sobre a Proteção da Propriedade Intelectual de Programa de Computador, e sua comercialização no Brasil. Disponível em: https://www.planalto.gov.br/ccivil_03/leis/l9609.htm.

outras desejavam que os seus direitos de propriedade intelectual, tanto no que diz respeito aos direitos autorais, como também aos programas de computador, devessem ser reconhecidos globalmente. Por isso aquelas tratativas no âmbito da Organização Mundial do Comércio, no sentido de que os países aderentes introduzissem nas suas respectivas legislações as proteções, tanto na parte das patentes, marcas, programas de computador e direitos autorais, mas também, por óbvio, protegessem o mercado contra utilizações indevidas dessas marcas ou patentes. A corroborar tal assertiva, aliás, está a disposição de que os estrangeiros domiciliados no exterior gozam da proteção assegurada nos acordos, convenções e tratados em vigor no Brasil, nos termos do Artigo 2 da Lei de Direitos Autorais (1998)[48].

Neste sentido, então, o nosso máximo objetivo nesta parte é reconhecer alguns dos aspectos da Lei de Direitos Autorais (1998), e também, no próximo tópico, a Lei do Software (1998). Com isso, passaremos a conhecer como tem sido essa aplicação no Ambiente Digital e na Internet. Vale mencionar, contudo, que, na ocasião da feitura dessas legislações o tema "Internet" não era o ponto focal. Em verdade, a ideia era proteger direitos autorais em geral, levando-se em conta os mecanismos físicos da época. Mas, de outra parte, os programas de computador já começavam a ser conhecidos e utilizados, principalmente em nível empresarial. Já se verificava, neste momento, flagrantes violações que se davam em algumas empresas, que duplicavam o software licenciado. Em outras palavras, replicavam para todas as demais máquinas da companhia, a partir de uma máquina que detinha um software licenciado. Assim, através da digitalização própria dos programas de computador, reproduziam em outras máquinas de seus colaboradores, violando os direitos de propriedade intelectual para programas de computador. Portanto, as empresas detentoras dos

48 BRASIL. Lei nº 9.610, de 19 de fevereiro de 1998. Altera, Atualiza e Consolida a Legislação sobre Direitos Autorais. Disponível em: https://www.planalto.gov.br/ccivil_03/leis/l9610.htm.

registros desejavam que esses direitos fossem protegidos, e se utilizavam dos mecanismos dispostos na legislação para tanto.

Vale refletir, neste passo, que durante o Capítulo 1 deste livro, demos ênfase às questões relacionadas ao conteúdo e características do Ambiente Digital e pudemos considerar, naquele momento, que a digitalização é uma característica marcante do referido ambiente, maciçamente utilizada na Internet. Logo, a digitalização de conteúdos facilita muito a propagação e a disseminação da cópia de um programa.

Realizadas as considerações basilares, neste ponto, é hora então, por pertinente, de destacarmos os aspectos específicos da legislação de direitos autorais brasileira.

Nesta linha, a **Lei de Direitos Autorais** (1998)[49], quando apresenta o condão de proteger os direitos patrimoniais e morais sobre uma obra, encontra enorme aplicabilidade no Ambiente Digital. Isto porque é muito mais fácil reproduzir e-books, fotos, vídeos, músicas, realizar streaming e transmitir pela Internet canais que deveriam ser pagos, replicar software, entre muitas outras utilidades digitalizadas. Por conseguinte, a Lei de Direitos Autorais foi revitalizada com essas novas práticas, quer dizer, ganhou uma nova aplicabilidade.

Em concentração, a Lei protege as obras intelectuais, expressas por qualquer meio ou fixadas em qualquer suporte, tangível ou intangível, conhecido ou que se invente no futuro (daí sua aplicação na Internet), como os livros, as obras artísticas, as musicais, as audiovisuais, as fotográficas, as pinturas, os programas de computador e as bases de dados, entre outras (Art. 7º). A Lei garante ao autor os direitos morais e patrimoniais sobre a obra que criou (Art. 22)[50]. Ponto que também

49 BRASIL. Lei nº 9.610, de 19 de fevereiro de 1998. Altera, Atualiza e Consolida a Legislação sobre Direitos Autorais. Disponível em: https://www.planalto.gov.br/ccivil_03/leis/l9610.htm.

50 BRASIL. Lei nº 9.610, de 19 de fevereiro de 1998. Altera, Atualiza e Consolida a Legislação sobre Direitos Autorais. Disponível em: https://www.planalto.gov.br/ccivil_03/leis/l9610.htm.

interessa no Ambiente Digital é aquele estabelecido pelo Art. 29, que assevera depender de autorização prévia e expressa do autor a utilização da obra, por quaisquer modalidades, como a sua reprodução parcial ou integral. No mesmo sentido, a autorização do autor de obra literária, artística ou científica para produção audiovisual implica consentimento para a sua utilização econômica (Art. 81). Para a norma, a contrafação é definida como a reprodução não autorizada.

Já sobre as bases de dados, muito comuns no cenário digital, o titular do direito patrimonial terá o direito exclusivo de autorizar ou proibir a sua reprodução, por qualquer meio ou processo, incluindo a distribuição do original ou cópias da base de dados, ou a sua comunicação ao público (Art. 87).

Em panorama digital, como sabemos, no caso dos livros por exemplo, muitas ferramentas provisionam uma troca de e-books, seu compartilhamento e, em muitos casos, violando a Lei de Direitos Autorais. Em especial, grupos do Telegram, por exemplo, integram milhares de usuários que compartilham livros digitais, jornais e revistas. No caso dos jogos esportivos e eventos, a seu turno, os streamings ilegais estão por toda a Internet, e têm sido uma constante prática.

Por outro lado, empresas globais, como Netflix, Apple TV+, Paramount Plus, Amazon Prime Video, Disney Plus, Spotify, HBO Max e Deezer, têm consumidores espalhados por todo o mundo, produzem conteúdos que são de interesse do planeta inteiro, incentivam a produção de conteúdo nacional, filmes e séries, e que são utilizadas pelos usuários locais, e têm conquistado bilhões de usuários. Contudo, é claro, despertam o interesse de muitos outros usuários, que querem utilizar estes serviços, mas sem a contraprestação, e sem pagar pelo mesmo. Para isso, usam senhas compartilhadas ou usam formas de conexão ilegal, a partir da reprodução de um site ou aplicativo da Internet, que capta a origem das imagens e conteúdo, e as replica aos usuários.

Tudo isso, pois, acaba ensejando a aplicabilidade da Lei de Direitos Autorais no Brasil. Aliás, o país está entre os primeiros na violação das regras protetivas, no que diz respeito aos streamings, downloads não licenciados, software e games, chegando ao quinto posto do mundo em pirataria do Ambiente Digital[51]. No caso de um dos nossos grandes interesses, que é o futebol, de assistir aos jogos, o streaming ilegal de partidas tem retirado da indústria aproximadamente US$28 bilhões , ou seja, caso fossem pagos, seriam distribuídos entre os detentores desses direitos. Os utilizadores ilegais violam a norma através de sites que reproduzem jogos ao vivo, disseminando aquele conteúdo que estaria protegido por direitos autorais, até serem derrubados pela Justiça, ou migrarem para outros domínios da Internet.

Embora todos saibamos que essa é uma prática muito corriqueira, para algumas pessoas, como o conteúdo não é físico, baixar uma cópia ou retransmitir um evento não é percebido como uma violação de normas. Para estas, a versão original permanece, e a transmissão ocorre para aqueles que pagaram, não prejudicando os detentores. Contudo, a produção e a preparação de eventos, ou conteúdo, pode custar muito investimento, e os meios de subsistência de centenas de pessoas envolvidas são diretamente afetados pela pirataria digital[52].

No que diz respeito às sanções às violações dos direitos autorais, as de natureza civil (Arts. 101-110) implicam apreensões, indenizações, perdas de equipamentos, pagamentos, multas e danos morais. Tudo, pois, sem prejuízo das penas cabíveis, que estão previstas no Artigo 184 do Código Penal, com alteração de 2003[53], in verbis:

---

51 *Vide* AKAMAI. **State of the Internet. Security: Pirates in the Outfield**. Volume 8, Issue 1, 2022.

52 Cf. AKAMAI. **State of the Internet. Security: Pirates in the Outfield**. Volume 8, Issue 1, 2022, p. 5.

53 BRASIL. Lei nº 10.695, de 1º de julhojulho de 2003. Altera e acresce parágrafo ao art. 184 e dá nova redação ao art. 186 do Decreto-Lei nº 2.848, de 7 de dezembro de 1940 – Código Penal, alterado pelas Leis nº 6.895, de 17 de dezembro de 1980, e 8.635, de 16 de março de 1993, revoga o art. 185 do Decreto-Lei nº 2.848, de 1940, e acrescenta dispositivos ao

Art. 184. Violar direitos de autor e os que lhe são conexos:

Pena - detenção, de 3 (três) meses a 1 (um) ano, ou multa.

§1º - Se a violação consistir em reprodução total ou parcial, com intuito de lucro direto ou indireto, por qualquer meio ou processo, de obra intelectual, interpretação, execução ou fonograma, sem autorização expressa do autor, do artista intérprete ou executante, do produtor, conforme o caso, ou de quem os represente:

Pena - reclusão, de 2 (dois) a 4 (quatro) anos, e multa.

§2º - Na mesma pena do §1º, incorre quem, com o intuito de lucro direto ou indireto, distribui, vende, expõe à venda, aluga, introduz no País, adquire, oculta, tem em depósito, original ou cópia de obra intelectual ou fonograma reproduzido com violação do direito de autor, do direito de artista intérprete ou executante ou do direito do produtor de fonograma, ou, ainda, aluga original ou cópia de obra intelectual ou fonograma, sem a expressa autorização dos titulares dos direitos ou de quem os represente.

§3º - Se a violação consistir no oferecimento ao público, mediante **cabo, fibra ótica, satélite, ondas ou qualquer outro sistema que permita ao usuário realizar a seleção** da obra ou produção para recebê-la em um tempo e lugar previamente determinados por quem formula a demanda, com intuito de lucro, direto ou indireto, sem autorização expressa, conforme o caso, do autor, do artista intérprete ou executante, do produtor de fonograma, ou de quem os represente:

Pena - reclusão, de 2 (dois) a 4 (quatro) anos, e multa.

§4º - O disposto nos §§1º, 2º e 3º não se aplica quando se tratar de exceção ou limitação ao direito de autor ou os que lhe são conexos, em conformidade com o previsto na Lei nº 9.610, de 19 de fevereiro de 1998, nem a cópia de obra intelectual ou fonograma, em um só exemplar, para uso privado do copista, sem intuito de lucro direto ou indireto. (grifo nosso)

Decreto-Lei nº 3.689, de 3 de outubro de 1941 – Código de Processo Penal. Disponível em: https://www.planalto.gov.br/ccivil_03/leis/2003/l10.695.htm.

Julgados essenciais:

Ao logo dos últimos anos, diversas atividades judiciais foram reportadas, em virtude de violações à Lei de Direitos Autorais, em aspectos vinculados à Internet. Com o intuito de representá-las, trazemos à baila a Operação 404, sob coordenação do Ministério da Justiça e Segurança Pública que, em cinco fases, resultou na prisão de dezenas de pessoas e no bloqueio de mais de 700 meios que promoviam a pirataria digital. A Operação busca combater crimes de pirataria digital em sites e aplicativos de streaming ilegal, músicas e jogos para promover maior segurança à propriedade intelectual no Brasil, nos termos da Lei de Direitos Autorais. Vale destacar, neste caso, que, a despeito da globalidade do Ambiente Digital, em fase da operação de 2023, houve a colaboração internacional do Peru, por meio do Instituto Nacional de Defensa de la Competencia y de la Protección de la Propiedad Intelectual (INDECOPI), e do Reino Unido, com a Metropolitan Police Service de Londres, o Intellectual Property Office (IPO) e a Police Intellectual Property Crime Unit (PIPCU). Neste sentido,

> além das prisões em flagrante, a quinta fase da Operação 404 bloqueou, nos três países, 199 sites e 63 aplicativos ilegais de streaming que veiculam conteúdo audiovisual de séries, jogos e músicas; e seis canais de aplicativos de mensageria (como WhatsApp e Telegram) também foram bloqueados por distribuir músicas ilegalmente. Somente no Peru, foram derrubados 73 sites e aplicativos ilegais, e no Reino Unido, 25 sites de pirataria.[54]

---

54 Iniciada em 2019, a Operação 404 é uma ação contínua do MJSP e tem, como saldo geral até maio de 2023, nas cinco fases até então, 1.974 sites foram bloqueados, 783 aplicativos ficaram indisponíveis, 128 mandados de busca foram cumpridos, em 20 estados brasileiros e nos Estados Unidos, Peru e Reino Unido. Cf. EMPRESA BRASIL DE COMUNICAÇÃO. **Operação contra pirataria bloqueia cerca de 270 sites e aplicativos. Pirataria causa ao Brasil prejuízos anuais de R$ 15 bilhões**. 2023. Disponível em: https://agenciabrasil.ebc.com.br/geral/noticia/2023-03/operacao-contra-pirataria-bloqueia-cerca-de-270-sites-e-aplicativos.

Neste caso, o principal crime realizado pelos envolvidos foi o de violação de direito autoral, que prevê pena de reclusão de dois a quatro anos, além de multa, conforme mencionamos anteriormente.

2.3.3 Software

Nome e do que trata:
Lei nº 9.609, de 19 de fevereiro de 1998. Dispõe sobre a Proteção da Propriedade Intelectual de Programa de Computador e sua comercialização no Brasil[55].

Principais tópicos normativos:
Através das negociações, no contexto da Organização Mundial do Comércio, de lá para cá, os países que, desde o início, aderiram a estes acordos protetivos, passaram a introduzir nas suas leis internas aspectos envolvendo estes assuntos, como a propriedade industrial, os direitos autorais e as normas de programa de computador, conforme já mencionado. No caso da proteção aos direitos autorais de **Programa de Computador**, o Brasil não era um grande produtor de **software**. Muito pelo contrário, o Brasil não estava na vanguarda em relação às novas utilidades de propriedade industrial e muito menos na questão dos direitos autorais. Mas, o Brasil como receptor dessas novas tecnologias, aderiu a estes acordos e, em grande parte, por interesse dos países mais desenvolvidos.

A ideia era que, por exemplo, um programa de computador como o Windows (Microsoft) tivesse reconhecida a sua patente quando utilizado em outros lugares, como o Brasil. Portanto essas normas passaram a fazer parte do nosso ordenamento jurídico.

55 BRASIL. Lei nº 9.609, de 19 de fevereiro de 1998. Dispõe sobre a Proteção da Propriedade Intelectual de Programa de Computador, e sua comercialização no Brasil. Disponível em: https://www.planalto.gov.br/ccivil_03/leis/l9609.htm.

Em relação aos programas de computador, as violações têm crescido. Neste caso, estamos discorrendo não somente sobre o software, como tradicionalmente conhecido, mas também a respeito dos aplicativos (Apps) que possuem, igualmente, tecnologia com expressão de um conjunto organizado de instruções em linguagem natural ou codificada. Em outras palavras, os códigos fonte, os códigos de computador[56]. Em seu início, havia um suporte físico, um disco, que continha o programa. Mas hoje, é claro, são digitalizados e, portanto, a sua reprodução é muito constante.

Neste ponto, vale diferenciar que o hardware é o device, ou aparelho, e o software é o programa ou aplicação que é utilizada para dar função ao aparelho. Em síntese, quando utilizamos o computador ou celular (hardware), utilizamos um programa (software) para determinada finalidade.

Em ponto importante, os programadores buscam encontrar uma utilidade prática aos usuários. Com isso as pessoas usam, o software é reproduzido, as licenças de software são concedidas, criando um círculo digital e econômico. Em consequência, em virtude da digitalização dos programas, e sua reprodução infinita, o que se observou na história é que os grandes desenvolvedores de programas acabaram ficando mais ricos e amealhando mais dinheiro do que os vendedores de hardware. Ademais, dentro de um hardware você encontra vários programas. Logo, para cada aparelho vendido, dezenas de programas são utilizados. Na perspectiva da economia clássica, a forma de você reproduzir um produto, com trabalho, e juro, é diferente na questão digital. A remuneração ganha uma nova utilidade, inovadora, já que a reprodução digital permite disseminar o mesmo item de forma infinita,

---

56 Nos termos do Art. 1 da Lei do Software, de 1998, "Programa de computador é a expressão de um conjunto organizado de instruções em linguagem natural ou codificada, contida em suporte físico de qualquer natureza, de emprego necessário em máquinas automáticas de tratamento da informação, dispositivos, instrumentos ou equipamentos periféricos, baseados em técnica digital ou análoga, para fazê-los funcionar de modo e para fins determinados."

sem custos adicionais, ao contrário do hardware, que vai exigir custos básicos de produção. Obviamente que a atividade inventiva, de criação, de desenvolvimento, de programação exige investimentos. Mas, uma vez sendo criado, o software permite uma reprodução de unidades infinitas e, portanto, a empresa acaba amealhando milhões de novos usuários, ao custo de uma unidade.

Na época em que a lei foi promulgada em 1998, na perspectiva de proteger os programas de computador, como já mencionado, o Brasil não era um enorme desenvolvedor. Nós tínhamos programadores, empresas de programação, mas não tínhamos a compreensão de que uma vez sendo desenvolvida determinada tecnologia de programa de computador, isso pudesse ser disseminado e ganhasse o mundo. Mas, em virtude da adesão do Brasil aos acordos constitutivos da OMC, a norma foi introduzida em nosso ordenamento.

Nesta linha, a lei contempla que o regime de proteção à propriedade intelectual de programa de computador é o conferido às obras literárias pela legislação de direitos autorais, mas com as diretrizes próprias da Lei de Software.

A norma assegura a tutela dos direitos relativos a programa de computador pelo prazo de cinquenta anos (Art. 2), independente de registro. O uso de programa de computador, em geral, é objeto de contrato de licença por parte do autor do programa de computador ou titular, se distinto do autor, sejam pessoas físicas ou jurídicas (Art. 2, § 1º, e Art. 9)[57].

Logo, o indivíduo que copia um software que não lhe pertence, ou seja, que não obteve o licenciamento, incorre em contrafação. Neste contexto, o Artigo 12 estipula que, violar direitos de autor de programa de computador pode levar à detenção de 6 meses a 2 anos, ou multa. Mas, também, quando isso é feito com objetivo comercial, ou seja, com

57 BRASIL. Lei nº 9.609, de 19 de fevereiro de 1998. Dispõe sobre a Proteção da Propriedade Intelectual de Programa de Computador, e sua comercialização no Brasil. Disponível em: https://www.planalto.gov.br/ccivil_03/leis/l9609.htm .

pessoa que cobra para inserir este programa em um computador, ou vender, ou replicar, pode então incorrer na pena de reclusão de 1 a 4 anos e multa. Portanto, percebam a variação da pena entre a utilização individual e a comercial do software.

Durante a história, muitos milhares de casos chegaram aos tribunais, principalmente, e em especial, em relação às empresas que se utilizavam desses conteúdos ilegais pirateados para a sua comercialização. Neste caso, então, na ação penal, a busca e apreensão do software clandestino visa proteger o direito de autor da empresa que detém o registro ou criação, para que essa prática seja cessada. Caso contrário, a empresa ilegal continuaria comercializando clandestinamente o item, replicando o software e violando a norma. Portanto, em um primeiro momento a ideia é buscar e apreender os equipamentos que estão se utilizando desses programas, com o objetivo de cessar a sua reprodução.

Mas, é igualmente importante visualizarmos que, no caso, a conjugação da Lei de Software com a Lei de Direitos Autorais traz um complemento, uma pena pecuniária, que pode chegar ao valor de três mil exemplares, nestes termos:

> Art. 103. Quem editar obra literária, artística ou científica, sem autorização do titular, perderá para este os exemplares que se apreenderem e pagar-lhe-á o preço dos que tiver vendido.
> Parágrafo único. Não se conhecendo o número de exemplares que constituem a edição fraudulenta, **pagará o transgressor o valor de três mil exemplares, além dos apreendidos**. (grifo nosso)[58]

Então, a ideia é utilizar-se do valor de um programa que foi violado, "vezes" 3000. Logo, o valor a ser aplicado torna-se vultoso, e muitos desses casos que chegaram aos tribunais utilizaram a conjugação da Lei de Software com a Lei de Direitos Autorais para aplicação da pena.

---

58 BRASIL. Lei nº 9.610, de 19 de fevereiro de 1998. Altera, Atualiza e Consolida a Legislação sobre Direitos Autorais. Disponível em: https://www.planalto.gov.br/ccivil_03/leis/l9610.htm .

Casos essenciais:

Vale frisar, que embora sejam legislações que foram pensadas e engendradas em um outro momento histórico, em virtude de se relacionarem às novas tecnologias, as novas invenções, é que encontram aplicabilidade na Internet e no comércio eletrônico, sendo muito corriqueiras em casos jurídicos envolvendo empresas e usuários em ações judiciais.

Por exemplo, na Rússia o governo vem estudando legalizar a pirataria de software em razão de sanções em virtude do conflito decorrente da invasão na Ucrânia. A Rússia, então, estuda introduzir legislação para autorizar a reprodução de software de terceiros no país, como medida para garantir o funcionamento de muitos órgãos governamentais que dependem desses programas, mas que estão sujeitas às sanções impostas pelas companhias que são contrárias ao conflito.

Por outro lado, no filme "The Social Network" (Rede Social), que conta a história da criação do Facebook, muitas questões jurídicas afloram, como por exemplo a questão de direito societário, de direito de empresa, a conciliação, a mediação e a arbitragem, como métodos que foram utilizados para resolver o imbróglio entre os sócios fundadores, e da eventual utilização indevida de códigos fonte para criar o Facebook, que seriam originários de um rede social de Harvard idealizada pelos irmãos Winklevoss. Os referidos irmãos acusaram o criador do Facebook, Mark Zuckerberg, de ter usado códigos fonte da outra rede para iniciar o Facebook, em caso que chegou aos tribunais dos Estados Unidos da América, por violação de propriedade de software.

Em uma análise histórica, então, podemos vislumbrar a aplicabilidade de legislações anteriores, como por exemplo a nossa Lei de Propriedade Industrial (1996), a Lei de Direitos Autorais (1998), ou mesmo a Lei de Software (1998). Todas sendo utilizadas em situações judiciais recentes.

É muito importante compreendemos que estes assuntos tiveram origem em um ambiente internacional, onde encontramos a sua aplicabilidade constante no mundo da Internet, por possuírem marcas, aparelhos e programas utilizados no planeta todo.

2.3.4. Divulgação de Segredo Digital, inserção de dados falsos, modificação ou alteração não autorizada de sistema de informações, e violação de sigilo funcional

Nome, e do que trata:
Lei nº 9.983, de 14 de julho de 2000. Dispõe sobre a divulgação de segredo, sobre a inserção de dados falsos, modificação ou alteração não autorizada de sistema de informações, e a violação de sigilo funcional[59].

Principais tópicos normativos:
Atualizando a perspectiva até então utilizada sobre o Ambiente Digital (de usar normas feitas em um outro contexto), a partir do ano 2000 as legislações introduzidas passaram a considerar, progressivamente, o cenário da Internet. Exemplo inicial é a norma que inclui, no Código Penal brasileiro, o Artigo 153, $1, Letra A, nestes termos:

> Art. 153 -
> § 1º -A. Divulgar, sem justa causa, informações sigilosas ou reservadas, assim definidas em lei, contidas ou não nos sistemas de informações ou banco de dados da Administração Pública: (Incluído pela Lei nº 9.983, de 2000)
> Pena – detenção, de 1 (um) a 4 (quatro) anos, e multa. [60]

Trata-se de inclusão que principia a fase de consideração das características da Internet. De fato, o Ambiente Digital é de fácil alteração, com possibilidade de copiar e colar algo, podendo ser disseminado e pulverizado pela rede. Logo, a norma tipifica a divulgação de segredo oriunda de sistemas de informações ou banco de dados da Administração

59 BRASIL. Lei nº 9.983, de 14 de julho de 2000. Disponível em: https://www.planalto.gov.br/ccivil_03/leis/l9983.htm .

60 BRASIL. Lei nº 9.983, de 14 de julho de 2000. Disponível em: https://www.planalto.gov.br/ccivil_03/leis/l9983.htm .

Pública. Portanto, a década de 2000 começa a vislumbrar alterações e inclusões legislativas levando em consideração o Ambiente Digital.

A mesma norma que introduziu no Código Penal a divulgação de segredo online, incluiu dispositivos prevendo a inserção de dados falsos, a modificação ou alteração não autorizada de sistema de informações, e a violação de sigilo funcional. Com isso, o Código Penal passou a contar, desde 2000, com os seguintes tópicos:

> Art. 313- A. **Inserir** ou facilitar, o funcionário autorizado, a inserção de dados falsos, alterar ou excluir indevidamente dados corretos nos sistemas informatizados ou bancos de dados da Administração Pública com o fim de obter vantagem indevida para si ou para outrem ou para causar dano: (Incluído pela Lei nº 9.983, de 2000))
> Pena – reclusão, de 2 (dois) a 12 (doze) anos, e multa. (Incluído pela Lei nº 9.983, de 2000)
> Art. 313-B. **Modificar** ou **alterar**, o funcionário, sistema de informações ou programa de informática sem autorização ou solicitação de autoridade competente: (Incluído pela Lei nº 9.983, de 2000)
> Pena – detenção, de 3 (três) meses a 2 (dois) anos, e multa. (Incluído pela Lei nº 9.983, de 2000)
> Parágrafo único. As penas são aumentadas de um terço até a metade se da modificação ou alteração resulta dano para a Administração Pública ou para o administrado. (Incluído pela Lei nº 9.983, de 2000). (grifo nosso)[61]

As hipóteses imaginadas pela legislação eram de que pessoas que tivessem autorização para acessar sistemas protegidos, mas que encontrassem parceiros no mundo da criminalidade, pudessem proporcionar uma vantagem indevida, podendo se enquadrar neste tópico do código.

Outra atualização do Código Penal com origem na Lei de 2000, foi aquela que introduziu novos atores na questão da violação de sigilo

61 BRASIL. Lei nº 9.983, de 14 de julho de 2000. Disponível em: https://www.planalto.gov.br/ccivil_03/leis/l9983.htm .

funcional. Neste sentido, o Artigo 325 do código passou a contar com um parágrafo, com estes termos:

> Art. 325 - Revelar fato de que tem ciência em razão do cargo e que deva permanecer em segredo, ou facilitar-lhe a revelação:
> "**§ 1º** Nas mesmas penas deste artigo incorre quem:"
> "I – permite ou facilita, mediante atribuição, **fornecimento e empréstimo de senha ou qualquer outra forma,** o acesso de pessoas não autorizadas a sistemas de informações ou banco de dados da Administração Pública;"
> "II – se utiliza, indevidamente, do acesso restrito."
> "§ 2º Se da ação ou omissão resulta dano à Administração Pública ou a outrem:"
> "Pena – reclusão, de 2 (dois) a 6 (seis) anos, e multa. (grifo nosso)[62]

Casos essenciais:

Primeiramente, a **divulgação de segredo** digital ganhou força com a sua hipótese de incidência sendo analisada quando a conclusão de inquérito da polícia federal constatou crime em ação do então presidente Jair Bolsonaro no vazamento de documentos sigilosos de uma investigação sobre urnas eletrônicas. Neste sentido, segundo a polícia federal, houve conduta criminosa quando, em uma live em Agosto de 2021, o ex-presidente divulgou informações privadas sobre o caso. A polícia federal, no entanto, não indiciou o chefe de estado, segundo a BBC, sob a justificativa de que ele possuía foro privilegiado. A delegada responsável pelo inquérito, Denisse Dias Rosas Ribeiro, afirmou que o crime cometido por Bolsonaro foi o de divulgação de segredo. Para ela:

> Bolsonaro e o deputado Filipe Barros, que também participou da live investigada, tiveram "atuação direta, voluntária e consciente" na prática do crime de vazamento de dados sigilosos, pois, segundo ela, "na condição de

62 BRASIL. Lei nº 9.983, de 14 de julho de 2000. Disponível em: https://www.planalto.gov.br/ccivil_03/leis/l9983.htm .

> funcionários públicos, revelaram conteúdo de inquérito policial que deveria permanecer em segredo até o fim das diligências".[63]

Nesta esteira, a **inserção de dados falsos em sistemas de informações** passou a ganhar aplicabilidade prática naquilo que foi preconizado no ano 2000, com a inserção do Artigo 313 "A" no Código Penal.

Recentemente, operação autorizada pelo Supremo Tribunal Federal passou a apurar um suposto esquema de falsificação no cartão de vacinas do ex-presidente Jair Bolsonaro, com envolvimento do tenente-coronel Mauro Cid Barbosa, assessores do ex-presidente, entre outros. De acordo com as investigações da polícia federal, as **inserções falsas** no cartão de vacina do ex-presidente teriam permitido que os envolvidos emitissem os respectivos certificados de vacinação e os utilizassem para "burlarem as restrições sanitárias vigentes imposta pelos poderes públicos (Brasil e Estados Unidos) destinadas a impedir a propagação de doença contagiosa, no caso, a pandemia de covid-19". Ainda, segundo a polícia federal, "A apuração indica que o objetivo do grupo seria manter coeso o elemento identitário em relação a suas pautas ideológicas, no caso, sustentar o discurso voltado aos ataques à vacinação contra a Covid-19"[64].

Outros casos reais têm sido noticiados envolvendo, por exemplo, despachantes que **inseriram dados falsos** no sistema do Detran (Operação Fake Rent), transferindo veículos para terceiros, ou alterando dados sobre multas, crimes contra a Previdência Social (Operação Bórgias), com alteração de valores a receber, de tempo de serviço, concessão de benefícios, entre outros.

Devemos recordar, de acordo com nossas lições anteriores, que as questões envolvem alterações ou inserções de informações, que por

---

63 Cf. BBC. **PF vê crime em ação de Bolsonaro: o que acontece agora?** Disponível em: https://www.bbc.com/portuguese/brasil-60238294 .

64 *Cf.* INTELIGÊNCIA FINANCEIRA. **Entenda caso de fraude em cartão de vacinas de Bolsonaro que resultou em operação da PF.** Disponível em: https://inteligenciafinanceira.com.br/saiba/politica/entenda-fraude-cartao-de-vacinas-bolsonaro-operacao-pf/ .

serem digitalizadas são mais fáceis no contexto da Internet e dos bancos de dados. Como tudo está na Internet, os assuntos ganham enorme repercussão.

Sobre a **violação de sigilo funcional**, em 2022, o ministro do Supremo Tribunal Federal Alexandre de Moraes abriu um inquérito sobre o vazamento da decisão que bloqueou o Telegram. Várias publicações jornalísticas mostravam o vazamento do despacho que deveria ser sigiloso, segundo o inquérito.

2.3.5 Pedofilia Digital e Cyberbullying

Nomes, e do que tratam:

Lei nº 11.829, de 25 de novembro de 2008. Alterou o Estatuto da Criança e do Adolescente-ECA, bem como a inicial Lei nº 10.764/2003, para aprimorar o combate à produção, venda e distribuição de pornografia infantil, e criminalizar a aquisição e a posse de tal material e outras condutas relacionadas à pedofilia digital[65]. A Lei nº 12.015, de 2009, que tipifica a conduta de corromper ou facilitar a corrupção de menor de dezoito anos, utilizando-se de quaisquer meios eletrônicos, inclusive salas de bate-papo da Internet[66]. Também, a Lei nº 13.441, de 8 de maio de 2017. Altera o ECA para prever a infiltração de agentes de polícia na Internet com o fim de investigar crimes contra a dignidade

---

65 BRASIL. Lei nº 11.829, de 25 de novembro de 2008. Altera a Lei nº 8.069, de 13 de julho de 1990 - Estatuto da Criança e do Adolescente, para aprimorar o combate à produção, venda e distribuição de pornografia infantil, bem como criminalizar a aquisição e a posse de tal material e outras condutas relacionadas à pedofilia na internet. Disponível em: https://www.planalto.gov.br/ccivil_03/_ato2007-2010/2008/lei/l11829.htm .

66 BRASIL. Lei nº 12.015, de 7 de agosto de 2009. Altera o Título VI da Parte Especial do Decreto-Lei nº 2.848, de 7 de dezembro de 1940 - Código Penal, e o art. 1º da Lei no 8.072, de 25 de julho de 1990, que dispõe sobre os crimes hediondos, nos termos do inciso XLIII do art. 5º da Constituição Federal e revoga a Lei nº 2.252, de 10 de julho de 1954, que trata de corrupção de menores. Disponível em: https://www.planalto.gov.br/ccivil_03/_Ato2007-2010/2009/Lei/L12015.htm#art5

sexual de criança e de adolescente[67]. Ainda, a Lei nº 13.185, de 6 de novembro de 2015. Institui o Programa de Combate à Intimidação Sistemática (Cyberbullying)[68]. A Lei nº 14.533, de 11 de janeiro de 2023, que Institui a Política Nacional de Educação Digital[69]. Por fim, mais recentemente, a Lei nº 14.811, de 12 de janeiro de 2024, que institui medidas de proteção à criança e ao adolescente contra a violência nos estabelecimentos educacionais ou similares, prevê a Política Nacional de Prevenção e Combate ao Abuso e Exploração Sexual da Criança e do Adolescente e altera o Decreto-Lei nº 2.848, de 7 de dezembro de 1940 (Código Penal - Cyberbullying), e as Leis nº 8.072, de 25 de julho de 1990 (Lei dos Crimes Hediondos), e 8.069, de 13 de julho de 1990 (Estatuto da Criança e do Adolescente)[70].

Principais tópicos normativos:

Nos itens anteriores, iniciamos as tratativas relacionadas à legislação aplicada no âmbito da Internet e do Ambiente Digital. Neste sentido, demos prosseguimento, em ordem cronológica crescente, inserindo quando necessário, legislações mais recentes sobre o tópico em questão.

---

67 BRASIL. Lei nº 13.441, de 8 de maio de 2017. Altera a Lei nº 8.069, de 13 de julho de 1990 (Estatuto da Criança e do Adolescente), para prever a infiltração de agentes de polícia na internet com o fim de investigar crimes contra a dignidade sexual de criança e de adolescente. Disponível em: https://www.planalto.gov.br/ccivil_03/_Ato2015-2018/2017/Lei/L13441.htm .

68 BRASIL. Lei nº 13.185, de 6 de novembro de 2015. Institui o Programa de Combate à Intimidação Sistemática (Cyberbullying). Disponível em: https://www.planalto.gov.br/ccivil_03/_ato2015-2018/2015/lei/l13185.htm .

69 BRASIL. Lei nº 14.533, de 11 de janeiro de 2023, que Institui a Política Nacional de Educação Digital. Disponível em: https://www.planalto.gov.br/ccivil_03/_Ato2023-2026/2023/Lei/L14533.htm .

70 BRASIL. Lei nº 14.811, de 12 de janeiro de 2024. Institui medidas de proteção à criança e ao adolescente contra a violência nos estabelecimentos educacionais ou similares, prevê a Política Nacional de Prevenção e Combate ao Abuso e Exploração Sexual da Criança e do Adolescente e altera o Decreto-Lei nº 2.848, de 7 de dezembro de 1940 (Código Penal - Cyberbullying), e as Leis nºs 8.072, de 25 de julho de 1990 (Lei dos Crimes Hediondos), e 8.069, de 13 de julho de 1990 (Estatuto da Criança e do Adolescente). Disponível em: https://www.planalto.gov.br/ccivil_03/_ato2023-2026/2024/lei/L14811.htm .

Neste passo, já podemos perceber que algumas das legislações inicialmente aplicáveis ao contexto do Direito Digital vem sendo atualizadas, editadas, e incrementadas, com o objetivo de alinhar-se às novas práticas. Por conseguinte, algumas alterações no Estatuto da Criança e do Adolescente tiveram como foco atividades que envolvessem os jovens na Internet, mas, também, dos adultos para com eles.

Desde o início do novo milênio, percebeu-se que muitas das questões oriundas do Ambiente Digital poderiam ameaçar algumas práticas das crianças e dos adolescentes. No caso brasileiro, foi editada e publicada a Lei nº 10.764/2003 que promoveu algumas alterações no estatuto vigente. Contudo, mais à frente, em 2008, novas alterações entraram em vigor, praticamente sobrepondo, com méritos, a norma de 2003. De um lado, para atualizar alguns conceitos, e de outro para aprimorar e aumentar a aplicabilidade de penas.

Em prosseguimento, podemos afirmar que as pessoas adoram a Internet. Mas as crianças e adolescentes amam o contexto digital. Na verdade, há uma percepção de que elas já nasceram conhecendo esse novo Ambiente Digital, e muitas aplicações são encontradas no seu cotidiano. Em outras palavras, as crianças fazem muitas atividades, inclusive no Ambiente Digital educacional que as tornam especialistas na Internet e nas novas tecnologias. Mas, por outro lado, algumas ameaças, perigos e repercussões jurídicas são advindas dessas práticas. Ainda, como já referimos, nós temos na Internet a Deep web, com textos obscuros que não são conhecidos normalmente pelos usuários, e também a Dark web, onde muitas práticas ilegais também são possíveis, infelizmente.

Para a devida proteção das crianças e dos adolescentes é fundamental uma legislação que reconheça esses riscos e repercussões jurídicas, razão pela qual durante duas ocasiões, tanto em 2003 quanto em 2008, o ECA foi atualizado neste segmento digital. Devemos observar que, inicialmente, a norma de 2003 alterou os artigos 240 e 241 do estatuto (ECA). Contudo, a norma de 2008 veio a atualizar alguns tópicos dos artigos 240 e 241, mas também a acrescentar algumas alíneas ao 241 (A, B, C, D, e E).

Neste contexto, então, a Lei nº 11.829, de 2008 veio alterar o ECA com o intuito de combater a pedofilia na Internet. A ideia central é verificar a questão da produção, da venda, da distribuição, de algumas atividades pornográficas infantis e, é claro, criminalizar aqueles que produzem e usufruem dessas práticas ilegais. Portanto é, neste sentido, que a norma veio a ser introduzida ao nosso ordenamento jurídico, in verbis, com o Artigo 240:

> Art. 240. Produzir, reproduzir, dirigir, fotografar, filmar ou registrar, por qualquer meio, cena de sexo explícito ou pornográfica, envolvendo criança ou adolescente:
>
> **Pena - reclusão, de 4 (quatro) a 8 (oito) anos, e multa.**
>
> § 1º Incorre nas mesmas penas quem:
>
> I - agencia, facilita, recruta, coage ou de qualquer modo intermedeia a participação de criança ou adolescente nas cenas referidas no caput deste artigo, ou ainda quem com esses contracena;
>
> II - exibe, transmite, auxilia ou facilita a exibição ou transmissão, em tempo real, pela **internet**, por aplicativos, por meio de dispositivo informático ou qualquer meio ou ambiente digital, de cena de sexo explícito ou pornográfica com a participação de criança ou adolescente.
>
> § 2º Aumenta-se a pena de 1/3 (um terço) se o agente comete o crime:
>
> I – no exercício de cargo ou função pública ou a pretexto de exercê-la;
>
> II – prevalecendo-se de relações domésticas, de coabitação ou de hospitalidade; ou
>
> III – prevalecendo-se de relações de parentesco consangüíneo ou afim até o terceiro grau, ou por adoção, de tutor, curador, preceptor, empregador da vítima ou de quem, a qualquer outro título, tenha autoridade sobre ela, ou com seu consentimento. (grifo nosso) [71]

71 BRASIL. Lei nº 11.829, de 25 de novembro de 2008. Altera a Lei nº 8.069, de 13 de julho de 1990 - Estatuto da Criança e do Adolescente, para aprimorar o combate à produção, venda e distribuição de pornografia infantil, bem como criminalizar a aquisição e a

Assim, o Artigo 240 do ECA foi alterado, incrementando, então, a pena, passando à reclusão de 4 a 8 anos, e multa, para aqueles que produzissem, reproduzissem, dirigissem, fotografassem, filmassem ou registrassem, por qualquer meio (Internet), cena de sexo explícito ou pornográfica, envolvendo criança ou adolescente. Notem que o objeto do Artigo 240 era tipificar a conduta de produção desse material ilícito que envolvesse crianças e adolescentes. De 2003 para 2008 houve um aumento da pena, de forma correta.

É fundamental que se perceba a atrocidade de envolver crianças e adolescentes em um ambiente pornográfico ou de sexo explícito. A norma buscou tipificar esta conduta, vetando esta prática. Ademais, observem, pela inserção na norma da expressão "por qualquer meio", o que se objetivava, de fato, era a vedação da pedofilia digital.

Infelizmente, com essas atitudes desviantes, criminosos não só produzem esse material, mas procuram vendê-lo na Internet para usuários com essas intenções maléficas. Em especial, os referidos materiais são oferecidos e comercializados na Dark web, onde software específico é necessário para o seu acesso. Essas pessoas convidam umas às outras de forma ilegal e ofertam na Internet vídeos, fotos e práticas realizadas em ambiente físico, com crianças e adolescentes que, em muitos casos, foram objeto de rapto e sequestro.

É neste sentido, sobre a venda e exposição, que está situado o Artigo 241, nestes termos:

> Art. 241. Vender ou expor à venda fotografia, vídeo ou outro registro que contenha cena de sexo explícito ou pornográfica envolvendo criança ou adolescente:
>
> Pena – reclusão, de 4 (quatro) a 8 (oito) anos, e multa. [72]

---

posse de tal material e outras condutas relacionadas à pedofilia na internet. Disponível em: https://www.planalto.gov.br/ccivil_03/_ato2007-2010/2008/lei/l11829.htm .

72 BRASIL. Lei nº 11.829, de 25 de novembro de 2008. Altera a Lei nº 8.069, de 13 de julho de 1990 - Estatuto da Criança e do Adolescente, para aprimorar o combate à produção, venda e distribuição de pornografia infantil, bem como criminalizar a aquisição e a

Logo, a norma procurou tipificar essa prática, elencando que, vender ou expor fotografia, vídeo ou outro registro que contenha cenas pornográficas envolvendo as crianças e adolescentes teriam, também, a reclusão de 4 a 8 anos, e multa, aumentando a pena inicialmente estipulada em 2003.

Em seguida, no Artigo 241, já começamos a observar a ideia de incluir o meio Ambiente Digital e a Internet como cenário de atuação das regras. O acréscimo das alíneas A, B, C, D e E, segue nesta linha:

> Art. 241-A. Oferecer, trocar, disponibilizar, transmitir, distribuir, publicar ou divulgar por qualquer meio, **inclusive por meio de sistema de informática ou telemático**, fotografia, vídeo ou outro registro que contenha cena de sexo explícito ou pornográfica envolvendo criança ou adolescente:
> Pena – reclusão, de 3 (três) a 6 (seis) anos, e multa.
> § 1º Nas mesmas penas incorre quem:
> I – assegura os meios ou serviços para o **armazenamento das fotografias, cenas ou imagens** de que trata o caput deste artigo;
> II – assegura, por qualquer meio, **o acesso por rede de computadores** às fotografias, cenas ou imagens de que trata o caput deste artigo.
> § 2º As condutas tipificadas nos incisos I e II do § 1o deste artigo são puníveis quando o **responsável legal pela prestação do serviço**, oficialmente notificado, deixa de desabilitar o acesso ao conteúdo ilícito de que trata o caput deste artigo.
> Art. 241-B. Adquirir, possuir ou armazenar, **por qualquer meio**, fotografia, vídeo ou outra forma de registro que contenha cena de sexo explícito ou pornográfica envolvendo criança ou adolescente:
> Pena – reclusão, de 1 (um) a 4 (quatro) anos, e multa.
> § 1º A pena é diminuída de 1 (um) a 2/3 (dois terços) se de pequena quantidade o material a que se refere o caput deste artigo.

posse de tal material e outras condutas relacionadas à pedofilia na internet. Disponível em: https://www.planalto.gov.br/ccivil_03/_ato2007-2010/2008/lei/l11829.htm .

§ 2º Não há crime se a posse ou o armazenamento tem a finalidade de comunicar às autoridades competentes a ocorrência das condutas descritas nos arts. 240, 241, 241-A e 241-C desta Lei, quando a comunicação for feita por:
I - agente público no exercício de suas funções;
II - membro de entidade, legalmente constituída, que inclua, entre suas finalidades institucionais, o recebimento, o processamento e o encaminhamento de notícia dos crimes referidos neste parágrafo;
III - representante legal e funcionários responsáveis de provedor de acesso ou serviço prestado por meio de **rede de computadores**, até o recebimento do material relativo à notícia feita à autoridade policial, ao Ministério Público ou ao Poder Judiciário.
§ 3º As pessoas referidas no § 2o deste artigo deverão manter sob sigilo o material ilícito referido.
Art. 241-C. Simular a participação de criança ou adolescente em cena de sexo explícito ou pornográfica por meio de adulteração, montagem ou modificação de fotografia, vídeo ou **qualquer outra forma de representação visual:**
Pena - reclusão, de 1 (um) a 3 (três) anos, e multa.
Parágrafo único. Incorre nas mesmas penas quem vende, expõe à venda, disponibiliza, distribui, publica ou divulga **por qualquer meio**, adquire, possui ou armazena o material produzido na forma do caput deste artigo.[73]

Por conseguinte, as alíneas do Artigo 241, estipulam situações sobre o oferecimento, a troca, a disponibilização, a transmissão, a publicação e a divulgação de materiais pornográficos, levando em conta a maior ocorrência destas práticas pela Internet. Muito bem atuou o legislador ao introduzir pontos sobre a hospedagem, o acesso, e a responsabilidade

73 BRASIL. Lei nº 11.829, de 25 de novembro de 2008. Altera a Lei nº 8.069, de 13 de julho de 1990 - Estatuto da Criança e do Adolescente, para aprimorar o combate à produção, venda e distribuição de pornografia infantil, bem como criminalizar a aquisição e a posse de tal material e outras condutas relacionadas à pedofilia na internet. Disponível em: https://www.planalto.gov.br/ccivil_03/_ato2007-2010/2008/lei/l11829.htm .

dos prestadores de serviços e conteúdos digitais, que não desabilitem o acesso ao conteúdo após notificação.

Ainda, a norma tipifica a conduta de adquirir, possuir ou armazenar (com hipóteses excludentes), simular, aliciar, assediar, instigar ou constranger, adulterar, modificar e montar material com crianças ou adolescentes em atividades sexuais explícitas, com apenamentos conforme o enquadramento.

Com efeito, os pontos principais do círculo insidioso das práticas de pedofilia digital foram observados pela norma de 2008, inclusivamente sobre os provedores de dados (que guardam os conteúdos), e de acesso (que permitem a conexão à Internet). Ou seja, aqueles que armazenam e conectam o usuário a estes materiais pornográficos.

Vale destacar que, para se chegar a algumas destas práticas estipuladas pela lei, muitas situações desviantes podem levar a estas condutas constrangedoras e criminosas. Infelizmente, existem redes clandestinas e ilegais que muitas vezes capturam as crianças, sequestram as mesmas, retirando-as de seus convívios familiares, e obrigam-nas a realizar essas atividades pornográficas. Os criminosos filmam estas práticas e depois listam na Dark web para comercialização. Por outro lado, existem também aqueles que fisgam adolescentes através de chats, redes sociais, websites de jogos, em programas, e em aplicativos, procurando aliciar os jovens para que cometam esses atos. Muitos deles, em especial os adolescentes e crianças, se aproximam destas situações sem a devida compreensão dos riscos, da gravidade e ilicitude dos envolvidos.

Vale, neste contexto, o conhecimento das alíneas D e C do Artigo 241, inclusive sobre o significado, para a lei, da expressão "cena de sexo explícito ou pornográfica":

> Art. 241-D. Aliciar, assediar, instigar ou constranger, **por qualquer meio de comunicação**, criança, com o fim de com ela praticar ato libidinoso:
>
> Pena – reclusão, de 1 (um) a 3 (três) anos, e multa.
>
> Parágrafo único. Nas mesmas penas incorre quem:

> I - facilita ou induz o acesso à criança de material contendo cena de sexo explícito ou pornográfica com o fim de com ela praticar ato libidinoso;
> II - pratica as condutas descritas no caput deste artigo com o fim de induzir criança a se exibir de forma pornográfica ou sexualmente explícita.
> Art. 241-E. Para efeito dos crimes previstos nesta Lei, **a expressão "cena de sexo explícito ou pornográfica" compreende qualquer situação que envolva criança ou adolescente em atividades sexuais explícitas, reais ou simuladas, ou exibição dos órgãos genitais de uma criança ou adolescente para fins primordialmente sexuais**. (grifo nosso)[74]

Complementarmente, devemos afirmar que, nos tempos atuais, temos a constatação de que milhares de casos ocorrem por iniciativa de verdadeiros predadores da Internet, com pessoas adultas ou maiores que estão online e, em algum momento, tentam ludibriar as crianças e adolescentes, levando-as às práticas estipuladas pela lei da pedofilia digital.

Logo, necessária foi a inclusão de alíneas no Artigo 190 do ECA, através da Lei nº 13.441, de 8 de maio de 2017. A norma alterou o ECA para prever a infiltração de agentes de polícia na Internet com o fim de investigar crimes contra a dignidade sexual de criança e de adolescente[75]. Em adição, para além dos crimes digitais previstos no ECA (arts. 240, 241, 241-A, 241-B, 241-C e 241-D, conforme analisados acima), a lei estabeleceu a possibilidade de infiltração para investigação nos crimes digitais dispostos no Código Penal, como o Artigo 154-A (invasão de dispositivo informático), o Artigo 217-A (estupro de

---

74 BRASIL. Lei nº 11.829, de 25 de novembro de 2008. Altera a Lei nº 8.069, de 13 de julho de 1990 - Estatuto da Criança e do Adolescente, para aprimorar o combate à produção, venda e distribuição de pornografia infantil, bem como criminalizar a aquisição e a posse de tal material e outras condutas relacionadas à pedofilia na internet. Disponível em: https://www.planalto.gov.br/ccivil_03/_ato2007-2010/2008/lei/l11829.htm .

75 BRASIL. Lei nº 13.441, de 8 de maio de 2017. Altera a Lei nº 8.069, de 13 de julho de 1990 (Estatuto da Criança e do Adolescente), para prever a infiltração de agentes de polícia na internet com o fim de investigar crimes contra a dignidade sexual de criança e de adolescente. Disponível em: https://www.planalto.gov.br/ccivil_03/_Ato2015-2018/2017/Lei/L13441.htm .

vulnerável), o Artigo 218 (corrupção de menores), o 218-A (satisfação de lascívia mediante presença de criança ou adolescente), e o Artigo 218-B (favorecimento da prostituição ou de outra forma de exploração sexual de criança ou adolescente ou de vulnerável).

A infiltração deverá ser precedida de autorização judicial, mediante requerimento do Ministério Público ou representação de delegado de polícia, e deverá conter a demonstração de sua necessidade, o alcance das tarefas dos policiais, os nomes ou apelidos das pessoas investigadas e, quando possível, os dados de conexão ou cadastrais[76] que permitam a identificação dessas pessoas.

Após os procedimentos, e concluída a investigação, a Lei estipula que "todos os atos eletrônicos praticados durante a operação deverão ser registrados, gravados, armazenados e encaminhados ao juiz e ao Ministério Público, juntamente com relatório circunstanciado."[77]

Em sede final, neste ponto, vale ainda mencionar o Artigo 244-B do ECA, incluído pela Lei nº 12.015, de 2009, que tipifica a conduta de corromper ou facilitar a corrupção de menor de dezoito anos, utilizando-se de quaisquer meios eletrônicos, inclusive salas de bate-papo da Internet[78]. Novamente, o Ambiente Digital é reconhecido pelo ECA, buscando proteger os jovens dos desafios online.

76 A Lei nº 13.441, de 2017 esclarece, por definição, o que são dados de conexão e dados cadastrais, nestes termos: dados de conexão: informações referentes a hora, data, início, término, duração, endereço de Protocolo de Internet (IP) utilizado e terminal de origem da conexão; dados cadastrais: informações referentes a nome e endereço de assinante ou de usuário registrado ou autenticado para a conexão a quem endereço de IP, identificação de usuário ou código de acesso tenha sido atribuído no momento da conexão.

77 BRASIL. Lei nº 13.441, de 8 de maio de 2017. Altera a Lei nº 8.069, de 13 de julho de 1990 (Estatuto da Criança e do Adolescente), para prever a infiltração de agentes de polícia na internet com o fim de investigar crimes contra a dignidade sexual de criança e de adolescente. Disponível em: https://www.planalto.gov.br/ccivil_03/_Ato2015-2018/2017/Lei/L13441.htm .

78 BRASIL. Lei nº 12.015, de 7 de agosto de 2009. Altera o Título VI da Parte Especial do Decreto-Lei nº 2.848, de 7 de dezembro de 1940 - Código Penal, e o art. 1º da Lei no 8.072, de 25 de julho de 1990, que dispõe sobre os crimes hediondos, nos termos do inciso XLIII do art. 5º da Constituição Federal e revoga a Lei nº 2.252, de 10 de julho de

Não obstante os pontos acima elencados, em Janeiro de 2024, foi promulgada norma que prevê maior punição para crimes contra crianças, transformando em crimes hediondos vários atos cometidos contra crianças e adolescentes, como a pornografia infantil, o sequestro e o incentivo à automutilação. Nesta linha, a Lei nº 14.811, de 12 de janeiro de 2024, incluiu na lista de crimes hediondos (Lei 8.072, de 1990), a conduta, ligada ao meio digital, de "induzimento, instigação ou auxílio a suicídio ou a automutilação realizados por meio da rede de computadores, de rede social ou transmitidos em tempo real"[79]. Igualmente, consideram-se também hediondos, tentados ou consumados, a partir da Lei nº 14.811 (2024), os crimes previstos no § 1º do art. 240 e no art. 241-B da Lei nº 8.069, de 13 de julho de 1990 (Estatuto da Criança e do Adolescente), que são os seguintes:

> **Art. 240**. Produzir, reproduzir, dirigir, fotografar, filmar ou registrar, por qualquer meio, cena de sexo explícito ou pornográfica, envolvendo criança ou adolescente:
>
> Pena – reclusão, de 4 (quatro) a 8 (oito) anos, e multa.
>
> **§ 1º Incorre nas mesmas penas quem**: (Redação dada pela Lei nº 14.811, de 2024)
>
> **I - agencia, facilita, recruta, coage ou de qualquer modo intermedeia a participação de criança ou adolescente nas cenas referidas no caput deste artigo, ou ainda quem com esses contracena**; (Incluído pela Lei nº 14.811, de 2024)

1954, que trata de corrupção de menores. Disponível em: https://www.planalto.gov.br/ccivil_03/_Ato2007-2010/2009/Lei/L12015.htm#art5

79 BRASIL. Lei nº 14.811, de 12 de janeiro de 2024. Institui medidas de proteção à criança e ao adolescente contra a violência nos estabelecimentos educacionais ou similares, prevê a Política Nacional de Prevenção e Combate ao Abuso e Exploração Sexual da Criança e do Adolescente e altera o Decreto-Lei nº 2.848, de 7 de dezembro de 1940 (Código Penal - Cyberbullying), e as Leis nºs 8.072, de 25 de julho de 1990 (Lei dos Crimes Hediondos), e 8.069, de 13 de julho de 1990 (Estatuto da Criança e do Adolescente). Disponível em: https://www.planalto.gov.br/ccivil_03/_ato2023-2026/2024/lei/L14811.htm .

> **II - exibe, transmite, auxilia ou facilita a exibição ou transmissão, em tempo real, pela internet, por aplicativos, por meio de dispositivo informático ou qualquer meio ou ambiente digital, de cena de sexo explícito ou pornográfica com a participação de criança ou adolescente.** (Incluído pela Lei nº 14.811, de 2024) (grifo nosso)[80]

Igualmente, a Lei de 2024, em virtude da exposição da Internet, alterou o parágrafo 1º. do artigo 247 do ECA, nestes termos:

> Art. 247. Divulgar, total ou parcialmente, sem autorização devida, por qualquer meio de comunicação, nome, ato ou documento de procedimento policial, administrativo ou judicial relativo a criança ou adolescente a que se atribua ato infracional:
> Pena - multa de três a vinte salários de referência, aplicando-se o dobro em caso de reincidência.
> **§ 1º Incorre na mesma pena quem exibe ou transmite imagem, vídeo ou corrente de vídeo de criança ou adolescente envolvido em ato infracional ou em outro ato ilícito que lhe seja atribuído, de forma a permitir sua identificação.** (grifo nosso) [81]

Tópico derradeiro, neste item, diz respeito ao elevado pela Lei nº 13.185, de 6 de novembro de 2015, que institui o Programa de Combate à Intimidação Sistemática (Bullying).

---

80 BRASIL. Lei nº 14.811, de 12 de janeiro de 2024. Institui medidas de proteção à criança e ao adolescente contra a violência nos estabelecimentos educacionais ou similares, prevê a Política Nacional de Prevenção e Combate ao Abuso e Exploração Sexual da Criança e do Adolescente e altera o Decreto-Lei nº 2.848, de 7 de dezembro de 1940 (Código Penal - Cyberbullying), e as Leis nºs 8.072, de 25 de julho de 1990 (Lei dos Crimes Hediondos), e 8.069, de 13 de julho de 1990 (Estatuto da Criança e do Adolescente). Disponível em: https://www.planalto.gov.br/ccivil_03/_ato2023-2026/2024/lei/L14811.htm .

81 BRASIL. Lei nº 14.811, de 12 de janeiro de 2024. Institui medidas de proteção à criança e ao adolescente contra a violência nos estabelecimentos educacionais ou similares, prevê a Política Nacional de Prevenção e Combate ao Abuso e Exploração Sexual da Criança e do Adolescente e altera o Decreto-Lei nº 2.848, de 7 de dezembro de 1940 (Código Penal - Cyberbullying), e as Leis nºs 8.072, de 25 de julho de 1990 (Lei dos Crimes Hediondos), e 8.069, de 13 de julho de 1990 (Estatuto da Criança e do Adolescente). Disponível em: https://www.planalto.gov.br/ccivil_03/_ato2023-2026/2024/lei/L14811.htm .

No parágrafo único do Art. 2º, a norma define o **cyberbullying** como a intimidação sistemática na rede mundial de computadores, quando se usarem os instrumentos que lhe são próprios para depreciar, incitar a violência, adulterar fotos e dados pessoais com o intuito de criar meios de constrangimento psicossocial[82].

Conforme já mencionado, o cyberbullying apresenta preocupações às pessoas pela Internet, em especial às crianças e adolescentes. Assíduas no Ambiente Digital, utilizando as redes sociais, os jogos eletrônicos, o YouTube, as crianças ficam ainda mais vulneráveis para sofrer algum tipo de intimidação online. De fato, a norma brasileira acertou ao buscar combater estas práticas, que não desejamos no ambiente da Internet. Não obstante, precisamos buscar coibir, julgar, e evitar as referidas atitudes através de mecanismos educacionais e de codificação digital.

Neste sentido, e em derradeiro, vale mencionar que a Lei nº 14.811, de 12 de janeiro de 2024, acima referenciada, tipificou a prática do cyberbullying no Código Penal, classificado como a intimidação sistemática por meio virtual. Em sendo realizado por meio da Internet, de rede social, de aplicativos, de jogos online ou por qualquer outro meio ou Ambiente Digital, ou transmitida em tempo real, a pena será de reclusão de 2 a 4 anos, e multa[83].

Por tudo quanto analisado, os perigos elevados pelo cyberbullying, pela intimidação digital, pela pedofilia online, e as ameaças de

82 BRASIL. Lei nº 13.185, de 6 de novembro de 2015. Institui o Programa de Combate à Intimidação Sistemática (Cyberbullying). Disponível em: https://www.planalto.gov.br/ccivil_03/_ato2015-2018/2015/lei/l13185.htm .

83 BRASIL. Lei nº 14.811, de 12 de janeiro de 2024. Institui medidas de proteção à criança e ao adolescente contra a violência nos estabelecimentos educacionais ou similares, prevê a Política Nacional de Prevenção e Combate ao Abuso e Exploração Sexual da Criança e do Adolescente e altera o Decreto-Lei nº 2.848, de 7 de dezembro de 1940 (Código Penal - Cyberbullying), e as Leis nºs 8.072, de 25 de julho de 1990 (Lei dos Crimes Hediondos), e 8.069, de 13 de julho de 1990 (Estatuto da Criança e do Adolescente). Disponível em: https://www.planalto.gov.br/ccivil_03/_ato2023-2026/2024/lei/L14811.htm .

aliciamento digital, são vistos como os maiores perigos às crianças e adolescentes no Ambiente Digital.

Casos essenciais:
A iniciativa brasileira de legislar sobre a pedofilia digital foi muito oportuna. De fato, o tema abriga casos diversos desde 2003 (norma inicial) e prosseguiu a partir de 2008 (segunda norma) e dos ajustes feitos posteriormente (2009 e 2017).

Em exemplo recente, o hacker Daniel "Ghost", reportou a descoberta de uma rede de perfis com conteúdo voltado para pedofilia no Instagram. Segundo o hacker, ele foi o responsável por derrubar pelo menos duas contas que continham fotos de crianças e adolescentes seminuas sendo sexualizadas, com quase cem mil seguidores. O hacker menciona que além de fotos e vídeos dos menores de idade, as contas divulgavam links na biografia dos perfis e em comentários de publicações que direcionavam para sites com mais fotos de crianças e adolescentes[84].

Por outro lado, essas práticas são realizadas, também, em nível global, não sendo uma característica própria de um país ou de uma área do mundo, mas sim práticas infelizmente transnacionais, que exigem uma cooperação entre os sistemas judiciais de diferentes países. Os órgãos de soberania de diferentes países precisam atuar para que essas redes sejam desmanteladas. Por exemplo, dezessete pessoas foram presas na Espanha por compartilhar imagens envolvendo pornografia infantil no WhatsApp, resultado de uma investigação de dois anos, que envolveu três continentes diferentes. A operação internacional foi liderada pela polícia espanhola, com um total de 33 prisões em 11 países diferentes, incluindo quatro no Equador e duas na Costa Rica, Uruguai e Peru, respectivamente. A polícia investiga os envolvidos por armazenar e

84 *Cf.* SCHENDES, William. **Hacker brasileiro derruba perfil pedófilo com quase 100 mil seguidores no Instagram**. Olhar Digital. Disponível em: https://olhardigital.com.br/2022/12/16/seguranca/exclusivo-hacker-brasileiro-derruba-perfil-pedofilo-com-quase-100-mil-seguidores-no-instagram/ .

compartilhar arquivos pornográficos que, em alguns casos, envolveram abuso e estupro de crianças. Para além das prisões na Espanha e na América Latina, o restante ocorreu na Itália, França, Reino Unido, Índia, Paquistão e Síria. Em sua maioria, países que fazem parte da Convenção de Budapeste sobre Cybercrime, que analisaremos em tópico posterior[85].

Um outro caso, a demonstrar a internacionalidade do problema, foi aquele em que a polícia paraguaia desmantelou uma rede global de pedofilia, liderada por um alemão. Neste caso, eram partilhadas milhares de imagens de abuso sexual de crianças e, segundo as autoridades, o líder Christian Kruse teria realizado contatos com Christian Brueckner, um dos suspeitos de sequestrar e matar Madeleine Mccann, desaparecida da Praia da Luz, em Portugal, em 2007[86]. Aliás, o sequestro de crianças para serem utilizadas em crimes sexuais, depois partilhados e comercializados na Internet (Dark web), é uma prática mencionada em investigações por todo o mundo.

2.3.6 O Home Office

Nomes, e do que tratam:

Lei nº 12.551, de 15 de dezembro de 2011. Altera o Artigo 6º da Consolidação das Leis do Trabalho-CLT para equiparar os efeitos jurídicos da subordinação exercida por meios telemáticos e informatizados à exercida por meios pessoais e diretos[87]. Em adição, a Lei

---

85 *Cf.* O SUL. **Foi desmantelada uma rede global de pedofilia no WhatsApp. Catorze detidos são menores de idade.** Disponível em: https://www.osul.com.br/foi-desmantelada-uma-rede-global-de-pedofilia-no-whatsapp-catorze-detidos-sao-menores-de-idade/.

86 *Vide* GONÇALVES, Pedro Zagacho. **Polícia desmantela rede global de pedofilia no Paraguai com ligações a suspeito de matar Maddie**. Disponível em: https://www.cmjornal.pt/mundo/detalhe/policia-desmantela-rede-global-de-pedofilia-no-paraguai-com-ligacoes-a-suspeito-de-matar-maddie .

87 BRASIL. Lei nº 12.551, de 15 de dezembro de 2011. Altera o artigo 6º da Consolidação das Leis do Trabalho-CLT para equiparar os efeitos jurídicos da subordinação exercida por

nº 13.467, de 13 de julho de 2017. Dispõe sobre as novas relações de trabalho[88]. Por fim, a Lei nº 14.442, de 2 de setembro de 2022. Dispõe sobre o teletrabalho ou trabalho remoto[89].

Principais tópicos normativos:

As normas que seguem dizem respeito ao **home office**, teletrabalho, ou trabalho remoto, que entrou em ebulição durante a pandemia, conforme referimos anteriormente neste livro. De fato, a CLT não considerava, em seu texto base, a possibilidade de se trabalhar à distância. Contudo, a partir de 2011, com a alteração do Artigo 6º. da CLT este ponto passou a ser reconhecido, da seguinte forma:

> Art. 6º Não se distingue entre o trabalho realizado no estabelecimento do empregador, o executado no domicílio do empregado e o realizado a distância, desde que estejam caracterizados os pressupostos da relação de emprego.
>
> Parágrafo único. Os meios telemáticos e informatizados de comando, controle e supervisão se equiparam, para fins de subordinação jurídica, aos meios pessoais e diretos de comando, controle e supervisão do trabalho alheio.

Neste sentido, o Artigo 6º. foi atualizado, destacando que não se distingue entre o trabalho realizado na empresa, com aquele executado no domicílio do empregado. Trata-se do chamado home office, ou aquele realizado à distância (anywhere office), em qualquer lugar, desde que exista obviamente a relação de emprego.

Ao nosso ver, trata-se de importante avanço, já que não importa onde o trabalho está sendo realizado. Se ele pode ser o mesmo, não importa se o colaborador está in loco, presencialmente, no escritório, ou lugar de

---

meios telemáticos e informatizados à exercida por meios pessoais e diretos. Disponível em: http://www.planalto.gov.br/CCIVIL_03/_Ato2011-2014/2011/Lei/L12551.htm .

88 BRASIL. Lei nº 13.467, de 13 de julho de 2017. Dispõe sobre as novas relações de trabalho. Disponível em: http://www.planalto.gov.br/CCIVIL_03/_Ato2015-2018/2017/Lei/L13467.htm#art1 .

89 BRASIL. Lei nº 14.442, de 2 de setembro de 2022. Dispõe sobre o teletrabalho ou trabalho remoto. Disponível em: http://www.planalto.gov.br/CCIVIL_03/_Ato2019-2022/2022/Lei/L14442.htm#art6 .

prestação de serviço, mas sim se realizou o trabalho solicitado. Devemos observar que, na análise entre o empregador e o empregado, emergem as conveniências digitais da atividade laboral, agora reconhecidas pela CLT, não importando se o funcionário está fisicamente naquele local, seu avatar, ou se está em seu domicílio, ou em qualquer outro lugar.

Em verdade, isso pode parecer corriqueiro agora, mas não era assim em 2011. No entanto, o que já se percebia naquele momento era que, utilizando-se dos meios de comunicação pela Internet, muitos empregadores mandavam os funcionários ou colaboradores realizarem determinadas atividades, fora do expediente, e estas não eram reconhecidas dentro de uma jornada, ou mesmo como se estivessem em relação de emprego, portanto era importante que se observasse esse ponto, e foi o que a CLT fez.

Naquele momento (2011), a lei buscava igualar o e-mail profissional, em casa, à hora extra. Destaque, no particular que, anteriormente, quando se determinava algo ao colaborador, ao funcionário, as pessoas estavam presentes no local de trabalho. Mas a partir de 2010, já se tornou muito comum que os chefes, os diretores, os gerentes, chegassem no final do expediente, às vezes, 19 ou 20 horas, ou na sexta-feira, ou mesmo no final de semana, e começassem a disparar e-mails para os funcionários, cobrando tarefas, ou estabelecendo determinações para os próximos dias. Logo, enviava um e-mail, ou WhatsApp, pedindo ações, cobrando a execução de determinado serviço, ainda que fosse para ser realizado depois. Contudo, tais medidas são ruins na perspectiva dos funcionários, porque eles não se desligam da empresa, recebendo ordens a qualquer hora, dia ou momento. Por vezes, ao acessar o e-mail, a Internet ou o aparelho celular, para alguma questão particular, ou de entretenimento, recebiam determinações, quer dizer, comando, controle. Assim, os colaboradores passaram a se sentir controlados constantemente, non stop. Isto porque, no caso do WhatsApp, a vigilância era ainda maior, já que ao se conectar, com um familiar, amigo, ou grupo, poderia verificar mensagens da empresa, do chefe ou do grupo de trabalho. Então, a ideia da norma era igualar as ordens determinadas por e-mail, por WhatsApp, ou mensagem, àquelas realizadas no local de trabalho, que poderiam ser reconhecidas pelo Artigo 6º.

Em prosseguimento, duas importantes atualizações ocorreram. Primeiramente, em 2017, antes da pandemia, onde aspectos sobre a prestação de serviços pelo empregado em regime de teletrabalho foram dispostos na CLT, com a inclusão do Capítulo II-A[90]. Muito embora diversos pontos tenham sido alterados em 2022 (momento pós-pandemia), restou na CLT, a respeito da norma de 2017 (em recorte nosso), o seguinte:

> Art. 75-C.
> § 1º Poderá ser realizada a alteração entre regime presencial e de teletrabalho desde que haja mútuo acordo entre as partes, registrado em aditivo contratual.
> § 2º Poderá ser realizada a alteração do regime de teletrabalho para o presencial por determinação do empregador, garantido prazo de transição mínimo de quinze dias, com correspondente registro em aditivo contratual.
> Art. 75-D. As disposições relativas à responsabilidade pela aquisição, manutenção ou fornecimento dos equipamentos tecnológicos e da infraestrutura necessária e adequada à prestação do trabalho remoto, bem como ao reembolso de despesas arcadas pelo empregado, serão previstas em contrato escrito.
> Parágrafo único. As utilidades mencionadas no caput deste artigo não integram a remuneração do empregado.
> Art. 75-E. O empregador deverá instruir os empregados, de maneira expressa e ostensiva, quanto às precauções a tomar a fim de evitar doenças e acidentes de trabalho.
> Parágrafo único. O empregado deverá assinar termo de responsabilidade comprometendo-se a seguir as instruções fornecidas pelo empregador.

---

90 BRASIL. Lei nº 13.467, de 13 de julho de 2017. Dispõe sobre as novas relações de trabalho. Disponível em: http://www.planalto.gov.br/CCIVIL_03/_Ato2015-2018/2017/Lei/L13467.htm#art1 .

Nos termos da nova regra, as partes podem convencionar, em adição ao contrato de trabalho, a alteração entre regime presencial e de home office. Ainda, caso seja por determinação do empregador o retorno ao regime presencial, o prazo mínimo de entrada em vigor é de quinze dias, com novo adendo contratual.

Por esta regra, em vigência desde 2017, ponto sensível foi estipulado, tendo em vista a aquisição, manutenção ou fornecimento dos equipamentos tecnológicos e da infraestrutura necessária e adequada à prestação do trabalho remoto. Pela norma, isto deve ser previsto em contrato escrito. Sobre isso, a realidade tem demonstrado que, em grande parte, os empregados têm suportado os custos, inclusive de energia elétrica resultantes da utilização de equipamentos, como o notebook pessoal.

Por outro lado, o empregador deve informar o colaborador acerca de eventuais doenças ou acidentes advindos da forma de trabalho. Destacamos, neste ponto que o estresse tecnológico e os problemas de visão têm crescido consideravelmente, devendo ser compreendidos na perspectiva dos empregados.

Já em 2022, resultado de uma Medida Provisória (nº 1.108, de 2022), foi promulgada a Lei nº 14.442, de 2 de setembro de 2022, que passou a dispor sobre o teletrabalho ou trabalho remoto[91]. Com isso, a definição normativa para o tema foi disciplinada, considerando o teletrabalho ou o trabalho remoto a prestação de serviços fora das dependências do empregador, de maneira preponderante ou não, com a utilização de tecnologias de informação e de comunicação (art. 75-B)[92].

---

91 BRASIL. Lei nº 14.442, de 2 de setembro de 2022. Dispõe sobre o teletrabalho ou trabalho remoto. Disponível em: http://www.planalto.gov.br/CCIVIL_03/_Ato2019-2022/2022/Lei/L14442.htm#art6

92 Em nossa perspectiva, o **teletrabalho** (**home office**) configura-se pelo exercício do trabalho a partir da residência do empregado. O **trabalho remoto**, por sua vez, é aquele exercido em polos alternativos da própria empresa ou empregador. E, mais recentemente, o "**anywhere office**" é aquele realizado de qualquer lugar do mundo, utilizando a Internet.

A nova lei procurou estabelecer alguns conceitos e melhor disciplinar certos pontos oriundos dessa nova relação de trabalho justamente porque, naquele tempo, mais de dois anos de pandemia haviam transcorrido. As novas experiências práticas foram importantes para a feitura da norma que veio a reconhecer, de forma plena, o Ambiente Digital como possível para a realização de inúmeras tarefas laborais, e que antes eram realizadas localmente. Portanto, o incremento da CLT abarcou o home office, nestes termos:

> Art. 75-B. Considera-se teletrabalho ou trabalho remoto a prestação de serviços fora das dependências do empregador, de maneira preponderante ou não, com a utilização de tecnologias de informação e de comunicação, que, por sua natureza, não configure trabalho externo.
> § 1º O comparecimento, ainda que de modo habitual, às dependências do empregador para a realização de atividades específicas que exijam a presença do empregado no estabelecimento não descaracteriza o regime de teletrabalho ou trabalho remoto.
> § 2º O empregado submetido ao regime de teletrabalho ou trabalho remoto poderá prestar serviços por jornada ou por produção ou tarefa.
> § 3º Na hipótese da prestação de serviços em regime de teletrabalho ou trabalho remoto por produção ou tarefa, não se aplicará o disposto no Capítulo II do Título II desta Consolidação.
> § 4º O regime de teletrabalho ou trabalho remoto não se confunde nem se equipara à ocupação de operador de telemarketing ou de teleatendimento.
> § 5º O tempo de uso de equipamentos tecnológicos e de infraestrutura necessária, bem como de softwares, de ferramentas digitais ou de aplicações de internet utilizados para o teletrabalho, fora da jornada de trabalho normal do empregado não constitui tempo à disposição ou regime de prontidão ou de sobreaviso, exceto se houver previsão em acordo individual ou em acordo ou convenção coletiva de trabalho.
> § 6º Fica permitida a adoção do regime de teletrabalho ou trabalho remoto para estagiários e aprendizes.

> § 7º Aos empregados em regime de teletrabalho aplicam-se as disposições previstas na legislação local e nas convenções e nos acordos coletivos de trabalho relativas à base territorial do estabelecimento de lotação do empregado. (Incluído pela Lei nº 14.442, de 2022)
> § 8º Ao contrato de trabalho do empregado admitido no Brasil que optar pela realização de teletrabalho fora do território nacional aplica-se a legislação brasileira, excetuadas as disposições constantes da Lei nº 7.064, de 6 de dezembro de 1982, salvo disposição em contrário estipulada entre as partes.
> § 9º Acordo individual poderá dispor sobre os horários e os meios de comunicação entre empregado e empregador, desde que assegurados os repousos legais.

Para além da já referida definição do teletrabalho (fora das dependências do empregador), a norma estipula que, ainda que o funcionário compareça eventualmente ao local da empresa, ele ainda tem a possibilidade da caracterização do regime de teletrabalho ou trabalho remoto. Em outras palavras, para simplificarmos a compreensão do 75-B, o teletrabalho, para a norma, é compreendido como home office, trabalho em casa, trabalho remoto, trabalho à distância, ou trabalho em qualquer outro lugar que não o local onde está a sede da empresa. O ponto central é o reconhecimento desta prática, utilizando a Internet[93].

Neste sentido, a norma é resultado das vozes que defendiam uma alteração do formato de execução de determinados serviços e trabalhos, porque percebeu-se que era possível ser realizado de qualquer lugar, em especial por jornada, por produção ou por tarefa, possibilitando que o trabalho fosse avaliado pelos resultados (75B, § 2º). Portanto, a exigência física poderia ser até encarada como contraproducente, o que em muitos casos é verdade.

Aliás, o retorno presencial obrigatório, pós-pandemia, sem a devida justificativa pode ser compreendido como um retrocesso. Com efeito,

---

93 A lei também exige, nos termos do artigo 75-C que a "prestação de serviços na modalidade de teletrabalho deverá constar expressamente do instrumento de contrato individual de trabalho."

milhões de funcionários perceberam a conveniência de se fazer determinada prática à distância, sem trânsito, sem gastar tempo, dedicando-se a mais tarefas, a partir de outras localidades, como a casa. Em verdade, muitos funcionários resistiram ao retorno obrigatório presencial e começaram a clamar por alternativas mais híbridas, mais flexíveis, que não aquela da obrigatoriedade de estar em um lugar para fazer determinado serviço[94].

Mais especificamente, até os serviços de estágios e aprendizado foram possibilitados à distância (75B, § 6º).

Entretanto, devemos observar, também, que os nossos utensílios, os nossos aparelhos, celulares, notebooks, tablets, são igualmente utilizados para entretenimento. Logo, quando se trabalha à distância a possibilidade de ser chamado, a qualquer momento pelo empregador traz preocupações. É difícil para o funcionário "se desligar" do trabalho, se concentrar em outra coisa, ou mesmo para dar atenção à vida real. Neste sentido, nos termos do parágrafo 9º do Artigo 75-B, acordo individual poderá dispor sobre os horários e os meios de comunicação entre as partes, sempre assegurando os repousos legais.

A lei ainda procurou englobar o teletrabalho exercido fora do território nacional (75B, § 8º), estabelecendo ali um regime para evitar conflitos de normas, sendo de competência brasileira a relação laboral cuja admissão tenha sido feita no Brasil (aqui registrada ou contratualizada). Aliás, são milhares os casos de brasileiros que residem no exterior e possuem um empregador ou empresa brasileira.

Como pudemos observar, o regramento tem como objetivo estabelecer o reconhecimento da prática do trabalho em home office. Trata-se, pois, de uma importante normativa, que vem mexendo com as preferências das pessoas sobre trabalhar em casa, trabalhar no escritório,

94 Por outro lado, nos termos do artigo 75-C, § 3º, "o empregador não será responsável pelas despesas resultantes do retorno ao trabalho presencial, na hipótese de o empregado optar pela realização do teletrabalho ou trabalho remoto fora da localidade prevista no contrato, salvo disposição em contrário estipulada entre as partes.".

ou um misto de tudo. De um lado, os defensores do trabalho em home office têm explicado que trabalham muito mais porque ficam o tempo todo concentrados na tarefa, na jornada que desejam realizar. Ainda, dizem que quando precisam ir até a empresa suportam, para além dos custos, do tempo envolvido, do trânsito, do tráfego, diversas tarefas improdutivas, como as pausas do cafezinho, da conversa dos amigos, das reuniões sem fim, entre outras. De outra parte, os empregadores desejam maior controle, maior fiscalização, recaindo em discussões antigas acerca da produtividade.

Por conseguinte, o futuro das pessoas passará pela análise sobre se é melhor trabalhar em casa, se é melhor trabalhar na empresa, se é melhor trabalhar em outro lugar, ou se o misto dessas práticas. A legislação inclusive reconhece (Artigo 75-F) que os empregadores deverão dar prioridade aos empregados com deficiência ou com filhos de até 4 (quatro) anos de idade em vagas para atividades que possam ser efetuadas por meio do home office.

Casos essenciais:

A partir do exposto, como muitas situações surgiram com o incremento das novas tecnologias no cotidiano laboral, com cobranças de hora extra, estabelecimento de vínculo de emprego, utilização de provas digitais, muitos gestores começaram a ser orientados para ter um cuidado maior com o horário em que as determinações eram enviadas, tendo como origem o padrão alemão, onde, por exemplo, se uma ordem fosse dada fora do expediente, a empresa teria que arcar com um incremento no salário. Isto tudo para assegurar ao empregado o seu momento de repouso, de descanso. O **direito de se desconectar do trabalho** também ocorreu em Portugal e França. No Brasil, para além das normas ilustradas neste livro, a justiça passou a enfrentar casos para cobrir gastos com Internet, para regular o retorno ao presencial, para calcular horas extras digitais, para autorização de teletrabalho para funcionários com filhos, para regulamentação do home office com o auxílio-alimentação, e a resistência da própria justiça em retornar ao regime presencial.

O que se observa, também, é que o fato dos funcionários e colaboradores estarem acessando a intranet da empresa de sua casa ou de fora da empresa, facilitaram as **invasões de hackers**. Tal cenário aumentou durante a pandemia, havendo um crescimento exponencial de casos de invasões de dispositivos eletrônicos, ataques virtuais e outras atividades ilegais por parte de criminosos que se aproveitam das brechas deixadas por funcionários que usam dispositivos sem a devida proteção digital. Para além da cibersegurança, estão sendo levantadas questões sobre quem iria pagar os prejuízos, se a empresa ou o funcionário. Além, é claro sobre a criminalização dessas condutas de invasão digital, e outras que nos concentraremos a seguir.

2.3.7 Crimes eletrônicos – Invasão de Dispositivo, Furto Digital e Estelionato Digital

Nomes, e do que tratam:

Lei nº 12.737, de 30 de novembro de 2012. Dispõe sobre a tipificação criminal de delitos informáticos, alterando o Código Penal, e estabelecendo outras providências[95]. Em adição, a Lei nº 14.155, de 27 de maio de 2021. Altera o Código Penal para tornar mais graves os crimes de violação de dispositivo informático, furto e estelionato cometidos de forma eletrônica ou pela Internet, e altera o Código de Processo Penal), para definir a competência em modalidades de estelionato[96].

95 BRASIL. Lei nº 12.737, de 30 de novembro de 2012. Dispõe sobre a tipificação criminal de delitos informáticos, alterando o Código Penal. Disponível em: https://www.planalto.gov.br/ccivil_03/_ato2011-2014/2012/lei/l12737.htm .

96 BRASIL. Lei nº 14.155, de 27 de maio de 2021. Altera o Código Penal para tornar mais graves os crimes de violação de dispositivo informático, furto e estelionato cometidos de forma eletrônica ou pela Internet, e altera o Código de Processo Penal), para definir a competência em modalidades de estelionato. Disponível em: https://www.planalto.gov.br/ccivil_03/_Ato2019-2022/2021/Lei/L14155.htm#art1 .

Principais tópicos normativos:

As legislações do Ambiente Digital no contexto da Internet, e que formam o Direito Digital, passaram a ser integradas, também, pelas invasões de dispositivos e algumas condutas desviantes que surgiram. Nesta direção, alterando o Código Penal, em 2012, é que houve a publicação de uma norma, a Lei nº 12.737, tipificando a invasão dos dispositivos eletrônicos, dos computadores ou telefones celulares de usuários.

Entretanto, embora as invasões fossem constantemente reportadas, o estopim deste assunto ocorreu por consequência de um acontecimento envolvendo uma artista brasileira, Carolina Dieckmann Worcman, na época atriz da rede Globo de televisão, e que sofreu uma invasão no seu computador. Um hacker, fazendo parte de um grupo, conseguiu enganá-la em algumas práticas digitais, levando-a a acessar determinados arquivos com um software, que após introduzido em seu notebook, permitiu o seu monitoramento e, por conseguinte, a invasão. Portanto, ela teve o seu computador hackeado.

Naquele momento se observou que o Brasil não tinha a tipificação dessa conduta, e que, portanto, alguma coisa deveria ser feita para que não ficássemos desprotegidos quanto a adequação legislativa a respeito, tão importante na esfera penal. O caso ganhou enorme repercussão, com importante investigação a respeito, provocando o surgimento, no final de 2012, da Lei nº 12.737, de 30 de novembro de 2012. A norma dispõe sobre a tipificação criminal de certos delitos informáticos, em especial da invasão de dispositivo eletrônico. Contudo, em 2021, a norma foi alterada pela Lei nº 14.155, de 27 de maio de 2021, tornando mais graves os crimes de violação de dispositivo informático, incluindo o furto e o estelionato cometidos pela Internet. Consequentemente, foram alterados o Código Penal e o Código de Processo Penal, sendo este último a respeito da competência em modalidades de estelionato.

Devemos observar que o novo contexto normativo teve origem em 2012, no final do ano, objetivando então a tipificação de algumas questões digitais. Alguns conceitos da norma não estavam claros, e o apenamento foi modesto. Logo, tais situações ensejaram alterações nos artigos do Código Penal, que apresentamos, abaixo, de forma atualizada:

> **Invasão de dispositivo informático**
>
> Art. 154-A. **Invadir dispositivo informático** de uso alheio, conectado ou não à rede de computadores, com o fim de obter, adulterar ou destruir dados ou informações sem autorização expressa ou tácita do usuário do dispositivo ou de instalar vulnerabilidades para obter vantagem ilícita:
>
> Pena – reclusão, de 1 (um) a 4 (quatro) anos, e multa.
>
> § 1º Na mesma pena incorre quem produz, oferece, distribui, vende ou difunde dispositivo ou programa de computador com o intuito de permitir a prática da conduta definida no caput.
>
> § 2º Aumenta-se a pena de 1/3 (um terço) a 2/3 (dois terços) se da invasão resulta prejuízo econômico.
>
> § 3º Se da invasão resultar a obtenção de conteúdo de comunicações eletrônicas privadas, segredos comerciais ou industriais, informações sigilosas, assim definidas em lei, ou o controle remoto não autorizado do dispositivo invadido.
>
> Pena – reclusão, de 2 (dois) a 5 (cinco) anos, e multa.
>
> § 4º Na hipótese do § 3º, aumenta-se a pena de um a dois terços se houver **divulgação, comercialização ou transmissão a terceiro**, a qualquer título, dos dados ou informações obtidos.
>
> § 5º Aumenta-se a pena de um terço à metade se o crime for praticado contra:
>
> I - Presidente da República, governadores e prefeitos;
>
> II - Presidente do Supremo Tribunal Federal;
>
> III - Presidente da Câmara dos Deputados, do Senado Federal, de Assembleia Legislativa de Estado, da Câmara Legislativa do Distrito Federal ou de Câmara Municipal; ou
>
> IV - dirigente máximo da administração direta e indireta federal, estadual, municipal ou do Distrito Federal.
>
> **Ação penal**

> Art. 154-B. Nos crimes definidos no art. 154-A, somente se procede mediante representação, salvo se o crime é cometido contra a administração pública direta ou indireta de qualquer dos Poderes da União, Estados, Distrito Federal ou Municípios ou contra empresas concessionárias de serviços públicos. (grifo nosso)[97]

O tópico mais importante, neste interstício temporal entre 2012 e 2021, foi o incremento do Código Penal com o Artigo 154-A, cuja ideia era justamente tipificar a conduta da invasão do dispositivo, considerando o computador, o tablet, ou o celular, utilizando a Internet ou não (naqueles casos nos quais a invasão ocorresse in loco, quando a pessoa estivesse com o celular ou notebook da vítima). A referida invasão deve ser, na letra da norma, com o fim de obter, adulterar ou destruir dados ou informações, ou para instalar vulnerabilidades para obter vantagem ilícita. Os pontos definidos pela regra foram, em grande parte, para abrigar as algumas daquelas condutas que levantamos anteriormente neste livro, sobre as **novas problemáticas jurídicas digitais**. A pena foi estipulada para reclusão de 1 a 4 anos e multa. Também, aqueles que produzem, oferecem, distribuem, vendem ou difundem o programa (software) que permite a prática da invasão, incorrem na mesma pena.

O Código Penal também foi alterado, com apenamento maior (1/3 a 2/3), se da invasão resultar prejuízo econômico. Como já referimos anteriormente, isso pode prosseguir para um doxing[98], com a obtenção de conteúdo de comunicações eletrônicas privadas, segredos comerciais ou industriais, informações sigilosas, com apenamento mais severo (reclusão de 2 a 5 anos e multa). Isto é, informações são obtidas a partir da invasão pelo hacker, então este utiliza isso para assediar a pessoa,

97 BRASIL. Código Penal. Disponível em: https://www.planalto.gov.br/ccivil_03/Decreto-Lei/Del2848.htm .

98 O **doxing** é a prática de descobrir informações pessoais sigilosas de uma pessoa e divulgá-las online. Os hackers usam o doxing para ameaçar, assediar, receber recompensa financeira, ou se vingar de uma pessoa online.

para exigir uma recompensa, ou mesmo para se vingar da vítima caso ele disponibilize o conteúdo online, ou ainda para constrangê-la.

No caso de Caroline Dieckmann, o que ela estava protegendo era a honra dela, a imagem, porque ela tinha armazenado no seu computador algumas fotos em que ela estava sem roupa e, portanto, ela não queria essa divulgação para terceiros. Então, o hacker começou a ameaçá-la e a exigir recompensa para que ele não divulgasse esse conteúdo. Neste caso, pela regra nova, havendo divulgação, comercialização ou transmissão a terceiro, a qualquer título, dos dados ou informações obtidos, aumenta-se a pena de um a dois terços.

Por fim, neste ponto, vale destacar que a pena dever ser aumentada de um terço à metade se o crime for praticado contra o presidente, governadores, prefeitos, presidente do Supremo Tribunal Federal, presidente da Câmara dos Deputados, do Senado Federal, de Assembleia Legislativa de Estado, da Câmara Legislativa do Distrito Federal ou de Câmara Municipal, ou ainda dirigente máximo da administração direta e indireta federal, estadual, municipal ou do Distrito Federal. Devemos notar que a tentativa de acessos clandestinos em dispositivos eletrônicos de autoridades, com o objetivo de ter informações privilegiadas, tem aumentado.

As práticas que estão sendo enquadradas por essa norma são muito corriqueiras hodiernamente, tanto em nível privado, como no segmento empresarial, público, e também internacional, já que a Internet não tem fronteiras. Na verdade, a ideia do criminoso online é conseguir acessar o computador da vítima, seu telefone ou tablet. E isso vem sendo efetivado de diversas maneiras, incluindo o phishing[99], situação

99 No **phishing**, a ideia é chamar a atenção para determinado item no qual o interessado vai clicar, como uma foto, uma mensagem chamativa, um vídeo, um anexo ao e-mail, e introduzir um software malicioso (malware) dentro do computador ou aparelho da vítima. O objetivo final, obviamente, é conseguir vantagens, e para tanto o criminoso precisa de uma ligação ao computador da pessoa. Uma vez instalado, o software passa a monitorar as informações utilizadas pela vítima, incluindo senhas e informações particulares.

na qual a pessoa "clica" e instala algum programa ilegal que, então, permite um acesso mais fácil ao computador da vítima.

Por outro lado, em relação às informações sigilosas relacionadas a bancos, em situações nas quais se pretende proteger o sistema de acessos indevidos, os sistemas bancários, ou os bancos de dados de cartões de crédito e débito, o trabalho é árduo porque os hackers são muito evoluídos tecnologicamente. Dessa forma, esses aparatos bancários de serviços financeiros, de créditos, de criptomoedas precisam ser também robustos tecnologicamente para procurar, então, transformar as proteções em firewall[100] que possa proteger eletronicamente acessos clandestinos. Atualmente, as ocorrências estão na ordem de centenas de milhares de ataques por dia que ocorrem contra entidades como bancos, ou administradoras de cartões como Visa e Mastercard, em todos os lugares do mundo. As ondas de ataque somente têm crescido, e não tem sido só no Brasil, com invasões de sistemas de bancos de dados de entidades públicas ou privadas. Não é um fenômeno isolado, mas um fenômeno global, razão pela qual a Internet é considerada como a rede das redes, ou a rede mundial de computadores. Ela permite não só inúmeras práticas internacionais positivas como também invasões, oriundas do exterior. Então, a norma que estudamos neste momento, sobre a invasão de dispositivo, é prática que também tem sido enfrentada em diversas partes do mundo. No caso brasileiro, por exemplo, diversos são os ataques, incluindo o setor judicial. A este respeito, recentemente, a polícia federal tentou investigar um ataque hacker ao Tribunal Regional Federal da terceira região-TRF3, e que levou a então desembargadora presidente a determinar a suspensão dos prazos processuais, em virtude da invasão ocorrida[101]. Trata-se de prática criminosa que, se

---

100 **Firewall** é a chamada barreira ou dispositivo de segurança que monitora o tráfego de uma rede digital de entrada e saída de informações, e que avalia eletronicamente permitir ou bloquear tráfegos específicos, de acordo com a programação de segurança efetuada.

101 Vide CONSULTOR JURÍDICO. **Ataque Hacker. TRF-3 suspende prazos processuais e adia transmissão de precatórios** (2022). Disponível em: https://www.conjur.com.br/2022-abr-01/trf-suspende-prazos-processuais-adia-transmissao-precatorios .

não for objeto de precaução por parte dos tribunais, poderá inviabilizar processos judiciais, hoje completamente digitais.

Neste ponto, é muito importante observar a dificuldade de se localizar criminosos, ou de se identificar os mesmos, resultando na realização da justiça. Um alerta deve ser feito no sentido de que, apenas pela configuração da norma e da tipificação da conduta, a justiça não é necessariamente realizada. Em verdade, no entanto, o regramento é um importante passo neste sentido (de realização da justiça), já que o Direito Penal exige a lei anterior regulando eventual prática criminosa. Mas, por outro lado, também devemos encarar os desafios da realização da justiça digital, porque precisamos identificar os responsáveis, por vezes com perícias eletrônicas, localizá-los, prendê-los e consequentemente julgá-los.

Por outro lado, a norma de 2021 alterou o Código Penal em relação ao Artigo 155 (furto), com a inclusão do parágrafo quarto, estipulando que a pena é de reclusão, de 4 (quatro) a 8 (oito) anos, e multa, se o furto mediante fraude é cometido por meio de dispositivo eletrônico ou informático. Em outras palavras, o **furto digital**. Para tanto, a norma define que:

> Art. 155 - **Subtrair, para si ou para outrem, coisa alheia móvel:...**
>
> § 4º-B. A pena é de reclusão, de 4 (quatro) a 8 (oito) anos, e multa, se **o furto mediante fraude é cometido por meio de dispositivo eletrônico ou informático**, conectado ou não à rede de computadores, com ou sem a violação de mecanismo de segurança ou a utilização de programa malicioso, ou por qualquer outro meio fraudulento análogo.
>
> § 4º-C. A pena prevista no § 4º-B deste artigo, considerada a relevância do resultado gravoso:
>
> I – aumenta-se de 1/3 (um terço) a 2/3 (dois terços), **se o crime é praticado mediante a utilização de servidor mantido fora do território nacional;**

II – aumenta-se de 1/3 (um terço) ao dobro, se o crime é praticado **contra idoso ou vulnerável**. (grifo nosso)[102]

O furto digital, apenado pela norma, reconhece que o desvio de valores feito hoje é, em maior número, aquele realizado digitalmente. Então, se em outro momento o exemplo era o assalto ao Banco Central do Brasil, hoje os casos são inúmeros, mas relacionados aos desvios de vários valores eletrônicos, já que a moeda digital permite esses crimes serem realizados de forma mais fácil.

Ainda é importante perceber que se a conduta do furto digital for realizada com a utilização de servidor no exterior, a pena será aumentada de 1/3 a 2/3. De fato, é muito importante que a norma tenha considerado que as práticas também são realizadas em nível global, configurando um furto digital internacional. Com efeito, considerando servidores fora do Brasil, seja servidor de dados, ou de conexão, de um lado a norma nos traz maior segurança jurídica, mas por outro, revela alguns desafios, porque é muito difícil identificar e também prender um criminoso que está em outro país, ou que realiza conexões digitais utilizando-se de internacionalidades. Passamos a depender de cooperações internacionais, de tratados internacionais, e de um tribunal internacional[103].

A seu turno, ainda neste tópico, está o **estelionato digital, a fraude eletrônica**, também enquadrada pelas mudanças da lei em 2021. Em consequência, o Artigo 171 (estelionato), com as inclusões do parágrafo segundo A, e do parágrafo segundo B, passou a incrementar as penas para condutas digitais, nestes termos:

102 BRASIL. Código Penal. Disponível em: https://www.planalto.gov.br/ccivil_03/Decreto-Lei/Del2848.htm .

103 *Vide* FREIRE E ALMEIDA, Daniel. **Um Tribunal Internacional para a Internet**. São Paulo: Almedina, 2015.

> **Fraude eletrônica**
>
> § 2º-A. A pena é de reclusão, de 4 (quatro) a 8 (oito) anos, e multa, se a fraude é cometida com a utilização de informações fornecidas pela vítima ou por terceiro induzido a erro **por meio de redes sociais, contatos telefônicos ou envio de correio eletrônico fraudulento**, ou por qualquer outro meio fraudulento análogo.
>
> § 2º-B. A pena prevista no § 2º-A deste artigo, considerada a relevância do resultado gravoso, aumenta-se de 1/3 (um terço) a 2/3 (dois terços), **se o crime é praticado mediante a utilização de servidor mantido fora do território nacional.**
>
> ...
>
> Estelionato contra idoso ou vulnerável
>
> § 4º A pena aumenta-se de 1/3 (um terço) ao dobro, se o crime é cometido contra idoso ou vulnerável, considerada a relevância do resultado gravoso. (grifo nosso)[104]

Como sabemos, o estelionato é uma enganação, uma forma tradicional de induzir ou manter a vítima em erro. Entretanto, esta forma de indução da vítima em erro tem sido utilizada cada vez mais pelo meio digital, principalmente através dos phishings, através do envio de milhões de e-mails fraudulentos, no mundo inteiro, onde tem sempre alguém que acaba caindo. Portanto, o potencial da fraude eletrônica, por ser digital, é maior do que o potencial da fraude física. Então, era muito importante que no Código Penal fosse incluído este tópico, com aumento de pena caso a utilização digital fosse realizada. Relembrando que a fraude pode ser no Brasil ou no mundo inteiro, o § 2º-B aumentou a pena se o crime é praticado mediante a utilização de servidor mantido fora do território nacional, o que é muito positivo.

Em adição, vale destacar que os idosos, pela norma considerados menos familiarizados com o mundo digital, tem se revelado as maiores vítimas das fraudes digitais. Por conseguinte, assim como no caso do

---

104 BRASIL. Código Penal. Disponível em: https://www.planalto.gov.br/ccivil_03/Decreto-Lei/Del2848.htm .

furto digital (Art. 155, § 4º-C, II), o estelionato praticado contra idoso ou vulnerável deve ter a pena aumentada de 1/3 (um terço) ao dobro (Art. 171, § 4º) [105].

Por fim, neste ponto, é interessante mencionar o surgimento, mais recentemente, do denominado **estelionato emocional**. Muitos larápios em sites de relacionamento em redes sociais procuram manipular psicologicamente uma vítima para dela conseguir benefícios financeiros, como o número do cartão para determinada questão, ou mesmo a realização de um "Pix Love", para alguma emergência. Então, aquilo que era utilizado por alguns criminosos procurando enganar a vítima, o estelionato digital, que vemos por exemplo no WhatsApp, em alguma prática que tentam o sequestro relâmpago fictício e outras, tem sido utilizado também em sites de relacionamento para que se consiga, assim, um benefício de determinada vítima. Tudo, pois, utilizando a manipulação emocional, caridosa ou amorosa. Em outras palavras, e em conclusão, vem sendo reportada a prática da paquera criminosa, ou estelionato emocional. Em tempo, vale antecipar que trataremos do estelionato envolvendo ativos virtuais no ponto 12 deste Capítulo.

Casos essenciais:

Em complemento aos casos já levantados acima, um exemplo de potencial incidência normativa, foi a admissão por parte de Edward Snowden, com a sua divulgação ao mundo, de que diversos governos e autoridades globais, incluindo a então Presidente da República do Brasil, foram hackeadas, e tiveram os seus dispositivos eletrônicos invadidos, com o objetivo de informações privilegiadas, em clara espionagem digital.

---

105 Em derradeiro, neste tópico, cabe destacar que o Código de Processo Penal foi alterado, no caso da competência em modalidades de estelionato. Em sendo realizada transferência de valores (hipótese digital de estelionato, quando praticada mediante depósito, mediante emissão de cheques sem suficiente provisão de fundos em poder do sacado ou com o pagamento frustrado, ou mediante transferência de valores), a competência será definida pelo local do domicílio da vítima, e, em caso de pluralidade de vítimas, a competência firmar-se-á pela prevenção.

Contudo, sem repercussões jurídicas advindas, pelo menos no caso brasileiro, mesmo com a norma nacional, que já existia para proteção da autoridade envolvida[106]. Logo, fica o questionamento: a lei nacional brasileira não consegue proteger o próprio Brasil, como país, incluindo suas autoridades? De forma paradoxal, nós temos a norma que proibia a invasão, ou que tipifica a invasão, mas essa norma não consegue nos proteger como país, em virtude dos desafios da Internet. Isto porque a Internet é mundial, então torna-se fundamental, também, não sobretudo, mas em complementaridade, que tenhamos tratados internacionais que regulem essas práticas (como a Convenção de Budapeste, por exemplo), termos formas digitais e ágeis de cooperação internacional, para que criminosos sejam então identificados e capturados, e um Tribunal Internacional para a Internet para que possam ser julgados[107]. Assim, não ficaremos apenas na vedação da conduta, mas com a realização da justiça, inclusive em nível internacional, já que a Internet é mundial.

2.3.8 E-commerce. Aspectos Legislativos e Tributários Nacionais

Nomes, e do que tratam:

Lei nº 12.737, de 30 de novembro de 2012. Dispõe sobre a tipificação criminal de delitos informáticos, alterando o Código Penal, e estabelecendo outras providências[108]. Em adição, o Decreto nº 7.962, de 15 de março de 2013. Regulamenta o Código de Defesa do Consumidor

106 *Vide* SNOWDEN, Edward. **Permanent Record**. Metropolitan Books, 2019.

107 *Vide* FREIRE E ALMEIDA, Daniel. **Um Tribunal Internacional para a Internet**. São Paulo: Almedina, 2015.

108 BRASIL. Lei nº 12.737, de 30 de novembro de 2012. Dispõe sobre a tipificação criminal de delitos informáticos, alterando o Código Penal. Disponível em: https://www.planalto.gov.br/ccivil_03/_ato2011-2014/2012/lei/l12737.htm .

(1990), para dispor sobre a contratação no comércio eletrônico[109]. Lei nº 8.078, de 11 de setembro de 1990. Código de Defesa do Consumidor. Dispõe sobre a proteção do consumidor e dá outras providências[110].

Principais tópicos normativos:

O nosso foco legislativo, neste ponto, é o **E-commerce**. Primeiramente, sobre algumas das funcionalidades da Internet no que diz respeito à utilização do cartão de crédito, culminando no Código de defesa do consumidor em relação a aspectos aplicados à Internet, em especial sobre a desistência contratual.

O Código Penal, através da já referida Lei nº 12.737 de 2012, foi alterado no Artigo 298, em especial em relação à utilização do **cartão de crédito ou de débito**. Como sabemos o comércio eletrônico é praticamente integrado pela prática do cartão de crédito e do cartão de débito como formas de pagamento. No mesmo passo, as formas de se adimplir uma obrigação através do pagamento cresceram através do Ambiente Digital, como pelo Pix, boletos, criptomoedas, aplicativos de pagamentos, entre outros.

Mas, naquela época, em 2012, foi necessário que o Artigo 298 do Código Penal tivesse a inclusão do parágrafo único para estabelecer que documento particular também poderia ser considerado cartão de crédito ou de débito. Isto porque, a ideia era que a vítima conseguisse se defender contra as fraudes relacionadas a cartões, incluindo sua utilização indevida, dos seus números e até mesmo senha. Era necessário haver o reconhecimento por parte do Código Penal, passando então a falsificação dos mesmos ao equivalente à falsificação do documento particular. Neste sentido, o Artigo 298 passou a ter a seguinte disposição:

---

109 BRASIL. Decreto nº 7.962, de 15 de março de 2013. Regulamenta o Código de Defesa do Consumidor (1990), para dispor sobre a contratação no comércio eletrônico. Disponível em: https://www.planalto.gov.br/ccivil_03/_ato2011-2014/2013/decreto/d7962.htm .

110 BRASIL. Lei nº 8.078, de 11 de setembro de 1990. Código de Defesa do Consumidor. Dispõe sobre a proteção do consumidor e dá outras providências. Disponível em: https://www.planalto.gov.br/ccivil_03/leis/l8078compilado.htm .

> Falsificação de documento particular
>
> Art. 298 - Falsificar, no todo ou em parte, documento particular ou alterar documento particular verdadeiro:
>
> Pena - reclusão, de um a cinco anos, e multa.
>
> **Falsificação de cartão**
>
> **Parágrafo único. Para fins do disposto no caput, equipara-se a documento particular o cartão de crédito ou débito.** (grifo nosso)[111]

Da sua análise se depreende que a falsificação, no todo ou em parte, do cartão de crédito ou de débito, poderá ser apenada com a reclusão, de um a cinco anos e multa.

No E-commerce, quando se realiza uma compra, em muitos casos basta a inserção do número do cartão. Em diversos países do mundo é uma prática corriqueira, com a inserção dos dados que permite a realização de uma compra. Os sistemas eletrônicos procuraram, é claro, certas proteções como confirmação por e-mail, confirmação por mensagens de texto, confirmação por token, confirmação por WhatsApp, buscando coibir práticas indevidas com maneiras alternativas, usando a criatividade, e a tecnologia, através de programação que bloqueie compras que destoem do padrão do usuário. Mas, por outro lado, em múltiplos casos isso não têm acontecido e, portanto, as vítimas precisam de determinada proteção, seja eletrônica, seja legislativa, como in casu.

Também, vale observar que no momento que estudamos as características desafiadoras da Internet, percebemos que estamos em ambiente global, o dinheiro é digitalizado, portanto é facilmente transferível, os cartões são globais, com marcas de cartões internacionais que permitem a utilização no exterior ou utilização internacional, e os criminosos, não necessariamente, mas também, podem estar em outros países. Então, estamos frente a um enorme desafio do Direito Digital.

---

111 BRASIL. Código Penal. Disponível em: https://www.planalto.gov.br/ccivil_03/Decreto-Lei/Del2848.htm .

Com efeito, as notícias ilustram que muitos softwares maliciosos são disseminados objetivando atacar bancos, atacar usuários, permitir a transferência clandestina de criptomoedas, capturar senhas, registrar o número dos cartões, entre outras práticas enredadas. Estamos em um ambiente em que o furto digital é muito simples de se realizar, com a transferência de dinheiro sendo mais fácil do que no ambiente físico. Portanto, o alerta é elevado e a compreensão dessas dinâmicas é necessária e fundamental para superação dos problemas. De fato, os ataques de hackers pedindo resgate estão acontecendo com vítimas individuais, privadas, públicas e empresariais. A utilização indevida dos dados de cartões de usuários no mundo todo exige do jurista um olhar mais atento para o tema, de forma a encarar essas novas práticas digitais.

A seu turno, começa uma reação das empresas de tecnologia, as startups tecnológicas, as fintechs, com o objetivo de procurar formas que minimizem esses impactos relacionados ao roubo de dados, de informações relacionadas aos dados do cartão de crédito, à falsificação dos mesmos, a clonagem dos cartões, ou ainda a captura das senhas. Isto porque, algumas técnicas permitem a descoberta das senhas, e as startups estão a tentar eliminar essa prática para que os riscos e prejuízos sejam mitigados. Neste sentido, então, as empresas e órgãos públicos do Brasil e do mundo devem observar a proteção tecnológica, mas também a proteção jurídica para estes casos mencionados. Muitas iniciativas buscam destacar questões relacionadas à prevenção de ataques eletrônicos, o que é correto, mas também, é claro, devem criar mecanismos para a repressão dos mesmos, através de investigações, aprimoramento legislativo e tribunais especializados.

Aproveitando as alterações e inclusões proporcionadas pela Lei nº 12.737, de 2012, está um relevante ponto para órgãos públicos e empresas. Estas últimas, aliás, dependem fortemente da sua conectividade e disponibilidade digital. Ou seja, precisam estar online e acessíveis aos clientes. Nesta linha, o Artigo 266 do Código Penal recebeu as seguintes inclusões:

> Art. 266 - Interromper ou perturbar serviço telegráfico, radiotelegráfico ou telefônico, impedir ou dificultar-lhe o restabelecimento:
>
> Pena - detenção, de um a três anos, e multa.
>
> § 1º Incorre na mesma pena quem **interrompe serviço telemático ou de informação** de utilidade pública, ou impede ou dificulta-lhe o restabelecimento.
>
> § 2º Aplicam-se as penas em dobro se o crime é cometido por ocasião de calamidade pública. (grifo nosso)[112]

Em verdade, as empresas mais destacadas da Internet acabam por ser vítimas de ataques intitulados de Distributed Denial of Service (DDS), que é a interrupção de uma rede de conexão à Internet em virtude de uma quantidade enorme de dados sendo enviados ao mesmo tempo por diferentes e potentes computadores. Estes ataques utilizam centenas de milhares de computadores programados (zumbis) para acessar um endereço na Internet de forma simultânea, sobrecarregando-o e provocando sua indisponibilidade.

Logo, as empresas ficam offline, deixam de vender produtos, diminuem receitas, perdem reputação na Internet junto aos clientes e parceiros, e seus funcionários ficam inoperantes. Propícia a menção aqui, in exemplis, do apagão global da Internet em 2024, devido a uma falha global no sistema da Microsoft, que está instalado em milhões de aparelhos e computadores em todo o planeta, relacionado a um erro na atualização da empresa de cibersegurança CrowdStrike, que busca proteger contra ataques digitais, como os acima mencionados. O incidente mundial paralisou bancos, empresas, hospitais, universidades, e o tráfego aéreo em dezenas de países.

Em prosseguimento, o Decreto nº 7.962, de 15 de março de 2013, regulamentou o Código de Defesa do Consumidor (1990), para dispor sobre a contratação no E-commerce. Os focos deste Decreto regulamentador eram o de tornar equivalente o princípio da informação do

112 BRASIL. Código Penal. Disponível em: https://www.planalto.gov.br/ccivil_03/Decreto-Lei/Del2848.htm .

Código do Consumidor no Ambiente Digital, que fossem disponibilizados aos usuários os atendimentos facilitados em virtude de suas compras online, e também que se permitisse na compra à distância o direito de arrependimento por parte do comprador.

Nesta linha, primeiramente, a norma trata sobre a **disponibilidade de informações claras sobre o produto, sobre o serviço, e sobre o fornecedor** (mencionar quem é o vendedor no caso do E-commerce). A ideia é que o princípio da informação seja também aplicado no comércio eletrônico, nas vendas pela Internet. O consumidor deve ter acesso a informações claras sobre o produto, suas especificidades, detalhes, para que não seja enganado. No mesmo sentido, em relação ao preço, com as condições integrais da oferta, e sobre o fornecedor, com sua identificação que permita, posteriormente, ser acionado judicialmente em caso de uma divergência jurídica na relação de compra e venda online[113].

---

113 O Decreto nº 7.962, de 2013, nos artigos 1º. e 2º., apresenta a seguinte disposição:
Art. 1º Este Decreto regulamenta a Lei nº 8.078, de 11 de setembro de 1990, para dispor sobre a contratação no comércio eletrônico, abrangendo os seguintes aspectos:
I - informações claras a respeito do produto, serviço e do fornecedor;
II - atendimento facilitado ao consumidor; e
III - respeito ao direito de arrependimento.
Art. 2º Os sítios eletrônicos ou demais meios eletrônicos utilizados para oferta ou conclusão de contrato de consumo devem disponibilizar, em local de destaque e de fácil visualização, as seguintes informações:
I - nome empresarial e número de inscrição do fornecedor, quando houver, no Cadastro Nacional de Pessoas Físicas ou no Cadastro Nacional de Pessoas Jurídicas do Ministério da Fazenda;
II - endereço físico e eletrônico, e demais informações necessárias para sua localização e contato;
III - características essenciais do produto ou do serviço, incluídos os riscos à saúde e à segurança dos consumidores;
IV - discriminação, no preço, de quaisquer despesas adicionais ou acessórias, tais como as de entrega ou seguros;
V - condições integrais da oferta, incluídas modalidades de pagamento, disponibilidade, forma e prazo da execução do serviço ou da entrega ou disponibilização do produto; e
VI - informações claras e ostensivas a respeito de quaisquer restrições à fruição da oferta.

Cabe enfatizar aqui que, em muitos casos, temos enfrentado desafios jurídicos em relação à oferta de determinados produtos na Internet, mas que depois não é cumprida pelo vendedor por conta da limitação das peças que ele possui em estoque. Por exemplo, uma grande empresa de comércio eletrônico faz uma promoção de uma TV de 70 polegadas, com diversos aparatos eletrônicos, mas apenas alguns usuários conseguem receber, mesmo todos os demais tendo efetuado a compra, com o respectivo pagamento. Não há informação sobre a quantidade de peças restantes. O consumidor paga, efetiva a compra, mas não recebe o produto. Depois de algumas semanas recebe a informação que não há peças disponíveis[114]. O Código do Consumidor entra em ação, nos termos do Artigo 35, com as hipóteses usualmente dadas pelas empresas de um cupom no valor, a troca por outro produto utilizando este crédito, ou a devolução do valor, "que irá aparecer nas suas próximas faturas". Ora, a empresa arrecada milhões de reais com a venda "fictícia", insere o consumidor em um imbróglio digital de atendimento, espera, e depois de várias semanas recebe a informação de que o valor será devolvido, e que aparecerá o estorno em fatura futura. Em termos gerais a empresa informa que cumpre integralmente o Código do Consumidor, mas o comprador não recebe o produto que escolheu, não recebe juros pelo valor dispendido, usa o limite do seu cartão de crédito, e ainda acumula horas perdidas em busca da devolução dos valores, que sabemos é complicada pelos serviços robóticos colocados à disposição. Até conseguirmos atendimento humano, passamos horas envolvidos em opções sem fim (tecle 7 para isso, 8 para aquilo...). O consumidor, em geral, fica sem os recursos financeiros que dispunha, não compra outro produto, em outro lugar, naquele espaço de tempo,

114 Inicialmente, assunto que impulsionou o Decreto em apreço foi a venda em sites de grupos, para vendas coletivas. O Decreto nº 7.962, de 2013, neste sentido, estabeleceu, em seu art. 3º, que os sites de compras coletivas deveriam conter as informações do art. 2º. e informar sobre a quantidade mínima de consumidores para a efetivação do contrato, o prazo para utilização da oferta, e a identificação do fornecedor responsável pelo site e pelo produto ou serviço.

fica à mercê dos mecanismos de atendimento colocados à disposição pela empresa, normalmente automatizados, e que não permitem ao usuário explicar devidamente qual é o problema.

Embora o Decreto estabeleça as condições para o atendimento facilitado ao consumidor, a realidade digital está distante dos termos do Artigo 4º., dispostos abaixo:

> Art. 4º Para garantir o **atendimento facilitado ao consumidor no comércio eletrônico**, o fornecedor deverá:
> I - apresentar sumário do contrato antes da contratação, com as informações necessárias ao pleno exercício do direito de escolha do consumidor, enfatizadas as cláusulas que limitem direitos;
> II - fornecer ferramentas eficazes ao consumidor para identificação e correção imediata de erros ocorridos nas etapas anteriores à finalização da contratação ;
> III - confirmar imediatamente o recebimento da aceitação da oferta;
> IV - disponibilizar o contrato ao consumidor em meio que permita sua conservação e reprodução, imediatamente após a contratação;
> V - **manter serviço adequado e eficaz de atendimento em meio eletrônico**, que possibilite ao consumidor a resolução de demandas referentes a informação, dúvida, reclamação, suspensão ou cancelamento do contrato;
> VI - confirmar imediatamente o recebimento das demandas do consumidor referidas no inciso, pelo mesmo meio empregado pelo consumidor; e
> VII - utilizar mecanismos de segurança eficazes para pagamento e para tratamento de dados do consumidor.
> Parágrafo único. A manifestação do fornecedor às demandas previstas no inciso V do caput será encaminhada em até cinco dias ao consumidor. (grifo nosso) [115]

O que temos observado, no atual momento, é que de um lado temos a norma buscando proteger o consumidor neste sentido, e de outro a

115 BRASIL. Decreto nº 7.962, de 15 de março de 2013. Regulamenta o Código de Defesa do Consumidor (1990), para dispor sobre a contratação no comércio eletrônico. Disponível em: https://www.planalto.gov.br/ccivil_03/_ato2011-2014/2013/decreto/d7962.htm .

prática digital de um atendimento robotizado, com alternativas inúteis, e que dificultam a comunicação humana entre o comprador e a empresa de E-commerce. De fato, este é um enorme desafio, e que necessitará de regulação mais efetiva e atualizada, em especial na questão da utilização de robôs e emprego da inteligência artificial, para que o consumidor tenha satisfeito o seu direito ao atendimento facilitado. Ainda, sobre o atendimento humano, por sua vez, a autonomia de resolução provisionada às pessoas envolvidas é limitada, e sempre dependente de uma análise posterior, em "cinco dias úteis", por exemplo. Tais situações deixam os usuários aborrecidos e insatisfeitos.

Outro ponto relevante do Decreto em análise diz respeito ao **direito de arrependimento nas compras online**. Nesta ordem, o Decreto regulamenta o Artigo 49 do Código do Consumidor (1990). De fato, o usuário tem direito a arrepender-se da compra, podendo desistir do contrato no prazo de 7 dias a contar da sua concordância, ou ainda do recebimento do seu produto ou serviço[116]. Por outro lado, ainda neste ponto sobre o direito de arrependimento, é muito importante observar os artigos restantes do Decreto, nestes termos:

> Art. 5º O fornecedor deve informar, de forma clara e ostensiva, **os meios adequados e eficazes para o exercício do direito de arrependimento pelo consumidor.**

116 Estipula o dispositivo, que:
Art. 49. O consumidor pode desistir do contrato, no prazo de 7 dias a contar de sua assinatura ou do ato de recebimento do produto ou serviço, sempre que a contratação de fornecimento de produtos e serviços ocorrer fora do estabelecimento comercial, especialmente por telefone ou a domicílio.
Parágrafo único. Se o consumidor exercitar o direito de arrependimento previsto neste artigo, os valores eventualmente pagos, a qualquer título, durante o prazo de reflexão, serão devolvidos, de imediato, monetariamente atualizados. BRASIL. Lei nº 8.078, de 11 de setembro de 1990. Código de Defesa do Consumidor. Dispõe sobre a proteção do consumidor e dá outras providências. Disponível em: https://www.planalto.gov.br/ccivil_03/leis/l8078compilado.htm .

§ 1º O consumidor poderá exercer seu direito de arrependimento pela mesma ferramenta utilizada para a contratação, sem prejuízo de outros meios disponibilizados.

§ 2º O exercício do direito de arrependimento implica a rescisão dos contratos acessórios, sem qualquer ônus para o consumidor.

§ 3º **O exercício do direito de arrependimento será comunicado imediatamente pelo fornecedor à instituição financeira ou à administradora do cartão de crédito ou similar**, para que:

I - a transação não seja lançada na fatura do consumidor; ou

II - seja efetivado o estorno do valor, caso o lançamento na fatura já tenha sido realizado.

§ 4º O fornecedor deve enviar ao consumidor confirmação imediata do recebimento da manifestação de arrependimento.

Art. 6º **As contratações no comércio eletrônico deverão observar o cumprimento das condições da oferta, com a entrega dos produtos e serviços contratados, observados prazos, quantidade, qualidade e adequação.**

Art. 7º A inobservância das condutas descritas neste Decreto ensejará aplicação das **sanções** previstas no art. 56 da Lei nº 8.078, de 1990.

Art. 8º O Decreto nº 5.903, de 20 de setembro de 2006, passa a vigorar com as seguintes alterações:

"Art. 10. ....

Parágrafo único. O disposto nos arts. 2º , 3º e 9º deste Decreto aplica-se às contratações no comércio eletrônico. (grifo nosso) [117]

Com efeito, o Artigo quinto, e seus parágrafos, deste Decreto que regulamenta o Código do Consumidor, foca justamente na questão da forma e das condições para que o consumidor possa revogar sua compra online. Assim, é preciso que o fornecedor disponha de ferramentas e formas adequadas, não criando um labirinto digital, com tortuosas exigências para o consumidor conseguir exercer o direito de

---

117 BRASIL. Decreto nº 7.962, de 15 de março de 2013. Regulamenta o Código de Defesa do Consumidor (1990), para dispor sobre a contratação no comércio eletrônico. Disponível em: https://www.planalto.gov.br/ccivil_03/_ato2011-2014/2013/decreto/d7962.htm .

arrependimento. O principal desafio para o consumidor nesse sentido é conseguir realizar a desistência em tempo hábil, e também, é claro, de ter o dinheiro de volta, porque, caso contrário, passa a ter dificuldades de comprar um outro bem, alternativo, ou mesmo de não sofrer o prejuízo advindo dessa compra.

Ponto sensível, diz respeito à devolução do produto. Isto porque, as empresas, em geral, apenas aceitam estornar os valores após a entrega reversa do produto. Custos da logística e da devolução acabam sendo discutidos e o tempo se alonga, criando obstáculos àquilo estabelecido pelo Decreto. Empresas acabam por exigir que a embalagem não esteja violada, e que os custos da devolução sejam arcados pelo consumidor, incluindo seu envio para o produtor em vendas por marketplace.

Ademais, devemos destacar, de forma complementar, que o E-commerce é global, portanto, muitas são as práticas que ultrapassam as fronteiras de um país. Isto não é diferente para os brasileiros. Na verdade, muitos sites norte-americanos e chineses lideram as compras online dos brasileiros, como o AliExpress, Shein, Shopee, Amazon, Wish, Banggood, que acabam comandando as vendas para usuários brasileiros. Mas, as referidas vendas não são imunes a inexecução contratual, ou ao arrependimento. Em muitos casos o produto que se recebe não é exatamente aquele escolhido, existem atrasos, cobranças indevidas, ou mesmo o não recebimento do produto. Tudo isso acaba por ensejar a necessidade do consumidor brasileiro em buscar exercer os direitos dispostos no Código de Defesa do Consumidor e no Decreto regulamentador. Contudo, as dificuldades se ampliam em relação ao E-commerce internacional, já que as empresas estão em outro país, sob outras regras, outros tribunais, em outras jurisdições. Neste caso, há uma clara impossibilidade de se aplicar o Código de Defesa do Consumidor, pois a norma regula as relações de consumo em sites de empresas com escritório ou representação no Brasil. Então, fica o alerta: se de um lado é mais fácil comprar produtos internacionalmente pelo E-commerce, de outro é muito mais desafiador resolver problemas quando eles surgem. As normas nacionais, pela própria limitação jurisdicional, não conseguem constranger os vendedores ou fornecedores estrangeiros. Em especial sobre o direito de arrependimento, de sete dias a contar da data de recebimento do produto ou serviço, efetivar esse direito quando estamos falando de sites internacionais, trata-se de um grande desafio, principalmente se a empresa não tiver um representante no Brasil que possa ser acionado para facilitar a resolução deste caso.

Um outro ponto que deve ser observado, para além do aspecto normativo, é o tópico de **resolução de litígios**. Os sites estrangeiros, em muitos casos, apresentam "termos de serviço" que estabelecem como serão as resoluções de conflitos, não aceitando as jurisdições de seus consumidores, e admitindo a arbitragem internacional ou a arbitragem digital. Logo, devemos atentar para o momento da concordância com os termos da relação contratual, pois ao clicar estamos aderindo também com os termos de serviço da empresa, culminando no consentimento a uma eventual arbitragem digital. Por conseguinte, não será fácil para todos a realização da justiça. As arbitragens digitais principiam com robôs, e somente chegam a humanos após longo percurso. Considerando que estamos distantes pessoalmente, e a arbitragem, por suas próprias regras, impede nova discussão meritória em tribunal, esses meandros não podem ser ignorados pelos operadores do Direito, ensejando novas discussões acerca do futuro das pessoas nesta seara.

Todos esses alertas complementares do E-commerce envolvem os desafios de efetivação da proteção jurídica em nível nacional, e são ampliados na realização da justiça em nível internacional.

Por último, cabe enfatizar que o Brasil faz parte da plataforma internacional de proteção ao consumidor denominada econsumer (www.econsumer.gov), cuja ideia é que haja facilidade de se realizar denúncias, de coibir fraudes eletrônicas, de ajuda as autoridades a identificar tendências e combater fraudes. Trata-se de um projeto da International Consumer Protection and Enforcement Network-ICPEN, em parceria com mais de 65 agências de proteção ao consumidor em todo o mundo, como a Secretaria Nacional do Consumidor-SENACON, do Brasil.

Em nossa perspectiva, trata-se de importante iniciativa de buscarmos mitigar os riscos de consumo online. Isto porque é muito legal comprar eletronicamente, muito mais conveniente, inclusive em nível internacional. Mas, por outro lado, não podemos ignorar os riscos adivinhos.

De outra parte, entre muitos problemas que o E-commerce reflete na área do Direito, está a tributação. Efetivamente, a **tributação do E-commerce** é a tributação de uma nova forma de fazer negócios.

De fato, a tributação é uma forma de regulação. Em seu desenrolar histórico, verificamos que todas as vezes nas quais se descobre um novo produto, desenvolve-se uma nova indústria, uma nova forma de organização social ou um novo conceito econômico de rendimento e riqueza, alguém, no uso do poder tributário governamental, aparece com uma forma de tributá-lo. Contudo, em geral, o E-commerce nacional é tributado utilizando regras que não foram escritas para atingir os diferenciados aspectos introduzidos pela Internet. Com exceção da tributação sobre os itens importados (que veremos no último tópico deste Capítulo), e da alteração para a alíquota do estado de destino (no E-commerce nacional), o restante dos pontos de taxação são os mesmos das lojas físicas.

Hodiernamente, as atividades comerciais eletrônicas no Brasil são fundamentadas naquilo que estabelece a Constituição Federal, ao disciplinar as competências de acordo com o tributo envolvido.

Neste contexto, os tributos incidentes sobre o E-commerce são:

ICMS (Imposto sobre Circulação de Mercadorias e Prestação de Serviços), para empresas que compram e vendem produtos, incluindo produtores que possuem lojas virtuais, com exceção dos negócios com regime de tributação pelo Simples Nacional, que ficam isentos da cobrança.

PIS (Programa de Integração Social), sobre o faturamento da loja virtual.

COFINS (Contribuição para o Financiamento da Seguridade Social), sobre o faturamento da loja virtual

CSLL (Contribuição Social sobre o Lucro Líquido).

IPI (Imposto sobre Produtos Industrializados), quando a loja é de propriedade do produtor ou importador das mercadorias comercializadas.

IRPJ (Imposto sobre a Renda das Pessoas Jurídicas), comum a todas as empresas.

II (Imposto de Importação), a ser verificado no último item deste capítulo (20% de Imposto de Importação, para compras até 50 dólares, e 17% ou 20% de ICMS. Para compras acima de 50 dólares, o Imposto de Importação é de 60%, e o ICMS de 17% ou 20%).

Por fim, se a atividade for equivalente à prestação de um serviço, como aquele do Uber ou iFood, o ISS (Imposto sobre Serviço de Qualquer Natureza), deverá ser recolhido, de acordo com a alíquota estipulada pelo município envolvido.

Aspecto singular, e que de fato é muito constante nas vendas de mercadorias pela Internet, diz respeito ao envio de produtos para outros estados. Neste caso, o tributo deverá ser destinado apenas ao estado de destino, com sua respectiva alíquota.

Outro ponto relevante no âmbito do E-commerce é o tipo de empresa que oferece a venda, pois isto resultará em seu enquadramento tributário.

Muito comum, inicialmente, é o estabelecimento de uma MEI (Microempresa Individual). Neste caso, a incidência integra o pagamento de diversos tributos em uma só cobrança, o chamado DAS (Documento de Arrecadação do Simples Nacional), que inclui impostos municipais (ISS), estaduais (ICMS) e a contribuição patronal para Previdência (INSS).

Entretanto, quando o faturamento do E-commerce ultrapassa os limites anuais para a MEI, a melhor saída é a constituição de uma empresa como Sociedade Limitada Unipessoal, ou abrir uma das Sociedades brasileiras, o que, por conseguinte, alterará o regime tributário.

Neste passo, em geral, o regime tributário poderá ser o Simples Nacional (empresas com rendimentos de até R$ 4,8 milhões anuais), o de Lucro Presumido (empresas com faturamento estável, que não ultrapassem R$ 78 milhões anuais), ou de Lucro Real (empresas que ganham acima de R$ 78 milhões).

Em atenção aos desafios fiscalizatórios e arrecadatórios, com efeito, a facilitação que proporciona a Internet quanto à localização de consumidores e vendedores no E-commerce torna as regras tributárias estaduais obsoletas. A localização das atividades da empresa é uma preocupação na tributação do comércio eletrônico. Para fins fiscais, a localização das atividades pode determinar que estado, ou que país, tem o poder de tributar.

Neste passo, Leite de Campos já ressaltava que as telecomunicações aproximaram prestadores de serviços e consumidores, elencando que a rapidez, anonimato e indetectabilidade das transações eletrônicas são susceptíveis de criar novas possibilidades de evasão fiscal, "acrescentando-se a isto a dificuldade de associar as actividades em tempo real com localizações físicas precisas das partes."[118]

De fato, os fornecedores são efetivamente atores globais, enquanto os governos (Estados) têm limites geográficos na capacidade de utilização de suas legislações.

Conforme o caso, poderíamos considerar aqui, que a localização das atividades de uma empresa é uma preocupação na definição regulatória. Para fins legais, a localização das atividades pode determinar que país tem o poder de tributar. Em outras palavras onde a empresa está de fato.

---

118 *Cf.* LEITE DE CAMPOS, Diogo. **A Internet e o Princípio da Territorialidade dos Impostos**. Revista da Ordem dos Advogados, Lisboa, Ano 58, Julho, 1998, p. 640 e 642.

Neste passo, a moderação legislativa que trata igualmente as atividades comerciais do mundo real com as realizadas através da Internet e do comércio online, em um primeiro momento pode parecer como correta, adequada. No entanto, tratar as duas atividades do mesmo modo equivale a ignorar as características da Internet e do E-commerce, e não aproveitar as possibilidades inovadoras que se colocam.

Conforme pudemos observar, a capacidade dos governos em regular o comportamento no E-commerce, foi alterada, pois os compradores e vendedores podem estar localizados em qualquer lugar no mundo real.

Atualmente, há um espaço digital, onde as pessoas interagem, onde as pessoas comercializam. Alguns governos são mais fortemente tributantes que outros e as empresas já podem escolher, com maior facilidade, a qual deles querem se submeter (ou não se submeter a nenhum).

Essencialmente, o relacionamento comercial passando a ser mundial, torna as propostas locais e nacionais ultrapassadas, face à revolução no Ambiente Digital globalizado. Em outras palavras, a possibilidade de tributar não diz respeito apenas ao que ocorre dentro do estado ou do país, tornando-se também uma questão internacional e, no caso da Internet e do E-commerce, mundial[119].

Isto se depreende, também, porque mesmo que a legislação de determinado local decida por tributar ou limitar certas atividades comerciais realizadas pela Internet, imaginemos o caso da empresa vendedora simplesmente alterar seu local de estabelecimento (servidor de hospedagem) para outro sem regulação restritiva sobre o tema, ou no estrangeiro. Para os compradores, é perfeitamente possível acessar

119 *Vide* FREIRE E ALMEIDA, Daniel. **A Tributação do Comércio Electrónico nos Estados Unidos da América e na União Europeia**. Coimbra: Faculdade de Direito da Universidade de Coimbra, 2002. *Vide* FREIRE E ALMEIDA, Daniel. **The Taxation of Electronic Commerce in the United States of America and in the European Union**. São Paulo: Almedina, 2016. FREIRE E ALMEIDA, Daniel. **A Tributação do Comércio Eletrónico nos Estados Unidos da América e na União Europeia**. São Paulo: Almedina, 2015.

novamente o estabelecimento. Pela arquitetura da Internet, os acessos não dependem da geografia.

Nesta esfera, aliás, algumas empresas preferem utilizar servidores de hospedagem distantes (em outro país) para obterem vantagens fiscais, ou de ausência de regulação. A utilização, em certos casos, de um servidor estrangeiro pode esquivar uma empresa do poder regulatório de seu país (in exemplis, com intenções de assegurar uma regulação menos rigorosa, com alíquotas tributárias menores, entre outros).

Frente a este quadro, os países, por sua vez, passariam a competir no exercício de sua juridicidade.

Anteriormente, para uma empresa realizar vendas internacionais, ou mesmo entre estados diferentes, deveria despender grande esforço, tanto técnico quanto financeiro, para vencer as barreiras geográficas e, ainda, para promover seus produtos no exterior. O ponto fulcral que se apresenta é que a empresa pode escolher com maior facilidade onde quer estabelecer sua sede virtual, e consequentemente onde deseja ser tributada.

Por todos os títulos, no tocante às repercussões jurídicas constatadas no E-commerce, podemos dizer que os países sempre conviveram com a preocupação de garantir a arrecadação e, para isso, desenvolveram e aperfeiçoaram, constantemente, os modelos e sistemas de controle. Entretanto, com o advento da Internet, e com o comércio realizado através dela, uma eficaz arrecadação de tributos encontra-se ameaçada, prejudicando os sistemas fiscais, e os competidores nacionais, de tal forma que pode fazer com que os governos não consigam atender às legítimas necessidades de seus cidadãos por serviços públicos, e as consequentes expectativas das empresas nacionais.

A temática, já prevista e analisada por Leite de Campos (1998), e abordada por Freire e Almeida (2002, 2015 e 2016), começa a ser constatada, na prática, pelos inúmeros desafios hodiernos[120].

Sendo a rede mundial de computadores um canal diferente de circulação de produtos e serviços, torna-se muito mais difícil o controle da tributação, comparando-se com os negócios inteiramente físicos. Voltaremos a estes pontos no último item deste Capítulo, que diz respeito à tributação internacional do E-commerce.

Casos essenciais:

Como destacado na parte de E-commerce (1.3 deste livro) o surgimento de portais digitais, e-marketplaces, websites e aplicativos proporcionaram que fornecedores pudessem expor e comercializar produtos em grandes plataformas como a Amazon, por exemplo. Além da exposição, vivenciamos uma ampliação de mercado e de escala nunca anteriormente vivenciadas na história. Contudo, quem já não se esforçou para compreender se estava comprando diretamente do site de marketplace ou de outro fornecedor?

Buscando um alinhamento antecipado da hipótese prevista em nossa legislação, é que o caso do Google na União Europeia, que trazemos a seguir, pode servir para direcionar futuras decisões no Brasil. Neste sentido, em 2023, o Google, com o objetivo de alinhar suas práticas com a legislação da União Europeia-UE, principalmente sobre a falta de transparência e informações claras aos consumidores, se comprometeu a introduzir alterações em vários de seus produtos e serviços. Neste sentido, o Google concordou em abordar as questões levantadas

120 *Vide* LEITE DE CAMPOS, Diogo. **A Internet e o Princípio da Territorialidade dos Impostos.** Revista da Ordem dos Advogados, Lisboa, Ano 58, Julho, 1998, p. 637/643. *Vide* FREIRE E ALMEIDA, Daniel. **A Tributação do Comércio Electrónico nos Estados Unidos da América e na União Europeia.** Coimbra: Faculdade de Direito da Universidade de Coimbra, 2002. *Vide* FREIRE E ALMEIDA, Daniel. **The Taxation of Electronic Commerce in the United States of America and in the European Union.** São Paulo: Almedina, 2016. FREIRE E ALMEIDA, Daniel. **A Tributação do Comércio Eletrónico nos Estados Unidos da América e na União Europeia.** São Paulo: Almedina, 2015.

por autoridades europeias e introduzir modificações na Google Store, Google Play Store, Google Hotels e Google Flights. Tudo para garantir a conformidade com as regras do consumidor da União Europeia. Nesta linha, o Google comprometeu-se a limitar a sua capacidade de efetuar alterações unilaterais relacionadas com encomendas no que diz respeito a preços ou cancelamentos, e a criar um endereço de e-mail cuja utilização está reservada às autoridades de defesa do consumidor, para que possam denunciar e solicitar a rápida remoção de conteúdos ilegais.

Em relação ao Google Flights e ao Google Hotels, a empresa deixa claro para os consumidores se eles contratam diretamente com o Google ou se ele está simplesmente atuando como um intermediário, e passou a assumir os mesmos compromissos de transparência que outras grandes plataformas de hospedagem no que diz respeito à forma como apresentam informação aos consumidores sobre preços ou disponibilidade. Já no caso do Google Play Store e Google Store, a companhia passou a fornecer informações pré-contratuais claras sobre custos de entrega, direito de arrependimento e disponibilidade de opções de reparo ou substituição. Além disso, o Google também fornece informações sobre a empresa (por exemplo, nome legal e endereço) e pontos de contato diretos e efetivos (por exemplo, um agente de telefone ao vivo). Tratam-se de pontos que levantamos na análise da legislação brasileira, e que podem amparar, de forma comparada, casos no Brasil. Também, o Google esclarece como navegar em versões de diferentes países da Google Play Store, e informar os desenvolvedores sobre suas obrigações sob o Regulamento de bloqueio geográfico para tornar seus aplicativos acessíveis em toda a União Europeia, bem como permitir que os consumidores usem meios de pagamento de qualquer país da UE[121].

---

121 *Cf.* INTERNATIONAL CONSUMER PROTECTION AND ENFORCEMENT NETWORK. **Google commits to give consumers clearer and more accurate information to comply with EU rules** (2023). Disponível em: https://icpen.org/news/1287

2.3.9 Marco Civil da Internet no Brasil

Nomes e do que tratam:

Lei nº 12.965, de 23 de abril de 2014. Estabelece princípios, garantias, direitos e deveres para o uso da Internet no Brasil[122]. Em adição, o Decreto nº 8.771, de 11 de maio de 2016. Regulamenta a Lei nº 12.965, de 23 de abril de 2014[123].

Principais tópicos normativos:

Neste momento, concentramos nossa análise no **Marco Civil da Internet**, de 2014, que instaurou um novo momento, uma nova era jurídica da Internet no país. Isto porque, alguns princípios, objetivos, e fundamentos para a utilização da Internet no Brasil foram estabelecidos. De fato, muitas vozes clamavam por regulamentações mínimas que promovessem aos usuários certas garantias, e determinadas condições jurídicas para a realização das suas atividades pela Internet. De outra parte, também, as empresas, as novas startups do setor desejavam regulações basilares para direcionar seus negócios, investimentos e suas atividades pela rede.

Assim, a Lei nº 12.965 (2014) trouxe para a esfera jurídica brasileira o estabelecimento de diretrizes, princípios, certas garantias, direitos e deveres para o uso da Internet no Brasil. Trata-se, com efeito, de marco muitíssimo importante na regulação do Ambiente Digital brasileiro. Vale dizer, no entanto, que o seu Decreto regulamentador

---

122 BRASIL. Lei nº 12.965, de 23 de abril de 2014. Estabelece princípios, garantias, direitos e deveres para o uso da Internet no Brasil. Disponível em: https://www.planalto.gov.br/ccivil_03/_ato2011-2014/2014/lei/l12965.htm .

123 BRASIL. Decreto nº 8.771, de 11 de maio de 2016. Regulamenta a Lei nº 12.965, de 23 de abril de 2014, para tratar das hipóteses admitidas de discriminação de pacotes de dados na internet e de degradação de tráfego, indicar procedimentos para guarda e proteção de dados por provedores de conexão e de aplicações, apontar medidas de transparência na requisição de dados cadastrais pela administração pública e estabelecer parâmetros para fiscalização e apuração de infrações. Disponível em: https://www.planalto.gov.br/ccivil_03/_ato2015-2018/2016/decreto/d8771.htm .

(8.771/2016[124]) surgiu um pouco tardio, de forma atrasada, porque após a promulgação do Marco Civil muitas indagações, e várias discussões vieram à tona. Diversas avaliações jurídicas a respeito do tema já eram feitas, com muitos casos aflorando nos tribunais brasileiros. Portanto, o Decreto regulamentador era fundamental para que as diretrizes sobre a utilização da Internet no Brasil ficassem esclarecidas.

Neste contexto, então, cingindo-nos ao texto da Lei (Marco Civil da Internet), logo no Artigo primeiro há a explicação e o direcionamento de que todos os entes da federação deveriam abrigar em suas práticas as diretrizes estabelecidas por este novo marco regulatório, e em seguida, no que diz respeito ao Artigo segundo, são estabelecidos os **fundamentos** da Internet no Brasil. De pronto, verifica-se o reconhecimento da escala mundial da Internet, como já havíamos adiantado no momento de nossa análise acerca das características desafiadoras da Internet. Como vimos, o primeiro desafio apontado é de que a legislação do Marco Civil, bem como outras de diferentes países que procuram regular a Internet, é nacional, mas a Internet é global. Então, alguns problemas e diversas repercussões jurídicas surgem. Veremos algumas delas em nossas análises sequentes. Mas, vale a pena registrar, logo de início, que entre os fundamentos da Internet no Brasil, há o reconhecimento por parte do Marco Civil de que, de fato, seus limites esbarram na Internet mundial.

Em prosseguimento, sobre o Artigo segundo, onde estão elencados os fundamentos da Internet no Brasil, afloram tópicos muito relevantes aquando de julgamentos relacionados ao Ambiente Digital. Devemos imaginar que, no momento em que um juiz, ou uma juíza, julgar algum

124 BRASIL. Decreto nº 8.771, de 11 de maio de 2016. Regulamenta a Lei nº 12.965, de 23 de abril de 2014, para tratar das hipóteses admitidas de discriminação de pacotes de dados na internet e de degradação de tráfego, indicar procedimentos para guarda e proteção de dados por provedores de conexão e de aplicações, apontar medidas de transparência na requisição de dados cadastrais pela administração pública e estabelecer parâmetros para fiscalização e apuração de infrações. Disponível em: https://www.planalto.gov.br/ccivil_03/_ato2015-2018/2016/decreto/d8771.htm .

caso da Internet, determinados fundamentos (Art. 2º.) devem ser levados em consideração, bem como certos princípios (Art. 3º.), como estabelece o Artigo 6º[125]. Nesse sentido, quando da organização da Lei o Artigo segundo cuidou dos fundamentos da Internet no Brasil, e o Artigo terceiro dos princípios para a utilização da Internet em nosso país. Primeiramente, vale destacar que entre os fundamentos[126] estão os tópicos de livre iniciativa, da livre concorrência, e da defesa do consumidor. A ideia é compatibilizar os interesses de novas aplicações de empresas que possam surgir no Ambiente Digital, mas, ao mesmo tempo, respeitando o direito do consumidor. Observe-se que essa parte da legislação está alinhada ao que menciona a Constituição Federal, logo em seus primeiros artigos, bem como no Artigo 170. Em verdade, a livre iniciativa, a livre concorrência, e a defesa do consumidor estão no âmago da ordem econômica brasileira. É por demais oportuno, nesse tópico de aspectos do Direito Econômico como a livre concorrência, mencionar a decisão de 2024 da Justiça dos Estados Unidos da América que deu razão ao Departamento de Justiça (EUA) em processo movido em relação ao Google (Alphabet), acusado de práticas anticompetitivas para manter o monopólio do sistema de buscas. Trata-se de processo antitruste, no qual o Google foi considerado culpado por manipular resultados de busca, e impor contratos que obrigavam fabricantes a pré-instalar o mecanismo de busca em celulares. O caso ainda pode

---

125 Neste sentido: Art. 6º Na interpretação desta Lei serão levados em conta, além dos fundamentos, princípios e objetivos previstos, a natureza da internet, seus usos e costumes particulares e sua importância para a promoção do desenvolvimento humano, econômico, social e cultural. Lei nº 12.965 (2014).

126 Art. 2º A disciplina do uso da internet no Brasil tem como fundamento o respeito à liberdade de expressão, bem como:
I - o reconhecimento da escala mundial da rede;
II - os direitos humanos, o desenvolvimento da personalidade e o exercício da cidadania em meios digitais;
III - a pluralidade e a diversidade;
IV - a abertura e a colaboração;
V - a livre iniciativa, a livre concorrência e a defesa do consumidor; e
VI - a finalidade social da rede." Lei nº 12.965 (2014).

chegar até a Suprema Corte dos Estados Unidos, mas já serve de referência para o futuro da Internet, em relação às big techs, sendo proximamente acompanhado pelo Brasil, por países da União Europeia, Canadá e Índia.

Em continuidade, o respeito à liberdade de expressão está alinhado aos ideais dos direitos humanos, do desenvolvimento da personalidade, do exercício da cidadania em meios digitais, da pluralidade, da diversidade, da abertura, da colaboração, da finalidade social da rede. Dessa forma, a Internet em nosso país deve incentivar o desenvolvimento da personalidade e o exercício da cidadania nos meios digitais. A ideia é que, no exercício da cidadania, a Internet seja uma ferramenta eficaz e isso seja respeitado em julgamentos e casos que possam surgir vinculados ao Marco Civil da Internet. A seu turno, tópico fundamental de nossa democracia é o respeito à liberdade de expressão, e a Internet auxilia muito nesse sentido. Isto porque as pessoas passam a ter voz, e a ter a possibilidade de publicar os seus conteúdos, suas ideias, suas vontades, suas ideologias. No entanto, é claro, isto não é um valor absoluto. Também carrega dentro dele certos limites e, portanto, assim como observamos em legislações anteriores, as questões relacionadas à criminalidade da Internet, a liberdade de expressão não está acima, ou não pode ser utilizada como subterfúgio para a realização de atividades criminosas. Cabe, então, compatibilizar os interesses de expressar as ideias, as ideologias, as vontades, com o respeito que cada pessoa, que cada coletividade, mereça também na rede. Nesse sentido, respeitar a pluralidade da Internet, a sua diversidade, é tópico fundamental também abrigado pelo Marco Civil no seu Artigo segundo. A abertura e a colaboração da rede também devem prestar um serviço à coletividade em geral, facilitando o seu acesso, as comunicações e, é claro, criando redes de colaboração. Por fim, neste ponto, os direitos humanos também devem ser respeitados na Internet. Aliás, é padrão fundamental tanto internacional quanto na questão do Marco Civil da Internet.

Por sua vez, logo no ponto seguinte, o Artigo terceiro[127] estabelece certas diretrizes ou regras norteadoras do uso da Internet do Brasil. Trata-se dos **princípios**, dos caminhos a seguir, e das bases da utilização da Internet em nosso país. Novamente volta-se à questão da garantia da liberdade de expressão, da manifestação do pensamento e da comunicação através da rede, resguardando a proteção de privacidade de cada usuário, de cada coletividade que acesse a Internet. Devemos perceber que, logo no ano de 2014, quando da promulgação do Marco Civil, já havia uma preocupação em nosso espaço pela proteção de dados pessoais, muito embora fosse uma inspiração europeia, resultado da Diretiva de Proteção de Dados (Diretiva 95/46/CEs, de 1995), posteriormente revogada pelo Regulamento geral de proteção de dados daquela porção territorial, o GDPR[128]. Mas, a partir daí, já se imaginava a necessidade de uma lei geral de proteção de dados que foi o que aconteceu no Brasil, e que veremos mais à frente neste livro. Aspecto relevante deste Artigo terceiro, bem como de assuntos que são norteadores dos

---

127 Art. 3º A disciplina do uso da internet no Brasil tem os seguintes princípios:
I - garantia da liberdade de expressão, comunicação e manifestação de pensamento, nos termos da Constituição Federal;
II - proteção da privacidade;
III - proteção dos dados pessoais, na forma da lei;
IV - preservação e garantia da neutralidade de rede;
V - preservação da estabilidade, segurança e funcionalidade da rede, por meio de medidas técnicas compatíveis com os padrões internacionais e pelo estímulo ao uso de boas práticas;
VI - responsabilização dos agentes de acordo com suas atividades, nos termos da lei;
VII - preservação da natureza participativa da rede;
VIII - liberdade dos modelos de negócios promovidos na internet, desde que não conflitem com os demais princípios estabelecidos nesta Lei.
Parágrafo único. Os princípios expressos nesta Lei não excluem outros previstos no ordenamento jurídico pátrio relacionados à matéria ou nos tratados internacionais em que a República Federativa do Brasil seja parte. Lei nº 12.965 (2014).

128 *Vide* Regulamento (UE) 2016/679 do Parlamento Europeu e do Conselho, de 27 de abril de 2016, relativo à proteção das pessoas singulares no que diz respeito ao tratamento de dados pessoais e à livre circulação desses dados e que revoga a Diretiva 95/46/CE (**Regulamento Geral sobre a Proteção de Dados**). Disponível em: https://eur-lex.europa.eu/legal-content/PT/TXT/PDF/?uri=CELEX:32016R0679 .

princípios da Internet, é a **neutralidade da rede**, a neutralidade das bandas de dados que circulam na Internet, que levantamos no tópico sobre as "Novas Problemáticas Jurídicas Digitais" (2.2), e voltaremos a referir na análise do Artigo 9 do Marco Civil.

Ainda, importante a previsão acerca da preservação da natureza participativa da rede, que não criasse obstáculos aos usuários, e que houvesse uma liberdade de utilização da Internet. É um tópico importante da nossa legislação, pois somos um país democrático e, portanto, temos que ser da mesma forma no âmbito da Internet, no âmbito digital. E, finalmente, no contexto do Artigo terceiro, vale mencionar a questão da liberdade dos modelos de negócios na Internet. Relembramos, quando estudamos em tópico anterior, que a própria Internet traz diversas características que são peculiares, que são inovadoras, e nesse sentido são também os negócios oferecidos na rede. Muitas empresas novas, e diversas delas liderando hoje os grandes rankings de rentabilidade, com novas criações como as criptomoedas, os ativos digitais, blockchain, inteligência artificial, entre outros, e que atingem valores vultosos. Em exemplo, quando Elon Musk adquiriu o Twitter (hoje, X), fez uma oferta de 44 bilhões de dólares. Trata-se de um website da Internet, digital, com conteúdo gerado por terceiros, pois são as pessoas que incrementam o Twitter (X) através de suas mensagens, de suas publicações. A plataforma amplia ao usuário o exercício de sua liberdade de expressão, de sua liberdade de pensamento, e o fato da rede atingir um valor tão alto como esse, correspondente a aproximadamente 200 bilhões de reais, é algo que deve ser registrado, não obstante o bloqueio ao seu acesso no Brasil (30.08.2024), conforme já referimos.

Em suas bases, a norma procurou definir que o direito de acesso à Internet deveria ser promovido (Art. 4º). Seguindo esta mesma linha, o dispositivo busca promover o acesso à informação, ao conhecimento e à participação na vida cultural e na condução dos assuntos públicos, com busca à inovação e à ampla difusão de novas tecnologias e com a utilização de padrões tecnológicos que permitam a interoperabilidade entre aplicações e bases de dados, tão relevantes para uma Internet aberta e global.

Depois de apresentar algumas definições do Ambiente Digital no Artigo quinto[129], nos aspectos contextuais da lei são elevados certos **direitos** dos usuários, que são:

> Art. 7º O acesso à internet é essencial ao exercício da cidadania, e ao usuário são assegurados os seguintes direitos:
> I - **inviolabilidade da intimidade e da vida privada, sua proteção e indenização pelo dano material ou moral decorrente de sua violação;**
> **II - inviolabilidade e sigilo do fluxo de suas comunicações pela internet, salvo por ordem judicial,** na forma da lei;
> III - inviolabilidade e sigilo de suas comunicações privadas armazenadas, salvo por ordem judicial;
> IV - **não suspensão da conexão à internet**, salvo por débito diretamente decorrente de sua utilização;

---

129 Art. 5º Para os efeitos desta Lei, considera-se:
I - **internet**: o sistema constituído do conjunto de protocolos lógicos, estruturado em escala mundial para uso público e irrestrito, com a finalidade de possibilitar a comunicação de dados entre terminais por meio de diferentes redes;
II - **terminal**: o computador ou qualquer dispositivo que se conecte à internet;
III - endereço de protocolo de internet (**endereço IP**): o código atribuído a um terminal de uma rede para permitir sua identificação, definido segundo parâmetros internacionais;
IV - **administrador de sistema autônomo**: a pessoa física ou jurídica que administra blocos de endereço IP específicos e o respectivo sistema autônomo de roteamento, devidamente cadastrada no ente nacional responsável pelo registro e distribuição de endereços IP geograficamente referentes ao País;
V - **conexão à internet**: a habilitação de um terminal para envio e recebimento de pacotes de dados pela internet, mediante a atribuição ou autenticação de um endereço IP;
VI - **registro de conexão**: o conjunto de informações referentes à data e hora de início e término de uma conexão à internet, sua duração e o endereço IP utilizado pelo terminal para o envio e recebimento de pacotes de dados;
VII - **aplicações de internet**: o conjunto de funcionalidades que podem ser acessadas por meio de um terminal conectado à internet; e
VIII - **registros de acesso a aplicações de internet**: o conjunto de informações referentes à data e hora de uso de uma determinada aplicação de internet a partir de um determinado endereço IP. (grifo nosso, Lei nº 12.965, 2014).

V - **manutenção da qualidade** contratada da conexão à internet;

VI - informações claras e completas constantes dos contratos de prestação de serviços, com detalhamento sobre o regime de proteção aos registros de conexão e aos registros de acesso a aplicações de internet, bem como sobre práticas de gerenciamento da rede que possam afetar sua qualidade;

VII - **não fornecimento a terceiros de seus dados pessoais, inclusive registros de conexão, e de acesso a aplicações de internet, salvo mediante consentimento livre, expresso e informado** ou nas hipóteses previstas em lei;

VIII - informações claras e completas **sobre coleta, uso, armazenamento, tratamento e proteção de seus dados pessoais**, que somente poderão ser utilizados para finalidades que:

a) justifiquem sua coleta;

b) não sejam vedadas pela legislação; e

c) estejam especificadas nos contratos de prestação de serviços ou em **termos de uso de aplicações de internet**;

IX - **consentimento expresso sobre coleta, uso, armazenamento e tratamento de dados pessoais**, que deverá ocorrer de forma destacada das demais cláusulas contratuais;

X - **exclusão definitiva dos dados pessoais** que tiver fornecido a determinada aplicação de internet, a seu requerimento, ao término da relação entre as partes, ressalvadas as hipóteses de guarda obrigatória de registros previstas nesta Lei e na que dispõe sobre a proteção de dados pessoais;

XI - publicidade e clareza de eventuais políticas de uso dos provedores de conexão à internet e de aplicações de internet;

XII - acessibilidade, consideradas as características físico-motoras, perceptivas, sensoriais, intelectuais e mentais do usuário, nos termos da lei; e

XIII - aplicação das normas de proteção e defesa do consumidor nas relações de consumo realizadas na internet.(grifo nosso[130])

130 BRASIL. Lei nº 12.965, de 23 de abril de 2014. Estabelece princípios, garantias, direitos e deveres para o uso da Internet no Brasil. Disponível em: https://www.planalto.gov.br/ccivil_03/_ato2011-2014/2014/lei/l12965.htm .

Conforme Artigo 7º. do Marco Civil da Internet, o usuário tem direitos e garantias ao utilizar a Internet no Brasil. Um dos tópicos importantes neste cenário é a questão do acesso à Internet, com uma inspiração finlandesa. A Finlândia foi o primeiro país do mundo a reconhecer a Internet como um direito fundamental, e o acesso à Internet como uma promoção do exercício da liberdade digital. Também, para a promoção do conhecimento, o Marco Civil procurou resguardar a questão do acesso à Internet, afinal somente acessando a rede podemos usufruir dos benefícios e virtualidades da rede. Mas, há uma discussão a respeito sobre o corte do fornecimento de acesso à Internet, que somente seria possível, em princípio, se houver ausência de pagamento. Assim, o provedor de conexão à Internet não pode obstar o acesso, ou suspendê-lo, a não ser pela falta de pagamento da conta. Mas muita atenção para alguns casos que chegam à justiça. Em um deles, a provedora de conexão Claro foi multada em R$ 600 mil por cortar a Internet dos usuários em planos que supostamente eram sem limite. Os planos foram comercializados pela operadora como ilimitados. Ora, se é ilimitado, não poderia haver um corte do seu fornecimento. Mas foi o que aconteceu em muitos casos. Em verdade, empresas de telecomunicações anunciavam planos ilimitados, mas reduziam a velocidade de acesso à Internet quando o internauta ultrapassava um limite da franquia de dados. No caso vertente, a Claro chegava a cortar o serviço de conexão à Internet[131].

Ainda no âmbito do Artigo sétimo, em que se estabelece alguns direitos e garantias, é importante mencionar que o usuário também pode solicitar e obter informações claras e completas sobre a utilização dos seus dados pessoais no ambiente virtual. Notem que trata-se de um enorme desafio, tendo em vista que a captura dos dados, sua utilização e o seu tratamento é feito de forma invisível, na perspectiva de

---

131 *Cf.* TECMUNDO. **Claro vai pagar R$ 600 mil por cortar internet de plano ilimitado** (2022). Disponível em: https://www.tecmundo.com.br/mercado/237554-claro-pagar-r-600-mil-cortar-internet-plano-ilimitado.htm .

quem está usando a Internet. Em outras palavras, quando acessamos o Google, o Facebook, o Instagram, o WhatsApp, o Telegram, estamos navegando pela Internet, surfando pela rede, mas essa captura de dados é feita automaticamente por essas grandes companhias e, em muitos casos, ou na quase totalidade deles, não sabemos muito bem como isso está sendo tratado, como está a utilização, sua comercialização, quais são os nossos perfis invisíveis na rede. Mas, o Artigo sétimo do Marco Civil garante aos utilizadores esse direito de obter informações claras e completas sobre como isso está ocorrendo. Então vale a pena registrar este tópico, porque provavelmente teremos o julgamento de casos que se referem a esta situação no futuro, incluindo a exclusão definitiva dos dados pessoais que tiverem sido fornecidos a uma empresa.

Em prosseguimento às questões relacionadas às regras do Marco Civil da Internet, o Artigo 8º. da norma garante o direito à privacidade e a liberdade de expressão nas comunicações, nestes termos:

> Art. 8º **A garantia do direito à privacidade e à liberdade de expressão nas comunicações é condição para o pleno exercício do direito de acesso à internet.**
>
> Parágrafo único. São nulas de pleno direito as cláusulas contratuais que violem o disposto no caput, tais como aquelas que:
>
> I - impliquem ofensa à inviolabilidade e ao sigilo das comunicações privadas, pela internet; ou
>
> II - **em contrato de adesão, não ofereçam como alternativa ao contratante a adoção do foro brasileiro para solução de controvérsias decorrentes de serviços prestados no Brasil.** (grifo nosso[132])

Conforme o artigo, é condição para o exercício do direito de acesso à Internet a garantia à privacidade e à liberdade de expressão. Entretanto, há um tópico de alerta no parágrafo único, de que são nulas de pleno

132 BRASIL. Lei nº 12.965, de 23 de abril de 2014. Estabelece princípios, garantias, direitos e deveres para o uso da Internet no Brasil. Disponível em: https://www.planalto.gov.br/ccivil_03/_ato2011-2014/2014/lei/l12965.htm .

direito as cláusulas contratuais que violem o disposto no caput. E isso acontece, na verdade, quando acessamos um site, pois automaticamente já estamos concordando com as regras dispostas nele. Então, devemos ter muito cuidado por conta do acesso, e sobre o conteúdo dos termos de serviço do usuário, que é onde estão as regras que vão gerir aquela relação de utilização daquele website, ou mesmo uma rede que acessamos com login e senha. Porque ao concordar, estamos aderindo às regras, e o Marco Civil busca garantir que seriam nulas as regras que violem o direito à privacidade e a liberdade de expressão na Internet, como estipula o Artigo oitavo. Também, que ofendam ao sigilo das comunicações privadas. No entanto, este é um tópico muito sensível, porque na prática há um tratamento, há uma coleta desses dados, e muitas vezes a comercialização deles. É assim que essas redes sobrevivem, com a captura, a coleta, o tratamento dos dados que estão disponíveis, e sua comercialização. Em verdade, não é somente pela qualificação do usuário, quem é, e o que faz, mas também as suas práticas de navegação pela Internet, que geram perfis virtuais, que são indexados, analisados, catalogados roboticamente e comercializados com empresas de marketing, de publicidade, que querem ofertar serviços e produtos ao usuário. Por isso, quando acessamos um website na Internet buscando alguma informação ou produto, logo temos propagandas que parecem ser específicas para o seu caso, e que são. Justamente porque está ocorrendo, de forma invisível, um tratamento de dados. Mas, o alerta está em que, havendo violação da sua privacidade, da sua liberdade de expressão, ou mesmo do sigilo das comunicações privadas, o Marco Civil estaria sendo violado e, portanto, poderia ser questionado juridicamente na justiça.

Por outro lado, mas igualmente importante, está o inciso nº 2, que estabelece que são nulas as cláusulas que, em contrato de adesão, não ofereçam como alternativa ao contratante a adoção do foro brasileiro para solução de controvérsias decorrentes de serviços prestados no Brasil. Sobre este ponto, vale observar que, quando acessamos um website, concordamos com os termos de serviços, ainda que no interior da página. Logo, devemos estar atentos porque muitas dessas companhias (se não todas) são estrangeiras, e elegem como foro para solução de controvérsias o foro do exterior, o que dificulta muito a realização da justiça na perspectiva do brasileiro, ou daquele que está no Brasil. Contudo, temos também, de outra parte, o direito das obrigações ao provisionar às partes, a liberdade na escolha do foro a ser utilizado, resultando neste paradoxo. Em adendo, o Código de Processo Civil brasileiro estipula, no Artigo 25, que não compete à autoridade judiciária brasileira o processamento e o julgamento da ação quando houver cláusula de eleição de foro exclusivo estrangeiro em contrato internacional. Então, de um lado, o Marco Civil esclarece que deve haver a possibilidade de utilizar o foro nacional, o foro brasileiro. Mas, de outro, parece que essa não é uma opção tão usual no Brasil, onde os termos de serviço não apresentam alternativas. Ademais, ao acessar e concordar, aderindo àquela cláusula de jurisdição, estamos concordando com ela. Em exemplo, aproveitando o caso do X (Twitter), ao se inscrever na rede, o termo de serviço não disponibiliza o foro brasileiro, como se depreende da leitura a seguir:

> As leis do Estado do Texas, excluindo suas disposições sobre escolha de lei, regerão estes Termos e qualquer disputa que surgir entre você e nós, não obstante qualquer outro acordo entre você e nós em contrário. Todas as disputas relacionadas a esses Termos ou aos Serviços, incluindo, sem limitação, disputas relacionadas ou decorrentes do uso dos Serviços por outros usuários e terceiros e de qualquer Conteúdo disponibilizado por outros usuários e terceiros nos Serviços, serão levadas exclusivamente ao Tribunal Distrital dos EUA para o Distrito Norte do Texas ou aos tribunais estaduais localizados no Condado de Tarrant, Texas, Estados Unidos, e o usuário consente com a jurisdição pessoal nesses foros e renuncia a qualquer objeção quanto a foro inconveniente. [133]

---

133 *Cf.* X. TWITTER. **Termos de Serviço** (2025). Disponível em: https://x.com/pt/tos.

Assim, ao residir no Brasil, estaríamos concordando com a legislação do Estado do Texas, com a jurisdição do Condado de Tarrant, Texas, Estados Unidos da América, e renunciando a qualquer objeção quanto a um fórum conveniente.

Por conseguinte, então, de sua parte o Marco Civil da Internet no Brasil diz que deve haver a opção do foro brasileiro para litígios, mas de outra perspectiva a realidade da Internet dificulta essa prática, já que em grande parte as empresas são estrangeiras. **Tudo isso sem contar que a adesão aos termos de serviço implica na concordância da legislação do Estado do Texas (EUA), e não do Marco Civil!**

Um tópico muito relevante dentro das questões da Internet diz respeito à **neutralidade na rede**. Este, por sua vez, foi tópico inspirado na legislação norte-americana, que iniciou por proteger a neutralidade de dados da rede[134]. Não devemos confundir a denominação de neutralidade com opinião, ou posição ideológica. Não é disso que trata o Artigo 9 da Lei. Este termo, como levantamos no item 2.2 do livro, diz respeito às velocidades com que os websites aparecem no seu navegador na Internet. O foco é que se tenha uma conexão mais ou menos igualitária ou distribuída da Internet. Assim, o acesso a diferentes sites, a diferentes aplicativos, aos vídeos, ao conteúdo, deve ocorrer de forma igualitária, sem preferência de banda. Ou seja, acessar diferentes websites na mesma velocidade, com isonomia. Neste sentido, é que este tópico da neutralidade da rede é uma das defesas do Marco Civil da Internet, com as exceções emergenciais, nos seguintes termos:

> Da **Neutralidade de Rede**
>
> Art. 9º O responsável pela transmissão, comutação ou roteamento tem o dever de **tratar de forma isonômica quaisquer pacotes de dados, sem distinção por conteúdo, origem e destino, serviço, terminal ou aplicação.**

134 *Vide* WU, Tim. **Network Neutrality, Broadband Discrimination.** 2 J. on Telecomm. & High Tech. L. 141 (2003). Disponível em: https://scholarship.law.columbia.edu/faculty_scholarship/1281 .

§ 1º A discriminação ou degradação do tráfego será regulamentada nos termos das atribuições privativas do Presidente da República previstas no inciso IV do art. 84 da Constituição Federal, para a fiel execução desta Lei, ouvidos o Comitê Gestor da Internet e a Agência Nacional de Telecomunicações, e somente poderá decorrer de:
I - requisitos técnicos indispensáveis à prestação adequada dos serviços e aplicações; e
II - priorização de serviços de emergência.
§ 2º Na hipótese de discriminação ou degradação do tráfego prevista no § 1º , o responsável mencionado no caput deve:
I - abster-se de causar dano aos usuários, na forma do art. 927 da Lei nº 10.406, de 10 de janeiro de 2002 - Código Civil;
II - agir com proporcionalidade, transparência e isonomia;
III - informar previamente de modo transparente, claro e suficientemente descritivo aos seus usuários sobre as práticas de gerenciamento e mitigação de tráfego adotadas, inclusive as relacionadas à segurança da rede; e
IV - oferecer serviços em condições comerciais não discriminatórias e abster-se de praticar condutas anticoncorrenciais.
§ 3º **Na provisão de conexão à internet, onerosa ou gratuita, bem como na transmissão, comutação ou roteamento, é vedado bloquear, monitorar, filtrar ou analisar o conteúdo dos pacotes de dados**, respeitado o disposto neste artigo."(grifo nosso[135])

Em conformidade com o alisado, está o Decreto nº 8.771, de 11 de maio de 2016, que regulamenta o Marco Civil. Sobre este ponto, da neutralidade, o decreto confirma que a exigência de tratamento isonômico deve garantir a preservação do caráter público e irrestrito do acesso à Internet e os fundamentos, princípios e objetivos do uso da Internet no Brasil. O Decreto também esclarece que certos requisitos técnicos indispensáveis à prestação adequada de serviços e aplicações

135 BRASIL. Lei nº 12.965, de 23 de abril de 2014. Estabelece princípios, garantias, direitos e deveres para o uso da Internet no Brasil. Disponível em: https://www.planalto.gov.br/ccivil_03/_ato2011-2014/2014/lei/l12965.htm .

devem ser observados pelo responsável de atividades de transmissão, de comutação ou de roteamento, para manter a estabilidade, segurança, integridade e funcionalidade da rede. Os requisitos técnicos são aqueles consequentes de questões de segurança, de controle de ataques, de situações de congestionamento de redes, e emergência[136].

A neutralidade na rede, delineada por Tim Wu nos Estados Unidos da América, foi assim concebida porque o autor justamente percebeu que se determinados websites fossem mais rápidos que outros eles teriam uma posição dominante na Internet[137]. Neste ponto, o Decreto regulamentador proíbe, em seu Artigo 9º, que condutas unilaterais ou acordos entre o responsável pela transmissão, pela comutação ou pelo roteamento e os provedores de aplicação priorizem pacotes de dados em razão de arranjos comerciais. Então, se determinadas companhias pagassem aos provedores de conexão para ter um acesso privilegiado, seria mais rápido baixar um vídeo (YouTube), fazer um download, jogar eletronicamente, assistir um filme (Netflix), um evento, participar de uma rede social (Instagram), entre outros. Por outro lado, aqueles que não tivessem esse benefício ficariam mais lentos no acesso, na conexão, portanto ficaria mais difícil haver uma concorrência, retirando-as gradualmente do jogo da Internet.

Logo, quando observamos pacotes sendo vendidos que beneficiam determinados provedores de aplicação da Internet, ou certos aplicativos, com pacotes diferenciados de acordo com a sua utilização, na verdade a neutralidade da rede está sendo violada porque é dada preferência para

136 BRASIL. Decreto nº 8.771, de 11 de maio de 2016. Regulamenta a Lei nº 12.965, de 23 de abril de 2014, para tratar das hipóteses admitidas de discriminação de pacotes de dados na internet e de degradação de tráfego, indicar procedimentos para guarda e proteção de dados por provedores de conexão e de aplicações, apontar medidas de transparência na requisição de dados cadastrais pela administração pública e estabelecer parâmetros para fiscalização e apuração de infrações. Disponível em: https://www.planalto.gov.br/ccivil_03/_ato2015-2018/2016/decreto/d8771.htm .

137 *Vide* WU, Tim. **Network Neutrality, Broadband Discrimination.** 2 J. on Telecomm. & High Tech. L. 141 (2003). Disponível em: https://scholarship.law.columbia.edu/faculty_scholarship/1281 .

essa companhia. Mesmo quando informa que não vai cobrar os dados utilizados nesse acesso, também haveria uma violação da neutralidade na rede justamente por conta do Artigo nove do Marco Civil.

Em ponto derradeiro a respeito, vale a pena registrar que diferentes localidades estão analisando constantemente as regras sobre a neutralidade da rede. Nos Estados Unidos da América, que foi o primeiro país a defender a neutralidade, houve uma reversão por parte da Federal Communications Commission-FCC, que é a Comissão Federal de Comunicações norte-americana, que acabou revertendo a neutralidade da rede, estabelecendo o fim da neutralidade de rede, e decidindo que o provedor pode controlar o acesso à Internet. Assim, as grandes companhias conseguiriam pagar aos provedores de conexão para ter um certo benefício no acesso. Entretanto, o Estado da Califórnia estabeleceu novamente a neutralidade da rede naquele espaço, sede de grandes companhias da Internet. Mais de 20 Estados buscaram, através de seus Procuradores-gerais, abrir processo contra a FCC para tentar anular o fim da neutralidade de rede nos EUA. O imbróglio opõe pioneiros da Internet, empresas de tecnologia, usuários, e empresas prestadoras de serviços de conexão nos EUA, e o assunto ainda está em discussão judicial nos Estados Unidos.

A seu turno, na União Europeia, embora o regramento proteja a neutralidade, a Comissão Europeia lançou uma consulta pública (fair share) sobre o futuro do acesso à banda larga, incluindo se grandes plataformas online devem pagar provedores de banda larga para atualizar sua capacidade de rede. Essa iniciativa é fortemente apoiada por empresas de telecomunicações, que afirmam precisar de mais receita para investir em infraestrutura de rede, com plataformas como Google e Netflix impulsionando um aumento na demanda de tráfego[138].

---

138 EUROPEAN COMMISSION. **The future of the electronic communications sector and its infrastructure** (2023). Disponível em: https://digital-strategy.ec.europa.eu/en/consultations/future-electronic-communications-sector-and-its-infrastructure .

Não obstante o enredado contexto, se cada país realizar a sua legislação de forma diferente, é provocada uma outra discussão do Ambiente Digital, que é denominada de **fragmentação** da **Internet**. Ou seja, ao invés da Internet ser global, livre, ela passaria a ter diferentes legislações, podendo criar conflitos de normas em um contexto claramente global. Assim, uma companhia que oferece serviços pela Internet globalmente, como muitas dessas que já citamos, teriam problemas no tráfego na Internet, porque teriam a neutralidade em alguns espaços, e não a teriam em outros, onde tal direito não seria reconhecido. Isto sem contar sobre o oferecimento de acesso global à Internet via satélite, que tornaria o problema ainda maior. Portanto, o que os pesquisadores, os estudiosos, e os profissionais da rede chamam de fragmentação da Internet, é a sua quebra em recortes regratórios, onde cada país acabaria estabelecendo legislações diferentes para o mesmo tema.

Em prosseguimento sobre a análise da principal legislação do Direito Digital brasileiro, passamos a vislumbrar determinados dispositivos que são utilizados em **conflitos judiciais**. Para a prática jurídica no ambiente judicial, as empresas, os provedores de conexão, e os provedores de acesso à Internet devem guardar e disponibilizar os registros de dados dos usuários, dos seus acessos e conexões, bem como dos conteúdos na Internet, desde que isso seja feito mediante ordem judicial.

Neste âmbito, de acordo com o Artigo 10 do Marco Civil, a guarda e a disponibilização dos registros de conexão e de acesso a aplicações de Internet, bem como de dados pessoais e do conteúdo de comunicações privadas, devem atender à preservação da intimidade, da vida privada, da honra e da imagem das partes envolvidas. Por isso, o cuidado é de que o procedimento seja feito de forma judicial, para que essas garantias, quando necessárias, sejam cumpridas.

Contudo, o acesso aos dados cadastrais que informem qualificação pessoal, filiação e endereço, pode ser solicitado pelas autoridades administrativas que detenham competência legal para a sua requisição. Isto para que seja possível eventual investigação (Art. 10, § 3º do Marco

Civil). Para tanto, as referidas autoridades devem indicar o fundamento legal de competência expressa para o acesso, e a motivação para o pedido de acesso aos dados cadastrais[139].

Um ponto muito relevante estabelecido pelo Artigo 11[140], tendo em vista a questão global da Internet, é que se houver a operação de coleta, de armazenamento, de guarda e de tratamento de dados, e de registros ou de comunicações por provedores de conexão e de aplicações de Internet em algum momento no Brasil, deverá ser respeitada a legislação brasileira, in casu, o Marco Civil da Internet, e a Lei Geral de Proteção de Dados Pessoais. Mas, este ponto é um enorme conflito na prática digital, porque as empresas que acabam por coletar, por tratar, e por hospedar esses dados normalmente são empresas internacionais. Contudo, o Marco Civil busca assegurar que teremos a garantia da

139 *Vide* Artigo 11 do Decreto nº 8.771, de 11 de maio de 2016, que Regulamenta a Lei nº 12.965, de 23 de abril de 2014. Disponível em: https://www.planalto.gov.br/ccivil_03/_ato2015-2018/2016/decreto/d8771.htm .

140 Artigo 11 do Marco Civil da Internet:

Art. 11. Em qualquer operação de coleta, armazenamento, guarda e tratamento de registros, de dados pessoais ou de comunicações por provedores de conexão e de aplicações de internet em que pelo menos um desses atos ocorra em território nacional, deverão ser obrigatoriamente respeitados a legislação brasileira e os direitos à privacidade, à proteção dos dados pessoais e ao sigilo das comunicações privadas e dos registros.

§ 1º O disposto no caput aplica-se aos dados coletados em território nacional e ao conteúdo das comunicações, desde que pelo menos um dos terminais esteja localizado no Brasil.

§ 2º O disposto no caput aplica-se mesmo que as atividades sejam realizadas por pessoa jurídica sediada no exterior, desde que oferte serviço ao público brasileiro ou pelo menos uma integrante do mesmo grupo econômico possua estabelecimento no Brasil.

§ 3º Os provedores de conexão e de aplicações de internet deverão prestar, na forma da regulamentação, informações que permitam a verificação quanto ao cumprimento da legislação brasileira referente à coleta, à guarda, ao armazenamento ou ao tratamento de dados, bem como quanto ao respeito à privacidade e ao sigilo de comunicações.

§ 4º Decreto regulamentará o procedimento para apuração de infrações ao disposto neste artigo.

BRASIL. Lei nº 12.965, de 23 de abril de 2014. Estabelece princípios, garantias, direitos e deveres para o uso da Internet no Brasil. Disponível em: https://www.planalto.gov.br/ccivil_03/_ato2011-2014/2014/lei/l12965.htm .

observância da nossa legislação, mesmo que essas atividades sejam realizadas por pessoa jurídica sediada no exterior, como por exemplo o Telegram, o Facebook, o Instagram, o Google, o X (Twitter), o WhatsApp, entre outros.

Portanto, em princípio, o Marco Civil, em seu Artigo 11, reconheceu o ambiente global da Internet. Mas, se em algum momento a guarda, o tratamento, o registro de dados e comunicações passar pelo mercado brasileiro, pelo ambiente nacional, a legislação brasileira deve ser respeitada. Para a eventual efetividade desta regra, os provedores de conexão e aplicação devem prestar informações para as autoridades brasileiras.

No contexto do Marco Civil, neste ponto em análise, devemos notar que os artigos 10 e 11 provisionaram certos fundamentos para a decisão (17.03.2022) do Ministro Alexandre de Moraes, do Supremo Tribunal Federal, de determinar a suspensão do Telegram no Brasil, e posteriormente do X (Twitter). A suspensão não chegou a ser efetivada, no caso do Telegram, mas a decisão foi dada justamente porque determinadas informações, bem como vários aspectos do Marco Civil não estavam sendo respeitados pela companhia. Neste sentido, o Ministro relatou que:

> Destaca a informação prestada pela Divisão de Repressão a Crimes Cibernéticos da Polícia Federal, que indicou que o TELEGRAM "está em franca ascensão (o que reforça ainda mais a necessidade de aplicação da legislação pátria, **em especial do Marco Civil da Internet - Lei nº 12.965/2014 e seu art. 11**), ao tempo em que sabidamente as autoridades brasileiras seguem sendo solenemente ignoradas pela empresa titular do serviço"...
> (...) No caso do TELEGRAM **não há fornecimento de qualquer dado (nem cadastral, nem pessoal, nem cibernético) para os órgãos de persecução penal em relação a esses criminosos**. O SERCOPI/DRCC desconhece qualquer resposta positiva do TELEGRAM a Ofícios dos órgãos de persecução (Polícia Federal, Polícia Civil, Ministérios Públicos Federais e Estaduais,

> Poder Judiciário Federal e Estaduais), bem como desconhece qualquer ponto de contato (viável) da referida empresa"...
> **Os arts. 10 e 11,** a que alude o dispositivo acima reproduzido, tratam, em especial, de obrigações dos provedores para que esses garantam o sigilo de dados e de comunicações privadas de usuários, **prevendo ainda diversas operações técnicas que, qualquer delas ocorridas em território nacional, ensejam a incidência da lei**. (grifos nossos)[141]

Em complemento, em breve síntese, o Ministro Alexandre de Moraes fez algumas determinações na sua decisão: primeiro, obrigando ao Telegram que indicasse um representante no Brasil, tendo em vista que a companhia, embora tivesse milhões de usuários no país, opera à distância, usando exatamente as características virtuais da Internet que levantamos (Cap. 1.1.5 e Cap. 2.1); também, solicitou que fossem provisionadas informações que permitissem verificar se o Telegram estaria combatendo a desinformação e a divulgação de fake news nos seus canais (este ponto, então, confronta o Artigo Art. 11, § 3º, aquele no qual os provedores de conexão e de aplicações de Internet devem prestar informações que permitam a verificação quanto ao cumprimento da legislação brasileira); ainda, determinou que publicações e certo conteúdo de um canal do então Presidente da República deveriam ser excluídos; e por fim, o bloqueio de um canal intitulado "claudiolessajornalista".

Vale observar, ainda neste âmbito, que diversos outros casos estão na história recente do Direito Digital brasileiro em que este paradoxo entra em ação: de companhias estrangeiras se submeterem, ou não, à legislação brasileira, conforme levantado, por exemplo, sobre o caso do bloqueio do X (Twitter).

Autoridades como o Ministério Público Federal e o Conselho Nacional de Procuradores-Gerais, por exemplo, relatam o descumprimento do

141 *Cf.* G1. **Leia a íntegra da decisão que determinou o bloqueio do Telegram no Brasil.** Disponível em: https://g1.globo.com/politica/noticia/2022/03/18/bloqueio-do-telegram-leia-a-integra-da-decisao-de-moraes.ghtml .

Marco Civil da Internet por parte de empresas estrangeiras em investigações criminais. Em nota técnica, as autoridades asseveram que essas companhias estrangeiras estariam "inviabilizando investigações ainda em seu início", e citando o Facebook e o WhatsApp, reportam que os MPs procuraram negociar com as empresas, mas que elas se negaram a cumprir e adequar o acesso aos dados, mesmo com ordem judicial, utilizando o argumento de que não se submetem às leis brasileiras. Para as autoridades, "Uma vez que essas empresas se negam a cumprir as normas brasileiras, fica configurada a inadequação do serviço por elas prestado no País." Tal cenário acaba por expor usuários a "riscos como tráfico de drogas, pornografia infantil, crimes de ódio e até mesmo terrorismo na rede". Segundo a nota técnica, a cooperação das empresas através do cumprimento das normas daria condições de investigação e possível verificação da autoria de eventos criminosos. Ainda, para o MPF, o Decreto nº 8.771 que regulamenta o Marco Civil estabeleceu que empresas estrangeiras que prestam serviços a brasileiros "também se referem à transmissão dos dados às autoridades, sem a necessidade de pedido de cooperação internacional"[142].

De fato, na vida real do Ambiente Digital este é um importante desafio que o Marco Civil procura resguardar aos usuários. Mas, há uma certa dificuldade em conseguir dessas empresas o provisionamento de determinados dados, em meio a milhares de pedidos. O relato da nota técnica acima demonstra a complicação enfrentada pelo Ministério Público. Imagine, pois, do usuário comum da Internet que precisa provar algo em um conflito judicial.

Ainda sobre a decisão do STF sobre a suspensão completa e integral do funcionamento do Telegram no Brasil, a mesma remete ao que

142 Cf. MINISTÉRIO PÚBLICO BRASILEIRO & CONSELHO NACIONAL DO PROCURADORES-GERAIS. **Nota técnica sobre o descumprimento da legislação brasileira que regulamenta o uso da internet** (2016). Disponível em: https://www.mpf.mp.br/sp/sala-de-imprensa/docs/nota-tecnica-crimes-ciberneticos .

estabelece o Artigo 12 do Marco Civil, que trata sobre determinadas sanções, nestes termos:

> Art. 12. Sem prejuízo das demais sanções cíveis, criminais ou administrativas, as infrações às normas previstas nos arts. 10 e 11 ficam sujeitas, conforme o caso, às seguintes sanções, aplicadas de forma isolada ou cumulativa:
> I - **advertência**, com indicação de prazo para adoção de medidas corretivas;
> II - **multa** de até 10% (dez por cento) do faturamento do grupo econômico no Brasil no seu último exercício, excluídos os tributos, considerados a condição econômica do infrator e o princípio da proporcionalidade entre a gravidade da falta e a intensidade da sanção;
> III - **suspensão** temporária das atividades que envolvam os atos previstos no art. 11; ou
> IV - **proibição de exercício das atividades** que envolvam os atos previstos no art. 11.
> Parágrafo único. Tratando-se de empresa estrangeira, responde solidariamente pelo pagamento da multa de que trata o caput sua filial, sucursal, escritório ou estabelecimento situado no País. (grifos nossos)[143]

Em casos de descumprimento do Marco Civil, em especial aos artigos 10 e 11, a legislação estabelece a possibilidade de advertência, multa, suspensão das atividades, e proibição de exercício das atividades que envolvam o Artigo 11. Observamos no caso do Telegram, que antes da medida de suspensão das atividades, foram solicitadas várias ações, e determinadas diversas advertências.

Uma questão interessante, de acordo com o parágrafo único do Artigo 12, é a hipótese das filiais, sucursais ou escritórios, de empresas estrangeiras, localizados no Brasil, de responderem solidariamente pelo pagamento da multa (12, II). Como sabemos, a grande maioria das empresas digitais busca subterfúgios ao alegarem que as suas operações

143 Lei nº 12.965, de 23 de abril de 2014. Estabelece princípios, garantias, direitos e deveres para o uso da Internet no Brasil. Disponível em: https://www.planalto.gov.br/ccivil_03/_ato2011-2014/2014/lei/l12965.htm .

estão no exterior, e de que os escritórios locais não possuem autonomia em realizar determinadas ações como a entrega de dados, informações, suspensão ou bloqueios de perfis, por exemplo. Pelo Artigo 12, as representações aqui estabelecidas respondem solidariamente com as suas sedes no exterior.

Cingindo-nos agora ao prazo que os provedores de conexão e de aplicações de Internet devem guardar as informações e registros, são elevados os artigos 13 e 14 da norma brasileira. Isto porque, havendo um conflito, o usuário, o interessado, o Ministério Público, a justiça em geral, poderá solicitar o acesso a dados pretéritos de registros de conexão e registros de acesso a aplicações. Como regra geral, então, o Marco Civil estipula o seguinte:

- **registros de conexão à internet**, devem ser mantidos, sob sigilo, em ambiente controlado e de segurança, pelo prazo de **1 (um) ano** (Artigo 13).
- **registros de acesso a aplicações de Internet**, devem ser mantidos, sob sigilo, em ambiente controlado e de segurança, pelo prazo de **6 (seis) meses** (Artigo 15).

Logo, companhias que provisionam conexão à Internet, devem aguardar os registros por um ano. Por sua vez, as companhias que oferecem conteúdos, que são muito mais "pesados" e custosos digitalmente, devem armazenar por seis meses[144].

Os dados e conexões são as novas provas do mundo judicial. Neste sentido, as empresas envolvidas devem guardar as informações que possam servir de fundamento a futura ação judicial envolvendo seus usuários. Entretanto, a realidade demonstra certo imbróglio por parte de companhias digitais para provisionar determinados dados. Ora

144 Sobre os padrões de segurança e sigilo dos registros, dados pessoais e comunicações privadas, *Vide* os artigos 13 a 21 do Decreto nº 8.771, de 11 de maio de 2016, que Regulamenta a Lei nº 12.965, de 23 de abril de 2014. Disponível em: https://www.planalto.gov.br/ccivil_03/_ato2015-2018/2016/decreto/d8771.htm .

informam que não têm condições de fornecer algum item, ora não conseguem interceptar um dado solicitado. Por vezes, informam não terem condições de provisionar determinadas informações solicitadas pela justiça, por motivos técnicos como a criptografia, ou pelo fato de os dados estarem hospedados no exterior, sob controle da matriz, sem relações com a filial ou sucursal brasileira. Estes são alguns dos motivos que revelam a dificuldade da efetiva aplicação de determinadas regras do Marco Civil como os artigos 10, 11, 13, 14, e 15, na realidade de conflitos envolvendo usuários na Internet. As empresas, em verdade, não querem se tornar balcões judiciais, onde a pessoa ou a própria autoridade nacional solicita dados e informações. Muitas resistências e artimanhas são utilizadas, e trata-se de um desafio enorme ultrapassar estes pontos na prática processual e investigatória.

Mesmo com as provisões do Marco Civil, as empresas criam verdadeiros guias para dificultar o fornecimento dos dados, como o caso do Google, com seu "Way of a Warrant", em que explica como a empresa responde aos mandados e determinações nos Estados Unidos da América, com a justificativa de que trabalha fortemente para proteger a privacidade e a segurança de seus usuários[145]. A corroborar o embaraço no cumprimento de demandas judiciais, a empresa argumenta que:

> Como o Google lida com solicitações governamentais de informações do usuário.
> Analisamos cada uma cuidadosamente para garantir que as leis aplicáveis sejam respeitadas. Se uma determinada solicitação pede muitas informações, tentamos restringi-la. Em alguns casos, contestamos a divulgação dos dados. [146]

Em prosseguimento, já em se tratando da responsabilidade por danos decorrentes de conteúdo gerado por terceiros, chegamos aos

145 *Vide* GOOGLE. **Way of a Warrant**. Disponível em: https://www.youtube.com/watch?v=MeKKHxcJfh0 .

146 *Cf.* GOOGLE. **Relatório de Transparência**. Disponível em: https://transparencyreport.google.com/user-data/overview .

artigos 18 e 19 do Marco Civil brasileiro. Oportuno frisar, então, que a Internet concentra uma gama de websites e aplicativos cujo conteúdo é gerado pelo próprio usuário, como o YouTube, o Instagram, o TikTok, o X (Twitter), entre muitos outros. Os referidos sites encontraram na basilar Seção 230 dos EUA (originalmente parte do Communications Decency Act), a fundamentação de que nenhum provedor ou usuário de um serviço de computador interativo deve ser tratado como o editor ou orador de qualquer informação fornecida por outro provedor de conteúdo de informação. Em outras palavras, uma companhia, no caso uma plataforma de conteúdos, não poderia ser responsabilizada pelo conteúdo veiculado por terceiros[147].

Mesmo considerando que a época da citada norma era outra (1996), foi com essa direta inspiração que o Artigo 18 da Lei brasileira seguiu, estipulando que "O provedor de conexão à internet não será responsabilizado civilmente por danos decorrentes de conteúdo gerado por terceiros"[148].

Como já antes sinalizado, a Seção 230 foi aprovada na década de 90, com a Internet funcionando de forma lúdica, para cerca de 40 milhões de pessoas no mundo. Os programadores, naquele tempo, ainda não detinham as técnicas e habilidades desenvolvidas ao longo dos trinta anos seguintes. Da forma passiva, as empresas passaram ao tratamento avançado de dados, à edição de conteúdos, ao impulsionamento, e à comercialização de dados gerados pelos usuários.

Embora, ao nosso ver, seja contestável pela atual realidade digital, a linha adotada pelo Marco Civil culminou no polêmico Artigo 19, pelo qual as empresas somente poderiam ser responsabilizadas civilmente

---

147 *Vide* COMMUNICATIONS DECENCY ACT OF 1996. **United States Code/Title 47/ Chapter 5/Subchapter II/Part I/Section 230.** Disponível em: https://transition.fcc.gov/Reports/tcom1996.txt

148 BRASIL. Lei nº 12.965, de 23 de abril de 2014. Estabelece princípios, garantias, direitos e deveres para o uso da Internet no Brasil. Disponível em: https://www.planalto.gov.br/ccivil_03/_ato2011-2014/2014/lei/l12965.htm .

por danos de conteúdos gerados por terceiros se não tomassem providências depois de uma ordem judicial. Em termos diretos, o Artigo 19 estabelece que:

> Art. 19. Com o intuito de assegurar a liberdade de expressão e impedir a censura, **o provedor de aplicações de internet somente poderá ser responsabilizado civilmente por danos decorrentes de conteúdo gerado por terceiros se, após ordem judicial específica**, não tomar as providências para, no âmbito e nos limites técnicos do seu serviço e dentro do prazo assinalado, tornar indisponível o conteúdo apontado como infringente, ressalvadas as disposições legais em contrário.
>
> § 1º A ordem judicial de que trata o caput deverá conter, sob pena de nulidade, identificação clara e específica do conteúdo apontado como infringente, que permita a localização inequívoca do material.
>
> § 2º A aplicação do disposto neste artigo para infrações a direitos de autor ou a direitos conexos depende de previsão legal específica, que deverá respeitar a liberdade de expressão e demais garantias previstas no art. 5º da Constituição Federal.
>
> § 3º As causas que versem sobre ressarcimento por danos decorrentes de conteúdos disponibilizados na internet relacionados à honra, à reputação ou a direitos de personalidade, bem como sobre a indisponibilização desses conteúdos por provedores de aplicações de internet, poderão ser apresentadas perante os juizados especiais.
>
> § 4º O juiz, inclusive no procedimento previsto no § 3º , poderá antecipar, total ou parcialmente, os efeitos da tutela pretendida no pedido inicial, existindo prova inequívoca do fato e considerado o interesse da coletividade na disponibilização do conteúdo na internet, desde que presentes os requisitos de verossimilhança da alegação do autor e de fundado receio de dano irreparável ou de difícil reparação. (grifos nossos)[149]

---

149 BRASIL. Lei nº 12.965, de 23 de abril de 2014. Estabelece princípios, garantias, direitos e deveres para o uso da Internet no Brasil. Disponível em: https://www.planalto.gov.br/ccivil_03/_ato2011-2014/2014/lei/l12965.htm .

Ressalte-se novamente, que no momento inicial da Internet, o que se imaginava era que os provedores, seja de conexão, seja de conteúdo, seriam neutros, que não teriam muita voz, que não tratariam os dados, que não estimulariam as práticas digitais e trocas de informações na Internet. Sendo assim, o que cada um fizesse, seria de sua exclusiva responsabilidade. Se um usuário extrapolasse suas ações eletrônicas a partir da sua liberdade de expressão e de opinião, resultaria em sua particular responsabilização. Caso um internauta cometesse crimes, ele deveria ser responsabilizado de acordo com as regras vigentes. Os provedores de acesso e de conteúdos apenas fariam as conexões e ligações, sem qualquer participação, com os "olhos vendados".

Em consequência, e fundamentados na Seção 230 dos EUA, as legislações começaram a ser elaboradas respeitando esse cenário. Nessa lógica, a nosso ver ultrapassada pela realidade virtual, e com a sua constitucionalidade desafiada no Supremo Tribunal Federal[150], o Artigo 19 do Marco Civil menciona que os provedores de aplicações somente seriam responsabilizados se, após uma ordem judicial, determinando a retirada de um conteúdo infringente, não a cumprisse.

Trata-se, de fato, de um dos pontos mais discutidos da legislação brasileira, em virtude da evolução da Internet, na qual as empresas desejosas para que as relações digitais aconteçam, gerando conteúdos que possam ser trabalhados, editados, impulsionados, promovidos, e que dos hábitos destes usuários campanhas intensas de marketing possam ser feitas a preços exorbitantes, tenham a possibilidade de direcionar diretamente os interesses das pessoas.

Entretanto, no afã de incrementar estes hábitos digitais que se colocam, gerando mais dados a serem comercializados, as empresas editam, controlam, impulsionam, republicam em outras linhas do tempo, instigam, indicam que os usuários reajam, compartilhem,

150 *Cf.* SUPREMO TRIBUNAL FEDERAL. **Recurso Extraordinário. RE 1037396. Repercussão Geral Tema 987**. Disponível em: https://portal.stf.jus.br/processos/downloadPeca.asp?id=15357625435&ext=.pdf.

promovam e repostem. Tudo de forma proposital. Contudo, mesmo fazendo tudo isso, e contribuindo diretamente para ações que se realizam online e offline, as empresas não querem se responsabilizar. Mesmo condicionando todas estas atitudes ao seu Ambiente Digital, mediante sua senha, e seus termos de serviço.

Já no âmbito de conteúdo, com cenas de nudez ou de atos sexuais, a empresa é obrigada a retirar sem a necessidade de ordem judicial. Neste caso, basta o pedido do interessado (participante ou seu representante legal).

O Artigo 21 deixa claro que:

> Art. 21. O provedor de aplicações de internet que disponibilize conteúdo gerado por terceiros **será responsabilizado subsidiariamente pela violação da intimidade decorrente da divulgação, sem autorização de seus participantes, de imagens, de vídeos ou de outros materiais contendo cenas de nudez ou de atos sexuais de caráter privado quando, após o recebimento de notificação pelo participante ou seu representante legal, deixar de promover, de forma diligente, no âmbito e nos limites técnicos do seu serviço, a indisponibilização desse conteúdo.**
> Parágrafo único. A notificação prevista no caput deverá conter, sob pena de nulidade, elementos que permitam a identificação específica do material apontado como violador da intimidade do participante e a verificação da legitimidade para apresentação do pedido. (grifos nossos)[151]

Os princípios da norma em análise foram os casos de revenge porn, ou revanche pornográfica, que levantamos anteriormente neste livro. A prática de disponibilização de fotos e vídeos com conteúdo envolvendo ex-namorados, ou cônjuges trouxe dinâmicas muito complexas de serem resolvidas e reparadas na Internet, tendo em conta a rapidez de disseminação do conteúdo pornográfico. O legislador, seguindo a

151 BRASIL. Lei nº 12.965, de 23 de abril de 2014. Estabelece princípios, garantias, direitos e deveres para o uso da Internet no Brasil. Disponível em: https://www.planalto.gov.br/ccivil_03/_ato2011-2014/2014/lei/l12965.htm .

percepção sobre a possível lentidão em se aguardar uma ordem judicial para a remoção do conteúdo, visto que alguns segundos na Internet podem gerar milhões de views e encaminhamentos, compreendeu que bastaria a notificação por parte do interessado. Caso o provedor não faça a devida exclusão, passaria, pois, a responder subsidiariamente pelas repercussões jurídicas advindas.

Um outro ponto, muito relevante, no contexto derradeiro da análise do Marco Civil da Internet, diz respeito aos procedimentos que interessam em práticas judiciais e de investigação. A guarda de registros de conexão (Artigo 13- um ano) e de registros de acesso a aplicações de Internet (Artigo 15- seis meses), que mencionam os prazos que as companhias devem abrigar os dados, somente fazem sentido se puderem ser disponibilizados aos interessados. Neste sentido, os artigos 22 e 23, sobre a requisição judicial dos registros, estabelecem que:

> Art. 22. A parte **interessada** poderá, **com o propósito de formar conjunto probatório em processo judicial cível ou penal**, em caráter incidental ou autônomo, **requerer ao juiz que ordene ao responsável pela guarda o fornecimento de registros de conexão ou de registros de acesso a aplicações de** internet.
> Parágrafo único. Sem prejuízo dos demais requisitos legais, o requerimento deverá conter, sob pena de inadmissibilidade:
> I - fundados indícios da ocorrência do ilícito;
> II - justificativa motivada da utilidade dos registros solicitados para fins de investigação ou instrução probatória; e
> III - período ao qual se referem os registros.
> Art. 23. Cabe ao juiz tomar as providências necessárias à garantia do sigilo das informações recebidas e à preservação da intimidade, da vida privada, da honra e da imagem do usuário, podendo determinar segredo de justiça, inclusive quanto aos pedidos de guarda de registro. (grifos nossos)[152]

152 BRASIL. Lei nº 12.965, de 23 de abril de 2014. Estabelece princípios, garantias, direitos e deveres para o uso da Internet no Brasil. Disponível em: https://www.planalto.gov.br/ccivil_03/_ato2011-2014/2014/lei/l12965.htm .

Assim, em uma ação judicial, cível ou criminal, a fundamentação probatória poderá ser feita pelos dados e registros de acesso e de conexão ligados ao interesse da demanda. Como podemos observar na realidade hodierna, a Internet faz parte da vida das pessoas. Aparelhos de celular, mensagens de aplicativos, redes sociais, e e-mails, fazem parte do cotidiano das pessoas e empresas. Logo, surgem daí as provas digitais necessárias a um procedimento judicial. Aqueles que detêm os dados, ou seja, os provedores de conteúdo e os provedores de acesso, devem fornecê-los sob ordem judicial, justamente para que a pessoa interessada possa reunir seu conjunto probatório, identificando um autor, localizando o autor de determinada conduta criminosa, ou mesmo em caso de uma ação civil, consiga reunir as provas necessárias para a realização da justiça.

Foi exatamente isso que estimulou o interesse no caso do famoso ator Bruno Gagliasso e da sua filha em solicitar informações judiciais que provisionassem, então, a autoria e o conjunto probatório para ações, em virtude de uma usuária ter ofendido de forma racial a sua filha Titi. Em breve apartado, o caso ocorreu em 2017, ocasião em que Bruno e Giovanna Ewbank prestaram queixa criminal na Delegacia de Repressão aos Crimes da Internet (DRCI), no Rio de janeiro, em virtude de postagens em vídeo, direto do Canadá, de Dayane Alcantara Couto de Andrade, conhecida como Day McCartty. Para além da questão criminal, envolvendo o crime de injúria racial, o casal solicita indenização na esfera cível. Entretanto, a Justiça confrontou enorme dificuldade para encontrar a ré Day McCartty em um endereço fixo para ser citada, em virtude de estar no Canadá, distante dos interesses processuais. Trata-se de um dos desafios em razão da internacionalidade da rede. Visualiza-se um ambiente internacional protetor, pelo distanciamento natural da ré dos distúrbios advindos da demanda. A atuação criminosa foi possível via Internet, de forma internacional, mas o Poder Judicial é nacional, e depende dos mecanismos tradicionais, elaborados para casos físicos, para realizar a justiça.

Então, para que se consiga o conjunto probatório para provar que determinada pessoa fez isso ou aquilo, e se chegar à autoria e localização digital, é preciso solicitar os dados dessas companhias, e assim então cumprir o Artigo 21 do Marco Civil da Internet.

Por seu turno, as companhias, tendo em vista o volume imenso de solicitações oriundos dos usuários da Internet acabam se esquivando do fornecimento, argumentando, entre outros, que esses dados estão armazenados em provedores e em sítios de hospedagem no exterior.

Em decorrência, o pedido judicial deve ser feito por carta rogatória ou fundamentado em Tratados de Assistência Jurídica Mútua (Mutual Legal Assistance Treaties-MLATs). Grande parte das companhias que utilizamos, e das quais necessitamos da guarda e disponibilização dos dados, são companhias globais, normalmente estrangeiras. Este ponto é muito importante, e nos remete ao estudo do primeiro caso a seguir.

Casos essenciais:
O Facebook propôs uma **Ação Declaratória de Constitucionalidade (ADC 51),** julgada pelo Supremo Tribunal Federal para suspender certas investigações no Brasil, argumentando que os provedores onde estão hospedadas as informações (os dados) não estariam no Brasil, mas sim no exterior. Por conseguinte, o pedido dos dados deveria ser feito no exterior, através do mecanismo das cartas rogatórias[153].

A utilização de cartas rogatórias para a solicitação de diligências no ambiente externo é um dos mecanismos do Direito Internacional Privado. Entretanto, sabemos que é um desafio, meritório e de celeridade, conseguir o retorno satisfatório de cartas rogatórias de maneira eficaz para se provar ou para se definir determinada situação jurídica em nosso país, em especial em questões digitais. Ainda, o

---

153 As cartas rogatórias consistem em pedidos feitos pelo magistrado de um país ao de outro, com o objetivo de solicitar a prática de atos processuais (diligências), que tiverem de realizar-se no exterior (ou no Brasil, em caso de pedido estrangeiro). Trata-se de um instrumento de comunicação e de cooperação entre os poderes judiciários de países diferentes.

Facebook argumentou que a aplicação do Acordo de Assistência Jurídica em Matéria Penal (MLAT), entre Brasil e Estados Unidos da América, pela Justiça brasileira não poderia ser negligenciada.

No caso da ADC 51, o Supremo Tribunal conheceu o pedido, e julgou parcialmente procedente a demanda. De acordo com o inteiro teor do Acórdão,

> 1. A controvérsia constitucional veiculada na ADC é, a rigor, mais ampla do que a simples declaração de validade do uso das cartas rogatórias e dos acordos MLAT para fins de investigação criminal. O escopo da ação declaratória compreende não apenas o exame de constitucionalidade dos dispositivos invocados pelos requerentes, como também da norma prevista no art. 11 do Marco Civil da Internet e art. 18 da Convenção de Budapeste.
> 2. O art. 11 do Marco Civil da Internet, que encontra respaldo no art. 18 da Convenção de Budapeste, é norma específica em relação às regras gerais do MLAT. O referido dispositivo assegura a aplicação da legislação brasileira em relação a atividades de coleta, armazenamento, guarda e tratamento de registros, dados e comunicações eletrônicas ocorridas em território nacional, desde que pelo menos um dos atos ou terminais se encontrem em território nacional, mesmo que a pessoa jurídica portadora dessas informações esteja localizada ou armazene tais informações no exterior.
> 3. As hipóteses de requisição direta previstas no art. 11 do Marco Civil da Internet e no art. 18 da Convenção de Budapeste reafirmam os princípios da soberania e da independência nacional, concretizando o
> dever do Estado de proteger os direitos fundamentais e a segurança pública dos cidadãos brasileiros ou residentes no país.
> 4. Constitucionalidade dos dispositivos do MLAT, do CPC e do CPP que tratam da cooperação jurídica internacional e da emissão de cartas rogatórias, nos casos em que a atividade de comunicação ou a prestação de tais serviços não tenham ocorrido em território nacional.
> 5. Dispositivos que convivem com a possibilidade de solicitação direta de dados, registros e comunicações eletrônicas nas hipóteses do art.
> 11 do Marco Civil da Internet e do art. 18 da Convenção de Budapeste.

> 6. **Pedido julgado parcialmente procedente para declarar a constitucionalidade dos dispositivos indicados e da possibilidade de solicitação direta de dados e comunicações eletrônicas das autoridades nacionais a empresas de tecnologia** nos casos de atividades de coleta e tratamento de dados no país, de posse ou controle dos dados por empresa com representação no Brasil e de crimes cometidos por indivíduos localizados em território nacional. (grifo nosso[154]).

Em seu ponto central, a decisão do Supremo Tribunal Federal aceitou, em parte, os argumentos do Facebook, pela utilização do mecanismo das cartas rogatórias e do MLAT entre Brasil e Estados Unidos da América (local da sede da empresa). Mas, deixou em aberto a possibilidade das autoridades nacionais, em eventual ação judicial, em solicitar diretamente dados e comunicações às empresas de tecnologia, nos termos do Artigo 11 do Marco Civil "e do art. 18 da Convenção de Budapeste, ou seja, nos casos de atividades de coleta e tratamento de dados no país, de posse ou controle dos dados por empresa com representação no Brasil e de crimes cometidos por indivíduos localizados em território nacional" [155].

Nota-se, porém, duas problemáticas. Primeiramente, em geral, a demora no cumprimento de rogatórias. Em segundo plano, mas igualmente importante, é que as rogatórias para assuntos digitais, em geral, retornam sem cumprimento. Em verdade, as situações reais evidenciam que os tribunais não possuem os mecanismos adequados para constranger tecnicamente as empresas, e se não levarem em consideração as características próprias da Internet, e se adequarem à realidade que se apresenta, as demandas não terão uma definição satisfatória ou

---

154 SUPREMO TRIBUNAL FEDERAL. **Ação Declaratória de Constitucionalidade 51. Inteiro Teor do Acórdão** *(2023).* Disponível em: https://portal.stf.jus.br/processos/downloadPeca.asp?id=15357625435&ext=.pdf.

155 *Cf.* SUPREMO TRIBUNAL FEDERAL. **Ação Declaratória de Constitucionalidade 51. Inteiro Teor do Acórdão** *(2023).* Disponível em: https://portal.stf.jus.br/processos/downloadPeca.asp?id=15357625435&ext=.pdf.

mesmo justa, quando envolverem empresas que argumentam que os dados estão no exterior[156].

Igualmente, há a necessidade real de mecanismos globais mais rápidos para a obtenção de informações, provas, ou cumprimento de solicitações dos poderes judiciais estrangeiros em questões digitais[157].

Os tempos da Internet são infinitamente mais rápidos, enquanto os tempos das rogatórias e dos MLATs são extremamente mais lentos, burocráticos e formais (traduções, legalizações consulares, e outras exigências que inviabilizam o acesso às pessoas comuns). Os referidos mecanismos precisam ser urgentemente aperfeiçoados se desejarem atender legitimamente os anseios de seus jurisdicionados em assuntos digitais[158].

Em prosseguimento, o Marco Civil da Internet, em geral, buscou provisionar ao Ambiente Digital condições básicas de ordenação da Internet no Brasil. Trata-se, sim, de um importante avanço. Contudo, certos trechos da legislação estão embasados em contexto anterior, e já ultrapassado, da Internet.

Melhor ilustrando, dois casos em julgamento no Supremo Tribunal Federal, com repercussão geral envolvem a responsabilidade das empresas digitais, sendo que um deles trata do Artigo 19 do Marco Civil. Em suma, os julgamentos avaliam a responsabilidade, ou não, das big techs de retirarem conteúdo sem decisão judicial prévia.

O primeiro caso, o **Recurso Extraordinário (RE 1037396)** analisa a constitucionalidade do Artigo 19 que, conforme já abordado, impõe condição para a responsabilização civil de provedor de Internet,

156 *Vide* FREIRE E ALMEIDA, Daniel. **Um Tribunal Internacional para a Internet**. São Paulo: Almedina, 2015.

157 Alternativamente, entre os países signatários, *Vide* os artigos 25 e seguintes da "Convention on Cybercrime". Disponível em: https://rm.coe.int/1680081561 .

158 *Vide* FREIRE E ALMEIDA, Daniel. **Um Tribunal Internacional para a Internet**. São Paulo: Almedina, 2015.

websites e gestores de aplicativos de redes sociais por danos decorrentes de atos ilícitos de terceiros, somente após ordem judicial de remoção.

Por outro lado, o **Recurso Extraordinário (RE 1057258)** trata sobre a fiscalização do conteúdo publicado em websites e a sua retirada, por parte das companhias, sem necessidade de intervenção do Poder Judiciário.

O primeiro caso é sustentado pela Meta, controladora do Facebook e Instagram, e o segundo pelo Google. Contudo, envolve os interesses de toda a Internet, com repercussões gerais, e coloca o Brasil em um debate que, atualmente, é global.

Os casos trazem um ponto de convergência: tratam da responsabilidade das redes sociais e websites da Internet pelo conteúdo que publicam, ainda que de terceiros. Ademais, os casos possuem repercussão geral.

O primeiro (RE 1037396) aprecia o Tema: 0987, que analisa:

> Discussão sobre a constitucionalidade do art. 19 da Lei n. 12.965/2014 (Marco Civil da Internet) que determina a necessidade de prévia e específica ordem judicial de exclusão de conteúdo para a responsabilização civil de provedor de internet, websites e gestores de aplicativos de redes sociais por danos decorrentes de atos ilícitos praticados por terceiros.

Já o segundo (RE 1057258) julga o Tema 0533, que verifica:

> Dever de empresa hospedeira de sítio na internet fiscalizar o conteúdo publicado e de retirá-lo do ar quando considerado ofensivo, sem intervenção do Judiciário.

Essencialmente, os casos ponderam sobre a responsabilidade das empresas digitais de retirarem conteúdo sem decisão judicial prévia. A única diferença é que, no caso do Tema 0533, aquilo que for decidido no RE 1057258 aplicar-se-á, em tese, apenas aos casos ocorridos antes do início da vigência do Marco Civil da Internet. Isto porque, a ocorrência geradora da lide deu-se antes do Marco Civil. Logo, no agravo em recurso extraordinário se discute, à luz dos artigos 5º, II, IV, IX, XIV, XXXIII e XXXV; e 220, §§ 1º, 2º e 6º, da Constituição Federal, se, à falta de regulamentação legal da matéria, os aludidos princípios constitucionais incidem diretamente, de modo a existir o dever de empresa hospedeira de sítio na rede mundial de computadores de fiscalizar o conteúdo publicado em seus domínios eletrônicos e de retirar do ar informações consideradas ofensivas, sem necessidade de intervenção do Poder Judiciário.

As empresas, como a Meta (Facebook, WhatsApp, Instagram) e o Google, partes nas ações em comento, alegam que certos princípios norteadores como a vedação à censura, a defesa pela liberdade de expressão e a reserva de jurisdição fundamentam a postura das big techs em não retirar conteúdos em suas redes, a não ser por ordem judicial. Para as referidas companhias, somente seria possível se cogitar a responsabilidade civil do provedor de aplicações de Internet por danos decorrentes de conteúdo gerado por terceiros após ordem judicial específica.

Ainda, manifestam que:

> um comando judicial que estabelecesse, por via transversa, ser obrigação dos provedores de aplicações de internet as tarefas de analisar e excluir conteúdo gerado por terceiros, sem prévia análise pela autoridade judiciária competente, acabaria por impor que empresas privadas passem a controlar, censurar e restringir a comunicação de milhares de pessoas, em flagrante contrariedade àquilo que estabeleceram a Constituição Federal e o Marco Civil da Internet.[159]

Contudo, sobre este ponto, vale ressaltar que as empresas, em certos casos, retiram conteúdos que entendam ser indesejosos, mesmo sem determinação judicial.

---

159 SUPREMO TRIBUNAL FEDERAL. Ministro Dias Toffoli. **Manifestação**. Disponível em: https://portal.stf.jus.br/jurisprudenciaRepercussao/verPronunciamento.asp?pronunciamento=7397505

A corroborar tal assertiva está a divulgação, por parte da Meta em janeiro de 2025, após a eleição de Donald Trump, de abandonar a utilização de checagem independente de fatos no Facebook e no Instagram, justificando que os moderadores profissionais utilizados eram muito tendenciosos politicamente, e que seria o momento de voltar às raízes, em torno da liberdade de expressão, buscando agradar ao novo líder.

Neste sentido, para o Google, segundo a reportagem da CNN Brasil (2023):

> **Representantes da Meta (dona do Facebook, Instagram e WhatsApp) e do Google disseram que não esperam decisões judiciais para remover conteúdos ilícitos** e defenderam a manutenção da proteção garantida às plataformas pelo Marco Civil da Internet.
>
> ...
>
> Para o advogado da Google Brasil Guilherme Cardoso Sanchez, aumentar a responsabilidade civil das plataformas "não é a chave para tornar a internet um lugar mais seguro".
>
> "Não se pode responsabilizar diretamente as plataformas pelo conteúdo criado pelas pessoas na internet", disse.
>
> Ele disse que responsabilizar plataformas digitais, como se elas próprias fossem as autoras do conteúdo que exibem, "levaria a um dever genérico de monitoramento de todo o conteúdo produzido pelas pessoas". Segundo o advogado, a situação contribuiria para "criar uma pressão para remover qualquer discurso minimamente controverso".
>
> **Segundo Sanchez, o Google não espera uma decisão judicial para remover conteúdos ilícitos das plataformas.**
>
> Ele afirmou que a empresa atualiza e aperfeiçoa sua política de conteúdos, incorporando nas restrições publicações que possam trazer riscos de danos reais. "Por exemplo, as políticas do YouTube contra o discurso de ódio

> proíbem a discriminação com base em fatores como idade e classe social, que vão além das categorias legais". (grifos nossos[160])

A seu turno, para o Facebook, nos termos da reportagem da CNN Brasil (2023):

> **Rodrigo Ruf Martins, gerente Jurídico do Facebook Brasil, disse que a demanda por maior responsabilização das plataformas vem da impressão de uma suposta inércia das empresas no combate a discursos antidemocráticos, desinformação.**
>
> Martins disse que a Meta investe "bilhões de dólares" e desenvolve ferramentas tecnológicas e de inteligência artificial para estabelecer políticas e termos de uso, e fortalecer a segurança e a integridade nos aplicativos.
>
> **Também afirmou que não houve omissão da empresa no combate dos conteúdos ilícitos durante as eleições de 2022 e nos atos de 8 de janeiro.**
>
> **Conforme dados da Meta, citados pelo advogado, foram removidos 135 mil anúncios de caráter eleitoral no primeiro turno do pleito e 3 milhões de conteúdos no Facebook e no Instagram "por violação das políticas que vedam conteúdo violento, de incitação à violência e discurso de ódio".**
>
> "Essas postagens incluíam temas bastante sensíveis, como os pedidos de intervenção militar e demais tentativas de subversão ao estado democrático de direito", disse.
>
> "Foram mais de 3 milhões de conteúdos removidos proativamente pela META, ou seja, numa seara de auto regulação sem necessidade de intervenção judiciária", declarou.
>
> **"Evidentemente, nós reconhecemos que mais pode ser feito pelas plataformas".**
>
> Para Martins, o artigo 19 do Marco Civil da Internet, é constitucional.

160 CNN BRASIL. **No STF, Meta e Google negam inércia e descartam aumentar responsabilidade a big techs.** Disponível em: https://www.cnnbrasil.com.br/tecnologia/meta-e-google-negam-inercia-e-descartam-aumentar-responsabilidade-a-big-techs/ .

> "A ideia de que o Artigo 19 incentiva a inércia não procede, assim como entendemos que modelo de negócios online jamais vai prosperar em um ambiente tóxico", afirmou. (grifos nossos[161])

Por conseguinte, observa-se certa ambiguidade nos discursos das grandes companhias. De um lado não querem ser responsabilizadas. De outro, admitem que retiram conteúdos, mesmo sem ordem judicial. Aliás, isto tem sido constatado, regularmente, como foi o caso da suspensão de perfis do ex-presidente Donald Trump no Twitter, Facebook, Snapchat, Instagram, entre muitos outros casos, sem determinação judicial[162].

A seu turno, a Procuradoria-Geral da República (PGR), em manifestação do então procurador-geral Augusto Aras,

> defendeu aumentar a responsabilidade de plataformas digitais sobre conteúdos de teor considerado "sabidamente ofensivo, ilícito ou humilhante em relação a usuário ou a terceiro" e argumentou que as big techs não têm obrigação de fiscalizar previamente todas as publicações legítimas e que estejam amparadas pela liberdade de expressão.[163]

A relevância dos casos em análise é evidente. O impacto, a influência, e o poder de integração das plataformas envolvidas, em especial das redes sociais, são incrementadas por suas atividades como a de impulsionar, publicar, editar, controlar os conteúdos, usar os dados, organizar, listar, compartilhar, instigar, e promover seus usuários a

---

161 CNN BRASIL. **No STF, Meta e Google negam inércia e descartam aumentar responsabilidade a big techs.** Disponível em: https://www.cnnbrasil.com.br/tecnologia/meta-e-google-negam-inercia-e-descartam-aumentar-responsabilidade-a-big-techs/ .

162 *Vide*, em exemplo: NPR. **Trump Suspended from Facebook for 2 Years**. Disponível em: https://www.npr.org/2021/06/04/1003284948/trump-suspended-from-facebook-for-2-years

163 CNN BRASIL. **STF adia para junho julgamento sobre Marco Civil da Internet e responsabilidade de big techs**. Disponível em: https://www.cnnbrasil.com.br/politica/stf-adia-para-junho-julgamento-sobre-marco-civil-da-internet-e-responsabilidade-de--big-techs/ .

atividades online e offline[164]. De fato, nunca antes na história companhias, como as plataformas digitais, tiveram o poder de influenciar os usuários a fazerem ou deixarem de fazer alguma coisa. Por isso a responsabilização digital.

Logo, a publicação de um boato ofensivo, por exemplo, em uma página em rede social, com a devida edição e controle por parte de uma rede social, sua consequente organização, listagem, promoção, instigação, e reação solicitada, rapidamente se espalham pelas redes, induzindo a uma ação por parte de seus usuários, levando a consequências sérias[165].

As referidas redes, angariam seus vultosos fundos com os serviços que oferecem, entre outros (conforme os "Termos de Serviço" do Facebook[166], in exemplis, como:

> -A Meta **desenvolve tecnologias e serviços** para que as pessoas se conectem umas com as outras, criem comunidades e expandam seus negócios. Estes Termos regem o uso do Facebook, do Messenger e de outros produtos, recursos, aplicativos, serviços, tecnologias e software que oferecemos (os Produtos da Meta ou Produtos), exceto quando declaramos expressamente que outros termos (e não estes) se aplicam. **Quem fornece esses Produtos para você é a Meta Platforms, Inc.**
>
> -Não cobramos pelo uso do Facebook ou de outros produtos e serviços cobertos por estes Termos, a menos que exista outra informação. Em vez disso, **empresas, organizações e outras pessoas nos pagam para lhe mostrar anúncios** dos seus produtos e serviços. Ao usar nossos produtos,

---

164 *Cf.* FREIRE E ALMEIDA, Daniel. **A Responsabilidade das Redes Sociais sobre as Fake News**. In: FREIRE E ALMEIDA (Org.). Os Cybercrimes na Perspectiva do Direito Internacional na Internet. New York: Lawinter Editions, 2020, p. 145-182.

165 Parte dos argumentos dispostos neste tópico foi apresentada como tese em ação sob o patrocínio do Advogado Daniel Freire e Almeida, e do Advogado Airton Sinto, nos autos do Processo nº: 1087431-85.2019.8.26.0100, movido em face de FACEBOOK Serviços Online do Brasil Ltda, em virtude da morte de Fabiane Maria de Jesus, em decorrência de fake news publicada e impulsionada no Facebook.

166 *Vide* FACEBOOK. **Termos de Serviço**. Disponível em: https://pt-br.facebook.com/terms

você concorda que podemos mostrar anúncios que consideramos como possivelmente relevantes para você e seus interesses. **Usamos seus dados pessoais para ajudar a determinar quais anúncios personalizados serão mostrados a você. (controle, Edição).**

-Não vendemos os seus dados pessoais para anunciantes nem compartilhamos informações de identificação pessoal, como nome, endereço de email ou outras informações de contato, com eles, a menos que tenhamos a sua permissão específica. Em vez disso, **os anunciantes nos informam os tipos de público que desejam que vejam os anúncios, e nós mostramos esses anúncios para pessoas que podem estar interessadas. Oferecemos aos anunciantes relatórios sobre o desempenho dos anúncios para ajudá-los a entender como as pessoas estão interagindo com o conteúdo**. (**organização**, listagem).

-Nossa Política de Privacidade explica **como coletamos e usamos os seus dados pessoais para determinar alguns dos anúncios que serão exibidos e prestar todos os outros serviços descritos** abaixo. Você também pode acessar as configurações do Produto da Meta em questão a qualquer momento para ver as opções de privacidade sobre como usamos os seus dados. (**promoção, instigação, e reação solicitada**).

-Proporcionar uma experiência personalizada para você:
sua experiência no Facebook não se compara à de mais ninguém. Isso inclui desde **as publicações, os stories, os eventos, os anúncios e outros conteúdos que você vê no Feed de Notícias do Facebook ou na nossa plataforma de vídeo até as Páginas do Facebook que você segue e outros recursos que pode usar, como o Facebook Marketplace e a pesquisa. (Edição de conteúdos, elencando aquilo que será exibido, promovido, impulsionado, divulgado e solicitado para reação por parte do Facebook**). (grifos e comentários nossos)

Não é preciso muito esforço para denotar que as referidas plataformas possuem capacidade para editar os dados[167]. Logo, a responsabilidade

167 *Cf.* FREIRE E ALMEIDA, Daniel. **A Responsabilidade das Redes Sociais sobre as Fake News**. In: FREIRE E ALMEIDA, D. (Org.). Os Cybercrimes na Perspectiva do Direito Internacional na Internet. New York: Lawinter Editions, 2020, p. 145-182.

está explicitamente descrita nos termos de serviço do Facebook, [168] por exemplo, ao dispor que:

> Usamos dados para fazer sugestões para você e outras pessoas - por exemplo, grupos para participar, eventos para participar, Páginas do Facebook para seguir ou enviar uma mensagem, programas para assistir e pessoas de quem você pode querer se tornar amigo...

Em outras palavras, a companhia promove, instiga e solicita reações com base no tratamento de dados. Por conseguinte, não faz menção se aquilo que promove é bom ou ruim. Mas, mesmo assim, promove, assumindo a responsabilidade daquilo que faz[169].

Em prosseguimento, ainda podemos mencionar, o compartilhamento de atualizações de status, fotos, vídeos e stories nos Produtos do Facebook. Em ilustração, a companhia assume nos termos de serviços que:

> Isso significa, por exemplo, que se você compartilhar uma foto no Facebook, **você nos dará permissão para armazenar, copiar e compartilhar a foto com outras pessoas** (novamente, em conformidade com as suas configurações), como os Produtos da Meta ou provedores de serviços que oferecem suporte a tais produtos e serviços.

No mesmo sentido, o envio de mensagens instigando os usuários a reações, como: "responda", "reaja", "compartilhe", "comente", "clique". Em outras palavras: "faça alguma coisa" em relação a isso. Obviamente, muitos usuários de fato fazem.

Para além da responsabilização direta e objetiva, pelas ações que promovem em suas ferramentas, as redes sociais, em muitos casos, também, deixam de agir. Com efeito, publicações ofensivas e fake

168 *Vide* FACEBOOK. **Termos de Serviço**. Disponível em: https://pt-br.facebook.com/terms

169 *Cf.* FREIRE E ALMEIDA, Daniel. **A Responsabilidade das Redes Sociais sobre as Fake News**. In: FREIRE E ALMEIDA, D. (Org.). Os Cybercrimes na Perspectiva do Direito Internacional na Internet. New York: Lawinter Editions, 2020, p. 145-182.

news que geram ações dos seus usuários, não têm merecido atividade, controle, censura ou remoção.

Logo, violam os próprios termos de serviço destas redes ao não "Promover a segurança, a proteção e a integridade dos nossos serviços, combater as condutas nocivas e proteger a nossa comunidade de usuários" [170].

Necessário frisar que o controle da edição dos conteúdos é assegurado nos termos de serviço do Facebook, por exemplo, nestas palavras:

> **Empregamos equipes exclusivas** em todo o mundo, trabalhamos com fornecedores de serviços externos, parceiros e outras entidades pertinentes e desenvolvemos sistemas técnicos avançados para detectar o possível uso indevido de nossos produtos, conduta prejudicial a terceiros e situações em que **possamos ajudar a apoiar ou proteger nossa comunidade**, incluindo para responder a denúncias de usuários de conteúdo potencialmente em violação. (grifo nosso)

No que pese as redes sociais, em geral, alegarem que não foram notificadas judicialmente para tomarem uma decisão de remoção de conteúdo, paradoxalmente, os termos de serviços indicam o contrário[171], e as redes sociais têm agido por conta própria, em muitos casos[172].

Na verdade, as redes sociais têm decidido aquilo que desejam remover, aquilo que desejam promover, editar, impulsionar, listar, organizar, independentemente de ordem judicial. Em suma, possuem o controle da edição dos conteúdos. Tão somente utilizam-se da necessidade de decisão judicial e liberdade de expressão naquilo que julgam conveniente.

---

170 *Vide* FACEBOOK. **Termos de Serviço.** Disponível em: https://pt-br.facebook.com/terms

171 *Vide* FACEBOOK. **Termos de Serviço.** Disponível em: https://pt-br.facebook.com/terms

172 Por exemplo, no imbróglio do coronavírus e o ex-presidente Jair Bolsonaro. Disponível em: https://www1.folha.uol.com.br/poder/2020/04/facebook-apagou-post-de-bolsonaro-por-alegacao-falsa-de-cura-para-coronavirus.shtml .

Por conseguinte, é límpido que companhias, como o Facebook, exercem o controle editorial dos conteúdos de seus ambientes digitais. Neste passo, devem ser derradeiramente relembrados que o próprio Facebook explicitamente promove estas qualidades de controle dos conteúdos e dados dos usuários às empresas que contratam seus serviços, nestas palavras:

> Não cobramos pelo uso do Facebook ou de outros produtos e serviços cobertos por estes Termos, a menos que exista outra informação. Em vez disso, empresas, organizações e outras pessoas nos pagam para lhe mostrar anúncios dos seus produtos e serviços. Ao usar nossos produtos, **você concorda que podemos mostrar anúncios que consideramos como possivelmente relevantes para você e seus interesses. Usamos seus dados pessoais para ajudar a determinar quais anúncios personalizados serão mostrados a você.** (grifo nosso) [173]

No sentido da menção acima, e a corroborar o que aludimos, é que as redes como o Facebook, o Instagram ou a X (Twitter), coletam dados que vão desde publicações, fotos, vídeos, curtidas, comentários, amigos, eventos, informações de perfil, entre muitas outras. A partir daí, promovem estes conteúdos para outros usuários com o intuito inicial, de aumentar, ainda mais, seus contatos e, consequentemente, suas atividades digitais. Em seguida, após coletar e tratar os dados resultantes das inúmeras interações digitais, as empresas gestoras das referidas redes sociais fornecem estes dados a terceiros, mediante alta remuneração. Logo, para impulsionar ainda mais as interações e possibilitar o aumento dos dados a serem tratados, é que as redes sociais acabam por editar conteúdos primeiramente veiculados pelos usuários, tornando-os ainda mais atrativos. Em seguida, espalham para milhares

173 *Vide* FACEBOOK. **Termos de Serviço.** Disponível em: https://pt-br.facebook.com/terms.

de outros usuários as informações, disseminando postagens, notícias, publicações, comentários, fotos, curtidas, reações e vídeos[174].

Ponderando o que ocorre nestas redes, é evidente que possuem responsabilidade objetiva, nos termos do parágrafo único do Artigo 927 do Código Civil:

> Código Civil, Artigo 927, parágrafo único:
>
> Art. 927. Aquele que, por ato ilícito (arts. 186 e 187), causar dano a outrem, fica obrigado a repará-lo.
>
> Parágrafo único. Haverá obrigação de reparar o dano, independentemente de culpa, nos casos especificados em lei, ou **quando a atividade normalmente desenvolvida pelo autor do dano implicar, por sua natureza, risco para os direitos de outrem.** (grifo nosso, in casu)[175]

Oportuna e necessária, por conseguinte, a apreciação nesse plano, de que a jurisprudência internacional vem aceitando a tese de que os grandes conglomerados de geração de conteúdo são responsáveis pelos conteúdos ofensivos e fake news que causem danos aos outros[176].

Em abordagem direta, as empresas de mídia têm a responsabilidade de moderar o conteúdo quando assumem em seus termos de serviço que editam, controlam, organizam e divulgam o conteúdo inicialmente gerado por seus usuários, mediante senha para entrar no seu website, em seu Ambiente Digital[177].

---

174 *Cf.* FREIRE E ALMEIDA, Daniel. **A Responsabilidade das Redes Sociais sobre as Fake News**. In: FREIRE E ALMEIDA, D. (Org.). Os Cybercrimes na Perspectiva do Direito Internacional na Internet. New York: Lawinter Editions, 2020, p. 145-182.

175 BRASIL. Código Civil. Lei nº 10.406, de 10 de janeiro de 2002. Disponível em: https://www.planalto.gov.br/ccivil_03/leis/2002/l10406compilada.htm .

176 Importante reforçar, que parte dos escritos inseridos neste tópico foi apresentada como tese em ação sob o patrocínio do Advogado Daniel Freire e Almeida, e do Advogado Airton Sinto, nos autos do Processo nº: 1087431-85.2019.8.26.0100, movido em face de FACEBOOK Serviços Online do Brasil Ltda, em virtude da morte de Fabiane Maria de Jesus, em decorrência de fake news publicada e impulsionada no Facebook.

177 *Vide* FREIRE E ALMEIDA, Daniel. **Fake News and The Liability of Social Networks**. Cyberlaw by CIJIC. Revista Científica sobre Cyberlaw do Centro de

O que começa a ser reconhecido é que as empresas são responsáveis por inserir e editar as informações, em primeiro lugar. Essa é realmente a principal diferença. A situação atual é que as empresas de mídia são responsáveis não apenas por anular os comentários quando os notam, mas por impedir que subam (up load) inicialmente.

De fato, isso coloca um ônus significativamente maior, de responsabilidade, sobre aquilo que lucram, do que anteriormente estava em vigor e era compreendido. Como as redes sociais usam as páginas sob a perspectiva de seus próprios interesses comerciais, elas efetivamente assumem os riscos de comentários difamatórios, e fake news que causem dano, feitas pelos seus usuários e controladas, promovidas e editadas por essas redes[178].

Como destaca uma decisão da Suprema Corte de New South Wales na Austrália, elevada pelo Juiz Stephen Rothman, é possível para as empresas de mídia pré-moderarem comentários e postagens feitos pelos usuários usando filtros de comentários que incluam pronomes, artigos definidos e indefinidos e todas as conjunções e preposições necessárias[179]. Tudo, pois, em alinhamento ao que já faz para promover, impulsionar, editar, controlar, reencaminhar e divulgar os conteúdos do seu website.

Para a Suprema Corte de New South Wales as redes sociais são editores e, portanto, devem compartilhar o fardo.

Investigação Jurídica do Ciberespaço – CIJIC – da Faculdade de Direito da Universidade de Lisboa, Portugal. Lisboa: Cyberlaw, Edição n.º X – setembro de 2020, p. 203/219.

178 *Vide* FREIRE E ALMEIDA, Daniel. **Fake News and The Liability of Social Networks**. Cyberlaw by CIJIC. Revista Científica sobre Cyberlaw do Centro de Investigação Jurídica do Ciberespaço – CIJIC – da Faculdade de Direito da Universidade de Lisboa, Portugal. Lisboa: Cyberlaw, Edição n.º X – setembro de 2020, p. 203/219.

179 *Cf.* THE GUARDIAN. **Media companies scramble after judge rules they are liable for Facebook comments**. Disponível em: https://www.theguardian.com/technology/2019/jun/25/media-companies-scramble-after-judge-rules-they-are-liable-for-facebook-comments .

Na referida matéria jornalística que noticia a decisão, Denis Muller, Senior Research Fellow na Universidade de Melbourne, afirma:

> You see Facebook get away with these things by saying 'we're not a publisher, we're a common carrier. **It's a fiction. Facebook is a publisher for all practical purposes** and if Australian law were to say you are deemed to be **a publisher it would have to share in that responsibility.**[180] (grifo nosso)

Com efeito, a suposta vedação à liberdade de expressão, não pode ser subterfúgio para a promoção de crimes[181].

Essencialmente, as redes sociais não são terra de ninguém, onde todos podem realizar as atividades criminosas livremente, e somente após decisão judicial, e se houver tempo, é que algo será coibido[182].

Pelas mesmas razões explicitadas acima, é claro que as empresas têm condições de remover conteúdos – se podem fazê-lo mediante ordem judicial, podem fazer sem a mesma ordem. Isto porque, ao editarem o conteúdo, elas assumem a função de o fiscalizar, sob pena de serem coautoras.

Em consequência, para que servem os "Termos de Serviço" se não para fiscalizar o seu cumprimento? Em outras palavras, fazem apenas quando desejam.

---

180 *Cf.* THE GUARDIAN. **Media companies scramble after judge rules they are liable for Facebook comments**. Disponível em: https://www.theguardian.com/technology/2019/jun/25/media-companies-scramble-after-judge-rules-they-are-liable-for-facebook-comments .

181 *Vide* RÁDIO OBSERVADOR. **Trump vs Twitter: "Ninguém está imune à lei"**. Liberdade de expressão "não está acima de crimes" e as redes sociais "não são imunes à lei". Daniel Freire e Almeida, especialista em Direito Internacional e Internet, sobre a guerra: Trump vs Twitter (2020). Disponível em: https://observador.pt/programas/resposta-pronta/trump-vs-twitter-ninguem-esta-imune-a-lei/.

182 *Vide* FREIRE E ALMEIDA, Daniel. **Fake News and The Liability of Social Networks**. Cyberlaw by CIJIC. Revista Científica sobre Cyberlaw do Centro de Investigação Jurídica do Ciberespaço – CIJIC – da Faculdade de Direito da Universidade de Lisboa, Portugal. Lisboa: Cyberlaw, Edição n.º X – setembro de 2020, p. 203/219.

Por tudo quanto analisado, entendemos pela responsabilidade das redes, incluindo as redes sociais, sobre os conteúdos gerados por seus usuários, quando veiculados em seus ambientes digitais, devidamente controlados pelas mesmas.

As empresas líderes da Internet, como Facebook, X (Twitter), Google e Instagram, são operadoras de plataformas de mídia social, publicadoras de conteúdo editorial. Se assim não for, de fato, suas plataformas então oferecem acesso aberto e livre de quaisquer limitações legais e judiciais[183].

Em seus ambientes digitais, devem seguir as normas jurídicas e, sim, na medida em que auferem os benefícios financeiros do tratamento de dados, devem coibir práticas criminosas e ilegais realizadas dentro de suas redes[184].

Nenhum ambiente, por mais atraente que seja, pode servir para acobertar, ou mesmo deixar, práticas criminosas prosperarem. As citadas redes sociais detêm o poder de transmitir e tratar os dados. Com esse poder, vieram as responsabilidades. Contudo, as redes desejam colher os benefícios financeiros de serem editores e controladores dos conteúdos sem serem responsáveis.

Aqui está o verdadeiro dilema dos julgamentos em análise. Esse tratamento benevolente vem permitindo que as referidas empresas aleguem que atuam como editores e com os direitos de censura (ao decidirem o que pode circular), mas também afirmam que são plataformas não

---

183 *Vide* RÁDIO OBSERVADOR. **Trump vs Twitter: "Ninguém está imune à lei"**. Liberdade de expressão "não está acima de crimes" e as redes sociais "não são imunes à lei". Daniel Freire e Almeida, especialista em Direito Internacional e Internet, sobre a guerra: Trump vs Twitter (2020). Disponível em: https://observador.pt/programas/resposta-pronta/trump-vs-twitter-ninguem-esta-imune-a-lei/ .

184 *Vide* FREIRE E ALMEIDA, Daniel. **Fake News and The Liability of Social Networks**. Cyberlaw by CIJIC. Revista Científica sobre Cyberlaw do Centro de Investigação Jurídica do Ciberespaço – CIJIC – da Faculdade de Direito da Universidade de Lisboa, Portugal. Lisboa: Cyberlaw, Edição n.º X – setembro de 2020, p. 203/219.

discernentes para colherem os benefícios da clemência de liberdade de expressão e dos lucros advindos.

Uma apreciação mais justa pode, em vez de dar às empresas um passe livre para ambos os lados, manter a juridicidade em ambos os lados.

Também, não há dúvida de que as empresas atuam como uma nova forma de entidade no meio digital[185].

Nesta ordem de ideias, até mesmo os Advogados das empresas, em outros cenários, sugeriram que as empresas possuem uma "função de editor por excelência" sobre a prática "protegida" de determinar "o que publicar e a decisão do que não publicar", enquanto o CEO da Meta (Facebook), Mark Zuckerberg, também afirmou que a empresa "deveria errar no lado de uma maior expressão"[186].

Então, se é verdade que possuem o poder editorial, na medida em que decidem quais notícias específicas, resultados de pesquisa, reações e postagens nos mostrarão em nossas linhas do tempo (e na de todos os outros usuários), entre as bilhões de possibilidades, então devemos tratá-los juridicamente como tais. Em outras palavras, como responsáveis. De fato, a responsabilidade deve ser reconhecida.

A liberdade de expressão não está acima de crimes. Quem dissemina conteúdos e quem impulsiona os mesmos, deve se responsabilizar por isso[187].

---

185 *Vide* RÁDIO OBSERVADOR. **Trump vs Twitter: "Ninguém está imune à lei"**. Liberdade de expressão "não está acima de crimes" e as redes sociais "não são imunes à lei". Daniel Freire e Almeida, especialista em Direito Internacional e Internet, sobre a guerra: Trump vs Twitter (2020). Disponível em: https://observador.pt/programas/resposta-pronta/trump-vs-twitter-ninguem-esta-imune-a-lei/ .

186 *Vide* FREIRE E ALMEIDA, Daniel. **Fake News and The Liability of Social Networks**. Cyberlaw by CIJIC. Revista Científica sobre Cyberlaw do Centro de Investigação Jurídica do Ciberespaço – CIJIC – da Faculdade de Direito da Universidade de Lisboa, Portugal. Lisboa: Cyberlaw, Edição n.º X – setembro de 2020, p. 203/219.

187 *Vide* RÁDIO OBSERVADOR. **Trump vs Twitter: "Ninguém está imune à lei"**. Liberdade de expressão "não está acima de crimes" e as redes sociais "não são imunes à lei". Daniel Freire e Almeida, especialista em Direito Internacional e Internet, sobre a guerra: Trump

Mas, pelo contrário, ao invés de controlarem aquilo que é veiculado em seus ambientes digitais, as redes sociais tratam a informação, editam, controlam, lucram e incentivam as reações: "curtir", "comentar", "compartilhar". Mas não aceitam serem responsabilizadas pelas consequências.

No entanto, após análise mais cuidadosa e voltada para a atual realidade da Internet, concluímos pela responsabilidade dos provedores, quando conteúdos são veiculados em seus próprios ambientes digitais.

Por fim, cabe relembrar que o caso de Fabiane de Jesus, que foi morta em virtude de notícias falsas veiculadas e impulsionadas no Facebook, e que ocorreu antes da entrada em vigor do Marco Civil da Internet, mas que envolve a responsabilidade das redes (no caso o Facebook), está pendente da repercussão geral dos citados casos acima.

Conforme já levantado, o Poder Judiciário aprecia a potencial responsabilidade civil do Facebook, tendo em vista que Fabiane de Jesus foi torturada e morta por usuários da rede no Guarujá, depois de uma publicação postada e impulsionada no Facebook. A referida empresa permitiu a publicação, manteve online, e a impulsionou, com conteúdo falso, sobre um retrato falado de uma suposta sequestradora de crianças que atuava no Guarujá. O Facebook também se utilizou de suas ferramentas de trabalho, conforme seus termos de serviços, tratando a publicação, inserindo-a nas linhas do tempo de milhares de usuários, solicitando reações por e-mail, encaminhando para usuários que possuíam atitudes digitais ou interesses que de alguma forma se relacionavam com a postagem, ensejando muitas curtidas, muitos views, e ampliando ainda mais o público-alvo daquela informação[188].

---

vs Twitter (2020). Disponível em: https://observador.pt/programas/resposta-pronta/trump-vs-twitter-ninguem-esta-imune-a-lei/ .

188 *Cf.* FREIRE E ALMEIDA, Daniel. **A Responsabilidade das Redes Sociais sobre as Fake News**. In: FREIRE E ALMEIDA, D. (Org.). Os Cybercrimes na Perspectiva do Direito Internacional na Internet. New York: Lawinter Editions, 2020, p. 145-182.

Em consequência, as ocorrências digitais levaram dezenas de pessoas a se aglomerarem numa região do Guarujá, e escolherem a Fabiana de Jesus como vítima, por se parecer, supostamente, à imagem do retrato falado. Por conseguinte, ela morreu, e isso traz um novo olhar sobre qual é, de fato, a responsabilidade de uma rede social em casos similares.

Em nossa perspectiva, a responsabilidade deve recair aos autores da publicação, aos agentes que a mataram, e à rede que impulsionou a postagem, analisando-se o grau de acordo com sua participação.

2.3.10 LGPD e Constituição Federal.

Nomes, e do que tratam:
Lei nº 13.709, de 14 de agosto de 2018. Lei Geral de Proteção de Dados Pessoais[189]. Também, a Emenda Constitucional nº. 115 de 2022[190].

Principais tópicos normativos:
O principal objetivo neste momento é a concentração analítica, em sua parte basilar, da **Lei Geral de Proteção de Dados Pessoais, a LGPD**. A nossa norma de proteção de dados pessoais foi promulgada em 14/08/2018. Mas, a sua vigência plena, com todos os dispositivos, deu-se a partir de agosto de 2021. Portanto, os operadores, os encarregados, e mesmo os titulares dos dados pessoais acabaram por ter a oportunidade, antes de sua efetiva vigência, de realizar uma aproximação prévia das suas principais implicações.

Em alinhamento, de fato, para todos aqueles que desejam operar juridicamente questões envolvendo o Direito Digital em geral, e os dados pessoais, em especial, é fundamental a compreensão dos principais itens implicantes com o tema. Posto isso, a LGPD possui 65 artigos

---

189 BRASIL. Lei nº 13.709, de 14 de agosto de 2018. Lei Geral de Proteção de Dados Pessoais. Disponível em: https://www.planalto.gov.br/ccivil_03/_ato2015-2018/2018/lei/l13709.htm .

190 BRASIL. Constituição da República Federativa do Brasil de 1988. Disponível em: https://www.planalto.gov.br/ccivil_03/constituicao/Emendas/Emc/emc115.htm .

que são distribuídos em 10 partes. Oportuno referenciar que ela teve fortíssima inspiração europeia, e basicamente os seus principais tópicos e fundamentos são oriundos do Regulamento Geral sobre a Proteção de Dados 2016/679, o famoso GDPR[191]. Este instrumento regulatório, uma vez sendo definido no contexto da União Europeia, passou a valer para todos os países do bloco, inicialmente com 28 países e, mais à frente, com 27, em virtude da denúncia do Reino Unido aos tratados da União Europeia[192]. Logo, a fundamentação jurídica veio de lá para cá. Muito boa por sinal. Trata-se de uma importante incorporação em nosso ordenamento jurídico de questões que estão sendo discutidas, já há algum tempo, naquele espaço europeu. Aliás, a União Europeia-UE traz em sua história muitas e diversas iniciativas no campo do Direito Digital, com Diretivas, Regulamentos e Decisões do Tribunal de Justiça da UE.

Entretanto, e por outro lado, a inspiração trazida pela norma europeia acabou por trazer desafios na compreensão por parte dos envolvidos no tratamento de dados no Brasil, razão pela qual precisamos conhecer alguns desses temas.

Nesta perspectiva, o objetivo principal da LGPD é proteger os direitos de liberdade e privacidade do usuário, e ao mesmo tempo a sua formação digital no que diz respeito a completude e a universalidade de seus dados pessoais. Em outras palavras, a Lei busca proteger os direitos fundamentais de liberdade e de privacidade e a livre formação da personalidade de cada indivíduo no que se refere aos seus dados pessoais.

191 Regulamento (UE) 2016/679 do Parlamento Europeu e do Conselho, de 27 de abril de 2016, relativo à proteção das pessoas singulares no que diz respeito ao tratamento de dados pessoais e à livre circulação desses dados e que revoga a Diretiva 95/46/CE (**Regulamento Geral sobre a Proteção de Dados**). Disponível em: https://eur-lex.europa.eu/legal-content/PT/TXT/PDF/?uri=CELEX:32016R0679 .

192 *Vide* a respeito, FERNANDES, Isabella Alvares; FREIRE E ALMEIDA, Daniel. **A União Europeia e o Brexit: Paradigmas e Implicações Jurídicas dos Novos Acordos**. New York: Lawinter Editions, 2021.

Em continuidade, a Lei dispõe sobre o tratamento de dados pessoais, em especial no Ambiente Digital. Entretanto, a norma também possui o escopo de revelar as questões envolvendo o tratamento de dados pessoais em outros suportes, podendo ser aplicada aos métodos físicos de tratamento de dados e aos ambientes físicos deste contexto. O foco se revelou necessário em virtude da ampliação e da elevação de situações que ensejavam a operacionalização dos dados, o tratamento deles, e a comercialização dos mesmos. Tudo isso, pois, levou o Brasil a propugnar por, também, promulgar a sua legislação.

Mas, nesta ordem, resta a dúvida inicial do que seria um **dado pessoal**. Trata-se daquele que permite identificar uma pessoa. Na verdade, são todas aquelas reuniões de características, de atributos, que temos ao longo da vida, como nosso nome, nosso registro geral (RG), nosso Cadastro de Pessoas Físicas do Ministério da Fazenda, o chamado CPF, questões que designam o nosso gênero, a data e local de nascimento, o telefone, o endereço residencial, nossa localidade, domicílio, a localização por GPS, a imagem, questões envolvendo nossa saúde, cartões bancários, renda, enfim um arsenal de situações que podem nos identificar. Em síntese, a informação que permite identificar, direta ou indiretamente, um indivíduo que esteja vivo, é considerada um dado pessoal[193]. Portanto, todos esses dados foram inicialmente preconizados na feitura da norma chamada LGPD.

Em prosseguimento, existem dados cujo tratamento é ainda mais privilegiado, que são os **dados sensíveis**. Estes dados são aqueles que exigem uma especial atenção do controlador, do encarregado e do operador desses dados, pois revelam um pouco mais dos atributos pessoais, como por exemplo a origem, as convicções religiosas, filosóficas, ideológicas ou políticas. Sendo assim, tais dados informam determinadas características que trazem mais informação sobre o

193 BRASIL. Lei nº 13.709, de 14 de agosto de 2018. Lei Geral de Proteção de Dados Pessoais. Disponível em: https://www.planalto.gov.br/ccivil_03/_ato2015-2018/2018/lei/l13709.htm

indivíduo, e que, portanto, uma vez esses dados sendo tratados, acabam por permitir uma maior exploração dos mesmos, seja por objetivos inofensivos, seja até mesmo pela comercialização desses dados. Em complemento, os dados sensíveis são os que revelam, por exemplo, a origem racial ou étnica, a filiação sindical, as questões genéticas, biométricas, e sobre a saúde ou a vida sexual de uma pessoa[194].

Por sua vez, as questões envolvendo as crianças e adolescentes também foram objeto de cuidado da LGPD, ao exigir o consentimento de um dos seus pais ou do responsável legal, para que, então, seja autorizado o tratamento, e com certas limitações, nos termos do Artigo 14 da Lei.

Neste ponto, é muito importante perceber que todo o nosso arcabouço constitucional, bem como outras normas ligadas ao Direito Digital como o Marco Civil da Internet foram aproveitadas na questão dos fundamentos da LGPD, cuja ideia era respeitar a privacidade e a intimidade dos usuários da Internet. Por outro lado, conforme Artigo 2º. da Lei, a proteção de dados pessoais tem como fundamentos, também, a autodeterminação informativa, a liberdade de expressão, de informação, de comunicação e de opinião, a inviolabilidade da honra e da imagem, o desenvolvimento econômico e tecnológico, a inovação, a livre iniciativa, a livre concorrência, a defesa do consumidor, e os direitos humanos, o livre desenvolvimento da personalidade, a dignidade e o exercício da cidadania pelas pessoas[195]. Vale destacar que o desenvolvimento e a inovação dos negócios ligados à tecnologia, está interligado à codificação e ao tratamento dos dados, com inúmeras utilidades, mas que exigem a proteção digital das pessoas, razão pela qual a LGPD procurou estar assentada nesses fundamentos.

---

194 BRASIL. Lei nº 13.709, de 14 de agosto de 2018. Lei Geral de Proteção de Dados Pessoais. Disponível em: https://www.planalto.gov.br/ccivil_03/_ato2015-2018/2018/lei/l13709.htm.

195 BRASIL. Lei nº 13.709, de 14 de agosto de 2018. Lei Geral de Proteção de Dados Pessoais. Disponível em: https://www.planalto.gov.br/ccivil_03/_ato2015-2018/2018/lei/l13709.htm.

Desde a elaboração da LGPD, e consequentemente agora com a sua vigência e execução, para além de conhecer quais são os dados pessoais, é muito importante revelar o que, de fato, seria o tratamento de dados pessoais. Basicamente, diz respeito a qualquer operação realizada com dados pessoais, como as que se referem ao acesso a esses dados, ao armazenamento dos mesmos, ao arquivamento desses dados pessoais, a avaliação dos dados, a classificação dos dados, a coleta, e a transmissão. Ainda, o tratamento de dados é revelado pelo controle, pela difusão, pela distribuição, pela eliminação, pela extração, pela modificação, pelo processamento, pela produção, pela recepção, pela reprodução, transferência e utilização.

Propícia a menção aqui, sobre alguns atores envolvidos nos procedimentos acerca do tratamento de dados. O **controlador** seria a empresa ou mesmo uma pessoa a quem compete as decisões referentes ao tratamento dos dados pessoais. O **operador** seria quem de fato realizaria o tratamento dos dados, podendo ser outra empresa, ou mesmo o próprio controlador, como verificamos nestes conglomerados como o Alphabet (Google) e Meta (Facebook, Instagram e WhatsApp), por exemplo. Agora, quando se dá a comunicação entre essas empresas e o usuário, surge a figura do **encarregado**. Então, as empresas começaram a contratar encarregados de dados, ou o chamado DPO (Data Protection Officer) termo oriundo do GDPR europeu, onde esse encarregado busca o seguimento das normas relacionadas à proteção de dados, e realiza a interação entre o controlador, o operador, o usuário, e a Autoridade Nacional de Proteção de Dados-ANPD[196].

196 Para melhor ilustração, nos termos do Art. 5º da LGPD, os envolvidos podem ser conceituados da seguinte forma:

Agentes de tratamento: o controlador e o operador.

Controlador: pessoa natural ou jurídica, de direito público ou privado, a quem competem as decisões referentes ao tratamento de dados pessoais.

Operador: pessoa natural ou jurídica, de direito público ou privado, que realiza o tratamento de dados pessoais em nome do controlador.

Em outras palavras, o que observamos por essas primeiras características, e em termos práticos, é que na medida em que o dado chega para o encarregado e é transferido para o operador, que é aquele que realiza o tratamento de dados pessoais em nome do controlador, ele começa então um procedimento mais ativo de organização e tratamento dos dados. Contudo, pela própria terminologia utilizada, nós acabamos por imaginar que são pessoas (operadores) a tratar os dados de outras pessoas. No entanto, o que de fato acontece é a programação através de códigos de software que permitem o tratamento desses dados. Então, inicialmente, o que as pessoas fazem são programas de computador que, uma vez recebendo esses dados, ou seja, indexando os mesmos quando da nossa navegação pela Internet, tratam roboticamente os referidos dados pessoais, utilizando, inclusive, inteligência artificial.

Fazendo uma comparação física dessa situação, seria aquele vendedor que, dentro do seu estabelecimento, chega ao final do dia e verifica que recebeu 50 pessoas, e que dessas 37 eram homens, e que dentre estes 20 gastaram acima de 200 reais, e o que eles mais compraram foi determinado item. O que se observa aí é que o vendedor está procurando organizar a informação que ele recolheu ao longo do dia e depois utilizá-la em proveito de ações de marketing e comercialização de produtos.

Ocorre que na Internet, nunca se teve tanta informação, e sobre tantas pessoas diferentes, razão pela qual os meios digitais entram em ação para coletar esta informação, organizar, tratar e, o mais interessante sob o ponto de vista dos encarregados e controladores dos dados, comercializar os dados pessoais. Por isso os dados passaram a valer muito, porque eles traçam perfis, traçam costumes digitais, e que uma

---

Encarregado (Data Protection Officer): pessoa indicada pelo controlador e operador para atuar como canal de comunicação entre o controlador, os titulares dos dados e a Autoridade Nacional de Proteção de Dados (ANPD).

ANPD: autoridade brasileira, sendo o órgão da administração pública responsável por zelar, implementar e fiscalizar o cumprimento da Lei em todo o território nacional.

vez sendo comercializados podem trazer benefícios para aqueles que deles se utilizarem.

Controlar os dados, difundi-los, distribuí-los, restringi-los, eliminá-los, extraí-los, modificá-los, processá-los, produzi-los, através do tratamento de listas que podem ser comercializadas, por exemplo, são compreendidas pela legislação como tratamento de dados. Devemos elevar que esta porção de possibilidades de tratamento de dados traz um poder imenso para as companhias que realizam essa operacionalização, organização, tratamento e disponibilização de forma comercial para terceiros. Logo, foi muito feliz não só a nossa legislação, mas as diversas outras sobre o tratamento de dados, como já citado. Desde o basilar GDPR[197] da União Europeia, como também o California Consumer Privacy Act (CCPA)[198] da Califórnia, que reúne grande parte das companhias que estão representadas por navegadores, motores de busca e redes sociais da Internet.

Dentro deste tema, um termo que precisa ser compreendido, e que também permite que esses dados sejam capturados, coletados, e depois tratados, são os denominados **cookies**. Muitos sites, navegadores, e mecanismos de busca utilizam os cookies para rastrear a navegação dos usuários na rede, coletando informações altamente pessoais, tratando estas informações e preferências, e transferindo (normalmente comercializando, para anúncios em banner) essas informações para outros sites. É por isso que ouvimos falar frequentemente sobre cookies na Internet. Os cookies também significam que muitos websites, redes sociais, navegadores da Internet, e mecanismos de busca, acabam

---

197 Regulamento (UE) 2016/679 do Parlamento Europeu e do Conselho, de 27 de abril de 2016, relativo à proteção das pessoas singulares no que diz respeito ao tratamento de dados pessoais e à livre circulação desses dados e que revoga a Diretiva 95/46/CE (**Regulamento Geral sobre a Proteção de Dados**). Disponível em: https://eur-lex.europa.eu/legal-content/PT/TXT/PDF/?uri=CELEX:32016R0679 .

198 STATE OF CALIFORNIA DEPARTMENT OF JUSTICE. ATTORNEY GENERAL. **California Consumer Privacy Act (CCPA)**, 2019. Disponível em: https://oag.ca.gov/privacy/ccpa .

utilizando estas ferramentas para rastrear a navegação do usuário na Internet. Uma vez um usuário acessando um website, esses cookies então são acionados e consequentemente permitem, por parte dessas companhias, a coleta de informações da sua navegação, o tratamento dessa informação, a organização e depois a transferência comercial dessa informação já tratada. A referida comercialização se dá na forma de fornecimento para empresas de marketing digital, e no seu oferecimento em serviços como banners, propagandas, anúncios e marketing.

Inicialmente, os cookies parecem inofensivos. No entanto, eles acabam permitindo que mecanismos de rastreamento digital entrem em ação, com a consequente coleta de dados pessoais, integrado com outros programas de tratamento. Esses mecanismos permitem o conhecimento de nossos costumes digitais. Na medida em que acessamos a Internet, os servidores localizados nos navegadores da rede, nos buscadores e websites, acabam por nos conectar virtualmente a estes cookies que ficam armazenados em nossos devices (computadores, celulares, tablets), sendo ativados e reativados nas diversas vezes que acionarmos esse navegador. Logo, os cookies passam a coletar nossos costumes digitais, traçando nossos perfis, demonstrando as tendências individuais e coletivas, que uma vez organizadas (tratadas) passam a ser comercializadas por esses controladores de dados, que são essas grandes companhias que coletam e tratam os dados pessoais.

Todavia, especial problema suscita, se observarmos que, em verdade, todos esses fatos jurídicos oriundos da navegação da Internet, uma vez tratados, poderiam trazer potenciais repercussões jurídicas negativas aos usuários. De fato, isso é correto. De outra sorte, a LGPD brasileira, bem como o GDPR da União Europeia buscaram compatibilizar os interesses, os direitos relacionados à intimidade e à privacidade dos usuários digitais (titulares dos dados), com os objetivos inovadores das novas empresas da Internet e do comércio eletrônico (controladores). Ou seja, a ideia é evoluir e desenvolver o segmento digital, com a boa prática do tratamento de dados, inclusive por parte do setor público, sem criar obstáculos intransponíveis para a inovação.

Embora muitas vezes os objetivos possam ser antagônicos entre os usuários e os controladores, e com toda a legislação protetiva, resta a pergunta sobre se é possível uma empresa tratar os dados pessoais de forma legal. A resposta é afirmativa, e o fundamento básico apresentado pelo GDPR (União Europeia) e pela LGPD é que haja a concordância do usuário. Então a ideia em geral é basear-se acerca do consentimento, no qual a pessoa possa definir se esses dados poderão ser tratados, e como eles deverão ser tratados. Neste sentido, é fundamental que as ferramentas digitais dispostas ao usuário permitam essa decisão acerca da relação jurídica, inclusive sobre a comercialização dos dados, antes ou depois do tratamento.

O ponto fulcral da norma permitir a convenção das partes (Art. 7º., I), necessita de solução técnica digital, para que a cada momento em que acessamos determinado site (ou que nos inscrevemos em uma rede social), sejamos convidados a concordar. Primeiramente, se aceitamos os cookies, depois de como aceitaríamos o tratamento (finalidades, entre outros). Sabemos que, muito embora seja assim, não quer dizer que seja a melhor forma. Ocorre que os websites acabam por usar a criatividade para tornar a tarefa árdua, dificultando a negativa pelo excesso de cliques ou subterfúgios inseridos nos escritos dos termos de serviço. Ademais, muitas empresas evitam a opção de rejeitar o tratamento de dados, acabando por impor alguma forma de tratamento. Para nós, uma solução técnica mais justa seria aquela na qual, por direito, o usuário não tivesse seus dados pessoais coletados e tratados, não precisando escolher a cada entrada em um novo site. Contudo, caso concorde com o tratamento, então deveria clicar em link específico disposto no sítio em questão. Esta autonomia do titular dos dados, de fato seria a mais correta solução jurídica. Isto porque, ao observarmos o contexto digital atual, as pessoas acabam por clicar nos pop-ups (concordando com o tratamento total), com o intuito de se livrarem destes avisos, e não necessariamente por concordar com o tratamento. Em verdade, o usuário quer prosseguir para a página de seu interesse rapidamente, evitando parar para ler, a cada site, os termos e condições do tratamento de dados.

A tradução lusitana para os cookies, que é "testemunhos", reflete muito bem o que de fato acontece. Ao acessar um site e concordar, é como se estivéssemos aceitando que um big brother digital acompanhasse tudo o que fazemos, de forma pormenorizada, sem qualquer privacidade. Em outras palavras, estamos sendo espionados digitalmente o tempo todo. Sendo assim, o usuário não visualiza, de fato, o que está por trás de todas estas tarefas inerentes à coleta, tratamento, uso, e comercialização dos dados.

Por outro lado, na perspectiva normativa, isso não equivale a dizer que não haja limites para esse tratamento. Com efeito, a obrigação legal do responsável pelo tratamento é seguir determinadas condutas. De maneira geral, o consentimento deve ser expresso, mas a utilização dos dados também pode ser feita para cumprir uma obrigação legal, ou seja, uma regra. Logo, o tratamento pode ser realizado, por exemplo, nos termos do Art. 7º. da LGPD, pela administração pública, para o tratamento e uso compartilhado de dados necessários à execução de políticas públicas, para a realização de estudos por órgão de pesquisa, sem a individualização da pessoa, para a proteção da vida, para a tutela da saúde, exclusivamente, em procedimento realizado por profissionais de saúde, serviços de saúde ou autoridade sanitária, para a execução de um contrato, para a proteção do crédito, quando necessário para atender aos interesses legítimos do controlador ou de terceiro, e para pleitos em processo judicial, administrativo ou arbitral. Vale ressaltar, neste último ponto, sobre a possibilidade, já prevista no Marco Civil da Internet, dos interessados poderem solicitar dados, inclusive de terceiros, mediante ordem judicial, para que possam comprovar determinada ocorrência, ou então substanciar e fundamentar o seu processo judicial.

Neste contexto digital, baseado no consentimento, que é o âmago normativo da norma brasileira, a utilização da LGPD em procedimentos judiciais, aquando de eventual violação de dados pessoais, indicará ao julgador(a) que verifique as condições e princípios acerca do tratamento realizado, em especial quando trouxer prejuízos e responsabilidades às partes envolvidas. Para tanto, o Juiz(a) observará:

> Art. 6º As atividades de tratamento de dados pessoais deverão observar a boa-fé e os seguintes princípios:
> I - finalidade: realização do tratamento para propósitos legítimos, específicos, explícitos e informados ao titular, sem possibilidade de tratamento posterior de forma incompatível com essas finalidades;
> II - adequação: compatibilidade do tratamento com as finalidades informadas ao titular, de acordo com o contexto do tratamento;
> III - necessidade: limitação do tratamento ao mínimo necessário para a realização de suas finalidades, com abrangência dos dados pertinentes, proporcionais e não excessivos em relação às finalidades do tratamento de dados;
> IV - livre acesso: garantia, aos titulares, de consulta facilitada e gratuita sobre a forma e a duração do tratamento, bem como sobre a integralidade de seus dados pessoais;
> V - qualidade dos dados: garantia, aos titulares, de exatidão, clareza, relevância e atualização dos dados, de acordo com a necessidade e para o cumprimento da finalidade de seu tratamento;
> VI - transparência: garantia, aos titulares, de informações claras, precisas e facilmente acessíveis sobre a realização do tratamento e os respectivos agentes de tratamento, observados os segredos comercial e industrial;
> **VII - segurança: utilização de medidas técnicas e administrativas aptas a proteger os dados pessoais de acessos não autorizados e de situações acidentais ou ilícitas de destruição, perda, alteração, comunicação ou** difusão;
> VIII - prevenção: adoção de medidas para prevenir a ocorrência de danos em virtude do tratamento de dados pessoais;

> IX - não discriminação: impossibilidade de realização do tratamento para fins discriminatórios ilícitos ou abusivos;
> X - responsabilização e prestação de contas: demonstração, pelo agente, da adoção de medidas eficazes e capazes de comprovar a observância e o cumprimento das normas de proteção de dados pessoais e, inclusive, da eficácia dessas medidas. (grifo nosso) [199]

Realmente, observa-se que a segurança pelos vazamentos, destruições, invasões relacionadas aos dados dos usuários, tendo em vista que houve a concordância pelo tratamento, e depois com esses dados sendo perdidos, podem gerar responsabilidades ao operador, ao controlador e ao encarregado, cada qual alinhado à sua participação no episódio. Trata-se de tema de enorme interesse e complexidade, cujo exemplo traremos na parte sobre casos essenciais.

Neste momento, considerando a internacionalidade do tema, vale discorrer sobre a aplicabilidade da LGPD, nos termos do Art. 3º., in verbis:

> Art. 3º Esta Lei aplica-se a qualquer operação de tratamento realizada por pessoa natural ou por pessoa jurídica de direito público ou privado, independentemente do meio, do país de sua sede ou do país onde estejam localizados os dados, desde que:
> I - a operação de tratamento seja realizada no **território nacional**;
> II - a atividade de tratamento tenha por objetivo a oferta ou o fornecimento de bens ou serviços ou o tratamento de dados de indivíduos localizados **no território nacional**; ou
> III - os dados pessoais objeto do tratamento tenham sido coletados no **território nacional**.
> § 1º Consideram-se coletados no **território nacional** os dados pessoais cujo titular nele se encontre no momento da coleta.

199 BRASIL. Lei nº 13.709, de 14 de agosto de 2018. Lei Geral de Proteção de Dados Pessoais. Disponível em: https://www.planalto.gov.br/ccivil_03/_ato2015-2018/2018/lei/l13709.htm .

§ 2º Excetua-se do disposto no inciso I deste artigo o tratamento de dados previsto no inciso IV do caput do art. 4º desta Lei. (grifo nosso) [200]

Sob o prisma legal, a LGPD estabeleceu como expressão para sua aplicabilidade[201] o território nacional. Logo, a norma não se aplica a dados de fora do Brasil, e que não sejam objeto de transferência internacional.

A LGPD busca ter abrangência extraterritorial, não importando, na perspectiva da norma, se a organização ou o centro de dados está dentro ou fora do Brasil. Em adendo, a LGPD, a despeito do que fez, em primeiro momento a União Europeia, permite o compartilhamento de dados com outros países que também protejam os dados. Em complemento, a Autoridade Nacional de Proteção de Dados (ANPD) é o órgão da administração pública responsável por zelar, implementar e fiscalizar o cumprimento da LGPD no Brasil. Logo, nos termos da Lei não resta claro o que deve ser feito para a fiscalização no exterior, e a eventual efetividade da verificação do cumprimento fora do país.

Sob este prisma, este ponto merece maiores considerações. Isto porque o controle após a coleta dos dados não é questão simples de investigar. As empresas controladoras são globais e constantemente trabalham com nuvens e servidores espalhados pelo planeta, e em satélites no espaço extra-atmosférico. A transferência internacional é constante e instantânea. Em consequência, não é tarefa fácil garantir a efetividade de uma legislação nacional frente ao contexto digital global.

Neste sentido, a proteção de dados pessoais passou a ser um dos pontos fulcrais de abordagem dos legisladores em grande parte do

200 BRASIL. Lei nº 13.709, de 14 de agosto de 2018. Lei Geral de Proteção de Dados Pessoais. Disponível em: https://www.planalto.gov.br/ccivil_03/_ato2015-2018/2018/lei/l13709.htm .

201 As exceções estão elencadas no Artigo 4º da Lei, e, em síntese são aquelas para fins exclusivamente jornalísticos e artísticos, de segurança pública, de defesa nacional, de segurança do Estado, de investigação e repressão de infrações penais, para fins particulares (sem fins econômicos).

mundo. A Internet, em especial dominada por inovadoras empresas, encontra Ambiente Digital com qualificada hospedagem, tratamento e utilização de dados oriundos de diferentes localidades no planeta[202].

De fato, a transferência internacional de dados pessoais e empresariais é prática rotineira das empresas que guardam este novo ouro da Internet, desafiando as legislações nacionais. Diversas razões estimulam esta atitude como a legislação que será aplicada no destino, a jurisdição que poderá ser acionada, a tributação que incidirá, bem como os custos e tecnologia disponível no local ou nuvem dos dados[203].

Assim, os principais governos do mundo estão sendo chamados a responder a estes novos desafios de constante mobilidade e difícil acesso e regulação dos conteúdos dos usuários e empresas espalhados pela rede mundial.

Nesta perspectiva, os países procuram controlar o fluxo de informações (dados) dentro de suas fronteiras e, ao mesmo tempo, formar escudos virtuais protetivos contra-ataques cibernéticos vindos de fora de suas fronteiras[204].

Nunca, anteriormente, na história das civilizações, o fenômeno da internacionalidade foi tão constante, digital e desafiador. Logo, iniciativas de regulação proliferam em diferentes países como a Índia, a China, o Brasil, bem como a California (local de sede das mais relevantes empresas da Internet) e a União Europeia[205].

---

202 *Vide* FREIRE E ALMEIDA, Daniel; SCRIPTORE, Verônica F. Almeida. **Proteção de Dados na Perspectiva do Direito Internacional na Internet**. New York: Lawinter Editions, 2019.

203 *Vide* FREIRE E ALMEIDA, Daniel; SCRIPTORE, Verônica F. Almeida. **Proteção de Dados na Perspectiva do Direito Internacional na Internet**. New York: Lawinter Editions, 2019.

204 *Vide* FREIRE E ALMEIDA, Daniel; SCRIPTORE, Verônica F. Almeida. **Proteção de Dados na Perspectiva do Direito Internacional na Internet**. New York: Lawinter Editions, 2019.

205 *Vide* FREIRE E ALMEIDA, Daniel; SCRIPTORE, Verônica F. Almeida. **Proteção de Dados na Perspectiva do Direito Internacional na Internet**. New York: Lawinter Editions, 2019.

Pode revelar-se mais difícil, em termos de efetividade, elaborar normas e políticas de segurança nacional para dados e tecnologia que circulam facilmente pelas fronteiras, alavancados pela Internet. Entretanto, para prosperar no século da Internet os países devem agora colocar os dados no centro de suas políticas internacionais, com vistas a formar convenções internacionais que reflitam a realidade que se coloca: os dados digitais estão em todo o planeta. Uma legislação, baseada em território nacional, como a LGPD, encontrará dificuldades em ser, de fato, efetiva para os casos relevantes da Internet.

Embora os resultados estejam ainda em análise basilar por parte dos pesquisadores e profissionais do Direito, o fenômeno regulatório da proteção de dados baseado em território já encontrou restrições, como no caso da própria União Europeia ao se deparar com a maciça transferência internacional para os Estados Unidos da América, o que levou a constantes rupturas nos acordos realizados, como o Safe Harbour e o Privacy Shield, que discorreremos ainda neste ponto.

Aliás, antes de tomar conhecimento dos percalços enfrentados pela União Europeia, é que a LGPD acabou por ser promulgada permitindo a transferência internacional, desde que com consentimento do titular, para país ou organização internacional que proteja os dados pessoais de forma compatível com o Brasil, entre outros pontos autorizativos dos artigos 33 a 36 da Lei. Foi neste mesmo sentido o que fora estabelecido no GDPR europeu. O que a norma não previu é o que de fato ocorre: a transferência internacional é o padrão, e os dados são hospedados e tratados globalmente. **Tudo isso dificulta o controle sobre o seguimento da norma nacional, e o acesso aos dados em casos judiciais.**

Em decorrência, trata-se de assunto fundamental na compreensão do Ambiente Digital, este ponto sobre a questão da transferência internacional dos dados. Em verdade, quando os dados pessoais são transferidos para outro país ou organismo internacional, então ele é entendido como "dado transferido internacionalmente". Observamos que não é proibido, pela Lei, que uma empresa se socorra por esta prática. Aliás, podemos afirmar que praticamente todos os dados pessoais dos usuários brasileiros que trafegam por essas grandes companhias, conhecidos aplicativos, e big techs da Internet, sofrem uma transferência internacional. Esta é a regra, não a exceção.

A LGPD permite que isso seja feito, desde que o titular dos dados concorde, e haja compatibilidade da legislação dos países que recebem esses dados. Mas, observemos que o usuário não se dá conta efetiva dos termos desta concordância quando procede à inscrição em aplicativos e redes sociais. Em complemento, além da hospedagem desses dados, que geralmente é feita no exterior, devemos considerar o tratamento posterior, e sua aplicação de volta no Brasil (os dados são tratados para seus resultados serem usados). Em adendo, características como a programação, a operação normalmente feita à distância, a Internet podendo ser oferecida por satélites, globalmente, as companhias sendo multinacionais, e os sistemas de pagamentos sendo internacionais, revelam que estamos em face de um ambiente multinacional. Por conseguinte, não dá para fugir de uma transferência internacional de dados pessoais no Ambiente Digital.

Em consequência, para analisar a compatibilidade da legislação dos países que recebem esses dados, com a LGPD brasileira, tem-se um desafio enorme em termos práticos. Primeiro, para que de fato se possa analisar a compatibilidade, precisamos saber que países receberam os dados. Depois da análise, precisamos ter certeza de que a norma foi seguida. Isto levou a avanços e retrocessos no caso europeu, que primeiramente estipulou norma sobre a permissão da transferência internacional, desde que os fundamentos e princípios regratórios do país de origem fossem assegurados.

Em contrapartida, há um movimento global pela proteção de dados pessoais, em geral no mundo inteiro, com cada país estipulando a sua regra, mas que não asseguram questões relacionadas à similaridade de como esse dado deve ser tratado, dependendo de uma análise do caso concreto.

Mas, a despeito do caso europeu, as regulações dos países estão preocupadas com a transferência internacional de dados, porque sabem que esses dados, uma vez sendo transferidos para o exterior, pouco as normas podem garantir no que diz respeito ao tratamento adequado. Ainda, caso haja uma necessidade de requisição judicial desses dados, as ordenações nacionais estão limitadas sobre o acolhimento por essas empresas internacionais, já que, as companhias, estando distantes da legislação, e da decisão do tribunal, em razão da territorialidade dos mesmos, pouco seriam constrangidas em termos práticos.

Sendo isso que vem ocorrendo no contexto digital, alguns países têm buscado obrigar a hospedagem nacional dos dados, como a Índia, por exemplo, nos dados de pagamentos, o que acaba contrariando a própria arquitetura da Internet, que é global. Tal fato, tem levado, também, as grandes companhias a uma atitude contrária à essa obrigatoriedade de se hospedar os dados no lugar de origem, porque desejam tratar os dados no mundo inteiro, e não necessariamente no país das informações.

De fato, a nacionalização da hospedagem dos dados, de forma normativa, acaba criando uma fragmentação da Internet, ou seja, uma divisão delas em cenários e contextos digitais, dificultando, também, o livre fluxo da navegação digital, e é claro o tratamento desses mesmos dados. Vale asseverar, inclusive, que a existência da norma não garante sua efetividade, pois as empresas utilizam a Internet global como um ambiente único, ignorando tecnologicamente as regras nacionais.

Ademais, como já refletimos, os dados não são somente de interesse do titular, ou da companhia tratadora, mas de interesse da justiça. Isto porque os dados são provas, e podem ser utilizados em procedimentos judiciais. A justiça, ao precisar do acesso aos dados se depara com sua distância, geralmente internacional, e a dificuldade em conseguir o fornecimento adequado. Observarmos que muitos desses dados são hospedados em plataformas de nuvens, em satélites de hospedagem, e não estão necessariamente nacionalizados. Surge, pois, a dificuldade em se resolver este dilema.

Para enredar a temática, quando estamos navegando, passamos a concordar com os termos de serviços destas empresas, como o Google Cloud Platform, Amazon Web Services, Microsoft Azure, entre outras, que não só reúnem grande quantidade de dados, mas hospedam e tratam os mesmos de forma global. Em grande parte, a decisão pela utilização da legislação não coincide com a nossa, sendo que a hospedagem dos mesmos não é em nosso país, nem sob a jurisdição de tribunal brasileiro. Neste sentido, temos um desafio enorme pela frente que, para ser resolvido, precisa ultrapassar o dilema de uma Internet global vs. uma legislação nacional.

Devemos perceber que, uma vez contratando a hospedagem nessas companhias, estamos escolhendo a lei de outro país (e não a LGPD) e o tribunal de outro país, e não o brasileiro.

Este mesmo imbróglio chegou às vias judiciais e legislativas, envolvendo a União Europeia e os Estados Unidos da América, no que diz respeito às grandes companhias da Internet. Importante, para o entendimento do tema, é a percepção de que as big techs, oriundas dos Estados Unidos da América, passaram a ser objeto do regramento de proteção de dados formulado pela Comissão Europeia, e pelo GDPR da União Europeia, como já citado. Portanto, da aparente colidência de interesses, passamos a soluções que permitiram a transferência internacional de dados (como copiou a LGPD), mas que acabaram sendo problemáticas.

Isto porque, em um primeiro momento, a União Europeia criou um programa com os Estados Unidos da América intitulado de "Safe Harbor". O programa visava contornar a Diretiva 95/46/EC da UE relativa à proteção de dados pessoais e a manter a privacidade e integridade desses dados, que proibia a transferência internacional de dados pessoais dos cidadãos europeus para outros países que não cumpriam as mesmas normas de proteção de privacidade.

Para cumprir com essa instrução, o arcabouço do Safe Harbor EUA-UE foi engendrado em 2000 pelo Departamento de Comércio dos Estados Unidos e pela Comissão Europeia, com o objetivo de ultrapassar as disparidades de abordagem quanto à privacidade entre os espaços jurídicos e oferecer um processo simplificado de transferência internacional de dados pessoais da União Europeia para os Estados Unidos. A partir daí, empresas elegíveis norte-americanas (cerca de 4.500 empresas) que hospedavam e tratavam dados pessoais coletados na Europa poderiam aderir ao programa, por meio de uma auto certificação, e concordância de sete princípios do Safe Harbor e de perguntas relacionadas. Ao fim e ao cabo, a ideia era que, uma vez os dados sendo transferidos, os usuários europeus (imagine aí um turbilhão de dados pessoais, com fluxos que sustentam em torno de 1 trilhão de euros anuais de exportações de serviços da UE para os Estados Unidos) fossem resguardados pela devida observância dos padrões europeus normativos.

No entanto, como era de se esperar, o cumprimento foi insatisfatório, e em resposta ao caso entre Maximillian Schrems e o Data Protection Commissioner, em 06 de outubro de 2015, o Tribunal de Justiça da União Europeia decidiu que a estrutura do Safe Harbor era inválida, levando as empresas a buscar outro método para transferir internacionalmente dados pessoais.

Neste desenrolar, foi criado um novo artifício: o "EU-U.S. Privacy Shield" (Escudo de Proteção da Privacidade entre os Estados Unidos e a União Europeia) para transferir dados originados na Europa para os EUA. Assim, em 2016, o Departamento de Comércio dos Estados Unidos organizou com a Comissão Europeia um novo sistema de proteção de privacidade que permitiu que as empresas norte-americanas atendessem às exigências das regras europeias, com algumas condições mais transparentes entre as partes. Entretanto, emergiu o escândalo da Cambridge Analytica e do Facebook, que demonstrou, de maneira explícita, que essas normas não estavam sendo cumpridas.

O referido contexto, culminou, em 2020, em nova decisão do Tribunal de Justiça da União Europeia, que invalidou o Privacy

Shield. A disposição europeia é o fim do caso C-311/18, que envolveu o Comissariado de Proteção de Dados Europeu, o Facebook Ireland Limited, e o austríaco Maximillian Schrems, que intercede pela privacidade e proteção de dados dos usuários europeus.

Repare-se, então, que as saídas (Safe Harbor e Privacy Shield) que eram consequência das normas europeias (Diretiva 95/46/EC da UE, e o GDPR) foram as mesmas que a LGPD imitou. Ambas foram invalidadas, por insuficientes para garantir a privacidade e a proteção de direitos no contexto internacional de transferências. Para deixar tudo mais complicado, a LGPD ainda segue esta linha, sem uma análise reflexiva dos resultados europeus. Portanto, não devemos acreditar que os dados transferidos para o exterior, por estas mesmas empresas envolvidas, sigam as normas brasileiras a respeito, visto que as evidências demonstram o contrário.

Em continuidade, em virtude da decisão do tribunal de justiça europeu de não permitir mais a transferência de dados da Europa para os Estados Unidos, é que a Meta ameaçou sair da União Europeia. Contudo, as negociações entraram em ação para um novo acordo entre EUA e UE a respeito. E foi o que aconteceu, com o "EU-U.S. Data Privacy Framework"[206].

Efetivo desde julho de 2023, o acordo busca alinhar as partes quanto ao compromisso de melhorar a proteção da privacidade, o estado de direito e o reconhecimento da importância dos fluxos internacionais de dados. No entanto, os Estados Unidos afirmam, no acordo, que adotam uma abordagem diferente daquela seguida pela União Europeia para a proteção da privacidade. Segundo o acordo, os Estados Unidos usam uma abordagem setorial que se baseia em uma mistura de legislação,

206 EU-U.S. DATA PRIVACY FRAMEWORK. Disponível em: https://trade.my.salesforce.com/sfc/p/#t0000000Gydl/a/3d000001S1r1/86CyKiKrJE6NwZd5f0fRPHS.z27HA2rz5h_XyKgDSPY .

regulamentação e autorregulação[207]. Sendo assim, ou não, o novo quadro normativo assegura a transferência internacional de dados, trazendo certa segurança jurídica aos envolvidos, mas não garante sua eterna continuidade, podendo ser invalidado no futuro. É difícil, em termos efetivos, um país verificar como está sendo feito o tratamento em outro, partindo do pressuposto de que não haja cooperação transparente.

Em nossa perspectiva, ou há um instrumento global a respeito ou dificilmente as normas serão respeitadas em termos de transferências internacionais por meio de auto certificação.

Por outro lado, na análise da LGPD, cabe discorrer que, quando os usuários têm os seus dados sendo organizados e tratados na Internet, eles têm o direito a pedir o acesso a esses dados, a pedir correção quando eles se encontram equivocados, e até mesmo a pedir a eliminação dos mesmos (artigos 17 a 22). Então, a LGPD traz diversos direitos a respeito da confirmação sobre os seus dados, o acesso aos mesmos, a correção, a sua eliminação, sobre a portabilidade das informações, acerca de como está sendo feito o compartilhamento desses dados, entre outros.

Em geral, a Lei Geral de Proteção de Dados Pessoais busca proteger o usuário em relação à operacionalização do tratamento de dados. Por conseguinte, começam a surgir as ações judiciais a respeito, avaliando o cumprimento da LGPD, com suas consequências e sanções, que nos concentraremos ainda neste ponto.

Neste desenrolar, é possível afirmar que a LGPD possui como âmago fundamental o consentimento do titular de dados. Logo, o usuário deve concordar para que o tratamento seja feito pelo operador dos dados. O site que ele está acessando, no sentido da norma brasileira, deve basear-se acerca do consentimento. Para dados de crianças,

207 EU-U.S. DATA PRIVACY FRAMEWORK. Disponível em: https://trade.my.salesforce.com/sfc/p/#t0000000Gydl/a/3d000001S1r1/86CyKiKrJE6NwZd5f0fRPHS.z27HA2rz5h_XyKgDSPY .

a concordância deve ser dada por um dos pais ou do responsável[208]. Outro ponto a ser mencionado é sobre a definição clara de dados pessoais, conforme trouxemos no início deste tópico, que é a informação relacionada a pessoa natural identificada ou identificável. A norma também estabelece os agentes de tratamento de dados e suas funções. Acerca da gestão de riscos e falhas, a Lei indica que quem gere bases de dados terá que fazer a sua gestão[209].

Um ponto igualmente relevante diz respeito à transparência, pela qual em caso de ocorrência de vazamento de dados, a ANPD e os usuários devem ser alertados. Neste ponto, as falhas de segurança podem gerar sanções, conforme o Artigo 52º., in verbis:

> Art. 52. Os agentes de tratamento de dados, em razão das infrações cometidas às normas previstas nesta Lei, ficam sujeitos às seguintes sanções administrativas aplicáveis pela autoridade nacional:
> I - advertência, com indicação de prazo para adoção de medidas corretivas;
> II - multa simples, de até 2% (dois por cento) do faturamento da pessoa jurídica de direito privado, grupo ou conglomerado no Brasil no seu último exercício, excluídos os tributos, limitada, no total, a R$ 50.000.000,00 (cinquenta milhões de reais) por infração;
> III - multa diária, observado o limite total a que se refere o inciso II;
> IV - publicização da infração após devidamente apurada e confirmada a sua ocorrência;
> V - bloqueio dos dados pessoais a que se refere a infração até a sua regularização;
> VI - eliminação dos dados pessoais a que se refere a infração;
> VII - (VETADO);

---

208 BRASIL. Lei nº 13.709, de 14 de agosto de 2018. Lei Geral de Proteção de Dados Pessoais. Disponível em: https://www.planalto.gov.br/ccivil_03/_ato2015-2018/2018/lei/l13709.htm .

209 BRASIL. Lei nº 13.709, de 14 de agosto de 2018. Lei Geral de Proteção de Dados Pessoais. Disponível em: https://www.planalto.gov.br/ccivil_03/_ato2015-2018/2018/lei/l13709.htm .

> VIII - (VETADO);
>
> IX - (VETADO).
>
> X - suspensão parcial do funcionamento do banco de dados a que se refere a infração pelo período máximo de 6 (seis) meses, prorrogável por igual período, até a regularização da atividade de tratamento pelo controlador;
>
> XI - suspensão do exercício da atividade de tratamento dos dados pessoais a que se refere a infração pelo período máximo de 6 (seis) meses, prorrogável por igual período;
>
> XII - proibição parcial ou total do exercício de atividades relacionadas a tratamento de dados. [210]

Sobre este último item, uma preocupação muito grande relacionada aos dados em geral é sobre o risco a que eles estariam expostos quanto aos servidores nas nuvens, nos ambientes de terceiros, onde estariam hospedados. A garantia da segurança da informação, onde a capacidade de sistemas e organizações deveriam assegurar a disponibilidade, a integridade, a confidencialidade e a autenticidade dos dados, pode ficar em risco na Internet. Os dados são transferidos, inclusive para o exterior, onde são hospedados, tratados e comercializados. A preocupação é justa porque os sistemas podem ser invadidos, dados podem ser compartilhados de forma ilícita, vazamentos podem ocorrer e muitos desses dados, para além de serem dados pessoais, também podem ser sensíveis.

Não obstante, o usuário não gostaria que os mesmos fossem compartilhados, incluindo, até mesmo, questões relacionadas a números de cartão de crédito, identificações, e outras informações mais qualitativas que poderiam trazer prejuízos aos titulares desses dados. Então, a norma preconiza pela busca da segurança desses dados. Logo, em cada caso, deve ser feita uma análise relacionada à capacidade preventiva dos encarregados, das empresas, e dos agentes de tratamento, sobre

---

210 BRASIL. Lei nº 13.709, de 14 de agosto de 2018. Lei Geral de Proteção de Dados Pessoais. Disponível em: https://www.planalto.gov.br/ccivil_03/_ato2015-2018/2018/lei/l13709.htm .

se teriam condições de não só organizarem essas informações, mas também de manterem todas elas protegidas, íntegras, confidenciais, e autênticas.

Por conseguinte, quem infringir a LGPD fica sujeito a eventuais sanções administrativas, como a advertência, a multa simples, a multa diária, a suspensão parcial ou total de funcionamento, além de outras medidas.

Como se observa hodiernamente, já são inúmeras as ocorrências de vazamentos, de ataques, de invasões no mundo digital, relacionadas aos usuários e empresas, com dados vazados para golpes envolvendo PIX, WhatsApp, interceptação de sistemas informáticos, com diversas violações à LGPD. Assim, as questões envolvendo as responsabilidades daí advindas justificam a inserção do Artigo 52 da norma, com as potenciais sanções. Portanto, a multa de até 50.000.000,00 (cinquenta milhões de reais) por infração, estabelecida pela LGPD é muito oportuna, e ao nosso ver necessária, em virtude dos riscos e consequências lesivas aos milhões de usuários. Contudo, cabe ao Poder Judiciário começar a aplicar, porque não é isso que temos acompanhado no cenário prático, relacionado às responsabilidades envolvidas, já que as aplicações de multas têm sido ainda tímidas. Tal cenário difere do que acontece, por exemplo, nos Estados Unidos da América e na União Europeia, com casos recentes envolvendo o Facebook, o Google, entre outros.

Outro ponto muito relevante, nos termos do Artigo 42 da LGPD, diz respeito à responsabilidade civil. Neste caso, o responsável pela atividade de tratamento de dados que causar dano patrimonial, moral, individual ou coletivo, é obrigado a reparar. Neste desenrolar, o magistrado, no processo civil, conforme o Artigo 42, poderá inverter o ônus da prova a favor do titular dos dados pessoais quando, a seu juízo, for verossímil a alegação, houver hipossuficiência para fins de produção de prova ou quando a produção de prova pelo titular resultar-lhe excessivamente onerosa[211]. Isto tudo para que se possibilite ao titular dos dados provar que os dados foram violados e que não houve respeito à LGPD.

Por fim, uma importante inovação constitucional no Brasil foi a promulgação da **Emenda** que instituiu e incluiu a **proteção de dados pessoais** entre os **direitos fundamentais** dos brasileiros e das brasileiras. Neste passo, então, a partir de fevereiro de 2022, houve o reconhecimento de que os dados pessoais são também direitos fundamentais dos usuários da Internet no Brasil. Neste sentido, a Emenda Constitucional nº. 115 de 2022, incluiu o inciso 79 no Artigo quinto, assegurando aos usuários da Internet em nosso país o direito à proteção dos dados pessoais, inclusive no Ambiente Digital, nestes termos:

> Art. 5º
>
> ...
>
> LXXIX - é assegurado, nos termos da lei, o direito à proteção dos dados pessoais, inclusive nos meios digitais.

Assim, com a referida Emenda, a proteção de dados pessoais passou a integrar os direitos e garantias fundamentais, e houve a fixação da competência privativa da União para legislar sobre proteção e tratamento de dados pessoais. Nesta direção, os artigos 21 e 22 passaram a ter novas inclusões, assim dispostas:

> Art. 21. Compete à União:
>
> ...
>
> XXVI - organizar e fiscalizar a proteção e o tratamento de dados pessoais, nos termos da lei."
>
> Art. 22. Compete privativamente à União legislar sobre:
>
> ...
>
> XXX - proteção e tratamento de dados pessoais.[212]

211 BRASIL. Lei nº 13.709, de 14 de agosto de 2018. Lei Geral de Proteção de Dados Pessoais. Disponível em: https://www.planalto.gov.br/ccivil_03/_ato2015-2018/2018/lei/l13709.htm .

212 BRASIL. Constituição da República Federativa do Brasil de 1988. Disponível em: https://www.planalto.gov.br/ccivil_03/constituicao/constituicao.htm .

Para assegurar a precedência dos fatos, devemos relembrar que, no espaço europeu, a proteção das pessoas relativamente ao tratamento de dados pessoais já era um direito fundamental. O Artigo 8º., nº 1, da Carta dos Direitos Fundamentais da União Europeia (2000) e o Artigo 16 º., n º. 1, do Tratado sobre o Funcionamento da União Europeia (1992) estabeleceram que todas as pessoas têm direito à proteção dos dados de caráter pessoal que lhes digam respeito.

De qualquer forma, trata-se de uma importante garantia para os brasileiros e brasileiras, daquilo que já foi preconizado em outros espaços, para o reconhecimento de que a Internet está cada vez mais presente no nosso cotidiano, cada vez mais fazendo parte dos nossos interesses, das nossas práticas, do nosso dia a dia, razões pelas quais desejamos que os nossos dados sejam protegidos também no Ambiente Digital. É o que reconhece nossa Carta Magna com a promulgação da Emenda Constitucional nº. 115 de 2022.

Casos essenciais:

As violações aos direitos indicados nas normas de proteção de dados pessoais têm sido, em geral, objeto de processos judiciais em todo o mundo. Muito embora o Brasil esteja em patamares condenatórios inferiores aos de outras partes do mundo, o futuro promete maior atenção.

Em breve apanhado a respeito, a Meta Platforms Inc. concordou em indenizar usuários no valor total de 725 milhões de dólares (mais de 3,6 bilhões de reais), em uma única ação coletiva a despeito do caso Cambridge Analytica. O imbróglio, julgado pelo magistrado Vince Chhabria, em São Francisco, na Califórnia, e embasado no California Consumer Privacy Act (CCPA)[213], demonstra que a justiça norte-americana possui outras perspectivas aquando da estipulação de indenizações.

---

213 STATE OF CALIFORNIA DEPARTMENT OF JUSTICE. ATTORNEY GENERAL. **California Consumer Privacy Act (CCPA)**, 2019. Disponível em: https://oag.ca.gov/privacy/ccpa .

Este mesmo caso (Cambridge Analytica) levou o Facebook, a pagar multa para a Federal Trade Commission dos Estados Unidos (FTC), com um valor total de US$ 5 bilhões. A razão principal da condenação é resultado do compartilhamento de dados de 87 milhões de usuários com a Cambridge Analytica. Ainda, o Facebook, Inc. passou a ser submetido a restrições e a uma estrutura corporativa modificada que responsabiliza a empresa pelas decisões que tomar sobre a privacidade de seus usuários, resolvendo as acusações da FTC de que a empresa violou uma ordem da FTC de 2012, ao enganar os usuários sobre sua capacidade de controlar a privacidade de suas informações pessoais através do consentimento em termos de serviços[214].

A seu turno, os casos brasileiros ainda são tímidos, não revelando a importância provisionada pela legislação sobre os direitos fundamentais relacionados à proteção de dados pessoais.

Entretanto, decisões como a de 2023 do Tribunal de Justiça de Minas Gerais, que condenou a Meta a pagar R$ 20 milhões pelo vazamento de dados pessoais de cerca de 29 milhões de usuários do Messenger e do WhatsApp, em 2018 e 2019, podem alterar este cenário. Contudo, não obstante, a Justiça negou pedidos de indenização aos usuários lesados (de 5 mil reais cada), justificando que, para a execução individual, seria necessário um novo processo, independente dos autos em questão. As duas ações civis públicas, iniciais, foram movidas pelo Instituto de Defesa Coletiva após um ataque ao sistema da Meta, com o objetivo de responsabilizar a empresa pelos danos causados aos usuários[215].

---

214 FEDERAL TRADE COMMISSION. **Fact Sheet on 2019 FTC Order with Facebook**. Disponível em: https://www.ftc.gov/system/files/attachments/press-releases/ftc-imposes-5-billion-penalty-sweeping-new-privacy-restrictions-facebook/2019_order_fact_sheet_facebook.pdf .

215 *Vide* INSTITUTO DE DEFESA COLETIVA. **Indenização pelo vazamento de dados dos usuários do Facebook e do WhatsApp em 2018 e 2019**. Disponível em: https://facebook.defesacoletiva.org.br/ .

Para o magistrado, José Maurício Cantarina Villela, da 29ª Vara Cível de Belo Horizonte, "a falha desse sistema deve ser atribuída a quem dele usufrui como fonte de lucro", e completa:

> É o chamado risco da atividade [...]. O dano moral coletivo é categoria autônoma de dano e se caracteriza por lesão grave, injusta e intolerável a valores e a interesses fundamentais da sociedade, independentemente da comprovação de prejuízos concretos ou de efetivo abalo moral.[216]

Em ponteamento final a respeito, no atinente às violações à LGPD, nos termos alegados pelo Instituto de Defesa Coletiva, os criminosos conseguiram dados pessoais, consubstanciados em nomes, números de telefones e e-mails, de 15 milhões de pessoas. Também, 14 milhões de usuários tiveram outros dados violados como gênero, localidade, idioma, status de relacionamento, religião, cidade natal, data de nascimento, dispositivos usados para acessar o Facebook, educação, trabalho e os últimos dez locais onde estiveram ou foram marcados[217].

2.3.11 Crimes Sexuais Digitais – Stalking, Estupro Digital e Exposição Virtual, e Crimes contra a Honra.

Nomes, e do que tratam:

Lei nº 13.718, de 24 de setembro de 2018, que altera o Decreto-Lei nº 2.848, de 7 de dezembro de 1940 (Código Penal), para tipificar o crime de divulgação de cena de estupro[218]. Lei nº 13.772, de 19 de dezembro de

---

216 G1. **Justiça de MG condena Facebook a pagar R$ 20 milhões por vazamento de dados de brasileiros**. Disponível em: https://g1.globo.com/mg/minas-gerais/noticia/2023/07/25/justica-de-mg-condena-facebook-a-pagar-r-20-milhoes-por-vazamento-de-dados-de-brasileiros.ghtml .

217 G1. **Justiça de MG condena Facebook a pagar R$ 20 milhões por vazamento de dados de brasileiros**. Disponível em: https://g1.globo.com/mg/minas-gerais/noticia/2023/07/25/justica-de-mg-condena-facebook-a-pagar-r-20-milhoes-por-vazamento-de-dados-de-brasileiros.ghtml .

218 BRASIL. Lei nº 13.718, de 24 de setembro de 2018. Altera o Decreto-Lei nº 2.848, de 7 de dezembro de 1940 (Código Penal), para tipificar o crime de divulgação de cena de

2018, que criminaliza o registro não autorizado de conteúdo com cena de nudez, ou ato sexual ou libidinoso de caráter íntimo e privado[219]. Lei nº 13.968, de 26 de dezembro de 2019, que altera o Decreto-Lei nº 2.848, de 7 de dezembro de 1940 (Código Penal), para modificar o crime de incitação ao suicídio e incluir as condutas de induzir ou instigar a automutilação, bem como a de prestar auxílio a quem a pratique de forma digital[220]. Em adição, a Lei nº 14.132, de 31 de março de 2021, que acrescenta o Art. 147-A ao Decreto-Lei nº 2.848, de 7 de dezembro de 1940 (Código Penal), para prever o crime de perseguição digital[221]. Ainda, a Lei nº 14.188, de 28 de julho de 2021, que cria o tipo penal de violência psicológica digital contra a mulher[222].

Principais tópicos normativos:

As inúmeras oportunidades proporcionadas pela Internet e pelo Ambiente Digital, que procuramos elevar na primeira parte deste livro, podem ser, também, mal utilizadas por pessoas para explorar e abusar sexualmente de outros, em especial as mulheres e crianças. Já levantamos anteriormente a questão envolvendo a vulnerabilidade

---

estupro. Disponível em: https://www.planalto.gov.br/ccivil_03/_ato2015-2018/2018/lei/l13718.htm .

219 BRASIL. Lei nº 13.772, de 19 de dezembro de 2018, que criminaliza o registro não autorizado de conteúdo com cena de nudez, ou ato sexual ou libidinoso de caráter íntimo e privado. Disponível em: https://www.planalto.gov.br/ccivil_03/_ato2015-2018/2018/lei/l13772.htm

220 BRASIL. Lei nº 13.968, de 26 de dezembro de 2019, que altera o Decreto-Lei nº 2.848, de 7 de dezembro de 1940 (Código Penal), para modificar o crime de incitação ao suicídio e incluir as condutas de induzir ou instigar a automutilação, bem como a de prestar auxílio a quem a pratique. Disponível em: https://www.planalto.gov.br/ccivil_03/_ato2019-2022/2019/lei/l13968.htm .

221 BRASIL. Lei nº 14.132, de 31 de março de 2021. Acrescenta o art. 147-A ao Decreto-Lei nº 2.848, de 7 de dezembro de 1940 (Código Penal), para prever o crime de perseguição "digital". Disponível em: https://www.planalto.gov.br/ccivil_03/_ato2019-2022/2021/lei/l14132.htm .

222 BRASIL. Lei nº 14.188, de 28 de julho de 2021, que criar o tipo penal de violência psicológica digital contra a mulher. Disponível em: https://www.planalto.gov.br/ccivil_03/_ato2019-2022/2021/lei/l14188.htm .

de crianças e adolescentes no contexto virtual. Contudo, as mulheres também merecem atenção, conforme reconhecido pelo Código Penal, espelhado pelas inovações internacionais, através de introduções e alterações relevantes.

Neste passo, a perpetração de atos digitais agressivos causa danos, e são explicados pelas novas denominações como stalking, estupro digital e exposição virtual negativa.

Para o UNITED NATIONS OFFICE ON DRUGS AND CRIME (UNODC), estes crimes também podem ser catalogados como crimes interpessoais, referindo-se aos crimes cibernéticos cometidos por indivíduos contra outros indivíduos com os quais estão interagindo, comunicando-se ou tendo alguma forma de relacionamento real ou imaginário[223].

Fundamentalmente, ao estudarmos os crimes digitais interpessoais, observamos que podem trazer impactos psicológicos e sociais significativos às vítimas, incluindo estresse, ansiedade, depressão, vergonha, danos à reputação, perda da dignidade humana, autonomia pessoal, privacidade e até suicídio.

Aliás, vale mencionar que o Código Penal recebeu inclusão no Artigo 122 (Induzir ou instigar alguém a suicidar-se ou a praticar automutilação ou prestar-lhe auxílio material para que o faça), de aumento da pena, até o dobro, se a conduta é realizada por meio da rede de computadores, de rede social ou transmitida em tempo real, e em metade, se o agente é líder ou coordenador de grupo ou de rede virtual[224].

---

223 *Cf.* UNITED NATIONS OFFICE ON DRUGS AND CRIME. **Cybercrime**. Disponível em: https://sherloc.unodc.org/cld/en/education/tertiary/cybercrime/module-12/key-issues/intro.html .

224 BRASIL. Lei nº 13.968, de 26 de dezembro de 2019, que altera o Decreto-Lei nº 2.848, de 7 de dezembro de 1940 (Código Penal), para modificar o crime de incitação ao suicídio e incluir as condutas de induzir ou instigar a automutilação, bem como a de prestar auxílio a quem a pratique. Disponível em: https://www.planalto.gov.br/ccivil_03/_ato2019-2022/2019/lei/l13968.htm .

Em consequência, estes crimes cibernéticos, portanto, requerem atenção especial não apenas porque seus impactos nas vítimas podem ser graves, mas também porque, em muitos casos, suas consequências são irreversíveis (UNODC) [225].

No caso brasileiro, e em ordem cronológica, as alterações ao Código Penal começaram com a tipificação da divulgação de cena de estupro, de cena de sexo ou de pornografia, ou o chamado **estupro digital**[226]. Em termos mais diretos, o Código Penal sofreu a inclusão do Artigo 218-C, nestas palavras:

> Divulgação de cena de estupro ou de cena de estupro de vulnerável, de cena de sexo ou de pornografia
>
> Art. 218-C. Oferecer, trocar, disponibilizar, transmitir, vender ou expor à venda, distribuir, publicar ou divulgar, por qualquer meio - inclusive por meio de comunicação de massa ou sistema de informática ou telemática -, fotografia, vídeo ou outro registro audiovisual que contenha cena de estupro ou de estupro de vulnerável ou que faça apologia ou induza a sua prática, ou, sem o consentimento da vítima, cena de sexo, nudez ou pornografia:
>
> Pena - reclusão, de 1 (um) a 5 (cinco) anos, se o fato não constitui crime mais grave.
>
> **Aumento de pena**
>
> **§ 1º A pena é aumentada de 1/3 (um terço) a 2/3 (dois terços) se o crime é praticado por agente que mantém ou tenha mantido relação íntima de afeto com a vítima ou com o fim de vingança ou humilhação.**
>
> Exclusão de ilicitude
>
> § 2º Não há crime quando o agente pratica as condutas descritas no caput deste artigo em publicação de natureza jornalística, científica, cultural ou

225 *Cf.* UNITED NATIONS OFFICE ON DRUGS AND CRIME. **Cybercrime.** Disponível em: https://sherloc.unodc.org/cld/en/education/tertiary/cybercrime/module-12/key-issues/intro.html .

226 *Vide* TAGLIAFERRO, Eduardo. **A Inserção do Estupro Virtual como Fato Típico Presente na Atual Ordem Jurídica Penal e seus Desdobramentos no Âmbito do Direito Internacional.** In: FREIRE E ALMEIDA, Daniel. Os Cybercrimes na Perspectiva do Direito Internacional na Internet. New York: Lawinter Editions, 2020, p. 67-96.

> acadêmica com a adoção de recurso que impossibilite a identificação da vítima, ressalvada sua prévia autorização, caso seja maior de 18 (dezoito) anos. (grifo nosso)[227]

A inspiração normativa é oriunda dos casos relatados nos Estados Unidos da América, e depois em outras partes, do **revenge porn**[228], como já referimos neste livro. Ademais, o Marco Civil, em seu Artigo 21, também passou a obrigar a retirada dos conteúdos pornográficos por solicitação direta da vítima, sem a necessidade do poder judicial intervir previamente.

Trata-se, também, de uma violência de gênero, pois é uma violência dirigida contra a mulher, porque ela é mulher, ou porque afeta as mulheres de forma desproporcional[229]. Embora possa ser praticado offline, é online que o dano ganha maiores proporções, pois apresenta dinâmicas de propagação e registro muito difíceis de serem resolvidas e reparadas na Internet.

Em alinhamento, para que seja compartilhado, o vídeo ou foto precisa ser produzido (registrado). Neste sentido, outra inclusão no Código Penal brasileiro (216-B), foi aquela possibilitada pela Lei nº 13.772, de 19 de dezembro de 2018, também chamada de "Lei Rose Leonel", ao criminalizar o registro não autorizado de conteúdo com

---

227 BRASIL. Lei nº 13.718, de 24 de setembro de 2018. Altera o Decreto-Lei nº 2.848, de 7 de dezembro de 1940 (Código Penal), para tipificar o crime de divulgação de cena de estupro. Disponível em: https://www.planalto.gov.br/ccivil_03/_ato2015-2018/2018/lei/l13718.htm .

228 *Vide* SALGADO, Rebeca Carneiro Costa Moura. **Breve Comentário sobre Ciberespaço, Pornografia de Vingança e Convenção de Budapeste**. In: FREIRE E ALMEIDA, Daniel. O Direito Digital em Temas Complexos e Internacionais. New York: Lawinter Editions, 2021, p. 87-100.

229 *Vide* HAIDAN BEN BAUER, Haiima. **Revenge Porn e a Proteção dos Direitos Humanos da Mulher no Meio Ambiente Digital**. In: FREIRE E ALMEIDA, Daniel. Os Cybercrimes na Perspectiva do Direito Internacional na Internet. New York: Lawinter Editions, 2020, p. 97-126.

cena de nudez ou ato sexual ou libidinoso de caráter íntimo e privado, nestes termos:

> Art. 216-B. Produzir, fotografar, filmar ou registrar, por qualquer meio, conteúdo com cena de nudez ou ato sexual ou libidinoso de caráter íntimo e privado sem autorização dos participantes:
> Pena - detenção, de 6 (seis) meses a 1 (um) ano, e multa.
> Parágrafo único. Na mesma pena incorre quem realiza montagem em fotografia, vídeo, áudio ou qualquer outro registro com o fim de incluir pessoa em cena de nudez ou ato sexual ou libidinoso de caráter íntimo.[230]

Nesta ordem de raciocínio, o **stalking**, ou perseguição digital pode ser considerado como um crime baseado em gênero, pois as mulheres e meninas são mais propensas a sofrer essa forma de assédio do que homens e meninos[231].

Nos termos do Código Penal brasileiro, com a introdução normativa de 2021, a perseguição digital (**cyberstalking**) significa:

> Perseguição
> Art. 147-A. Perseguir alguém, reiteradamente e por qualquer meio, ameaçando-lhe a integridade física ou psicológica, restringindo-lhe a capacidade de locomoção ou, de qualquer forma, invadindo ou perturbando sua esfera de liberdade ou privacidade.
> Pena – reclusão, de 6 (seis) meses a 2 (dois) anos, e multa. [232]

---

230 BRASIL. Lei nº 13.772, de 19 de dezembro de 2018, ao criminalizar o registro não autorizado de conteúdo com cena de nudez ou ato sexual ou libidinoso de caráter íntimo e privado. Disponível em: https://www.planalto.gov.br/ccivil_03/_ato2015-2018/2018/lei/l13772.htm

231 *Vide* HAILE, Ana Priscila. **Cybercrimes: A Evolução Tecnológica. A Vitimização por Stalking e Cyberstalking**. In: FREIRE E ALMEIDA, Daniel. Os Cybercrimes na Perspectiva do Direito Internacional na Internet. New York: Lawinter Editions, 2020, p. 19-42.

232 BRASIL. Lei nº 14.132, de 31 de março de 2021. Acrescenta o art. 147-A ao Decreto-Lei nº 2.848, de 7 de dezembro de 1940 (Código Penal), para prever o crime de perseguição "digital". Disponível em: https://www.planalto.gov.br/ccivil_03/_ato2019-2022/2021/lei/l14132.htm .

Com efeito, o cyberstalking é uma forma de assédio persistente de uma vítima por meio da Internet, diferindo do aborrecimento ou trollagem na Internet pela repetição do abuso. Esta perseguição incessante online pode provocar uma série de problemas de saúde mental, incluindo transtorno de estresse, ansiedade e depressão. Vale referir que, no caso brasileiro, a pena é aumentada de metade se o crime é cometido contra a mulher.

Esta prática, pode ser exemplificada pelo **rastreamento por GPS**, que refere-se ao uso de ferramentas para rastrear a localização física de alguém sem sua permissão. Também, e por sua vez, o **catfishing** envolve a criação de contas de mídia social falsas para se passar por alguém e abordar vítimas online. Aliás, a perseguição nas mídias sociais refere-se a seguir as pegadas sociais de uma vítima para monitorar o comportamento e a localização física. Já os **sites falsos ou perfis** falsos são criados com informações falsas sobre a vítima para atrair a atenção e conhecer seus contatos e procedimentos. A seu turno, o **sequestro de webcam** envolve invadir a webcam de uma pessoa para espioná-la. Ainda, a espionagem digital pode configurar o stalking, e significa instalar spyware no telefone ou dispositivo de uma pessoa para espionar suas comunicações eletrônicas ou roubar dados.

Neste passo, as ameaças de violência sexual e física, juntamente com comentários sexistas, misóginos, discriminatórios e preconceituosos têm sido endereçados às mulheres e meninas por meio da Internet, criando um ambiente online hostil para elas.

Igualmente, imagens e vídeos das vítimas podem ser retirados de sites online e contas das redes sociais e usados para difamá-las ou humilhá-las. Por exemplo, o rosto ou a cabeça da vítima podem ser sobrepostos aos corpos de outras pessoas para fins de difamação ou pornografia, através da utilização de inteligência artificial, e podem resultar em uma violência psicológica contra a mulher, como tipifica o Código Penal brasileiro, in verbis:

> Violência psicológica contra a mulher
>
> Art. 147-B. Causar dano emocional à mulher que a prejudique e perturbe seu pleno desenvolvimento ou que vise a degradar ou a controlar suas ações, comportamentos, crenças e decisões, mediante ameaça, constrangimento, humilhação, manipulação, isolamento, chantagem, ridicularização, limitação do direito de ir e vir ou qualquer outro meio que cause prejuízo à sua saúde psicológica e autodeterminação:
>
> Pena - reclusão, de 6 (seis) meses a 2 (dois) anos, e multa, se a conduta não constitui crime mais grave. [233]

Por conseguinte, as práticas aqui relatadas, como o abuso sexual baseado em imagens, como o revenge porn, o stalking e a violência contra a mulher em Ambiente Digital, retratam uma realidade difícil para mulheres e adolescentes. Esses crimes cibernéticos apresentam impactos para as vítimas, sendo justificadas as medidas legais reveladas pelo Código Penal brasileiro. Aliadas a estas mudanças normativas devem estar as práticas investigatórias e repressivas para combater os crimes cibernéticos interpessoais.

Por outro lado, os **crimes contra a honra** foram impulsionados pelo Ambiente Digital. De fato, as práticas tradicionais de **calúnia, injúria e difamação** foram alavancadas pela Internet. Relembrando que, enquanto a calúnia era realizada fisicamente, ou seja, inventar histórias falsas (crime) sobre alguém, agora a **calúnia digital** passou a ser muito comum pela Internet. No mesmo sentido, a **difamação digital**, associando uma pessoa a um acontecimento que possa denegrir a sua imagem, sendo ofensivo à sua reputação, explodiu por meio online. Também, a **injúria digital**, com a ofensa à dignidade de alguém traz enorme repercussão na Internet.

Logo, o Código Penal recebeu incrementos, no Capítulo V, dos Crimes Contra a Honra na parte das disposições comuns, nestes termos:

---

233 BRASIL. Lei nº 14.188, de 28 de julho de 2021, que criar o tipo penal de violência psicológica digital contra a mulher. Disponível em: https://www.planalto.gov.br/ccivil_03/_ato2019-2022/2021/lei/l14188.htm .

> Disposições comuns
>
> Art. 141 - As penas cominadas neste Capítulo aumentam-se de um terço, se qualquer dos crimes é cometido:
>
> ...
>
> III - na presença de várias pessoas, ou por meio que facilite a divulgação da calúnia, da difamação ou da injúria.
>
> ...
>
> **§ 2º Se o crime é cometido ou divulgado em quaisquer modalidades das redes sociais da rede mundial de computadores, aplica-se em triplo a pena.** (grifo nosso)[234]

Vale, também, mencionar a respeito da retratação, nestes termos:

> Retratação
>
> Art. 143 - O querelado que, antes da sentença, se retrata cabalmente da calúnia ou da difamação, fica isento de pena.
>
> Parágrafo único. Nos casos em que o querelado tenha praticado a calúnia ou a difamação utilizando-se de meios de comunicação, a retratação dar-se-á, se assim desejar o ofendido, **pelos mesmos meios em que se praticou a ofensa**. (grifo nosso)[235]

Devemos observar, pois, que a disseminação dos crimes contra a honra no Ambiente Digital direcionou as mudanças acima destacadas, com incremento da pena se cometido online.

Caso essencial:

Como já antecipado acima, a Lei Rose Leonel criminalizou o registro não autorizado de conteúdo com cena de nudez ou ato sexual ou libidinoso de caráter íntimo e privado. A norma teve comumente este nome, em virtude de caso no qual, durante 2005 e 2013, seu ex-companheiro compartilhou diversas fotos íntimas feitas durante o relacionamento,

---

234 BRASIL. Lei nº 13.964, de 24 de dezembro de 2019. Disponível em: https://www.planalto.gov.br/ccivil_03/_ato2019-2022/2019/lei/l13964.htm .

235 BRASIL. Lei nº 13.188, de 11 de novembro de 2015. Disponível em: https://www.planalto.gov.br/ccivil_03/_ato2015-2018/2015/lei/l13188.htm .

em conduta típica de revenge porn. Em seguida, quando não possuía mais imagens inéditas para divulgar, ele começou a fazer edições para incluí-la em cenas de filmes pornô, a chamada deep fake.

O caso, segundo os peritos, durante os sete anos de perseguição, gerou mais de 7 milhões de compartilhamentos, inclusive em outros países. As consequências foram devastadoras para a vítima e sua família, culminando em perda do emprego, com os filhos sofrendo cyberbullying. Contudo, a "pena" do criminoso deu-se por calúnia e difamação, com multa de R$ 30 mil, e não pelo registro e compartilhamento da intimidade sexual da vítima. Por tudo, então, o Código Penal foi incrementado pela norma, já referenciada, do Artigo 216-B.

O caso reflete milhões de outros em todo o mundo. No cenário brasileiro, foram apontados 5.271 processos judiciais envolvendo o registro e a divulgação de imagens íntimas sem consentimento, entre 2019 e 2022, segundo informações do Conselho Nacional de Justiça (CNJ) e da consulta aos Tribunais de Justiça dos estados[236].

2.3.12 Ativos Digitais (virtuais)

Nomes, e do que tratam:

Lei nº 14.478, de 21 de dezembro de 2022, que dispõe sobre diretrizes a serem observadas na prestação de serviços de ativos virtuais e na regulamentação das prestadoras de serviços de ativos virtuais[237]. Decreto nº 11.563, de 13 de junho de 2023, que regulamenta a Lei nº

236 G1. **Brasil tem ao menos 4 processos por dia por registro e divulgação de imagens íntimas sem consentimento**. 2023. Disponível em: https://g1.globo.com/tecnologia/noticia/2023/02/05/brasil-tem-ao-menos-4-processos-por-dia-por-registro-e-divulgacao-de-imagens-intimas-sem-consentimento.ghtml#dados

237 BRASIL. Lei nº 14.478, de 21 de dezembro de 2022, que dispõe sobre diretrizes a serem observadas na prestação de serviços de ativos virtuais e na regulamentação das prestadoras de serviços de ativos virtuais. Disponível em: http://www.planalto.gov.br/ccivil_03/_ato2019-2022/2022/lei/L14478.htm .

14.478, de 21 de dezembro de 2022, para estabelecer competências ao Banco Central do Brasil[238].

Principais tópicos normativos:

As novas empresas digitais são construídas e arregimentadas, em sua estrutura dorsal, por software e componentes digitais. A constituição física que caracterizou a história da humanidade, até então, vem sendo compartilhada com os novos ativos digitais. Conforme exposto na primeira parte deste livro, a exposição de produtos virtuais, com dados hospedados em nuvem pela Internet, com aplicativos, conteúdos digitais, vídeos, moedas, ações, representações digitais de valor, formam uma nova economia de criação virtual, encontrando progressivo espaço no Ambiente Digital.

Oportuno, então, regramento que pudesse estabelecer certas diretrizes para este novo segmento. Logo, a Lei nº 14.478, de 21 de dezembro de 2022, que entrou em vigor em Junho de 2023, estabelece as normas a serem observadas na **prestação de serviços de ativos virtuais e na regulamentação das prestadoras de serviços de ativos virtuais**.

Porém, buscando não adentrar em terreno envolto em transformações, a Lei não se dedica aos ativos representativos de valores mobiliários (Lei nº 6.385, de 7 de dezembro de 1976), não altera a competência da Comissão de Valores Mobiliários, e não abrange a moeda eletrônica. Sobre esta última exclusão, cabe mencionar que a **moeda eletrônica** é definida pela Lei nº 12.865, de 9 de outubro de 2013, em seu inciso VI, "como recursos armazenados em dispositivo ou sistema eletrônico que permitem ao usuário final efetuar transação de pagamento"[239].

238 BRASIL. Decreto nº 11.563, de 13 de junho de 2023. Regulamenta a Lei nº 14.478, de 21 de dezembro de 2022, para estabelecer competências ao Banco Central do Brasil. Disponível em: https://www.planalto.gov.br/ccivil_03/_Ato2023-2026/2023/Decreto/D11563.htm .

239 BRASIL. Lei nº 12.865, de 9 de outubro de 2013. Disponível em: https://www.planalto.gov.br/ccivil_03/_Ato2011-2014/2013/Lei/L12865.htm

Por outro lado, a nova regra obriga as prestadoras de serviços de ativos virtuais, que desejam atuar no Brasil, a obter prévia autorização para tanto, em procedimento simplificado (Art. 2º), mediante diretrizes do Banco Central do Brasil. De fato, o Banco Central do Brasil passou a disciplinar o funcionamento das prestadoras de serviços de ativos virtuais e a ser o responsável pela supervisão das aludidas prestadoras[240].

Sob o prisma normativo, a Lei define **ativo virtual**, nestes termos:

> Art. 3º Para os efeitos desta Lei, **considera-se ativo virtual a representação digital de valor que pode ser negociada ou transferida por meios eletrônicos e utilizada para realização de pagamentos ou com propósito de investimento, não incluídos**:
> I - moeda nacional e moedas estrangeiras;
> II - moeda eletrônica, nos termos da Lei nº 12.865, de 9 de outubro de 2013;
> III - instrumentos que provejam ao seu titular acesso a produtos ou serviços especificados ou a benefício proveniente desses produtos ou serviços, a exemplo de pontos e recompensas de programas de fidelidade; e
> IV - representações de ativos cuja emissão, escrituração, negociação ou liquidação esteja prevista em lei ou regulamento, a exemplo de valores mobiliários e de ativos financeiros.
> Parágrafo único. Competirá a órgão ou entidade da Administração Pública federal definido em ato do Poder Executivo estabelecer quais serão os ativos financeiros regulados, para fins desta Lei. (grifo nosso[241])

Contudo, como se observa na prática diária, para facilitar o contexto digital, temos a proliferação de criptomoedas (como Bitcoin) e moedas

---

240 BRASIL. Decreto nº 11.563, de 13 de junho de 2023. Regulamenta a Lei nº 14.478, de 21 de dezembro de 2022, para estabelecer competências ao Banco Central do Brasil. Disponível em: https://www.planalto.gov.br/ccivil_03/_Ato2023-2026/2023/Decreto/D11563.htm .

241 BRASIL. Lei nº 14.478, de 21 de dezembro de 2022, que dispõe sobre diretrizes a serem observadas na prestação de serviços de ativos virtuais e na regulamentação das prestadoras de serviços de ativos virtuais. Disponível em: http://www.planalto.gov.br/ccivil_03/_ato2019-2022/2022/lei/L14478.htm .

eletrônicas (ou digitais), que facilitam a circulação de pagamentos e recebimentos digitais, e também permitem investimentos. Mas, a norma em comento não desejou adentrar neste âmbito, restringindo-se a regular as empresas que atuam no mercado, gerando desafios, ao invés de ordená-los.

Assim, para além de relembrar diretrizes (Art. 4º) já anteriormente estabelecidas para a prestação de serviços, como a observância à livre iniciativa, livre concorrência, boas práticas de governança, transparência, segurança da informação, proteção de dados pessoais, proteção e defesa de consumidores e usuários, proteção à poupança popular, solidez e eficiência das operações, e prevenção à lavagem de dinheiro, a Lei define o que seria a **prestadora de serviços de ativos virtuais,** nestas palavras:

> Art. 5º Considera-se prestadora de serviços de ativos virtuais a pessoa jurídica que executa, em nome de terceiros, pelo menos um dos serviços de ativos virtuais, entendidos como:
> I - troca entre ativos virtuais e moeda nacional ou moeda estrangeira;
> II - troca entre um ou mais ativos virtuais;
> III - transferência de ativos virtuais;
> IV - custódia ou administração de ativos virtuais ou de instrumentos que possibilitem controle sobre ativos virtuais; ou
> V - participação em serviços financeiros e prestação de serviços relacionados à oferta por um emissor ou venda de ativos virtuais.
> Parágrafo único. O órgão ou a entidade da Administração Pública federal indicado em ato do Poder Executivo poderá autorizar a realização de outros serviços que estejam, direta ou indiretamente, relacionados à atividade da prestadora de serviços de ativos virtuais de que trata o caput deste artigo. [242]

242 BRASIL. Lei nº 14.478, de 21 de dezembro de 2022, que dispõe sobre diretrizes a serem observadas na prestação de serviços de ativos virtuais e na regulamentação das prestadoras de serviços de ativos virtuais. Disponível em: http://www.planalto.gov.br/ccivil_03/_ato2019-2022/2022/lei/L14478.htm .

Em síntese, e como se observa, a norma se concentra nas empresas que atuam no mercado virtual. Em adição, adentra no Código Penal, em tema relevante, ao tipificar a **fraude com a utilização de ativos virtuais**, valores mobiliários ou ativos financeiros, incluindo o Artigo 171-A, in verbis:

> Art. 171-A. Organizar, gerir, ofertar ou distribuir carteiras ou intermediar operações que envolvam ativos virtuais, valores mobiliários ou quaisquer ativos financeiros com o fim de obter vantagem ilícita, em prejuízo alheio, induzindo ou mantendo alguém em erro, mediante artifício, ardil ou qualquer outro meio fraudulento.
> Pena - reclusão, de 4 (quatro) a 8 (oito) anos, e multa. [243]

A seara de crimes eletrônicos foi ampliada, também, no tocante aos crimes contra o sistema financeiro nacional, ao equiparar a instituição financeira à pessoa jurídica que ofereça serviços referentes a operações com ativos virtuais, inclusive intermediação, negociação ou custódia. No mesmo sentido, a Lei nº 9.613, de 3 de março de 1998, que dispõe sobre os crimes de "lavagem", teve aumentada a pena de 1/3 (um terço) a 2/3 (dois terços) se os crimes definidos naquela regra forem cometidos por meio da utilização de ativo virtual. Ainda, sujeita as prestadoras de serviços de ativos virtuais ao mecanismo de controle da Lei dos crimes de "Lavagem", devendo manter registro de toda transação em ativos virtuais[244].

---

243 BRASIL. Lei nº 14.478, de 21 de dezembro de 2022, que dispõe sobre diretrizes a serem observadas na prestação de serviços de ativos virtuais e na regulamentação das prestadoras de serviços de ativos virtuais. Disponível em: http://www.planalto.gov.br/ccivil_03/_ato2019-2022/2022/lei/L14478.htm .

244 BRASIL. Lei nº 14.478, de 21 de dezembro de 2022, que dispõe sobre diretrizes a serem observadas na prestação de serviços de ativos virtuais e na regulamentação das prestadoras de serviços de ativos virtuais. Disponível em: http://www.planalto.gov.br/ccivil_03/_ato2019-2022/2022/lei/L14478.htm .

Por fim, a Lei estabelece que devem ser aplicadas às operações conduzidas no mercado de ativos virtuais, no que couber, as disposições do Código de Defesa do Consumidor.

Em suma, para todos os efeitos, ao não presumir que ativos virtuais podem ser valores mobiliários, e ao não trabalhar de forma atualizada e criteriosa sobre a definição das moedas fiduciárias, moedas eletrônicas, criptomoedas, dos valores mobiliários e ativos financeiros, a norma deixa para a criação do Poder Judiciário sobre os contornos necessários de esclarecimento, em virtude dos casos que já proliferam na vida digital.

Como levantamos na primeira parte deste livro, a realidade apresentada pelas criptomoedas exige novas formas de regulação. Como destacado, a criptomoeda é uma moeda digital. Para nós, uma criptomoeda é um ativo digital (virtual) baseado na tecnologia blockchain, que é um livro-razão digital público que registra transações. Essa tecnologia é baseada em criptografia e em um algoritmo matemático, sendo utilizada para gerar dinheiro novo, realizar transações, pagamentos, e validar transações[245].

Neste âmbito, para aclarar o contexto digital, a regulamentação de criptomoedas (como Bitcoin, por ex.) e moedas digitais pode facilitar a circulação de pagamentos e recebimentos digitais, para além de provisionar certa segurança jurídica aos usuários investidores e empresas de ativos virtuais.

Como já percebemos, uma nova economia emergiu, em escala global, digital, integrada, configurando uma fundamental parte do Ambiente Digital. Entretanto, a oportunidade da Lei brasileira de estabelecer definições atualizadas dos ativos digitais, incorporando os principais itens implicantes com o tema, como as criptomoedas, não se configurou pelo referido regramento de 2022.

---

245 UNITED NATIONS OFFICE ON DRUGS AND CRIME. **Cryptocurrencies Course**. Disponível em: https://gpml-crypto.org/modules/Crypto%20English/launch.html .

Por outro lado, não demonstrando alinhamento ao que fora regrado sobre os ativos virtuais, é que surgiu o **Drex**, o denominado Real Digital. Seguindo uma tendência que busca rivalizar com as criptomoedas descentralizadas, está a emissão de moeda digital a partir de um banco central (Central Bank Digital Currency). Neste sentido, a partir da denominada Plataforma Drex, com ecossistema de registro distribuído (Distributed Ledger Technology), intermediários financeiros regulados converterão saldos de depósitos à vista e em moeda eletrônica em Drex. Segundo o Banco Central do Brasil, com esta iniciativa, o Drex de varejo viabilizará o acesso dos usuários a vários tipos de transações financeiras com ativos digitais e contratos inteligentes liquidados em Drex de atacado, emitido pelo Banco Central dentro da Plataforma Drex[246].

Por conseguinte, o Banco Central do Brasil busca integrar-se ao crescente uso de transações financeiras com ativos digitais, com utilização da "tokenização" de ativos e smart contracts. Como já referido neste livro, os tokens digitais (Non-fungible tokens- NFTs) figuram para desempenhar um grande papel na utilidade e popularidade digital segura. Os tokens são um tipo seguro de ativo digital com base na mesma tecnologia blockchain utilizada pelas criptomoedas, e que estabelece as bases para a propriedade digital.

Caso essencial:

Existem ameaças reais de que criptomoedas sejam usadas para fins criminosos. Estima-se que bilhões de dólares tenham sido usados para fins criminosos. Grandes fluxos de dinheiro decorrem de fraudes digitais, ensejando ações coordenadas.

Um ponto que chama a atenção são os falsos investimentos, onde o investidor acredita estar adquirindo uma unidade de Bitcoin, por exemplo, mas na verdade a empresa não realiza a transação com este

246 BANCO CENTRAL DO BRASIL. **Drex – Real Digital**. Disponível em: https://www.bcb.gov.br/estabilidadefinanceira/drex .

ativo. As pirâmides de criptomoedas proliferaram, enganando milhares de pessoas.

No Brasil, diversos casos envolveram pessoas famosas, como Cauã Reymond, Tatá Werneck, Marcelo Tas, Sacha, Ronaldinho Gaúcho, e o jogador Gustavo Scarpa.

Este último, investiu mais de R$6 milhões em gestora de investimentos, a empresa Xland, que presta serviço com ativos virtuais. Mais tarde, tentou resgatar os valores, mas não recebeu o dinheiro.

Para tornar o caso mais enredado, a indicação de investimento foi feita por empresa (WLJC Consultoria e Gestão Empresarial) gerida por William Bigode, com quem Scarpa jogou no clube de futebol Palmeiras. A expectativa era de que o lucro dos investimentos poderia chegar a 5% ao mês, valor bem acima dos rendimentos disponíveis tradicionalmente no mercado.

A seu turno, o Ministério Público do Acre (MP-AC) investiga a Xland por suspeita de pirâmide financeira. Segundo nota do órgão, a empresa prometia lucros exorbitantes às custas de dinheiro pago por outros investidores, ao invés de receita gerada pelo negócio, configurando operação denominada de esquema de Ponzi (pirâmide).

O caso está em andamento, e reflete outros milhares que buscam ressarcimento por investimentos fraudulentos. Como vimos acima, a fraude com a utilização de ativos virtuais, valores mobiliários ou ativos financeiros, recentemente tipificada no Código Penal brasileiro, estabelece que organizar, gerir, ofertar ou distribuir carteiras ou intermediar operações que envolvam ativos virtuais, valores mobiliários ou quaisquer ativos financeiros com o fim de obter vantagem ilícita, em prejuízo alheio, induzindo ou mantendo alguém em erro, mediante artifício, ardil ou qualquer outro meio fraudulento, pode levar à pena de reclusão, de 4 a 8 anos, e multa.

Esperamos que casos que se enquadrem nestas hipóteses sejam devidamente julgados e os criminosos punidos. Contudo, visualizamos desafios aquando de cenários com empresas operando em vários países, com transferências internacionais de ativos.

2.3.13 Apostas online - Marco Legal dos Jogos Eletrônicos

Nomes, e do que tratam:

Lei nº 14.790, de 30 de dezembro de 2023, que dispõe sobre a modalidade lotérica denominada apostas de quota fixa; altera as Leis n.º 5.768, de 20 de dezembro de 1971, e 13.756, de 12 de dezembro de 2018, e a Medida Provisória nº 2.158-35, de 24 de agosto de 2001; revoga dispositivos do Decreto-Lei nº 204, de 27 de fevereiro de 1967; e dá outras providências[247]. Em complemento, a Lei nº 14.852, de 03 de maio de 2024, que cria o Marco legal para a indústria de Jogos Eletrônicos[248].

Principais tópicos normativos:

Inicialmente, sobre as apostas online, muito embora a temática trazida, neste momento, envolva conteúdo objeto de diversas alterações desde 2018, incluindo uma medida provisória (nº 1182, de 2023), a tendência pela sua regulamentação em lei já era evidenciada pela sua importância crescente.

O mercado de apostas online já se encontra espalhado por todo o mundo, sendo que, no Brasil, o monopólio do jogo reservado à Caixa Econômica Federal já não é respeitado há muitos anos. Em verdade, websites hospedados no exterior já ofereciam aos usuários brasileiros a

247 BRASIL. Lei nº 14.790, de 30 de dezembro de 2023, que dispõe sobre a modalidade lotérica denominada apostas de quota fixa; altera as Leis n.º 5.768, de 20 de dezembro de 1971, e 13.756, de 12 de dezembro de 2018, e a Medida Provisória nº 2.158-35, de 24 de agosto de 2001; revoga dispositivos do Decreto-Lei nº 204, de 27 de fevereiro de 1967; e dá outras providências. Disponível em: https://www.planalto.gov.br/ccivil_03/_ato2023-2026/2023/lei/L14790.htm .

248 BRASIL. Lei nº 14.852, de 03 de maio de 2024, que cria o Marco legal para a indústria de Jogos Eletrônicos. Disponível em: https://www.planalto.gov.br/ccivil_03/_ato2023-2026/2024/lei/l14852.htm .

possibilidade de realizarem suas apostas, inclusive vinculados aos jogos ocorrentes no Brasil.

Não restava outra forma senão regulamentar a atividade no Brasil. Contudo, tal prática não está imune aos desafios da Internet, pela própria globalidade do Ambiente Digital, como discorremos ao longo deste livro.

Não obstante, a Lei nº 14.790 de 2023 definitivamente regulamentou a modalidade lotérica, sob a forma de serviço público, denominada de aposta de quota fixa, cuja exploração comercial ocorra no Brasil. Para além de definir alguns percentuais de destinação do produto da arrecadação das apostas online, a norma estabelece que o serviço seja concedido, permitido ou autorizado, em caráter oneroso, mediante outorga no valor máximo de R$ 30.000.000,00 (trinta milhões de reais), pelo Ministério da Fazenda, podendo ser explorado, em ambiente concorrencial, sem sujeição à quantidade mínima ou máxima de agentes operadores, com possibilidade de comercialização em quaisquer canais de distribuição comercial, físicos e em meios virtuais[249].

O ponto fulcral é o Ambiente Digital, que permite menores custos, agilidade, e amplia consideravelmente o mercado consumidor. Na perspectiva das empresas exploradoras das apostas online, incluindo eventos virtuais de jogos online (Art. 3º.), o plano é oferecer produtos que envolvam os eventos de temática esportiva nacionais ou internacionais, as competições desportivas, os torneios, os jogos ou provas com interação humana. A regra abre o mercado nacional para as pessoas jurídicas nacionais ou estrangeiras, mas exige o

249 BRASIL. Lei nº 14.790, de 30 de dezembro de 2023, que dispõe sobre a modalidade lotérica denominada apostas de quota fixa; altera as Leis n.º 5.768, de 20 de dezembro de 1971, e 13.756, de 12 de dezembro de 2018, e a Medida Provisória nº 2.158-35, de 24 de agosto de 2001; revoga dispositivos do Decreto-Lei nº 204, de 27 de fevereiro de 1967; e dá outras providências. Disponível em: https://www.planalto.gov.br/ccivil_03/_ato2023-2026/2023/lei/L14790.htm .

estabelecimento no Brasil, obviamente para que o Ministério da Fazenda possa fiscalizar e tributar (Art. 7º.).

Em prosseguimento, a regra proíbe as empresas prestadoras das atividades de loteria online de adquirir, licenciar ou financiar a aquisição de direitos de eventos desportivos realizados no País para sua transmissão. Igualmente, proíbe no Brasil, a realização de publicidade e propaganda por parte de empresas que não possuam a outorga para atuar no país[250].

Para que a norma tenha um mínimo de efetividade, neste ponto, é que a regra estabelece que as empresas provedoras de conexão à Internet e de aplicações de Internet, após notificação administrativa do Ministério da Fazenda, procederão ao devido bloqueio dos sites ou à exclusão dos aplicativos que ofertem a loteria de apostas online sem a referida outorga[251].

Outro tópico, diz respeito à proibição de que sócio ou acionista controlador de empresa operadora de loteria online tenha participação, direta ou indireta, em Sociedade Anônima do Futebol (SAF) ou em organização esportiva profissional brasileira.

Em continuidade, assunto que tem sido alvo de atenção em todo o mundo, diz respeito à manipulação de resultados. Sobre isso, a norma direciona que os eventos esportivos nacionais contarão com ações de mitigação de manipulação de resultados e de corrupção nos eventos de

250 BRASIL. Lei nº 14.790, de 30 de dezembro de 2023, que dispõe sobre a modalidade lotérica denominada apostas de quota fixa; altera as Leis n.º 5.768, de 20 de dezembro de 1971, e 13.756, de 12 de dezembro de 2018, e a Medida Provisória nº 2.158-35, de 24 de agosto de 2001; revoga dispositivos do Decreto-Lei nº 204, de 27 de fevereiro de 1967; e dá outras providências. Disponível em: https://www.planalto.gov.br/ccivil_03/_ato2023-2026/2023/lei/L14790.htm .

251 BRASIL. Lei nº 14.790, de 30 de dezembro de 2023, que dispõe sobre a modalidade lotérica denominada apostas de quota fixa; altera as Leis n.º 5.768, de 20 de dezembro de 1971, e 13.756, de 12 de dezembro de 2018, e a Medida Provisória nº 2.158-35, de 24 de agosto de 2001; revoga dispositivos do Decreto-Lei nº 204, de 27 de fevereiro de 1967; e dá outras providências. Disponível em: https://www.planalto.gov.br/ccivil_03/_ato2023-2026/2023/lei/L14790.htm .

temática esportiva, por parte do agente operador, devendo este reportar eventos suspeitos de manipulação ao Ministério da Fazenda.

Ainda com o condão de nacionalizar o jogo online, é que a regra estabelece que é exclusiva de instituições autorizadas a funcionar pelo Banco Central do Brasil a oferta de contas transacionais que permitam ao apostador efetuar transações de pagamento e o recebimento de prêmios oriundos das apostas[252]. Em face do atual cenário global dos pagamentos online, trata-se de enredado desafio prático.

As infrações administrativas elencadas pela norma, como a atividade sem outorga, ou aquelas atentatórias à integridade e lisura esportiva, podem receber sanções que vão desde a advertência, até multa de até dois bilhões de reais, suspensão parcial ou total do exercício das atividades, pelo prazo de até cento e oitenta dias, cassação da autorização, extinção da permissão ou da concessão, cancelamento do registro, descredenciamento, ou ato de liberação análogo, proibição de realizar determinadas atividades ou modalidades de operação, pelo prazo máximo de 10 (dez) anos, entre outras[253].

Ponto relevante, na perspectiva tributante do Brasil, diz respeito ao pagamento de 12% de Imposto de Renda sobre a receita bruta de jogos (GGR, gross gaming revenue). O GGR é definido como o faturamento com as apostas menos os prêmios pagos aos vencedores e o Imposto de Renda descontado dos prêmios, e as despesas de custeio e manutenção

252 BRASIL. Lei nº 14.790, de 30 de dezembro de 2023, que dispõe sobre a modalidade lotérica denominada apostas de quota fixa; altera as Leis n.º 5.768, de 20 de dezembro de 1971, e 13.756, de 12 de dezembro de 2018, e a Medida Provisória nº 2.158-35, de 24 de agosto de 2001; revoga dispositivos do Decreto-Lei nº 204, de 27 de fevereiro de 1967; e dá outras providências. Disponível em: https://www.planalto.gov.br/ccivil_03/_ato2023-2026/2023/lei/L14790.htm .

253 BRASIL. Lei nº 14.790, de 30 de dezembro de 2023, que dispõe sobre a modalidade lotérica denominada apostas de quota fixa; altera as Leis n.º 5.768, de 20 de dezembro de 1971, e 13.756, de 12 de dezembro de 2018, e a Medida Provisória nº 2.158-35, de 24 de agosto de 2001; revoga dispositivos do Decreto-Lei nº 204, de 27 de fevereiro de 1967; e dá outras providências. Disponível em: https://www.planalto.gov.br/ccivil_03/_ato2023-2026/2023/lei/L14790.htm .

do agente operador da loteria de apostas de quota fixa e demais jogos de apostas[254]. Já os apostadores que vencerem, sofrerão retenção na fonte (empresas de apostas) de 15% de Imposto de Renda.

Por fim, a regra estabelece algumas proibições de usuários na qualidade de apostador (Art. 26), como os menores de dezoito anos, e aqueles envolvidos com o esporte e que possam ter influência no resultado das apostas online.

Em derradeiro, neste ponto, vale destacar que o segmento de apostas, estava desde 1961 reservado para uma única sociedade nacional, in casu a Caixa Econômica Federal[255]. No entanto, com a Internet, a área de jogos, casino, poker, e apostas, foi revolucionada pela invasão dos sites de apostas, acessíveis a todos, de qualquer lugar, em diversos segmentos e esportes.

Do ponto de vista jurídico, a constituição e busca por jurisdições como Malta, Gibraltar ou Antigua e Barbados, por exemplo, buscam menor tributação, como também uma regulação menos restritiva. Desde então, tais condições, nas quais as apostas são possíveis via Internet, e o oferecimento também, confrontam diretamente as soberanias, que restringiam as apostas a entidades únicas, como no Brasil com a Caixa Econômica Federal.

Este ponto continuará sendo um empecilho à norma nacional, a respeito das outorgas, fiscalizações e tributações, em virtude da possibilidade de apostas distantes, pois os apostadores nacionais conseguem não só aceder aos sites globais, como as empresas estrangeiras oferecem os serviços no Brasil, através da Internet.

---

254 Salvo alterações promovidas pela reforma tributária, sobre os 88% restantes, as empresas de apostas também devem pagar os tributos aplicados às demais empresas, como Imposto de Renda Pessoa Jurídica (IRPJ), Contribuição Social sobre o Lucro Líquido (CSLL), Programa de Integração Social (PIS) e Contribuição sobre o Financiamento à Seguridade Social (COFINS).

255 BRASIL. Decreto-Lei nº 204, de 27 de fevereiro de 1967. Dispõe sobre a exploração de loterias e dá outras providências. Disponível em: https://www.planalto.gov.br/ccivil_03/decreto-lei/1965-1988/del0204.htm .

Por fim, neste ponto, não obstante os tópicos destacados, repare-se que, embora o contexto das apostas esportivas no Brasil tenha sido regulamentado pela analisada Lei nº 14.790 de 2023, certas questões ainda necessitavam de certa ordenação. Por conseguinte, a Secretaria de Prêmios e Apostas do Ministério da Fazenda (SPA-MF) vem editando diversas Portarias que tratam, entre outros pontos, sobre a fiscalização e monitoramento das apostas de quota fixa e de seus respectivos agentes operadores, sobre o regime sancionador no âmbito da exploração comercial da referida modalidade, e sobre o jogo responsável[256].

De outra parte, em 2024, foi publicada norma que cria o **Marco Legal para a indústria de Jogos Eletrônicos.** Trata-se da Lei nº 14.852, de 03 de maio de 2024[257]. A nova regra permite a fabricação, a importação, a comercialização, o desenvolvimento e o uso comercial de jogos eletrônicos no Brasil, buscando o estímulo ao ambiente de negócios digitais, neste segmento.

Ponto inicial importante, é que a lei coloca ao poder público a prerrogativa em estabelecer a classificação etária indicativa, considerando os riscos inerentes, restringindo aquisições digitais feitas pelas crianças, usuárias assíduas destas ferramentas.

Nos termos do Artigo 5º da Lei, considera-se jogo eletrônico, a obra audiovisual interativa desenvolvida como programa de computador, em que as imagens são alteradas em tempo real a partir de ações e interações do jogador com a interface, o dispositivo central e acessórios, para uso privado ou comercial, especialmente dedicados a executar jogos eletrônicos, o software para uso como aplicativo de celular ou página de internet, jogos de console de videogames e jogos em realidade

---

256 Vide Portarias nº 1225, 1231 e 1233, disponíveis em: https://www.gov.br/fazenda/pt-br/composicao/orgaos/secretaria-de-premios-e-apostas/legislacao/apostas .

257 BRASIL. Lei nº 14.852, de 03 de maio de 2024, que cria o Marco legal para a indústria de jogos eletrônicos. Disponível em: https://www.planalto.gov.br/ccivil_03/_ato2023-2026/2024/lei/l14852.htm .

virtual, realidade aumentada, realidade mista e realidade estendida, consumidos por download ou por streaming[258].

Outro aspecto relevante, é o reconhecimento dos profissionais da área de jogos eletrônicos, como o artista visual para jogos, o artista de áudio para jogos, o designer de narrativa de jogos, o designer de jogos, o programador de jogos, o testador de jogos e o produtor de jogos (responsável por liderar e supervisionar o desenvolvimento de jogos eletrônicos, desde a concepção até o lançamento).

Em oposição ao regramento antes analisado (das Apostas online), a lei não abrange e não poderá ser usada para beneficiar máquinas caça-níqueis, jogos de azar, promoções comerciais, modalidades lotéricas, ou qualquer tipo de jogo que ofereça algum tipo de aposta, com prêmios em ativos reais ou virtuais, ou que envolva resultado aleatório ou de prognóstico[259]. No mesmo sentido, a nova regra *não* regulamenta os chamados jogos de fantasia, em que os participantes escalam equipes imaginárias ou virtuais de jogadores reais de um esporte profissional. Essa modalidade de jogo digital é regulada pela Lei 14.790, de 2023, que trata das apostas online, conforme Artigo 3º, inciso II[260].

Os jogos eletrônicos foram alavancados pela Internet. De fato, a escala proporcionada pela rede ampliou as possibilidades de entretenimento entre os usuários, sendo, por conseguinte, necessário o regramento da indústria de jogos eletrônicos.

---

258 BRASIL. Lei nº 14.852, de 03 de maio de 2024, que cria o Marco legal para a indústria de jogos eletrônicos. Disponível em: https://www.planalto.gov.br/ccivil_03/_ato2023-2026/2024/lei/l14852.htm .

259 BRASIL. Lei nº 14.852, de 03 de maio de 2024, que cria o Marco legal para a indústria de jogos eletrônicos. Disponível em: https://www.planalto.gov.br/ccivil_03/_ato2023-2026/2024/lei/l14852.htm .

260 BRASIL. Lei nº 14.790, de 30 de dezembro de 2023, que dispõe sobre a modalidade lotérica denominada apostas de quota fixa; altera as Leis n.º 5.768, de 20 de dezembro de 1971, e 13.756, de 12 de dezembro de 2018, e a Medida Provisória nº 2.158-35, de 24 de agosto de 2001; revoga dispositivos do Decreto-Lei nº 204, de 27 de fevereiro de 1967; e dá outras providências. Disponível em: https://www.planalto.gov.br/ccivil_03/_ato2023-2026/2023/lei/L14790.htm .

Em adendo aos pontos elencados, podemos ainda destacar que o Marco Legal de Jogos Eletrônicos indica princípios e diretrizes, como o fomento ao empreendedorismo inovador do semento, e a proteção integral da criança e do adolescente, pois são alvos diretos da comercialização do setor digital. Sobre este aspecto sensível, os artigos 15 e seguintes da lei buscam garantir a aplicação de salvaguardas a direitos de crianças e adolescentes, como um sistema para recebimento e processamento de reclamações e denúncias de abusos e irregularidades cometidos por usuários, informações aos usuários denunciantes, em prazo razoável, sobre o resultado das denúncias realizadas, instrumentos para solicitar revisão de decisão e reversão de penalidades impostas, transparência social sobre as denúncias recebidas e sua análise, remoção de conteúdos, gerenciamento de comunidades, mitigação de riscos e salvaguardas a direitos de crianças e adolescentes, sanções aplicadas aos usuários infratores, incluídas as medidas utilizadas para impedir que os usuários criem contas adicionais em caso de banimento e ações para conscientização, educação e promoção de direitos fundamentais na comunidade e nos mecanismos internos, vedação de trocas de conteúdos e de interações que violem direitos de crianças e adolescentes, atualização e manutenção de ferramentas de supervisão e de moderação parental que respeitem o desenvolvimento progressivo das capacidades e a autonomia das crianças e dos adolescentes usuários, transparência, atualização e melhoria contínuas dos mecanismos de proteção contra risco de contato com outros usuários, garantindo, inclusive, a possibilidade de desativação de mecanismos de interação[261]. Com efeito, são medidas oportunas e necessárias, face aos riscos a que estão expostos os menores, em ambiente digital que integra adultos e pessoas com eventuais condutas desviantes.

261 BRASIL. Lei nº 14.852, de 03 de maio de 2024, que cria o Marco legal para a indústria de jogos eletrônicos. Disponível em: https://www.planalto.gov.br/ccivil_03/_ato2023-2026/2024/lei/l14852.htm .

A seu turno, a norma estabelece tratamento especial para o fomento de jogos por empresários individuais, sociedades empresariais, cooperativas, sociedades simples e microempreendedores individuais (MEI). O texto da lei abrange, também, as ferramentas e instrumentos necessários para o desenvolvimento de jogos eletrônicos, como computadores, programas, equipamentos especializados, SDK, DevKits e outros.

Ponto interessante, e importante, é que os jogos eletrônicos também poderão ser usados para contemplação artística, para fins didáticos ou recreação em ambiente escolar (desde que de acordo com a Base Nacional Comum Curricular e com as normas e regimentos escolares dos sistemas de ensino), para fins terapêuticos, para fins de treinamento e capacitação, por meio de simulação ou emulação de ação em ambiente institucional, e para fins de comunicação e propaganda[262].

Por derradeiro, sobre o aspecto educacional, vale frisar, ainda, que o poder público poderá promover políticas públicas para a utilização de jogos eletrônicos nas escolas públicas, no âmbito da Política Nacional de Educação Digital (Lei nº 14.533, de 2023), e criando repositório de jogos eletrônicos financiados com recursos públicos, com uso livre por instituições públicas de ensino, pesquisa e saúde[263].

Caso essencial:
Diversos escândalos de manipulação de jogos, em muitos esportes, foram relatados em todo o mundo, envolvendo atletas e clubes desportivos. Mais recentemente, no futebol brasileiro, através da Operação Penalidade Máxima, foi deflagrada ação pelo Ministério Público do Estado de Goiás, com mais de dezesseis jogadores denunciados.

---

262 BRASIL. Lei nº 14.852, de 03 de maio de 2024, que cria o Marco legal para a indústria de jogos eletrônicos. Disponível em: https://www.planalto.gov.br/ccivil_03/_ato2023-2026/2024/lei/l14852.htm .

263 Vide BRASIL. Lei nº 14.533, de 11 de janeiro de 2023, que Institui a Política Nacional de Educação Digital. Disponível em: https://www.planalto.gov.br/ccivil_03/_Ato2023-2026/2023/Lei/L14533.htm .

Em geral, as denúncias envolvem ganhos em apostas esportivas online, feitas em sites como Bet365 e Betano, em jogos da série A e da série B, nos quais os jogadores eram abordados por apostadores e pessoal de apoio operacional, em verdadeira organização criminosa, e recebiam quantias financeiras para cometer determinados atos em campo, como receber cartões amarelos, cartões vermelhos, conceder escanteios, e fazer pênaltis.

Para além do crime de organização criminosa (art. 2º da Lei n. 12.850/13), o caso também se enquadra no delito previsto no Artigo 41-D do Estatuto do Torcedor, que prevê 2 a 6 anos de prisão e multa por "Dar ou prometer vantagem patrimonial ou não patrimonial com o fim de alterar ou falsear o resultado de uma competição desportiva ou evento a ela associado". Ocorre que a prática se tornou rentável a partir dos sites de apostas, que incluem situações novas no cotidiano esportivo (no que diz respeito a apostas) como a de cartões ou escanteios.

A nova regra em análise (Lei nº 14.790, de 30 de dezembro de 2023) veda a participação, direta ou indireta, inclusive por interposta pessoa, na condição de apostador, dos atletas e seus parentes (cônjuges, companheiros e parentes em linha reta e colateral, até o segundo grau), e procuradores ou intermediários de atletas, objetivando mitigar a manipulação de resultados ou outras fraudes. Trata-se da situação envolvendo não somente o caso acima retratado (Operação Penalidade Máxima), mas também o caso do jogador Lucas Paquetá, envolvido diretamente na investigação por manipulação em apostas na Inglaterra, onde foi acusado de influenciar quatro jogos e buscar receber cartões amarelos com o propósito de favorecer apostas online.

2.3.14 Eleições e a Internet

Nome, e do que trata:
Resolução nº 23.732, de 27 de fevereiro de 2024. Altera a Resolução do TSE nº 23.610, de 18 de dezembro de 2019, dispondo sobre a propaganda eleitoral[264].

Principais tópicos normativos:
As eleições, em diversas partes do mundo, estão sendo definidas pela Internet. Isto porque, as ferramentas disponibilizadas pela rede ampliaram de forma significativa o alcance de mensagens e plataformas de campanha.

De um lado estão reunidos mecanismos digitais atraentes como o impulsionamento de conteúdo e a inteligência artificial. De outro, estão disseminadas mensagens em massa, a inteligência artificial para fabricar ou manipular conteúdo posteriormente usado para difundir inverdades sobre o processo eleitoral ou adversários, e deep fake com vídeos e áudios, que se utilizam da inteligência artificial e da manipulação digital para provocar danos aos demais candidatos.

Conforme já antes sinalizado, em relação ao Brexit e às eleições nos Estados Unidos, a Internet tem revolucionado as campanhas eleitorais.

Neste sentido, atento ao impacto que a Internet está a provocar no mundo político, é que o Tribunal Superior Eleitoral publicou a Resolução TSE nº 23.732, que alterou a Resolução TSE nº 23.610/2019. O ponto central, conforme discorremos, são os múltiplos usos da Internet.

Essencialmente, no que atine à Internet, destaca-se que, nas eleições por todo o Brasil, não é permitido utilizar-se de disparo em massa de mensagens, usar inteligência artificial para fabricar ou manipular

264 TRIBUNAL SUPERIOR ELEITORAL. Resolução nº 23.732, de 27 de fevereiro de 2024. Altera a Resolução do TSE nº 23.610, de 18 de dezembro de 2019, dispondo sobre a propaganda eleitoral. Disponível em: https://www.tse.jus.br/legislacao/compilada/res/2024/resolucao-no-23-732-de-27-de-fevereiro-de-2024 .

conteúdo, realizar simulação, por meio de chatbots, avatares e conteúdos sintéticos, de conversa de candidaturas ou outra pessoa real com eleitores, utilizar, para prejudicar ou favorecer candidatura, conteúdo sintético gerado ou manipulado digitalmente com intenção de criar, substituir ou alterar imagem ou voz de pessoa viva, falecida ou fictícia, a já referida deep fake, utilizar palavra-chave associada a partidos ou candidaturas adversárias, veicular propaganda eleitoral em sites de pessoas jurídicas, transmitir ou retransmitir live eleitoral em website, perfil ou canal de internet pertencente à pessoa jurídica, e realizar showmício ou evento transmitido pela Internet para promoção de candidaturas[265].

Entretanto, a **Resolução** TSE nº 23.732, **permite** propaganda eleitoral na Internet, impulsionamento de conteúdo com ferramentas oferecidas pelas plataformas, serviço de priorização paga de resultado de buscas, uso da inteligência artificial para criar imagens e sons, desde que o conteúdo digital esteja devidamente rotulado, com a indicação de que é produzido ou manipulado, e o tipo de tecnologia utilizada, e promoção de circulação paga ou impulsionada de propaganda eleitoral na internet[266].

Contudo, é importante ressaltar que o impulsionamento e a priorização paga de resultados de buscas não podem ser contratados para disseminar propaganda eleitoral negativa ou mentiras sobre o processo eleitoral, fatos corriqueiros em eleições anteriores, tanto no Brasil como nos Estados Unidos.

---

265 TRIBUNAL SUPERIOR ELEITORAL. Resolução nº 23.732, de 27 de fevereiro de 2024. Altera a Resolução do TSE nº 23.610, de 18 de dezembro de 2019, dispondo sobre a propaganda eleitoral. Disponível em: https://www.tse.jus.br/legislacao/compilada/res/2024/resolucao-no-23-732-de-27-de-fevereiro-de-2024 .

266 TRIBUNAL SUPERIOR ELEITORAL. Resolução nº 23.732, de 27 de fevereiro de 2024. Altera a Resolução do TSE nº 23.610, de 18 de dezembro de 2019, dispondo sobre a propaganda eleitoral. Disponível em: https://www.tse.jus.br/legislacao/compilada/res/2024/resolucao-no-23-732-de-27-de-fevereiro-de-2024 .

Como já sinalizado, sobre a inteligência artificial-IA nas eleições, em suma a respeito, os candidatos podem utilizá-la, mas devem referenciar, claramente, que o conteúdo foi gerado a partir do uso da IA. Para buscar coibir a utilização indevida da Internet nas eleições, como a desinformação eleitoral e o uso indevido de inteligência artificial, o Tribunal Superior Eleitoral colocou à disposição o SOS Voto (1491), e o Sistema de Alertas de Desinformação Eleitoral (SIADE)[267].

Caso essencial:
A atenção do TSE para o futuro dos pleitos eleitorais em virtude da utilização indevida da Internet, tem fundamento em casos já referidos neste livro. Nos mais notório, observamos que as fake news, nas eleições norte-americanas de 2016, que elegeu Donald Trump, foi ferramenta muito utilizada pelos seus estrategistas de propaganda e de marketing digital, com procedimentos eleitorais baseados em notícias falsas, impulsionadas pelas redes sociais, que foram remuneradas para isso ocorrer.

Naquela ocasião, foi falsamente publicado, entre outros, que Hillary Clinton, que era sua concorrente democrata, caso vencesse, iria proibir a utilização de armas de fogo, aborrecendo os defensores do porte de armas. Logo, dificilmente alguém que fosse defensor da possibilidade de portar armas votaria em Hillary Clinton, após se deparar com a falsa publicação.

Em verdade, tamanha tem sido a importância da Internet nas eleições, que os órgãos eleitorais têm se movimentado em busca da compreensão e da coibição dessas práticas.

Contudo, algumas lacunas permanecem: a Internet é global, e as utilizações indevidas podem ser oriundas de qualquer lugar, dificultando a atuação jurisdicional dos responsáveis eleitorais. Ademais, as eleições possuem prazo definido, e os casos internacionais, para

267 Vide TSE. Sistema de Alertas de Desinformação Eleitoral. Disponível em: https://www.tse.jus.br/eleicoes/sistema-de-alertas .

serem resolvidos, com as ferramentas judiciais atuais, não são tão céleres assim.

Por conseguinte, o tratamento da informação, o tratamento de dados, a estruturação dos dados, a utilização avançada de algoritmos, a inteligência artificial, o impulsionamento indevido, o envio em massa de mensagens, podem causar a alteração da opinião das pessoas, a partir do Ambiente Digital, nas redes sociais, e isso não pode ser ignorado nos pleitos eleitorais.

2.3.15 A Convenção sobre o Cybercrime - Convenção de Budapeste

Nome, e do que trata:

Decreto nº 11.491, de 12 de abril de 2023. Promulga a Convenção sobre o Cybercrime (Crime Cibernético) de 2001, ratificada pela República Federativa do Brasil em 30 de novembro de 2022, e que entrou em vigor para o Brasil, no plano jurídico externo, em 1º de março de 2023, e no plano interno em 12 de abril de 2023[268].

Principais tópicos normativos:

Um dos principais pontos que pudemos evidenciar durante todas as tratativas ao longo dos tópicos anteriores deste livro é que, o Direito Digital, quando apresenta um enquadramento legislativo por parte de um país, no caso o Brasil, possui limites jurisdicionais. Entretanto, igualmente pudemos vislumbrar que as questões envolvendo a Internet são globais e se estabelecem sem limites de fronteiras.

Esse paradoxo ficou bem exposto aquando do estudo das características desafiadoras da Internet, no início do Capítulo 2. Em verdade,

---

268 BRASIL. Decreto nº 11.491, de 12 de abril de 2023. Promulga a Convenção sobre o Cybercrime (Crime Cibernético) de 2001, ratificada pela República Federativa do Brasil em 30 de novembro de 2022, e que entrou em vigor para o Brasil, no plano jurídico externo, em 1º de março de 2023, e no plano interno em 12 de abril de 2023. Disponível em: https://www.planalto.gov.br/ccivil_03/_Ato2023-2026/2023/Decreto/D11491.htm .

tanto os limites legislativos como os limites judiciais, representado pelas decisões nacionais, colocam ao operador do Direito o desafio de compatibilizar o exercício dos órgãos de soberania com as inovadoras qualidades da Internet sem fronteiras, global[269]. Estudos qualificados percebem que as práticas digitais ignoram as fronteiras dos países, e o novo Direito Digital, então, é provocado a responder a estes temas.

Neste desenrolar, pois, crescem as vozes para a resolução deste dilema, ou seja, de termos uma Internet global, mas regulada fortemente por legislações nacionais e tribunais locais[270].

Entre as diretrizes, está aquela que busca uniformizar a legislação da Internet através de tratados internacionais disparados do contexto global para o local. Em outras palavras, definições práticas digitais são estabelecidas em nível de convenções internacionais, que depois vão sendo absorvidas pelos países.

A constatação dos desafios elencados ao longo do Livro, então, permite compreender a importância da **Convenção de Budapeste sobre o Cybercrime**[271]. A Convenção de Budapeste é o primeiro tratado internacional diretamente ligado às questões envolvendo os crimes eletrônicos. Ela foi criada a partir do Conselho da Europa, que é uma organização internacional europeia, e foi adotada em 2001.

A referida Convenção foi ratificada, até 2025, por mais de 78 países, sendo o primeiro instrumento internacional neste segmento da Internet. Mais 17 países assinaram ou foram convidados a aderir. Entre as dezenas de Estados partes na Convenção estão Portugal, Alemanha, Estados Unidos da América, Suíça, Reino Unido, Itália, França, Austrália, Canadá, Holanda, Ucrânia e Brasil[272].

---

269 *Vide* FREIRE E ALMEIDA, Daniel; SCRIPTORE, Verônica F. Almeida. **Os Conflitos Jurisdicionais Digitais na Internet Global.** New York: Lawinter Editions, 2019.

270 FREIRE E ALMEIDA, Daniel; SCRIPTORE, Verônica F. Almeida. **O Ambiente Digital e os Novos Desafios ao Direito Internacional.** New York: Lawinter Editions, 2020.

271 COUNCIL OF EUROPE. **Convention on Cybercrime, Budapest, 2001.** Disponível em: https://rm.coe.int/1680081561 .

272 Veja a lista completa em: https://www.coe.int/en/web/cybercrime/parties-observers .

Esta significativa Convenção fornece um quadro jurídico que visa a defesa da sociedade digital contra a criminalidade online, adotando os primeiros tipos penais eletrônicos e promovendo a cooperação processual internacional[273].

Em perspectiva introdutória, a Convenção sobre o Cybercrime abrange as fraudes e infrações informáticas a partir da Internet, as violações de Direito autoral, a pornografia infantil, e as invasões de redes de computadores e sistemas informáticos. A destacada Convenção estipula também uma série de competências e procedimentos entre os países, tais como a busca em redes de computadores e a interceptação digital[274].

O maior significado destas tratativas é a constatação, pelos diplomatas, de que a luta efetiva contra os crimes digitais requer uma cooperação internacional em matéria penal acrescida, rápida e eficaz[275]. Aliás, acrescentamos tais necessidades aos demais segmentos na Internet, com primazia para a seara judicante[276].

Em suma a respeito, a referida Convenção sobre o Cybercrime visa, também, harmonizar o Direito Internacional Penal na Internet, isto é, as normas substantivas que indicam ao órgão judicante nacional a forma de apreciar uma determinada situação realizada pela Internet,

---

273 COUNCIL OF EUROPE. **Convention on Cybercrime**, Budapest, 2001. Disponível em: https://rm.coe.int/1680081561 . No Brasil, o Decreto nº 11.491, de 12 de abril de 2023 promulgou a Convenção sobre o Cybercrime (Crime Cibernético) de 2001, que foi ratificada pela República Federativa do Brasil em 30 de novembro de 2022, e que entrou em vigor para o Brasil, no plano jurídico externo, em 1º de março de 2023, e no plano interno em 12 de abril de 2023. Disponível em: https://www.planalto.gov.br/ccivil_03/_Ato2023-2026/2023/Decreto/D11491.htm .

274 *Vide* FREIRE E ALMEIDA, Daniel. **Um Tribunal Internacional para a Internet**. São Paulo: Almedina, 2015.

275 FREIRE E ALMEIDA, Daniel; SCRIPTORE, Verônica F. Almeida. **Os Cybercrimes internacionais e a Convenção de Budapeste – rumo a um Direito global para a Internet**. New York: Lawinter Editions, 2019.

276 *Vide* FREIRE E ALMEIDA, Daniel. **Um Tribunal Internacional para a Internet**. São Paulo: Almedina, 2015.

mas contêm igualmente algumas normas isoladas relativamente ao tratamento processual e cooperacional[277].

Vale ainda assinalar, que a Convenção foi completada com dois Protocolos Adicionais, sendo o primeiro relativo à incriminação de atos de natureza racista e xenófoba praticados através da Internet, de 2003, e o segundo sobre o reforço da cooperação e divulgação de provas eletrônicas, de 2022[278].

Neste contexto, o Brasil finalmente aderiu ao texto da Convenção. Para tanto, depositou, junto ao Secretário-Geral do Conselho da Europa, em 30 de novembro de 2022, o instrumento de ratificação (adesão) à Convenção. Por sua vez, o Decreto nº 11.491, de 12 de abril de 2023, promulgou a Convenção sobre o Cybercrime no Brasil, internalizando as regras internacionais no país. Já no plano externo, o tratado entrou em vigor para o Brasil em 1º de março de 2023[279].

Em direta concentração aos termos do tratado, a Convenção define crimes e estabelece que cada país deverá adotar medidas legislativas e outras providências necessárias para tipificar como crimes, em sua legislação interna, as condutas levantadas pelo tratado.

Neste sentido, a Convenção de Budapeste inicia com a abordagem definitória dos crimes contra a **confidencialidade, integridade e**

---

277 *Vide* FREIRE E ALMEIDA, Daniel. **Um Tribunal Internacional para a Internet**. São Paulo: Almedina, 2015.

278 Vale registrar que o Brasil ainda não aderiu aos Protocolos. Council of Europe. **Additional Protocol to the Convention on cybercrime, concerning the criminalisation of acts of a racist and xenophobic nature committed through computer systems**. Disponível em: https://rm.coe.int/168008160f . Council of Europe. **Second Additional Protocol to the Convention on Cybercrime on enhanced co-operation and disclosure of electronic evidence**. Disponível em: https://rm.coe.int/1680a49dab .

279 COUNCIL OF EUROPE. **Convention on Cybercrime**, Budapest, 2001. Disponível em: https://rm.coe.int/1680081561 . No Brasil, o Decreto nº 11.491, de 12 de abril de 2023 promulgou a Convenção sobre o Cybercrime (Crime Cibernético) de 2001, que foi ratificada pela República Federativa do Brasil em 30 de novembro de 2022, e que entrou em vigor para o Brasil, no plano jurídico externo, em 1º de março de 2023, e no plano interno em 12 de abril de 2023. Disponível em: https://www.planalto.gov.br/ccivil_03/_Ato2023-2026/2023/Decreto/D11491.htm .

disponibilidade de dados e sistemas de computador, da seguinte forma[280]:

Acesso ilegal: acesso doloso e não autorizado à totalidade de um sistema de computador ou a parte dele.

Interceptação ilícita: interceptação ilegal e intencional, realizada por meios técnicos, de transmissões não-públicas de dados de computador para um sistema informatizado, a partir dele ou dentro dele, inclusive das emissões eletromagnéticas oriundas de um sistema informatizado que contenham esses dados de computador.

Violação de dados: a danificação, a eliminação, a deterioração, a alteração ou a supressão dolosas e não autorizadas de dados de computador.

Interferência em sistema: qualquer grave obstrução ou impedimento, dolosos e não autorizados, do funcionamento de um sistema de computador por meio da inserção, transmissão, danificação, apagamento, deterioração, alteração ou supressão de dados de computador.

Uso indevido de aparelhagem: a produção, venda, aquisição para uso, importação, distribuição ou a disponibilização por qualquer meio de:

- aparelho, incluindo um programa de computador, desenvolvido ou adaptado principalmente para o cometimento de crimes.
- uma senha de computador, código de acesso, ou dados similares por meio dos quais se possa acessar um sistema de computador ou qualquer parte dele, com a intenção de usá-lo para a prática de crimes.
- a posse de qualquer dos instrumentos referidos acima com a intenção de usá-los para a prática de crimes.

280 COUNCIL OF EUROPE. **Convention on Cybercrime, Budapest, 2001**. Disponível em: https://rm.coe.int/1680081561 .

Em prosseguimento, o texto da Convenção trata dos **Crimes informáticos**, nestes termos[281]:

Falsificação informática: a inserção, alteração, apagamento ou supressão, dolosos e não autorizados, de dados de computador, de que resultem dados inautênticos, com o fim de que sejam tidos como legais, ou tenham esse efeito, como se autênticos fossem, independentemente de os dados serem ou não diretamente legíveis e inteligíveis.

Fraude informática: a conduta de quem causar, de forma dolosa e não autorizada, prejuízo patrimonial a outrem por meio de:

- qualquer inserção, alteração, apagamento ou supressão de dados de computador.
- qualquer interferência no funcionamento de um computador ou de um sistema de computadores, realizada com a intenção fraudulenta de obter, para si ou para outrem, vantagem econômica ilícita.

Em continuidade, a Convenção define crimes relacionados ao **conteúdo da informação**, da seguinte forma[282]:

Pornografia infantil: as seguintes condutas, quando cometidas dolosamente e de forma não autorizadas:

- produzir pornografia infantil para distribuição por meio de um sistema de computador.
- oferecer ou disponibilizar pornografia infantil por meio de um sistema de computador.
- distribuir ou transmitir pornografia infantil por meio de um sistema de computador.
- adquirir, para si ou para outrem, pornografia infantil por meio de um sistema de computador.

281 COUNCIL OF EUROPE. **Convention on Cybercrime, Budapest, 2001**. Disponível em: https://rm.coe.int/1680081561 .

282 COUNCIL OF EUROPE. **Convention on Cybercrime, Budapest, 2001**. Disponível em: https://rm.coe.int/1680081561 .

- possuir pornografia infantil em um sistema de computador ou em um dispositivo de armazenamento de dados de computador.

Em andamento, o tratado define aspectos da violação de **direitos autorais** e de direitos correlatos, da seguinte forma[283]:

Violação de direitos autorais e de direitos correlatos: a violação de direitos autorais, como definidos no direito local e nas convenções internacionais, quando tal conduta violadora for cometida intencionalmente, em escala comercial e por meio de um sistema de computador.

Ainda no âmbito do direito substantivo, a convenção estipula outras formas de **responsabilidade e sanções**, nos seguintes termos[284]:

Tentativa, auxílio ou instigação: o auxílio, a instigação, a tentativa ou a incitação, dolosos, à prática de quaisquer dos crimes estabelecidos na convenção, quando o favorecedor tenha a intenção de que tais infrações sejam de fato cometidas.

Responsabilidade penal da pessoa jurídica: pessoas jurídicas podem ser consideradas penalmente responsáveis por crimes tipificados de acordo com a Convenção, quando cometidos em seu benefício por qualquer pessoa física em posição de direção, que aja individualmente ou como integrante de um órgão da própria pessoa jurídica, com base no poder de representação da pessoa jurídica, na autoridade de tomar decisões em nome da pessoa jurídica, ou na autoridade de exercer controle interno na pessoa jurídica. Ademais, uma pessoa jurídica pode ser responsabilizada quando a falta de supervisão ou controle por uma pessoa natural tenha possibilitado o cometimento de um crime estabelecido de acordo com a Convenção, por uma pessoa natural agindo sob autoridade dessa pessoa jurídica e em benefício dela.

---

283 COUNCIL OF EUROPE. **Convention on Cybercrime, Budapest, 2001.** Disponível em: https://rm.coe.int/1680081561 .

284 COUNCIL OF EUROPE. **Convention on Cybercrime, Budapest, 2001.** Disponível em: https://rm.coe.int/1680081561 .

A responsabilidade da pessoa jurídica pode ser civil, criminal ou administrativa. Segundo a Convenção de Budapeste, tal responsabilidade ocorrerá sem prejuízo da responsabilidade criminal das pessoas naturais que tenham cometido o crime.

Sobre as **sanções e medidas,** nos termos do texto da Convenção, cada Parte deve adotar medidas legislativas e outras providências necessárias para assegurar que os crimes tipificados sejam punidos por meio de sanções criminais eficazes, adequadas e dissuasivas, que incluam a privação de liberdade, e penas pecuniárias[285].

Em nosso estudo, alinhado ao que já fora estabelecido pelo Brasil acerca das condutas incluídas no Código Penal ou promulgadas em legislações complementares, pudemos analisar diversos tipos penais, muitos deles inspirados na Convenção de Budapeste sobre o Cybercrime de 2011. Neste sentido, estão as regras de defesa dos direitos autorais, das crianças e adolescentes, da invasão de redes de computadores e sistemas informáticos, entre outras.

O ponto fulcral da Convenção é promover a harmonização internacional do Direito Digital no contexto penal. Por outro lado, também, a Convenção é resultado da conclusão de que diversas condutas criminais digitais são internacionais, ou apresentam repercussões para além das fronteiras dos países. Neste sentido, então, é que o texto estipula dispositivos processuais e de cooperação internacional.

O objetivo, sobre este último ponto, é possibilitar a promoção de investigações e processos criminais, nacionais e internacionais. Sendo assim, a Convenção busca facilitar a coleta de provas eletrônicas da prática de um crime, a preservação expedita de dados armazenados em computador, incluindo dados de tráfego, a manutenção de sigilo sobre o início de um procedimento investigativo por um período de tempo, a ordem de exibição de dados de computador, a entrega de informações

285 COUNCIL OF EUROPE. **Convention on Cybercrime, Budapest, 2001**. Disponível em: https://rm.coe.int/1680081561 .

cadastrais de usuários, a busca e apreensão de dados de computador, a obtenção de dados de computador em tempo real, e a interceptação de dados de conteúdo[286].

A Convenção de Budapeste aborda, ainda, a cooperação internacional, para a realização das investigações ou procedimentos acerca de crimes de computador, para a coleta de provas eletrônicas desses crimes, para procedimentos de extradição, para a assistência mútua por meios de comunicação rápida, para a informação espontânea obtidas por um país em sistema investigativo próprio, para a participação da Organização Internacional de Polícia Criminal (Interpol), para medidas cautelares, para o acesso transfronteiriço a dados armazenados em um computador, mediante consentimento, ou a sistema de acesso público, e para o sistema de plantão 24 por 7[287].

Vale destacar, por fim, que em caso de controvérsias entre os países acerca da interpretação ou aplicação da Convenção, estes devem procurar a composição do litígio por meio de negociação ou de qualquer outro meio pacífico, à sua escolha, inclusive a sujeição da controvérsia à Comitê Europeu para os Problemas Criminais-CDPC, a um tribunal arbitral cujas decisões sejam imperativas para as Partes, ou à Corte Internacional de Justiça.

Devemos observar que, embora a Convenção seja específica para os crimes eletrônicos, as formas de resolução de controvérsias indicadas não possuem nenhuma apetência aos temas digitais. Ressaltamos, novamente, a necessidade de um Tribunal Internacional para a Internet[288].

---

286 COUNCIL OF EUROPE. **Convention on Cybercrime, Budapest, 2001**. Disponível em: https://rm.coe.int/1680081561 .

287 COUNCIL OF EUROPE. **Convention on Cybercrime, Budapest, 2001**. Disponível em: https://rm.coe.int/1680081561 .

288 *Vide* FREIRE E ALMEIDA, Daniel. **Um Tribunal Internacional para a Internet**. São Paulo: Almedina, 2015.

Por outro lado, de tudo quanto analisado, a Convenção avançou de forma destacada na tipificação de condutas criminais digitais, e na cooperação processual e internacional.

Entretanto, novas modalidades criminosas foram criadas por hackers e crackers, como a cyberespionage, a cyberwarfare, os cyberattacks, a revenge porn, o doxing, o formjacking, a derrubada proposital de conexão, o cryptojacking, entre muitos outros Cybercrimes, conforme trouxemos ao longo desta parte do Livro.

A potencializar ainda mais o impacto destas novas modalidades estão o ambiente global da Internet, a distância entre a vítima e o criminoso, a dificuldade de identificação e efetivo julgamento de pessoas internacionalmente distantes e, ainda, a utilização de robôs, software robô e inteligência artificial.

De fato, este novo Ambiente Digital clama por novas tipificações legais, novos acordos internacionais e novas formas de julgamento internacional destas demandas, como a implementação de um Tribunal Internacional para a Internet.

Embora nem todos os desafios sejam novos ao Direito, a Internet vem destruindo as capacidades jurídicas antigas no combate aos Cybercrimes. Logo, novas reflexões e saídas precisam ser formuladas e implementadas[289].

Caso essencial:
A adesão do Brasil à Convenção de Budapeste, com entrada em vigor em 2023, abriu novas perspectivas ao país no combate aos crimes transnacionais digitais. Embora a sua aplicação ainda não tenha resultado em casos que envolvam o Brasil ao tempo da edição deste Livro, o futuro reserva melhor sorte na resolução de casos.

A Convenção buscou reunir e estabelecer certas condutas criminais em nível internacional, e possibilitar a cooperação em matérias digitais

289 FREIRE E ALMEIDA, Daniel. **Os Cybercrimes na Perspectiva do Direito Internacional na Internet**. New York: Lawinter Editions, 2020.

que extrapolam as fronteiras, justamente para que o auxílio mútuo entre os Estados e companhias permita a interceptação, a identificação, e a eventual prisão de criminosos online. No entanto, vale registrar que o Brasil não aderiu, até o momento, aos dois Protocolos Adicionais, sendo o primeiro relativo à incriminação de atos de natureza racista e xenófoba praticados através da Internet, de 2003, e o segundo sobre o reforço da cooperação e divulgação de provas eletrônicas, de 2022[290].

A este respeito, em aspectos que reúnem certas particularidades, como naqueles casos elevados pelo Protocolo adicional de 2003, sobre a incriminação de atos de natureza racista e xenófoba praticados através da Internet[291], um exemplo, é o caso, já reportado neste Livro, envolvendo Titi, a filha do renomado ator Bruno Gagliasso, no qual a autora (agressora) estava no Canadá, em 2017. Dayane Alcântara Couto de Andrade, conhecida nas redes sociais da época como Day McCarthy, cometeu atos abomináveis contra Títi, que não valem a pena ser reproduzidos nesta Obra.

O que importa, de fato, é que sem os instrumentos de cooperação eficazes para o Ambiente Digital, os esforços dos pais da menina para a realização da justiça demoram a atingir êxito. Razão pela qual, apenas em 2024 a agressora foi condenada pela justiça brasileira, a uma pena de oito anos e sete meses de prisão por racismo. A referida condenação, sem considerar recursos que podem ser instrumentalizados, enseja a dificuldade em prender uma condenada digital, distante dos contornos físicos da demanda.

290 Council of Europe. **Additional Protocol to the Convention on cybercrime, concerning the criminalisation of acts of a racist and xenophobic nature committed through computer systems**. Disponível em: https://rm.coe.int/168008160f . Council of Europe. **Second Additional Protocol to the Convention on Cybercrime on enhanced co-operation and disclosure of electronic evidence**. Disponível em: https://rm.coe.int/1680a49dab .

291 Council of Europe. **Additional Protocol to the Convention on cybercrime, concerning the criminalisation of acts of a racist and xenophobic nature committed through computer systems**. Disponível em: https://rm.coe.int/168008160f .

No entanto, na época, sem dimensionar a questão na perspectiva internacional, a delegada Daniela Terra, da Delegacia de Repressão aos Crimes de Informática (DRCI), explicou que dois suspeitos foram identificados, e que poderiam responder por injúria por preconceito, que é injúria qualificada, e pelo crime de racismo, tendo pena de reclusão de 1 a 4 anos. Também, afirmou que:

> Esses criminosos serão identificados. Eles se utilizam da internet como um subterfúgio, acreditando que estão passando despercebidos por estarem fazendo uso da rede social, mas não estão. Não adianta apagar o perfil, não adianta apagar o comentário, não adianta usar subterfúgios para mascarar a conexão, porque a Polícia Civil tem tecnologia suficiente pra identificar esses criminosos que serão individualizados **e punidos ao rigor da lei**. (grifo nosso)[292]

Entretanto, o imbróglio prossegue. Naquela época, o Brasil não era signatário da Convenção de Budapeste.

Agora, com a Convenção em vigor para o Brasil, estabelecendo certas nuances relacionadas à cooperação internacional digital, com pedidos diretos entre a autoridade central do Brasil e a autoridade central do Canadá, pode-se conseguir, de forma mais célere e eficaz, a resolução do caso, com efetiva punição.

Em adendo, a Convenção eleva aspectos mais atuais que exigem cooperações que envolvam empresas que estão atuando internacionalmente, com o intuito de resolver determinadas condutas internacionais. A ideia, através de novos instrumentos internacionais, é que se ultrapasse as limitações territoriais dos poderes nacionais, que são restritos por fronteiras, não conseguindo o devido enquadramento da lei em casos internacionais, ou mesmo da sua aplicação e execução em outros países.

292 G1. **Bruno Gagliasso registra queixa por ofensas racistas contra a sua filha**. 2016. Disponível em: https://g1.globo.com/rio-de-janeiro/noticia/2016/11/bruno-gagliasso-chega-delegacia-para-registrar-queixa-por-racismo.html .

Vale ressaltar, em derradeiro, que por vezes, o não conhecimento das características desafiadoras da Internet deixa profissionais, acostumados com os contornos municipais de suas condutas, sem conseguir apresentar resultados quando confrontados com os novos crimes digitais.

2.3.16 A Tributação do E-commerce Internacional.

Nomes, e do que tratam:

Portaria MF nº 612, de 29 de junho de 2023, e Instrução Normativa RFB nº 2.146, de 29 de junho de 2023, que estabelecem aspectos da tributação e do controle aduaneiro das remessas internacionais oriundas do E-commerce[293]. Convênio ICMS nº 135, de 6 de dezembro de 2024, do Conselho Nacional de Política Fazendária – CONFAZ [294]. Em adição, a Lei nº 14.902, de 27 de junho de 2024, que dispõe, entre outros pontos, sobre o imposto de importação de remessas oriundas do E-commerce, alterando o Decreto-Lei nº 1.804, de 3 de setembro de 1980[295]. Ainda, a Lei nº 15.071, de 23 de dezembro de 2024, que altera o Decreto-Lei nº 1.804, de 3 de setembro de 1980[296].

---

293 BRASIL. Portaria MF nº 612, de 29 de Junho de 2023. Disponível em: https://www.in.gov.br/en/web/dou/-/portaria-mf-n-612-de-29-de-junho-de-2023-493173583. BRASIL. Instrução Normativa RFB nº 2.146, de 29 de Junho de 2023. Disponível em: https://www.in.gov.br/en/web/dou/-/instrucao-normativa-rfb-n-2.146-de-29-de-junho-de-2023- 493186915

294 CONFAZ. Convênio ICMS nº 135, de 6 de dezembro de 2024. Disponível em: https://www.confaz.fazenda.gov.br/legislacao/convenios/2024/CV135_24

295 BRASIL. Lei nº 14.902, de 27 de junho de 2024, que dispõe, entre outros pontos, sobre o imposto de importação de remessas oriundas do E-commerce, alterando o Decreto-Lei nº 1.804, de 3 de setembro de 1980. Disponível em: https://www.planalto.gov.br/ccivil_03/_ato2023-2026/2024/lei/L14902.htm .

296 Lei nº 15.071, de 23 de dezembro de 2024, que altera o Decreto-Lei nº 1.804, de 3 de setembro de 1980. Disponível em: https://www.planalto.gov.br/ccivil_03/_ato2023-2026/2024/lei/L15071.html

Principais tópicos normativos:

Em 29 de junho de 2023, o Brasil tomou duas importantes iniciativas a respeito da tributação do E-commerce internacional, em especial sobre a importação de produtos oriundos de plataformas globais de comércio eletrônico. Tais medidas foram acrescidas, em 2024, pela alteração de alíquotas na importação de produtos do E-commerce internacional.

As referidas iniciativas do Brasil buscaram alinhar-se ao novo contexto digital, permeado de forma intensa pelo E-commerce global. Repare-se que, em todos os momentos de desenvolvimento das atividades negociais, o Estado sempre conviveu com a preocupação de garantir a arrecadação de receitas públicas ordinárias e, para isso, desenvolveu e aperfeiçoou, constantemente, os modelos e sistemas de controle.

Nesta ordem, o Brasil, através do Ministério da Fazenda, primeiramente (2023) reduziu a zero a alíquota de importação do E-commerce para compras de até 50 dólares, se a empresa fosse aderente ao programa "Remessa Conforme", estabelecido pela Receita Federal (RFB).

Assim, nos termos da Portaria MF nº 612 (2023), as pessoas físicas que adquirissem produtos de empresas de E-commerce, que remetesse itens ao Brasil, através de plataformas, websites, ou outros meios digitais como os aplicativos, passariam a enquadrar-se em alíquota de 0% de Imposto de Importação incidente sobre os bens integrantes de remessa postal ou de encomenda aérea internacional no valor de até US$ 50,00 (cinquenta dólares), ou o equivalente em outra moeda. Ainda, para esta sujeição, a empresa remetente deveria aderir e atender aos requisitos do programa de conformidade (Remessa Conforme). Entre as exigências estaria o recolhimento do tributo estadual incidente sobre a importação (o ICMS)[297].

---

297 BRASIL. Portaria MF nº 612, de 29 de junho de 2023. Disponível em: https://www.in.gov.br/en/web/dou/-/portaria-mf-n-612-de-29-de-junho-de-2023-493173583 .

Diante deste quadro, o Regime de Tributação Simplificada pode ser utilizado no despacho aduaneiro de importação dos referidos bens, facilitando a liberação das mercadorias nos pontos de fiscalização aduaneira.

Em alinhamento, o programa "Remessa Conforme" constitui tratamento aduaneiro mais rápido para as remessas oriundas das empresas estrangeiras aderentes. Isto porque, a Receita Federal deve receber, antecipadamente, as informações a respeito da transação, possibilitando um trânsito acelerado nos locais de fiscalização, diminuindo custos relativos às atividades de deslocamento e armazenamento dos produtos, e culminando em entregas finais mais dinâmicas e céleres.

Um saída elegante por parte das autoridades tributárias brasileiras foi a de oferecer a adesão voluntária ao programa. Diante das inúmeras situações de evasão, bem como pelo fato de as empresas serem poderosas integrantes do contexto global do E-commerce, e estarem sediadas no exterior, a saída é a mais correta. Tal solução, em relação às empresas e plataformas da Internet, foi por nós defendida em 2012, aquando da proposta de Um Tribunal Internacional para a Internet[298].

Assim, buscando conferir maior praticidade ao fluxo do E-commerce internacional, o programa "Remessa Conforme", certifica as empresas que fornecem todas as informações necessárias ao registro da Declaração de Importação de Remessa (DIR), de forma antecipada à chegada ao país do veículo transportador da remessa, que repassem os valores dos impostos cobrados do destinatário para o responsável pelo registro da DIR no Siscomex Remessa, e que recolha o tributo estadual (para além do imposto de importação), entre outros pontos acessórios. Logo, a empresa aderente terá tratamento diferenciado no despacho aduaneiro

298 FREIRE E ALMEIDA, Daniel. **Um Tribunal Internacional para a Internet**. Coimbra: Faculdade de Direito da Universidade de Coimbra, 2012. Tese de Doutorado apresentada à Faculdade de Direito da Universidade de Coimbra, sob a orientação do Professor Doutor Diogo Leite de Campos.

de importação, facilitando o trânsito da mercadoria, e a consequente chegada ao destino final[299].

Ressalte-se, contudo, que em 2024, a Lei nº 14.902, de 27 de junho de 2024, em seu Artigo 32, alterou o Imposto de Importação (II) do regime de tributação simplificada, passando a incidir uma alíquota de 20% sobre valores de até $50 (cinquenta dólares), e de 60% para montantes acima de $50 (cinquenta dólares). Em pequena contrapartida, foi incluída parcela a deduzir do Imposto de Importação (II), no valor de $20 (vinte dólares). Tudo, pois, conforme quadro abaixo:

QUADRO DA TRIBUTAÇÃO DO E-COMMERCE INTERNACIONAL[300].

De (US$)	Até (US$)	Alíquota	Parcela a Deduzir do Imposto de Importação-II (US$)
0	50,00	20,0% de II	.
50,01	3.000	60,0% de II	US$ 20,00
0	3.000	17% ou 20% de ICMS	.

Observe-se que, de qualquer forma, o produto sofre a incidência de 17% ou 20% de ICMS, desde abril de 2025, a depender do estado da federação do importador, em virtude de decisão do Conselho Nacional de Política Fazendária - CONFAZ, nestes termos: "Cláusula primeira Os Estados e o Distrito Federal ficam autorizados a conceder redução da base de cálculo do Imposto sobre Operações relativas à Circulação de Mercadorias e sobre Prestações de Serviços de Transporte Interestadual

299 BRASIL. Instrução Normativa RFB nº 2.146, de 29 de junho de 2023. Disponível em: https://www.in.gov.br/en/web/dou/-/instrucao-normativa-rfb-n-2.146-de-29-de-junho-de-2023-493186915 . Lei nº 15.071, de 23 de dezembro de 2024, que altera o Decreto-Lei nº 1.804, de 3 de setembro de 1980. Disponível em: https://www.planalto.gov.br/ccivil_03/_ato2023-2026/2024/lei/L15071.html

300 Elaboração dos Autores. Fonte: BRASIL. Lei nº 14.902, de 27 de junho de 2024, que dispõe, entre outros pontos, sobre o imposto de importação de remessas oriundas do E-commerce, alterando o Decreto-Lei nº 1.804, de 3 de setembro de 1980. Disponível em: https://www.planalto.gov.br/ccivil_03/_ato2023-2026/2024/lei/L14902.htm .

e Intermunicipal e de Comunicação - ICMS - nas operações de importação realizadas por remessas postais ou expressas, de forma que a carga tributária seja equivalente a 17% (dezessete por cento) ou a 20% (vinte por cento), nestas inclusos eventuais adicionais previstos em legislação estadual, independentemente da classificação tributária do produto importado."

Em nossa análise, a alíquota reduzida (de 20%) sobre as compras de até 50 dólares[301] é salutar. Entretanto, acima deste valor (até 3.000 dólares), a imposição de 60% de imposto de importação, e mais 17% ou 20% de ICMS é absurdamente elevada.

Não obstante as justificativas busquem fundamentos na proteção das empresas nacionais, e na arrecadação de tributos, as referidas medidas tornam mais difícil, e não mais fácil, a aquisição de produtos aos brasileiros. Isto equivale ao paulatino isolamento do consumidor nacional de bens de melhor qualidade e preço, se comparado aos nacionais, protegendo fabricações ineficientes e de qualidade duvidosa. Em produtos de maior categoria e complexidade, que podem servir de impulso ao desenvolvimento nacional, as medidas tornam ainda mais árduo e caro o trabalho de importar itens.

Passou da hora do Brasil compreender a necessidade de alavancar áreas que revelam oportunidades de consequente crescimento e desenvolvimento. E isso não será feito tornando inviável a importação de produtos.

Caso essencial:

Atualmente, no Brasil, as importações provenientes da Shopee, Shein e Aliexpress estão entre aquelas que mais encaminham produtos para o Brasil. Em complemento, a Amazon integra o conjunto de empresas que mais destinam itens aos consumidores digitais brasileiros.

---

301 CONFAZ. Convênio ICMS nº 135, de 6 de dezembro de 2024. Disponível em: **https://www.confaz.fazenda.gov.br/legislacao/convenios/2024/CV135_24**

No contexto em que se insere o regime tributário acima analisado, o Brasil recebeu 176,3 milhões de encomendas em 2022, com um montante aproximado de US$ 245 milhões (cerca de R$ 1,16 bilhão), segundo dados da Receita Federal. O número é 39,4% superior ao registrado no mesmo período de 2021. A origem é principalmente da China, Estados Unidos, Hong Kong e Cingapura, coincidentemente regiões onde a qualificação digital de pessoas e a estruturação industrial são avançadas.

Conforme salientamos, em qualquer momento da história, os países sempre conviveram com a preocupação de garantir a arrecadação e, para isso, desenvolveram e aperfeiçoaram, constantemente, os modelos e sistemas de controle. O programa "Remessa Conforme" ratifica esta tese.

No entanto, na compatibilização entre as receitas oriundas do comércio eletrônico internacional, e o privilégio concedido aos contribuintes de serem tributados em menor grau nas transações pela Internet, de bens que, seguramente, estão muito mais caros no Brasil, preferimos está última, qual seja a redução das alíquotas dos tributos

Não se trata de negar a imposição tributante neste segmento digital internacional, mas, sim, conceder um privilégio necessário, para que se possa incentivar a inovação gerada pela utilização maciça das virtualidades proporcionadas por produtos de melhor qualidade e eficiência tecnológica.

Da mesma forma, compreendemos que outros desafios da Internet dificultam a efetiva tributação dos segmentos digitais, conforme estudos anteriores, desde 2002, na conformação da tributação do comércio eletrônico[302].

---

302 *Vide* FREIRE E ALMEIDA, Daniel. **A Tributação do Comércio Electrónico nos Estados Unidos da América e na União Europeia**. Coimbra: Universidade de Coimbra, 2002. 250p.

Por outro lado, a tributação sempre desencoraja o crescimento e o desenvolvimento de novos negócios. Contudo, há vantagens compensadoras no E-commerce, como conveniência, velocidade e facilidade para o uso, sendo difícil, inicialmente, quantificar a diminuição deste negócio face à fiscalidade. No entanto, estima-se que a não aplicação de impostos sobre o comércio eletrônico aumentaria em mais de 50% o número de compradores online[303].

Não é novidade que a não imposição tributária nos Estados Unidos da América, com o "Internet Tax Freedon Act" tenha resultado em milhares de empresas exercendo a liderança global do E-commerce[304].

No mesmo passo, a imposição de tributos sobre a Internet é mais do que um debate filosófico e ideológico, podendo trazer efeitos ao desenvolvimento econômico, na criação de empregos, de riquezas e prosperidade[305].

As consequências econômicas das atitudes governamentais são profundas e sérias. Observe-se, que a Internet traz uma vantagem competitiva e comparativa para os Estados Unidos, sendo que a imposição tributária traria efeitos críticos em um momento de necessidade de desenvolvimento como este.

No Brasil, na situação das empresas, em que o vendedor quer proporcionar um menor custo aos compradores, com a menor intrusão possível do governo, os custos, para coletar impostos sobre vendas, são extremamente altos. Já sob a ótica dos consumidores, estes preferem

303 FREIRE E ALMEIDA, Daniel. **The Taxation of Electronic Commerce in the United States of America and in the European Union**. São Paulo: Almedina, 2016.

304 FREIRE E ALMEIDA, Daniel. **The Taxation of Electronic Commerce in the United States of America and in the European Union**. São Paulo: Almedina, 2016.

305 *Vide* FREIRE E ALMEIDA, Daniel; SCRIPTORE, Verônica F. Almeida. **A Tributação do Comércio Eletrônico – Da Isenção Inicial para a Imposição de Alíquota Incentivadora Mínima**. *In:* GOMES, Fabio Luiz (coord.). **Reforma Tributária:** Tributação, Desenvolvimento e Economia Digital. São Paulo: Almedina, 2022. p.18-37.

os menores preços, com os menores custos na transação e realizam esforços para diminuir o pagamento de tributos[306].

Quanto aos entes tributantes, estes simplesmente querem as receitas. Inovadoras, políticas e filosóficas justificativas são criadas para a instituição de novas alíquotas tributárias, sendo que, ao final, os vendedores devem coletar e remeter as receitas para as autoridades tributárias, sem nenhum suporte estatal, como exemplificado pelo programa "Remessa Conforme".

Por conseguinte, o problema central não está nas empresas estrangeiras, que nos enviam produtos melhores e mais baratos, e sim na alta imposição tributária no Brasil. Além disso, o complexo industrial brasileiro, em geral, está anos-luz atrás do atual estágio digital global. E assim permanecerá enquanto for mais caro importar tecnologia, que permite o desenvolvimento.

Com efeito, o comércio eletrónico merece um tratamento privilegiado no Brasil, justificado, em parte, pelo potencial econômico e sobrevivência das empresas revendedoras locais. Logo, a saída não é proteger um mercado ineficiente com barreiras tributárias aos produtos e empresas estrangeiras, mas sim incentivar a produção local, com diminuição fiscal local[307].

Em um momento onde se vislumbram propostas de um imposto digital, apenas para coletar receitas, propugnamos pelo contrário.

No mesmo sentido, os conflitos e desafios colocados pelo E-commerce, em virtude das características da Internet, como internacionalidade, digitalização, entre outros, refletem as dificuldades de um novo sistema

306 *Vide* FREIRE E ALMEIDA, Daniel; SCRIPTORE, Verônica F. Almeida. **A Tributação do Comércio Eletrônico – Da Isenção Inicial para a Imposição de Alíquota Incentivadora Mínima**. *In:* GOMES, Fabio Luiz (coord.). **Reforma Tributária:** Tributação, Desenvolvimento e Economia Digital. São Paulo: Almedina, 2022. p.18-37.

307 *Vide* FREIRE E ALMEIDA, Daniel; SCRIPTORE, Verônica F. Almeida. **A Tributação do Comércio Eletrônico – Da Isenção Inicial para a Imposição de Alíquota Incentivadora Mínima**. *In:* GOMES, Fabio Luiz (coord.). **Reforma Tributária:** Tributação, Desenvolvimento e Economia Digital. São Paulo: Almedina, 2022. p.18-37.

tributário neste setor. A todo instante, novas descobertas mudam os rumos da atividade comercial, obrigando os legisladores à constante atualização[308]. Mas a criatividade dos entes tributantes apenas segue o caminho de majorações ou manutenções fiscais impeditivas. É o que se observa, em conclusão, com a dupla imposição nacional: 60% de imposto de importação para produtos acima de 50 dólares, e 17% ou 20% de alíquota de ICMS.

308 FREIRE E ALMEIDA, Daniel. **The Taxation of Electronic Commerce in the United States of America and in the European Union**. São Paulo: Almedina, 2015.

03
O FUTURO DAS PESSOAS NA ERA DIGITAL

Depois de termos discorrido sobre o Ambiente Digital, bem como sobre o tratamento jurídico do Direito Digital no Brasil, é hora, pois, de analisarmos as principais tendências da área.

O exame deste derradeiro Capítulo visa, fundamentalmente, e de forma complementar, estabelecer as **diretrizes do Direito Digital**, tendo como perspectiva basilar "o **futuro das pessoas**".

Deve-se enfatizar, entretanto, que as lições apreendidas acerca das diversas características da Internet, bem como das normas adotadas no Brasil, e das experiências judicantes trazidas pelos casos analisados, servirão de embasamento para as propostas que se seguirão.

As abordagens finalísticas apresentadas neste Capítulo revelam nosso desejo, pois, de que os resultados do livro possam servir para amparar, verdade que com simplicidade, futuras ordenações da Internet, considerando normativas globais que possam responder aos desafios que se colocam.

Para atingirmos tais desideratos, elegemos certos temas que vêm assumindo relevância, em especial aqueles que são possibilitados pela Internet, como condutora das novas tecnologias globais.

Logo, não se perquire, por patente, pela análise exauriente das possibilidades e temáticas, mas, sim, dos assuntos principais que podem ser vislumbrados em relação ao futuro das pessoas na era digital.

3.1 Inteligência Artificial, Robôs, Internet das Coisas e as Smart cities

A automação do comportamento inteligente ganhou novos contornos com a inteligência artificial sendo utilizada de forma maciça na Internet. Em princípio reservada para aplicações corporativas das empresas de tecnologia, rapidamente se popularizou com o lançamento do ChatGPT. Esta ferramenta é um modelo de linguagem baseado em inteligência artificial desenvolvido pela OpenAI, capaz de gerar texto semelhante ao humano com base em programação avançada, no contexto digital, e em interações algorítmicas. De fato, sua projeção global chamou a atenção para a inteligência artificial de forma difusa e definitiva.

Basilarmente, a **inteligência artificial** é a capacidade de um computador digital, ou robô controlado por computador, de executar tarefas habitualmente associadas a seres inteligentes. O termo é frequentemente aplicado ao projeto de desenvolvimento de sistemas dotados de processos intelectuais característicos dos seres humanos, como a capacidade de raciocinar, descobrir significado, generalizar, tratar, ou aprender com experiências passadas. Aliás, este último ponto (aprender) torna a inteligência artificial um mecanismo com potencial ilimitado, e que desperta preocupações acerca dos limites que deveriam ser impostos, e à sua regulação global.

Desde os primórdios do desenvolvimento do computador digital, sua utilidade está intimamente interligada à programação, ao software que daria função ao aparelho (device, hardware). Neste passo, tarefas cada vez mais complexas e que exigiriam repetição, ou enorme trabalho, passaram a ordenar o desenvolvimento contínuo e aprofundado da codificação.

A combinação de códigos que vêm sendo desenvolvidos desde então representam significativos avanços na utilização dos aparelhos, como computadores, tablets, celulares, robôs, drones, entre outros. Em essencial complemento, senão fundamental, a Internet possibilitou a interligação global de diferentes programas e aplicações baseados em inteligência artificial, resolvendo enredados problemas, apresentando avançadas soluções, e aprendendo, automaticamente, com outras utilizações digitais que se fundamentavam em inteligência artificial.

Em verdade, trata-se de uma revolução. A Internet catapultou a inteligência artificial para um status globalizado de relevância e aplicação.

Inicialmente, podemos exemplificar a sua básica utilização em jogos de xadrez, que para além da programação que permitia ao computador vencer jogadores comuns, ainda proporcionava seu aprendizado contínuo, com os jogos, tornando-se quase imbatível nos confrontos seguintes.

No entanto, atividades mais complexas exigiram a atuação elevada dos programadores, que com técnicas avançadas e aparelhos mais velozes no processamento e armazenamento de dados, tem aproximado a inteligência artificial à inteligência humana, em muitos domínios.

A Internet, sem embargo, ampliou a demanda de tarefas por parte dos usuários, permitiu um aprendizado mundial, sem precedentes anteriores, e com a combinação de muitas habilidades, inteligentes e diversas, como raciocínio, resolução de problemas, aprendizagem, autoprogramação, percepção e uso da linguagem computadorizada comum, tornou a inteligência artificial uma ferramenta distinta e global. Igualmente, a inteligência artificial apresenta aplicações em veículos autônomos, robôs, cidades inteligentes e assistentes virtuais, como a Alexa, por exemplo.

Por outro lado, a sua plena e difusa aplicação, integrada com a robotização e a Internet, levanta desafios que deverão ser enfrentados em todo o planeta. O futuro envolve a avaliação e a regulação da inteligência artificial em nível internacional. Isto porque, com o avanço qualitativo da inteligência artificial o tema torna-se complexo e decisivo para o futuro das pessoas.

O novo contexto passa pela inteligência artificial geral, já disseminada em todo o Ambiente Digital, prossegue pela inteligência artificial aplicada ou simulação cognitiva, em processo de aquisição de conhecimento e autoprogramação, e também por aquela que objetiva construir máquinas pensantes. Tudo, pois, com o intuito derradeiro de produzir aparelhos com capacidade intelectual que seja indistinguível da de um ser humano. Mais diretamente, o futuro direciona para a utilização da inteligência artificial em todos os segmentos, trazendo impactos ao futuro das pessoas na era digital.

Como destacam Bremmer e Suleyman, a produtividade deverá atingir níveis sem precedentes e inúmeras empresas anteriormente inimagináveis crescerão a uma velocidade vertiginosa, gerando imensos avanços no bem-estar. Novos produtos, curas, saídas, aplicações e inovações chegarão diariamente ao mercado, à medida que a ciência e a tecnologia aceleram.[1]

Não obstante as dificuldades extraordinárias envolvidas, a realidade em progressão já demonstra que a inteligência artificial está envolta em desafios que exigem certa ordenação global.

Os problemas envolvem práticas humanas digitais, como todas as condutas desviantes, alinhavadas anteriormente neste livro, bem como as novas aplicações negativas da inteligência artificial. Em especial, os crimes que podem ser cometidos, sua aplicação antiética, e seu aproveitamento em atividades que seriam muito particularmente próprias dos seres humanos.

Em breve ilustração, as aplicações negativas, e em parte criminosas, ocorrem pela invasão de sistemas, fake news, deep fakes, captação de senhas, espionagem, fraudes, falsificações digitais, perfis falsos, reconhecimento facial seletivo, acidentes com a utilização de robôs, riscos nucleares, guerras cibernéticas, e antecipação de ações (antes

---

1 *Cf.* BREMMER, Ian; SULEYMAN, Mustafa. **The AI Power Paradox. Can States Learn to Govern Artificial Intelligence—Before It's Too Late?** Foreign Affairs, 2023. Disponível em: https://www.foreignaffairs.com/world/artificial-intelligence-power-paradox .

do ser humano que daria a ordem) sem avaliação das consequências prejudiciais. Isto somente para citar alguns problemas.

Ainda, a substituição dos seres humanos em atividades repetitivas, retirando empregos, já é realidade. Muito embora as novas tecnologias criem novos trabalhos, e indiquem os caminhos a seguir, a inteligência artificial requer certas competências e habilidades ainda distantes das formações acadêmicas em diversos países, incluindo o Brasil.

A privacidade das pessoas é outro aspecto que desperta preocupações, pois a recolha, o tratamento e o processamento de quantidades maciças de dados, torna vulnerável a segurança e a disponibilidade destes dados chegarem a organizações voltadas a práticas criminosas ou mal-intencionadas.

Em adição aos pontos mencionados, estão as ações de inteligência artificial que seriam próprias do ser humano, na seara jurídica, como por exemplo o julgamento de ações judiciais.

Sobre este último ponto, vale adiantar que a inteligência artificial já vem sendo utilizada em diversas dinâmicas da atividade jurídica como elaboração de petições, denúncias, fundamentações jurisprudenciais, provas, investigações, algoritimização de táticas policiais, e construção de pareceres. Por fim, a atividade própria de julgar atinge o ponto final de discussão sobre se seria aceitável um caso ser julgado por ferramentas de inteligência artificial. Em nossa perspectiva não.

No entanto, tribunais já utilizam a inteligência artificial para elencar precedentes, "juntar" ações da mesma matéria, apresentar resultados jurisprudenciais, e responder a questionamentos sequenciais de um procedimento judicial. Mas a atividade de julgar também pode ser, se já não é, realizada em termos práticos digitais.

Este ponto apresenta controvérsias, mas em nossa visão deve ser frontalmente proibido. Os interessados em um processo judicial merecem a qualidade humana em seu julgamento. Robôs, codificados, com possibilidades tendenciosas, e utilizadores de inteligência artificial, reforçariam a ideia de anulação da dignidade humana em casos reais.

Não obstante, e por outro lado, na área da saúde a inteligência artificial e a robotização já estão a indicar laudos e decisões que são incorporadas por médicos e profissionais da saúde, "julgando" as condições dos pacientes, indicando os tratamentos, e até mesmo realizando os procedimentos.

De todo o modo, não é fácil criar regramentos que potencializem os benefícios da inteligência artificial e, em paralelo, minimizem os riscos e responsabilizem a sua prática, ainda mais quando a ação envolve máquinas inteligentes e software.

Em outra esfera, o assunto interessa a todos os povos, envolve empresas e desenvolvedores multinacionais, ensejando sua abordagem global, e não local. Com efeito, o enfoque deve ser mundial acerca dos desafios que se colocam a partir da Internet, e não à permissão liberatória de um ou outro local que seria considerado um "paraíso digital".

É por demais oportuno, neste livro, bem claro registrar, que a inteligência artificial causará disrupturas, criará riscos, e trará repercussões sociais e jurídicas que configurarão uma nova sociedade digital, integrada por pessoas e máquinas superinteligentes, hiperevolutivas, ambivalentes, tendenciosas por algoritmos, integradas com outras tecnologias e máquinas, com capacidade, inclusive, de enganar com facilidade os seres humanos.

Os programadores, os desenvolvedores, e depois os robôs programadores, que utilizarão a inteligência artificial para novas aplicações, determinarão as formas de exercício de poder privado e público, a tal ponto que poderemos não possuir mais controle sobre as decisões da humanidade, culminando em riscos para o futuro das pessoas. Em síntese, são necessárias saídas regulatórias globais, como sinalizaremos ainda neste tópico.

A seu turno, a **Internet das Coisas** refere-se a uma cadeia de aparelhos, veículos, eletrodomésticos e outros objetos físicos que são incorporados com sensores, software e conectividade à Internet, e que lhes permite coletar, tratar, compartilhar dados e, eventualmente, tomar decisões. Esses aparelhos, também conhecidos como objetos inteligentes, podem variar de simples dispositivos de casa inteligente, como termostatos, a vestuários como os relógios inteligentes e roupas habilitadas, até máquinas industriais complexas e sistemas de transporte.

Ademais, os envolvidos no desenvolvimento destas aplicações já começam a utilizar soluções em **smart cities** baseadas em Internet das Coisas. Com efeito, o tratamento dos dados gerados, com aplicações em mobilidade urbana, eficiência energética, sustentabilidade e melhoria da função social das cidades estão transformando o cenário com as cidades inteligentes.

Não obstante os benefícios advindos, enfrentaremos os riscos. Ainda que se discorra que nem tudo parece ser o que é, em termos de problemas, e que ainda estamos distantes desta realidade, podemos afirmar que o futuro das pessoas estará enquadrado em um panorama de insegurança digital prática.[2] O poder atualmente exercido pelas big techs é apenas o início de uma nova era digital, mas que poderá não ser regulada a tempo pelos seres humanos.

Em outro momento, Lessig já antecipava que o código informático, na Internet, também seria a lei, e que nós poderíamos construir, arquitetar ou codificar a Internet para proteger valores que nós acreditássemos serem fundamentais, ou nós poderíamos deixar estes valores desaparecerem. Para o autor, não se poderia confiar, exclusivamente, no

2 Sobre este ponto vide o REGULATION (EU) 2024/2847 OF THE EUROPEAN PARLIAMENT AND OF THE COUNCIL of 23 October 2024 on horizontal cybersecurity requirements for products with digital elements and amending Regulations (EU) No 168/2013 and (EU) 2019/1020 and Directive (EU) 2020/1828 (Cyber Resilience Act). Disponível em: https://eur-lex.europa.eu/legal-content/EN/TXT/PDF/?uri=OJ:L_202402847

comércio para regular ou construir uma arquitetura para o ciberespaço, que necessariamente reflita os valores que acreditamos serem importantes em nossas vidas. [3]

Ocorre que, com a inteligência artificial, com os robôs e com a Internet das Coisas, as máquinas aprendem, se auto programam, se auto aperfeiçoam, raciocinam e decidem. Ao realizarem estas ações, não teremos controle se isso será para o bem, ou não.

A inteligência artificial colocará em risco pontos fundamentais da humanidade, e em constância e velocidade que poderá ser impossível reverter, a não ser de forma preventiva, rápida, e ordenada globalmente.

Em razão disso, e visando solucionar essas questões, governos já começaram a agir, como alertam Bremer e Suleymam, nestas palavras:

> Thankfully, policymakers around the world have begun to wake up to the challenges posed by AI and wrestle with how to govern it. In May 2023, the G-7 launched the "Hiroshima AI process," a forum devoted to harmonizing AI governance. In June, the European Parliament passed a draft of the EU's AI Act, the first comprehensive attempt by the European Union to erect safeguards around the AI industry. And in July, UN Secretary-General Antonio Guterres called for the establishment of a global AI regulatory watchdog. Meanwhile, in the United States, politicians on both sides of the aisle are calling for regulatory action. [4]

Nesta linha, de fato, verifica-se que a **União Europeia**, no âmbito da sua estratégia digital, tem buscado, mais concretamente desde 2021, regulamentar a inteligência artificial para garantir melhores condições para o desenvolvimento e utilização desta tecnologia inovadora, e para estabelecer os necessários limites. Naquele espaço, foi publicado o Regulamento (UE) 2024/1689 do Parlamento Europeu e do Conselho,

---

3 *Cf.* LESSIG, Lawrence. **Code. Version 2.0.** New York: Basic Books, 2006, p. 200.

4 *Cf.* BREMMER, Ian; SULEYMAN, Mustafa. **The AI Power Paradox. Can States Learn to Govern Artificial Intelligence—Before It's Too Late?** Foreign Affairs, 2023. Disponível em: https://www.foreignaffairs.com/world/artificial-intelligence-power-paradox .

de 13 de junho de 2024, que cria regras harmonizadas em matéria de inteligência artificial.[5] No referido instrumento pioneiro, há o entendimento de que os sistemas devem ser analisados e classificados de acordo com o risco que representam para os utilizadores, significando, por conseguinte, mais ou menos regulamentação. Desbravadora nesta linha, a União Europeia deseja garantir que os sistemas de inteligência artificial sejam seguros, transparentes, rastreáveis, não discriminatórios, ecológicos, e com regras diferentes para os diferentes níveis de risco.[6]

Para além da responsabilização dos prestadores e dos usuários, a União Europeia compreende que certos riscos são inaceitáveis, devendo ser banidos, como a manipulação cognitivo-comportamental de pessoas ou grupos vulneráveis específicos, como por exemplo, brinquedos ativados por voz que incentivam comportamentos perigosos em crianças. Também, a pontuação social, que classifica as pessoas com base no comportamento, estatuto socioeconômico ou características pessoais, e sistemas de identificação biométrica remota e em tempo real, como reconhecimento facial (com exceção de sistemas de identificação biométrica remota posterior, onde a identificação ocorre após um atraso significativo para processar crimes graves, e com aprovação judicial). A União Europeia ainda considera alguns sistemas de alto risco, podendo afetar negativamente a segurança ou os direitos fundamentais, devendo ser avaliados antes de serem colocados no mercado e também ao longo do seu ciclo de vida. Sistemas de inteligência generativa, como o ChatGPT e o DeepSeek devem cumprir requisitos

5 *Cf.* REGULATION (EU) 2024/1689 OF THE EUROPEAN PARLIAMENT AND OF THE COUNCIL of 13 June 2024 laying down **harmonised rules on artificial intelligence** and amending Regulations (EC) No 300/2008, (EU) No 167/2013, (EU) No 168/2013, (EU) 2018/858, (EU) 2018/1139 and (EU) 2019/2144 and Directives 2014/90/EU, (EU) 2016/797 and (EU) 2020/1828 (Artificial Intelligence Act). Disponível em: https://eur-lex.europa.eu/legal-content/EN/TXT/HTML/?uri=OJ:L_202401689 .

6 *Cf.* EUROPEAN PARLIAMENT. **EU AI Act: first regulation on artificial intelligence.** 2023. Disponível em: https://www.europarl.europa.eu/news/en/headlines/society/20230601STO93804/eu-ai-act-first-regulation-on-artificial-intelligence .

de transparência, por exemplo. Por fim, sistemas de risco limitado também devem cumprir requisitos mínimos de transparência que permitam aos utilizadores tomar decisões informadas, e decidirem pela continuidade de sua utilização. [7]

A seu turno, o **Conselho da Europa** também segue a tendência internacional de regulação dos aspectos digitais, ao adotar o primeiro tratado internacional juridicamente vinculativo que visa garantir o respeito aos direitos humanos, ao estado de direito e aos padrões legais democráticos no uso de sistemas de inteligência artificial.

Assim como inaugurou as tratativas internacionais para regulação dos Cybercrimes, o Conselho da Europa apresentou um tratado internacional, que também é aberto a países não europeus, estabelecendo uma estrutura legal que abrange todo o ciclo de vida dos sistemas de inteligência artificial e aborda os riscos que eles podem representar, ao mesmo tempo em que promove a inovação responsável. O texto adota uma abordagem baseada em risco para o design, desenvolvimento, uso e descomissionamento de sistemas de inteligência artificial, o que requer uma consideração cuidadosa de quaisquer potenciais consequências negativas do uso de sistemas de inteligência artificial.[8]

Considerando as iniciativas da União Europeia e do Conselho da Europa como importantes diretrizes que podem ser amplificadas para todo o mundo, é relevante destacar que a **Organização das Nações Unidas-ONU** estabeleceu um "Roadmap for Digital Cooperation" (A/74/821)[9], que aborda a forma como a comunidade internacional pode aproveitar melhor as oportunidades apresentadas pelas

---

7 *Cf.* EUROPEAN PARLIAMENT. EU **AI Act: first regulation on artificial intelligence.** 2023. Disponível em: https://www.europarl.europa.eu/news/en/headlines/society/20230601STO93804/eu-ai-act-first-regulation-on-artificial-intelligence .

8 *Cf.* COUNCIL OF EUROPE. **Council of Europe Framework Convention on Artificial Intelligence and Human Rights**, Democracy and The Rule of Law. Disponível em: https://rm.coe.int/1680afae3c .

9 *Vide* UNITED NATIONS. **Roadmap for Digital Cooperation**. Disponível em: https://www.un.org/techenvoy/content/roadmap-digital-cooperation#:~:text=On%20

tecnologias digitais, ao mesmo tempo que enfrenta os seus desafios. Em complemento, a ONU estabeleceu um órgão consultivo composto por especialistas para recomendações acerca da governança internacional da inteligência artificial, objetivando que seus riscos sejam contidos e diminuídos. [10]

Entre os diferentes pontos de ação, emergiu o paradoxo da inteligência artificial, sobre o qual a ONU aprovou, por consenso de todos os seus 193 membros, uma Resolução (A/78/L.49 - 2024) sobre a governança da inteligência artificial, com o objetivo de assegurar que a tecnologia crie um mundo mais seguro e equitativo. A Resolução da ONU busca fechar a lacuna digital, entre e dentro dos países, para que todos se beneficiem da nova tecnologia e dos benefícios da inteligência artificial. Entretanto, o texto ressalta que ninguém deve usar a inteligência artificial para prejudicar a paz ou reprimir direitos humanos.[11]

Para nós, a partir das inovadoras iniciativas europeias, e com o importante contributo de diferentes setores de interesse, em uma perspectiva dos Estados-Membros, das empresas digitais[12], dos usuários, da comunidade técnica e de outros grupos que busquem a interoperabilidade internacional, a abordagem mundial do Conselho da Europa (tratado internacional) e da Organização das Nações Unidas (resolução

---

11%20June%202020%2C%20the,technologies%20while%20addressing%20their%20challenges.

10 *Vide* UNITED NATIONS. **Interim Report: Governing AI for Humanity**. 2023. Disponível em: https://www.un.org/sites/un2.un.org/files/ai_advisory_body_interim_report.pdf .

11 *Cf.* UNITED NATIONS. **Seizing the opportunities of safe, secure and trustworthy artificial intelligence systems for sustainable development**. Resolution A/78/L.49. New York: United Nations, 2024, disponível em: https://documents.un.org/doc/undoc/ltd/n24/065/92/pdf/n2406592.pdf .

12 *Vide*, in exemplis, a abordagem do Centre for Information Policy Leadership de Washington-DC: CIPL. **Ten Recommendations for Global** AI Regulation. Washington-DC, 2023. Disponível em: https://www.informationpolicycentre.com/ai-project.html .

global) parecem as mais adequadas para o futuro das pessoas, em razão da globalidade do tema.[13]

Nada parece estar de fora do Ambiente Digital. Para além de merecer sua autonomia, o contexto online vem impactando todos os segmentos humanos, e trazendo, ainda, a interação com os robôs, com os aparelhos na Internet das Coisas, com os programas de computador (software), com os aplicativos (apps), com as cidades inteligentes, e com nossas vidas.

Mas, os instrumentos tradicionais de ordenação demonstram ainda não estarem plenamente preparados para tudo isso. Um Tribunal Internacional para a Internet, nos moldes de uma Organização Internacional (Organização Global Digital), com capacidade legislativa global, e participação ativa das empresas globais de tecnologia, é a melhor solução técnica para o futuro das pessoas na era digital.[14]

3.2 Patrimônio Digital, Criptomoedas, Blockchain, Smart Contracts e Non-fungible tokens- NFTs

Neste plano e já tendo sido precisamente analisado o Ambiente Digital, na primeira parte deste livro, oportuno e necessário, por conseguinte, abordarmos aspectos prospectivos que englobam o patrimônio digital, as criptomoedas, blockchain, NFTs e smart contracts.

Nesta linha, a digitalização de conteúdo, que passa pela transformação de mensagens, informações, documentos, músicas, vídeos, software, livros, proporcionou a disseminação, a reprodução, e a multiplicação de itens em formato digital. Entre estes itens, está o patrimônio digital.

---

13 *Vide* INTERNATIONAL TELECOMMUNICATION UNION. **United Nations Activities on Artificial Intelligence (AI)**. 2022. Disponível em: https://www.itu.int/dms_pub/itu-s/opb/gen/S-GEN-UNACT-2022-PDF-E.pdf.

14 *Vide* FREIRE E ALMEIDA, Daniel. **Um Tribunal Internacional para a Internet**. São Paulo: Almedina, 2015.

Neste diapasão, para a UNESCO, o **patrimônio digital** é constituído por materiais informáticos de valor duradouro que devem ser guardados para as gerações futuras. Em alinhamento, o patrimônio digital emana de diferentes comunidades, indústrias, setores e regiões. O patrimônio é explicado nos documentos da UNESCO como "o nosso legado do passado, aquilo com que vivemos hoje e aquilo que transmitimos às gerações futuras". Um patrimônio é algo que é, ou deveria ser, passado de geração em geração porque é valorizado.[15]

A partir da Internet, percebemos o incremento valorativo de bens que, anteriormente, não possuíam tal consideração. Assim, o patrimônio digital, de forma mais ampla, passou a considerar os bens digitais, sendo negociados por valores vultosos como a aquisição do YouTube pelo Google por US$ 1,65 bilhão, a venda do WhatsApp para o Facebook, por um total de 22 bilhões de dólares, a venda do Twitter por 44 bilhões de dólares a Elon Musk, e a valoração de companhias do Ambiente Digital na marca de um trilhão de dólares, como a Apple, a Alphabet e a Amazon.

Em consequência, os recursos de conhecimento ou expressão humana, sejam eles culturais, educacionais, científicos e administrativos, ou abrangendo informações técnicas, jurídicas, médicas e outros tipos de informação, são cada vez mais criados digitalmente, ou convertidos em formato digital a partir de recursos técnicos existentes.[16]

Logo, para a UNESCO, onde os recursos "nascem digitais", não existe outro formato senão o original digital. Os materiais digitais incluem textos, bancos de dados, imagens estáticas e em movimento, áudio, gráficos, software e páginas da web, entre uma ampla e crescente gama

---

15 UNESCO. **Concept of Digital Heritage.** Disponível em: https://en.unesco.org/themes/information-preservation/digital-heritage/concept-digital-heritage .

16 UNESCO. **Concept of Digital Heritage.** Disponível em: https://en.unesco.org/themes/information-preservation/digital-heritage/concept-digital-heritage .

de formatos. Eles são frequentemente efêmeros e exigem produção, manutenção e gerenciamento propositais para serem mantidos.[17]

As criptomoedas, como Bitcoin, as cadeias de blockchain e os smart contracts ampliaram as possibilidades de interação e contratualização digital. Para além das facilidades de integração proporcionadas pelo mundo digital, as referidas novas utilidades potencializaram negócios digitais, ocasionando impactos ao futuro das pessoas.

Em breve apartado, e nesta ordem, **blockchain** é um livro-razão digital público que registra transações. Um blockchain é um banco de dados distribuído e compartilhado entre os nós de uma rede de computadores. Blockchains podem ser usados para tornar imutáveis dados em qualquer setor. Como não há como alterar um bloco, a única confiança necessária é no ponto em que um usuário ou programa insere os dados. Este aspecto reduz a necessidade de terceiros de confiança, que geralmente são auditores ou outras pessoas que agregam custos e que podem cometer erros.

A seu turno, os **smart contracts** são considerados programas autoexecutáveis que automatizam as ações exigidas em um acordo ou contrato. Em outras palavras, são scripts que automatizam as ações específicas de um contrato entre duas partes. Após concluídas, as transações são rastreáveis e irreversíveis. Sendo irreversíveis, trazem desafios aos poderes judiciais, pois suas determinações podem ser ineficazes.

Os smart contracts não contêm linguagem jurídica, termos ou acordos, mas somente código que executa ações quando condições específicas são atendidas. Assim, os smart contracts permitem que transações e acordos confiáveis sejam realizados entre partes distintas e anônimas, sem a necessidade de uma autoridade central, sistema jurídico ou mecanismo de aplicação externo. Os referidos pontos retiram do Estado a predominância destas novas relações jurídicas digitais.

---

17 UNESCO. **Charter on the Preservation of the Digital Heritage.** 2009. Disponível em: https://unesdoc.unesco.org/ark:/48223/pf0000179529.page=2 .

Na medida que os smart contracts executam acordos, passam a ser usados para diversos fins, como a compra e entrega de mercadorias, transações imobiliárias, negociação de ações e commodities, empréstimos, governança corporativa, cadeia de suprimentos, resolução de disputas, entre outros.

O "Bitcoin-Blockchain", por exemplo, recebeu habilidades de smart contract, após atualização, o que permitiu que ele se comunicasse com camadas que possuem contratos inteligentes habilitados em seus blockchains. Neste contexto, embora a tecnologia blockchain tenha sido considerada principalmente como a base do Bitcoin, ela evoluiu muito além de sustentar uma moeda virtual.

A integração entre blockchain e os smart contracts ocorre pois os smart contracts são códigos escritos em um blockchain que executam os termos de um acordo ou contrato fora da cadeia. Em síntese, os smart contracts automatizam as ações que de outra forma seriam realizadas pelas partes no acordo, o que elimina a necessidade de ambas as partes confiarem uma na outra.

Em oportuno complemento, os **Non-fungible tokens- NFTs,** ou tokens não fungíveis, desempenham um grande papel, como um tipo seguro de ativo digital com base na mesma tecnologia blockchain utilizada pelas criptomoedas. No entanto, no lugar de representar uma moeda, um token digital pode conceber uma obra de arte, uma música ou imóveis digitais, oferecendo ao proprietário uma espécie de ação digital, ou prova de propriedade que pode ser comercializada no mundo digital.

Logo, NFTs e blockchain estabelecem as bases para a propriedade digital, com repercussões no futuro das pessoas. Igualmente, como referido no tópico 1.3 deste livro, blockchain, Bitcoin e as criptomoedas contextualizam a configuração de um novo Ambiente Digital, alavancado pelo E-commerce.

Além disso, insta mencionar que ao utilizar computadores e ferramentas digitais relacionadas, os seres humanos estão a criar e a partilhar recursos digitais. [18]

Este é o presente, e isso será o futuro, cada vez mais integrado pela informação, pela expressão criativa, pelas ideias, pelos conhecimentos codificados para processamento informático, pela partilha em formato digital, e pela formulação de novos meios de negócios jurídicos, de forma descentralizada, e ausente de uma autoridade nacional a regular ou julgar de forma efetiva.

Em adição, startups, fintechs, insurtechs (empresas que estão inovando o mercado de seguros), Digital Bankings, e outras companhias digitais estão alavancando a transformação dos fundos físicos para os digitais.

Portanto, o futuro nesta seara, revela a valorização daquilo que é digital.

Em importante apartado, vale mencionar o conceito de **regtech,** que é a aplicação de tecnologia emergente para melhorar a forma como as empresas gerenciam a conformidade regulatória. Em outras palavras regtech é a tecnologia regulatória, sendo utilizada para atingir a conformidade regulamentar em algum setor de interesse. Neste sentido, as empresas regtech estão agora a envolver a aprendizagem automática, o processamento de linguagem natural, blockchain, inteligência artificial e outras tecnologias, a fim de levar o poder da transformação digital ao mundo da conformidade regulamentar. Anteriormente, como já citado, Lessig compreendia que o futuro da regulação passaria pela codificação.[19]

Em continuidade, é certo que o patrimônio digital se torne mais importante e mais difundido no futuro. A tendência é que cada vez

---

18 UNESCO. **Concept of Digital Heritage.** Disponível em: https://en.unesco.org/themes/information-preservation/digital-heritage/concept-digital-heritage .

19 *Cf.* LESSIG, Lawrence. **Code. Version 2.0**. New York: Basic Books, 2006, p. 200.

mais, pessoas, empresas, países, organizações e comunidades utilizam tecnologias digitais para documentar e expressar o que valorizam e o que pretendem transmitir às gerações futuras. Surgiram novas formas de expressão e comunicação que não existiam anteriormente. A Internet e o E-commerce são vigorosos exemplos desse fenômeno.[20]

É também provável que o desenvolvimento de criptomoedas e moedas digitais governamentais tornem o digital mais importante que o físico.

O sistema tradicional de valoração física, vem sendo substituído por sistemas integrados, onde grandes quantidades e qualidades de informações são comprimidas e transferidas sob o formato digital. A digitalização permite sua replicação e pulverização de forma inédita para os sistemas jurídicos. Patrimônio, registros, gravações, streaming, podcasts, conteúdo e dinheiro, entre outros, tornam o formato digital acessível online, de forma instantânea e global.

Na perspectiva do futuro das pessoas na era digital, podemos afirmar que nenhum outro instrumento jurídico terá condições de se equiparar ao que será proporcionado pelo patrimônio digital.

Logo, a transformação de certificações baseadas em blockchain, as formalizações embasadas em smart contracts, e as obrigações sendo cumpridas por criptomoedas e moedas digitais serão o futuro.

Por conseguinte, configurações normativas inteligentes devem ser estabelecidas de forma global, em virtude do caráter internacional destas ferramentas, com tribunal internacional próprio para julgar as violações.

---

20 UNESCO. **Concept of Digital Heritage.** Disponível em: https://en.unesco.org/themes/information-preservation/digital-heritage/concept-digital-heritage .

3.3 Big Data, Fake News, e a Responsabilidade Digital das redes sociais

Em alinhamento ao disposto acerca do patrimônio digital, a digitalização de conteúdos elevou os dados a um patamar sem precedentes. Em verdade, os dados passaram a significar os hábitos, provas e condutas das pessoas na Internet.

Neste sentido, o fenômeno do **Big Data** emerge no Ambiente Digital. O futuro das pessoas é, também, digital. Logo, os dados gerados a partir de suas relações online configuram terreno propício para seu tratamento e utilização. Em consequência, Big Data é o conjunto de dados cujo tamanho ou tipo está acima da capacidade dos bancos de dados tradicionais de capturar, gerenciar e processar os dados com baixa latência, ou seja, em redes com tempos de resposta rápidos.

Em outras palavras, o Big Data reúne características que incluem alto volume, alta velocidade e alta variedade. Com a vida online, a geração de dados digitais e pessoais está a tornar-se mais complexa do que antes. Isto se revela em virtude do impulsionamento possibilitado pela inteligência artificial, pelo uso maciço dos aparelhos celulares e tablets, pela utilização aprofundada das redes sociais, pela Internet das Coisas, e pelo grande volume de dados não estruturados, que não estão em um banco de dados estruturado, como imagens, vídeos, conteúdos oriundos de redes sociais e aplicativos, em grande parte gerados em tempo real e em grande escala.

Sobre isso, as empresas podem organizar os dados, tratá-los com objetivos estratégicos, tomar decisões mais qualificadas, projetar tendências, e usar a inteligência digital para seus negócios.

Por outro lado, o referido uso pode ser, também, negativo. **Fake news**, com tratamento de dados pessoais exacerbado, e características abusivas em relação aos usuários, ensejam certa ordenação.

A proteção de dados pessoais passou a ser um dos pontos centrais de abordagem dos legisladores em grande parte do mundo. A Internet, em especial dominada por inovadoras empresas, encontra Ambiente Digital com qualificada hospedagem, com tratamento e utilização de dados oriundos de diferentes localidades no planeta.

Nesta linha, iniciativas de regulação proliferam em diferentes países como a Índia, a China, o Brasil, bem como a California (local de sede das mais relevantes empresas da Internet) e a União Europeia.

Como já antecipado, pode parecer complexo elaborar normas e políticas de segurança nacional para dados e tecnologia que circulam facilmente pelas fronteiras, alavancados pela Internet. Entretanto, para prosperar no século digital os países devem agora colocar os dados pessoais no centro de suas políticas internas e internacionais, cooperando em torno de medidas de ordenação global.[21]

Conforme discorremos anteriormente neste livro, no âmbito do tratamento de dados realizado pelas redes sociais, o impacto, a influência, e o poder de integração das plataformas envolvidas, são aumentadas por suas atividades como a de impulsionar, publicar, editar, controlar os conteúdos, usar os dados pessoais, organizar, listar, compartilhar, instigar, e promover seus usuários a atividades online e offline.[22] De fato, nunca antes na história, companhias, como as plataformas digitais, tiveram o poder de influenciar os usuários a fazer ou deixar de fazer alguma coisa. Por isso a necessidade da **responsabilização digital** no contexto do futuro das pessoas.

Essencialmente, a publicação de uma fake news, por exemplo, em uma página em rede social, com a devida edição e controle por parte de uma plataforma, sua consequente organização, listagem, promoção, instigação, reação solicitada, rápida disseminação pela Internet, com

---

21 *Vide* FREIRE E ALMEIDA, Daniel; SCRIPTORE, Verônica F. Almeida. **Os Conflitos Jurisdicionais Digitais na Internet Global**. New York: Lawinter Editions, 2019.

22 Cf. FREIRE E ALMEIDA, Daniel. **A Responsabilidade das Redes Sociais sobre as Fake News.** In: FREIRE E ALMEIDA, D. (Org.). Os Cybercrimes na Perspectiva do Direito Internacional na Internet. New York: Lawinter Editions, 2020, p. 145-182.

indução de atitudes por parte de seus usuários, deve levar a consequências jurídicas, culminando em sua responsabilização digital.

Denota-se, pois, que as plataformas possuem capacidade para editar os dados, promovendo, instigando, solicitando reações, com base no tratamento de dados. Para além da responsabilização direta e objetiva, pelas ações que promovem em suas ferramentas, as redes sociais, em muitos casos, também, deixam de agir. Com efeito, publicações ofensivas e fake news que geram ações dos seus usuários, não têm merecido atividade, controle, censura ou remoção plenas, em todos os casos. O que ocorre, em verdade, é que as redes sociais têm decidido aquilo que desejam remover, aquilo que desejam promover, editar, impulsionar, listar e organizar.

Em conclusão direta, as empresas que trabalham dados pessoais, oriundos das redes sociais, **têm a responsabilidade de moderar o conteúdo quando assumem em seus termos de serviço que** editam, controlam, organizam e divulgam o conteúdo inicialmente gerado por seus usuários, mediante senha para entrar no seu website, em seu Ambiente Digital.

Tal contexto, inaugura uma tendência sobre ser reconhecido que as empresas são responsáveis por inserir e editar as informações. O futuro das pessoas na era digital reserva a conclusão de que as empresas de mídias sociais **são responsáveis** por aquilo que veiculam na Internet.

Este posicionamento coloca um ônus significativamente maior, de responsabilidade digital, sobre aquilo que lucram, do que anteriormente era compreendido. Como as redes sociais usam as páginas sob a perspectiva de seus próprios interesses comerciais, elas efetivamente assumem os riscos de fake news que causem danos, feitas pelos seus usuários e controladas, promovidas e editadas por essas redes.[23]

---

23 *Vide* FREIRE E ALMEIDA, Daniel. **Fake News and The Liability of Social Networks.** Cyberlaw by CIJIC. Revista Científica sobre Cyberlaw do Centro de Investigação Jurídica do Ciberespaço – CIJIC – da Faculdade de Direito da Universidade de Lisboa, Portugal. Lisboa: Cyberlaw, Edição n.º X – setembro de 2020, p. 203/219.

O futuro das pessoas aceitará a alteração jurisprudencial de que os grandes conglomerados de geração digital são, também, responsáveis pelos conteúdos ofensivos e fake news que causem danos aos outros.

Por tudo quanto analisado, entendemos pela responsabilidade das redes, incluindo as redes sociais, sobre os conteúdos gerados por seus usuários, quando veiculados em seus ambientes digitais, devidamente controlados pelas plataformas.

3.4 Metaverso e o novo mundo Híbrido

O futuro das atividades pessoais apresenta diretrizes de que serão híbridas. Isto porque, para além da presença física, os usuários da Internet estão em todos os lugares, em um computador em casa, no trabalho, nos laboratórios de computadores das universidades, nos tablets, nos celulares por todo o mundo.

Portanto, as pessoas vivem lá (Internet) e aqui (no mundo físico), simultaneamente. As novas tecnologias que são aplicadas ao Ambiente Digital, alavancadas pela Internet, acabaram por transformar o desenvolvimento do ciberespaço em metaverso. Neste contexto, a inteligência artificial, a Internet das coisas, a realidade ampliada, as interfaces entre os computadores e os cérebros, a modelagem e reconstrução 3D, a computação espacial e de borda, e o blockchain, têm revolucionado o potencial da Internet para abrigar o metaverso.

Este inovador ecossistema digital, denominado de **metaverso**, construído sobre vários tipos de tecnologia 3D, software de colaboração em tempo real, e ferramentas de finanças descentralizadas baseadas em blockchain, é o nível seguinte de interação e integração da Internet.

Em virtude da necessidade das pessoas trabalharem, estudarem, e conviverem fisicamente, e digitalmente, o futuro das pessoas será híbrido.

As empresas foram confrontadas, após a pandemia da Covid-19, a buscarem soluções acerca dos ambientes laborais, de estudos e sociais. O mundo híbrido, caracterizado pela mistura entre o presencial e o digital, será o futuro.

A flexibilidade, a eficiência, a produtividade, e a conveniência indicam a necessidade de respostas hibridas sobre o modelo a ser adotado no mundo das pessoas.

As novas interações híbridas, no entanto, ensejam condições adequadas em termos de equipamentos, e regras alinhadas ao inovador contexto digital. Alguns pontos a respeito dos colaboradores também merecem atenção, como a comunicação organizacional, a transparência quanto ao modelo adotado, os limites de horários, a importância dos modelos na perspectiva da empresa (a fim de evitar classes dominantes de colaboradores, sejam online ou presencial), os princípios orientadores para o trabalho híbrido, com um conjunto claro de expectativas, e as capacitações para alinhar os colaboradores de diferentes níveis de conhecimento e familiaridade digital.

Entretanto, muito embora desafios surjam neste novo modelo híbrido, não devemos, e não podemos, voltar para trás. Aprendemos, durante os difíceis tempos da Covid-19, novas habilidades e novas formas de trabalho, de ensino e de interação. Temos que aproveitá-las. Mas, temos que considerar, também, a presencialidade necessária.

Portanto, o futuro das pessoas na era digital será híbrido.

O metaverso facilitará este novo contexto. Podemos antecipar um Ambiente Digital onde bilhões de pessoas poderão socializar, trabalhar, comprar, aprender, interagir, a partir do mundo físico, integrando-se ao metaverso, com utilização maciça da Internet.

Conforme já discorremos, a adoção de tecnologias que permitem a realidade ampliada, se torna um portal para um domínio digital 3D, onde avatares digitais de nós mesmos passam a inovadoras experiências digitais, utilizando-se de identidades e dinheiro virtual.

Tudo isso, então, integrará o futuro híbrido.

3.5 Uma Organização Global Digital – Um Tribunal Internacional para a Internet

Essencialmente, destaca-se que, a necessidade de um diálogo permanente entre os quadros normativos e o contexto global impulsionado pela Internet é um dos maiores desafios para o futuro das pessoas na era digital.

Historicamente, os sistemas legais foram sendo ampliados na medida em que os seres humanos foram alargando seus horizontes. Desde as chegadas às Américas, até os novos cenários vislumbrados pelos aviões, a humanidade caminha para a integração global de suas vontades de ordenação.

Em seu desenrolar construtivo, e a seu turno, o Direito encontrava nos limites, sejam eles formados por muros ou linhas cartográficas, suas formas de regulação, jurisdição e dominação. Tudo, pois, em espaços locais, regionais, nacionais. Surgem daí as referências às comarcas, condados, entre outras, que tanto verificamos na seara legal.

Contudo, a questão que se aborda aqui, é a de verificar se o contexto digital global, formado por empresas globais, dados em contínua transferência internacional, usuários utilizando-se de aplicativos globais, o E-commerce sem fronteiras, os pagamentos globais, é regulável por governos com limites jurisdicionais para o exercício de suas funções por seus órgãos de soberania.

Neste passo, fundamental enfatizarmos, então, que o Ambiente Digital, ampliado pelas múltiplas formas de conexão pela Internet, tem apresentado gama significativa de repercussões jurídicas que extrapolam as fronteiras nacionais.

Diante deste cenário, ponderando o que ocorre digitalmente em escala global, os países, por meio de seus quadros jurídicos limitados, não podem resistir nesta inovadora conjuntura digital. Não com seus atuais instrumentos de ordenação e julgamento de casos. Foi o que percebemos ao longo do Capítulo 2 deste livro. Muito embora a regulação nacional seja necessária, a Internet engloba outra enorme parcela de interesses globais, com as empresas, aplicativos, dados e usuários espalhados pelo planeta.

Nesta linha, o argumento para tal rigor dessa abordagem é o de que, nunca antes, um fenômeno envolveu tantos atores (as pessoas na Internet), com tantas empresas (as digitais), com um turbilhão de dados, e com um arsenal de problemáticas legais daí advindas. E tudo isso de forma global.

Por mais uma vez devemos mencionar ponto marcante: de que a Internet aproxima diferentes regiões, tornando instantâneo o lá e o cá, ensejando relações jurídicas e, também, e por outro lado, conflitos.

O maior significado de tais características, é a conclusão de que estamos frente a um contexto digital global. Por conseguinte, propomos uma nova Governança Global da Internet, com um Direito Global Digital, com um paradigma de regulação e judicialização constituídos em escala global.

Em síntese, a proposta passa pela criação de um quadro jurídico global digital, a partir da criação de uma **Organização Global Digital** (Global Digital Organization), com **Um Tribunal Internacional para a Internet.**

Em conformidade com todo o alisado no Livro, tanto na vertente do Ambiente Digital (Capítulo 1), como na seara do Direito Digital (Capítulo 2), mais precisamente na perspectiva da regulação brasileira, concluímos que caminhamos rumo a um Direito Global Digital.

Conforme pudemos evidenciar, o E-commerce e a Internet correm na direção global, acabando por necessitar de regras e judicialização igualmente globais. As novas ondas da Internet começam a exigir um tratamento global no que diz respeito à chamada governança da Internet.

Partindo-se da essência dos pontos investigados e analisados, **é que defendemos** a criação de um quadro legal global para a Internet.[24]

Perceba-se, nesse passo, que a constituição de um novo Ambiente Digital global implica perceber que há crescente necessidade de mudanças na estrutura legal para enfrentar os desafios modernos e digitais.

Em primeira análise, sobre os desafios judiciais que coloca a Internet, devemos ilustrar que a concisa, mas intensa história de confrontos judiciais oriundos de problemas causados pelo mundo digital tem demonstrado a relutância de certas empresas e pessoas em aceitar intervenções que alterem de maneira dramática a arquitetura natural global da Internet.

De outra parte, pudemos vislumbrar, pelo caso do Google no Tribunal de Justiça da União Europeia, que um dos desafios encontrados por um tribunal limitado territorialmente, é o de conseguir a subordinação de determinado réu de forma global.

Neste contexto, os poderes de decretar a lei e julgar litígios, nem sempre se correlacionam com a possibilidade de fazer valer o julgamento. De fato, o verdadeiro alcance e poder de uma nação é medido pela possibilidade de executar sua jurisdição, o que necessariamente não será feito no ambiente da Internet, que depende de instrumentos globais.

Em outra perspectiva, de regulação privada da Internet, a questão de concordância dos termos de serviço dos sites na Internet levanta uma situação sensível, sob o ponto de vista dos usuários. Isto se dá porque, em grande parte, as pessoas não observam, com o devido cuidado, seu

24 *Vide* FREIRE E ALMEIDA, Daniel. **An International Tribunal for the Internet.** São Paulo: Almedina, 2016. Vide, também: FREIRE E ALMEIDA, Daniel; SCRIPTORE, Verônica. **An International Tribunal for the Global E-commerce**. In: FREIRE E ALMEIDA, Daniel; SCRIPTORE, Verônica (Org.). O E-Commerce Global e o Direito Internacional na Internet. New York: Lawinter Editions, 2020, v. 1, p. 201-246. No mesmo sentido, veja: FREIRE E ALMEIDA, Daniel. **The Taxation of Electronic Commerce in the United States of America and in the European Union.** São Paulo: Almedina, 2016.

consentimento à jurisdição oferecida pelo website. Assim, ao acessar determinado serviço, o usuário concorda, por um simples "click" que aceita submeter-se a jurisdições e legislações longínquas e, na maioria dos casos, inatingíveis. Se por um lado parece solucionar a questão dos conflitos entre os poderes judiciais e legislativos, de outro cria um conflito para ele próprio, pela dificuldade e custos em submeter litígios em locais distantes fisicamente, e que favorece apenas uma parte, a da empresa digital.

Por outro lado, no entanto, a constituição de diretrizes estabelecidas nos termos de serviços pode configurar importante delineamento de normas da Internet que atendam os objetivos das diferentes partes envolvidas em um relacionamento digital.

Aproveitamos, então, para sugerir que os termos de serviço do futuro das pessoas na era digital tenham como opção regulações e tratados internacionais da Internet, com os litígios sendo resolvidos por um Tribunal Internacional para a Internet.

Em prosseguimento, como pudemos conjecturar, ante o examinado, a Internet é uma rede global destinada a ignorar, em vez de respeitar, as linhas geográficas. O alcance mundial da Internet está a destruir a relação entre a localização geográfica e os órgãos de soberania estatais no exercício de seus poderes legislativos e judiciários locais, e na afirmação de controle sobre o comportamento digital.

Em suma, as fronteiras físicas já não podem mais funcionar como sinalizadores aos países, e informar os indivíduos e empresas das obrigações assumidas por entrar em uma nova jurisdição, porque os referidos atores não têm conhecimento da existência dessas fronteiras quando se movem através do espaço digital.

Por tudo quanto vislumbrado e analisado, concluímos que não existe nada mais internacional do que a Internet, e os Estados nacionais, originalmente territoriais, estão sendo desafiados no exercício de seu poder soberano neste espaço digital.

Neste diapasão, novas alternativas globais de exercício judicial e legislativo podem contribuir com vistas a contemplar os anseios de bilhões de pessoas que se deparam frente às novas problemáticas internacionais digitais.

Entretanto, perceba-se que no desenrolar dos debates sobre a governança da Internet, não há uma única organização que coordene todas as questões relacionadas com a rede. Pelo contrário, há um vasto grupo de organizações interessadas em pontos específicos. E nenhuma delas regula e julga os litígios globais envolvendo todos os confrontos originados pela Internet.

É nesta perspectiva, então, que buscamos apresentar nossa solução de criação de uma Organização Global Digital (Global Digital Organization), com um **Tribunal Internacional para a Internet**, com a finalidade de regular e julgar as questões globais da Internet.[25]

Oportuna e necessária, por conseguinte, a abordagem sobre o regime jurídico global aplicável. Neste ponto basilar, nossa compreensão inicial é no sentido da criação do Tribunal nos moldes de uma Organização

25 Em 27 de abril de 2012 defendemos, sob orientação do Professor Doutor Diogo Leite de Campos, em provas públicas de Doutoramento, na Universidade de Coimbra, nossa Tese intitulada "Um Tribunal Internacional para a Internet". Nela apresentamos, em profundidade, os pontos delineadores da criação de uma organização internacional que regulasse e julgasse os casos internacionais da Internet. Desde nossos iniciais estudos, em 1999, acreditamos ser a melhor técnica jurídica para enfrentar os desafios atuais da Internet. *Cf.* FREIRE E ALMEIDA, Daniel. **Um Tribunal Internacional para a Internet.** Tese de doutoramento apresentada à Faculdade de Direito da Universidade de Coimbra, em Portugal. Disponível em: https://estudogeral.uc.pt/handle/10316/19899 . Coimbra: 2012. *Vide*, também: ORGANIZAÇÃO DAS NAÇÕES UNIDAS. **Entrevista: Brasileiro defende Tribunal para a internet**. Disponível em: https://news.un.org/pt/story/2012/08/1411851-entrevista-brasileiro-defende-tribunal-para-internet . New York: 2012. *Vide*, FREIRE E ALMEIDA, Daniel. **A Tributação do Comércio Electrónico nos Estados Unidos da América e na União Europeia.** Coimbra: Faculdade de Direito da Universidade de Coimbra, 2002. Veja, ainda: FREIRE E ALMEIDA, Daniel; SCRIPTORE, Verônica. **An International Tribunal for the Global E-commerce.** In: FREIRE E ALMEIDA, Daniel; SCRIPTORE, Verônica (Org.). O E-Commerce Global e o Direito Internacional na Internet. New York: Lawinter Editions, 2020, v. 1, p. 201-246.

Internacional, dotada de personalidade jurídica de Direito Internacional (Organização Global Digital).

O principal argumento para esta importante qualidade, de ser uma Organização Internacional, é seu poder de celebrar tratados internacionais, que proporcionará a criação de regras de ordenação da Internet para o futuro. Além disso, poderá atrair os países aderentes, negociar seus pontos de interesse internacional, e aproximar-se de outras organizações internacionais e empresas globais da Internet, fundamentais para o atingimento dos fins propostos.

Para além destes relevantes argumentos, por mais uma vez, devemos mencionar que a estrutura de uma Organização Internacional comporta uma Assembleia Geral, local apropriado para a celebração das normas internacionais a serem aplicadas pelo Tribunal.

Por outro lado, quanto à sua jurisdição, e em ordem a responder aos desafios levantados neste livro, o Tribunal deverá reunir apetência global. Essencialmente, destaca-se, que seu alcance deverá ser mundial, englobando o Ambiente Digital, as pessoas, empresas, países, e organizações internacionais.

Isto porque, entre outros pontos, a Internet constitui-se em temática que interessa a todos os povos, é utilizada em todo o globo, os diferentes sistemas digitais interligam-se, as diversas línguas encontram suas terminologias universais, as empresas são mundiais, os dados são transferidos internacionalmente, e a Internet é global.

Em alinhamento, e de forma muito importante, não podemos deixar de considerar que os casos que consigam atingir um julgamento adequado por parte de um país ou órgão, mesmo que envolvam uma perspectiva internacional, devem ser respeitados pelo Tribunal. Em outras palavras, a jurisdição do Tribunal Internacional para a Internet deve ser, então, de alcance complementar e partilhado às jurisdições nacionais. Essencialmente, destaca-se, que a jurisdição do Tribunal funcionaria em razão do conflito ser internacional, e envolver a Internet ou o E-commerce, e não pela nacionalidade ou localização das partes.

Em termos de finalidade, no exame das problemáticas vertentes, o Tribunal Internacional para a Internet teria o objetivo fulcral de julgar os litígios internacionais relacionados à Internet e ao comércio eletrônico internacional.

Adicionalmente, dentro de sua esfera de competência, na sua Assembleia Geral, seriam discutidas e formuladas as novas disposições regulatórias globais da Internet.[26] Assim, o Tribunal seria dotado de um centro de competência legislativa global, qual seja, a sua Assembleia Geral.

A seu turno, sobre o Direito aplicável nos julgamentos do Tribunal Internacional para a Internet, a primazia inicial seria a do tratado internacional instituidor do Tribunal Internacional para a Internet. Adicionalmente, devemos salientar que os Tratados negociados e adotados na Assembleia Geral da Organização, que ulteriormente definam normas sobre o Direito Internacional na Internet e do comércio eletrônico, devem fazer parte do Tratado Instituidor, bem como do arcabouço normativo global da Internet. Ainda que sejam definidos como tratados específicos de determinadas áreas, farão parte, de forma codificada, da estrutura normativa da Organização Global Digital.

Em prosseguimento, devemos mencionar que os julgadores passariam às normas escritas, nomeadamente aos tratados internacionais que possuem objeto de incidência nos domínios da Internet, e do E-commerce, como a Convenção de Budapeste, por exemplo. A referida Convenção, sem dúvida, busca solucionar o enredado contexto de crimes internacionais, quando os crimes são cometidos por meio da tecnologia, especificamente da Internet, alinhando as regras de direito penal e processual penal, com a cooperação internacional. Conforme

---

26 *Vide*, de forma aprofundada, sobre o tema: FREIRE E ALMEIDA, Daniel. **Um Tribunal Internacional para a Internet.** São Paulo: Almedina, 2015.

já antes abordado, trata-se de um instrumento internacional de cooperação firmado no âmbito do Conselho da Europa, buscando combinar definições conceituais e cooperacionais sobre crimes cometidos na Internet.

Devemos relembrar, fundamentalmente, que a Convenção, como o primeiro tratado internacional sobre crimes digitais, é fulcral em crimes cometidos pela Internet, como invasão de redes de computadores e sistemas informáticos, violações de direitos autorais, fraudes e infrações informáticas a partir da Internet, pornografia infantil, violações de segurança de rede, e racismo e xenofobia praticados pela Internet.[27] Com dezenas de países, incluindo os Estados Unidos da América, a referida Convenção sobre o Cybercrime visa, também, harmonizar o Direito Internacional Penal na Internet, isto é, as normas substantivas que indicam ao órgão judicante o enquadramento de determinada situação realizada pela Internet. Mas, contêm, igualmente, normas relativas ao tratamento processual e cooperacional. **Em importante adição no combate ao Cybercrime, é a adoção, em 2024, por parte da Assembleia Geral da Organização das Nações Unidads-ONU, da United Nations Convention against Cybercrimea, um tratado global histórico que visa fortalecer a cooperação internacional para combater o crime cibernético e proteger as sociedades contra ameaças digitais. Embora ainda não esteja em vigor, por depender da ratificação de ao menos 40 países, a iniciativa da ONU indica a os caminhos para a regulação global das temáticas envolvendo a Internet.**[28]

Contudo, qual a relevância de uma norma internacional tão importante como esta se não há um tribunal internacional para aplicá-la?

---

27 COUNCIL OF EUROPE. **Convention on Cybercrime.** Disponível em: https://www.coe.int/en/web/cybercrime/the-budapest-convention .

28 **United Nations Convention against Cybercrime.** Disponível em: https://docs.un.org/en/A/79/460

Por isso a necessidade de um Tribunal Internacional para a Internet, criado a partir da inauguração de uma Organização Global Digital.

Neste passo, no mesmo diapasão regulatório, há um crescente movimento de contratualização digital que tem procurado definir regras a serem utilizadas em litígios futuros, resultantes de atividades na Internet. Em suma, para tais efeitos, os usuários têm estabelecido termos de serviço, que traduzem-se em cláusulas contratuais gerais disponibilizadas aos usuários no momento em que procedem à sua inscrição, ou quando pretendem realizar uma atividade na Internet, ou acessar um website. As normas meritórias ali criadas devem ser utilizadas aquando de eventual julgamento no Tribunal, trazendo para o contexto judicante inovadoras fontes jurídicas digitais, para além de oportunizar a escolha do próprio Tribunal Internacional para a Internet para realizar a avaliação do caso.

Devemos acrescentar, que o Tribunal poderá também fundamentar suas decisões segundo os princípios, que revestem-se de vetores, estabelecendo a base de certas condutas e valores digitais.[29] Embora o Direito Internacional na Internet seja um regime jurídico novo, alguns princípios começam a evoluir, destacando-se o princípio da liberdade da Internet, o princípio da privacidade, o princípio da cooperação interestatal, o princípio da responsabilização digital, e o princípio da cooperação multissetorial.[30]

---

29 Em importante complemento, o "Internet Rights & Principles", procura elevar dez direitos fundamentais e princípios de governança da Internet. Eles foram compilados pela "Internet Rights and Principles Dynamic Coalition" (IRP), entidade que procura defender os Direitos Humanos na Internet. Os referidos princípios e direitos são: Universalidade e Igualdade, Direitos e Justiça Social, Acessibilidade, Expressão e Associação, Privacidade e Proteção de Dados, A Vida, Liberdade e Segurança, Diversidade, Rede de Igualdade, Normas e Regulamentos, e Governança. *Cf.* Internet Rights & Principles. 10 Internet Rights & Principles. Disponível em: https://internetrightsandprinciples.org/ .

30 Ainda nesta seara, vale adicionar a recente "Declaration for the Future of the Internet" (2022), iniciada pelo governo dos Estados Unidos da América, que foi assinada por 60 países em Washington, D.C. A Declaração pretende servir como documento de referência para uma visão positiva para a Internet e as tecnologias digitais. Segundo o

Em continuidade, como decorrência, então, dos próprios objetivos já antes destacados da Organização Global Digital, verificamos que o novel organismo deve possuir seu setor judicante, qual seja, Um Tribunal Internacional para a Internet. Em primazia, a Câmara De Julgadores reuniria os juízes. Os juízes seriam devidamente divididos em subcâmaras de instrução, câmaras especializadas (divisões em áreas jurídicas internacionais da Internet, e uma divisão geral), e câmaras de recurso.[31]

Como já levantado, o Tribunal teria como objetivo fulcral julgar os litígios internacionais relacionados à Internet e ao E-commerce. Ademais, qualquer juiz do tribunal poderia, por sorteio distributivo, elaborar pareceres consultivos internacionais. Questões de grande repercussão internacional que exijam a interpretação do direito aplicável no Tribunal Internacional para a Internet poderiam ser submetidas à apreciação consultiva do Tribunal.

Em suma, esta construção propositiva, no sentido de uma judicialização internacional, mais eficiente e apropriada para o mundo da Internet, é da maior necessidade. Essencialmente, o que se deseja é, além da identificação e análise da relevante problemática que se apresenta, idealizar uma solução eficaz.

Em síntese conclusiva, a idealização de um Tribunal Internacional para a Internet, nos moldes de uma Organização Global Digital, é solução que, para nós, é a de melhor técnica jurídico-internacional

---

Departamento de Estado dos EUA, a declaração busca recuperar a promessa da Internet diante das oportunidades e desafios globais apresentados pelo século XXI. Também reafirma e compromete novamente seus parceiros com uma única Internet global, verdadeiramente aberta e que promova a competição, a privacidade e o respeito pelos direitos humanos. Cf. US DEPARTMENT OF STATE. **Declaration for the Future of the Internet.** 2022. Disponível em: https://www.state.gov/declaration-for-the-future-of-the-internet .

31 Vide, de forma avançada e em detalhes, sobre o tema, em: FREIRE E ALMEIDA, Daniel. **Um Tribunal Internacional para a Internet.** São Paulo: Almedina, 2015.

para a construção de um Direito Global Digital. Mais do que isso: para o futuro das pessoas na era digital.

Ademais, por fundamental, devemos destacar que a liberdade que tanto atrai as pessoas para a Internet, ao mesmo tempo, e paradoxalmente, para ser devidamente mantida precisa de certa ordenação, seja por novos meios regulatórios, seja por novos meios judiciais. E, tudo isso, deve ser global.

Adicionalmente, a Internet reúne certas características e condições globais que desafiam antigas experiências judiciais e prescrições regulatórias nacionais de resolução de conflitos jurídicos.

Realmente, as redes digitais operadas pela sociedade são globais, e a estrutura social nas quais se baseiam as redes digitais é por definição global.

Por todos os títulos, a conformação de um Direito Global Digital, com uma nova Organização Global Digital, com um Tribunal Internacional para a Internet, **é fundamental para respondermos aos atuais** e futuros desafios digitais.

Quadro representativo da estrutura dinâmica da ORGANIZAÇÃO GLOBAL DIGITAL, com UM TRIBUNAL INTERNACIONAL PARA A INTERNET

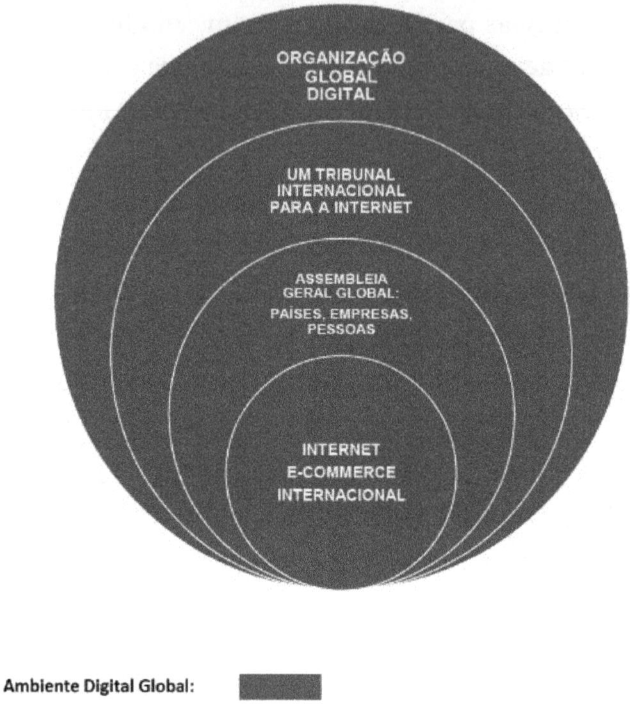

3.6 Reflexões Derradeiras sobre as Pessoas na Era Digital

O bater de asas de uma borboleta em Praga, pode desencadear um furacão em Java. Era o que se afirmava no âmbito do meio ambiente físico.

O envio de uma mensagem digital errada, a partir do polo norte, pode desencadear a queda das bolsas nos antípodas, receia-se hoje no mundo digital.

E, para alguns, cada vez mais, é preferível usar instrumentos digitais para roubar a conta bancária do vizinho, do que tentar arrombar-lhe a fechadura.

A propósito: temos de verificar os mecanismos de defesa e de segurança de nossas contas bancárias.

Temos estado a aconselhar um amigo sobre o lançamento da sua obra mais recente. Ainda não há muitos anos, quando se escrevia uma obra, o seu lançamento servia para encontrar amigos, divulgar a obra entre eles e receber uma mão cheia de aplausos. Hoje, tudo tende a passar-se na Internet, com a apresentação da obra por meios digitais, numerosas presenças e curtas afirmações de louvor.

Vamor propor, pois, que o nosso amigo lance sua obra pela Internet, embora a partir do espaço físico da editora, e envie centenas de convites com o link para entrar na sala virtual.

Acabou um de nós de comprar dois bilhetes para um musical na Broadway. Usando o smartphone. Para isto bastou um curtíssimo espaço de tempo, sem filas, sem chuva, sem deslocação. Mas eis que surge um problema de consciência: não estaremos nós em uma situação privilegiada, ocupando dois lugares, a milhares de quilómetros e que podem fazer falta a dois norte-americanos que vivam nas proximidades? Não. Todos terão comprado certamente os bilhetes usando o telefone celular.

Já agora uma preocupação de jurista: onde foi celebrado o contrato, qual a lei aplicável, qual a jurisdição competente? Foram desafios que procuramos elevar durante este livro, com propostas no decorrer da Obra.

Recebemos três mensagens: uma do Brasil, outra de Portugal e uma terceira de Moçambique. Vamos responder imediatamente. Trata-se de convites para lecionar módulos de Direito Civil. Mas onde? Os estudantes não estão na sede da universidade, mas dispersos pelos territórios, em múltiplas cidades e vilas. No espaço físico da universidade só o Secretário do curso. As aulas serão naturalmente todas à distância.

Respondemos imediatamente, muito honrados. A gentileza devida, para além dos agradecimentos, consiste nesta resposta imediata. Um e-mail é visto cada vez mais como mensagem falada, e não como carta a que se pode responder mais tarde.

Temos de começar a preparar as aulas que se avizinham e pensamos com alívio que não temos de ir à biblioteca da Faculdade. Esta, digitalizada, encontra-se no ecrã do computador. No fim de contas também aqui estão múltiplas outras bibliotecas nas mais diversas línguas e facilmente acessíveis.

As universidades gozam hoje de uma abrangência que ultrapassa largamente as suas localizações físicas.

O mesmo se diga dos processos judiciais, assentes em base informática. Quão mais agradável é enviar as peças judiciais em suporte informático, corrigidas e alteradas as vezes que foram necessárias. Em vez de se estar a inutilizar folhas em série por causa de um pequeno erro de ortografia.

Um fator decisivo para a constituição do Ambiente Digital **é a digitalização dos conteúdos**, conforme mencionamos. Damo-nos conta disso a cada momento da vida profissional ou do lazer. Acabamos de descrever alguns pontos principais do percurso.

Mas eis que temos alguns momentos livres e vamos consultar o Facebook e o Instagram. Que felicidade encontrar pessoas que não víamos **há muito tempo e que agora encontr**amos virtualmente sempre que desejamos.

A presença é o pressuposto da manutenção da amizade e os meios digitais facultam essa presença. A comunicação online permite uma profunda transformação das relações sociais.

Temos de parar. Aproxima-se a hora do almoço e voltamos ao mundo físico. Aqui a Internet poderá servir para encomendar comida em restaurantes. Mas nada como a comida feita em casa com tempo e carinho.

Terminamos o almoço e regressamos à Internet. Pretendemos comprar um presente de aniversário. Como não sabemos bem o que comprar, procuramos ideias no E-commerce. Todas as lojas, de todas as marcas, estão presentes na Internet. Temos **à nossa** disposição, como se nelas estivéssemos, marcas de todo o mundo, sem intermediação. É um centro comercial, a nível mundial, aquele em que estamos sem sair de casa. Compramos um produto de artesanato de um país sul-americano e pagamos através do smartphone. Em poucos dias estará em nossa casa.

Sentimo-nos confortados e felizes. A ciência, a **técnica,** e a Internet, trabalharam para nós, tornando o nosso trabalho mais produtivo, com mais rápidas e melhores decisões, com base em uma informação a nível mundial.

Perguntamo-nos se podemos pôr "like" algures, pois gostamos realmente de todo este percurso. Se houver algum problema, o Direito Digital regul**á**-lo.

Já começamos a perguntar quais as novidades que trará a inteligência artificial...

CONCLUSÕES

A partir de todo o exposto, podemos conjecturar, ante o examinado, que as dinâmicas apresentadas pela Internet, pelo Ambiente Digital, e pelo comércio eletrônico estão a revolucionar o planeta, trazendo consequências ao futuro das pessoas na era digital.

Durante o desenvolvimento deste Livro, nos aproximarmos dos temas e principais tópicos implicantes com o Direito Digital, conhecendo algumas das características que fazem da Internet uma das maiores transformações da história. Levantamos diversas aplicabilidades do E-commerce, revelando inúmeras empresas que estão transformando o cenário das pessoas através da utilização das novas tecnologias em suas atividades.

Entretanto, também pudemos visualizar que muitos problemas novos surgiram, que houve a potencialização de problemas antigos em virtude das características da Internet, e que tudo isso apresenta ao Direito uma chamada para respostas legislativas e judiciais.

De fato, concluímos que a Internet é uma rede global destinada a ignorar, em vez de respeitar, as linhas geográficas que historicamente serviram de base para as construções jurídicas nacionais.

Por conseguinte, o alcance mundial da Internet está a impactar a relação entre a localização geográfica e os órgãos de soberania estatais no exercício de seus poderes legislativos e judiciários nacionais, e na afirmação de controle sobre o comportamento online.

Não obstante, as iniciativas de regulação e judicialização nacionais sejam ainda necessárias, novas alternativas cosmopolitas de ordenação podem sim contribuir com vistas a contemplar os anseios de bilhões de pessoas que se deparam frente às novas problemáticas internacionais da Internet. E o Direito Digital deve fazer parte deste movimento, contribuindo para a regulamentação global da Internet.

Por tudo quanto analisado, o Direito Digital está diante de um novo ciclo de problemáticas e dinâmicas em escala global, e deve participar da construção de novos quadros jurídicos internacionais para o desenvolvimento e a justiça.

Lembramos, neste ponto, que para atingirmos as referidas conclusões traçamos, neste Livro, um panorama acerca do Ambiente Digital. Neste rumo, abordamos a sociedade digital, o contexto digital, passando pelas redes sociais, pelo EaD live, com os estudos online, e culminando na integração global da Internet. O conhecimento sobre o Ambiente Digital foi ampliado, também, a partir da análise do metaverso e dos non-fungible tokens-NFTs. Na mesma linha, discorremos sobre o E-Commerce, blockchain, Bitcoin e as criptomoedas, finalizando o Capítulo 1 no trabalho online e no home office.

Ante o verificado, percebemos que a Internet, como condutora das novas tecnologias, vem causando uma revolução, e inaugurando uma nova era digital. Com efeito, as mudanças observadas são difusas, profundas e irreversíveis. O Ambiente Digital está se configurando, abrangendo a Internet, o E-commerce e um arsenal de ferramentas e situações inovadoras.

Por necessário, o Direito deve fazer parte deste contexto em prol do futuro das pessoas na era digital.

Nesta ordem, buscamos revelar o Direito Digital, principiando pelas novas características desafiadoras da Internet, e trazendo o cenário dos Cybercrimes e das inovadoras problemáticas jurídicas digitais. Tudo isso, pois, permitiu uma preparação qualificada para conhecer e analisar toda a legislação brasileira em Direito Digital.

Por conseguinte, dividimos a referida análise em dezesseis (16) tópicos, que são compostos pela abordagem da legislação e de casos julgados pelos tribunais. O percurso foi iniciado pela temática da propriedade Industrial, e prosseguiu pelos direitos autorais, software, divulgação de segredo digital, inserção de dados falsos, modificação ou alteração não autorizada de sistema de informações, violação de sigilo funcional, pedofilia digital, cyberbullying, home office, crimes eletrônicos, invasão de dispositivo, furto digital, estelionato digital, e E-commerce, com seus aspectos legislativos e tributários.

Atenção especial foi dada ao Marco Civil da Internet no Brasil e à Lei Geral de Proteção de Dados Pessoais.

Nesta ordem, a análise legislativa e judicante prosseguiu com os crimes sexuais digitais, o stalking, o estupro digital, a exposição virtual, e os crimes contra a honra. Ainda, pudemos elevar o regramento sobre os ativos digitais, as apostas online, o Marco Legal dos jogos eletrônicos, as eleições e a Internet, a importante Convenção sobre o Cybercrime (Convenção de Budapeste), e a tributação do E-commerce internacional.

Em suma, traçamos um panorama sobre o Direito Digital brasileiro, de forma inédita e pormenorizada.

Percebemos que, em virtude das oportunidades e riscos que configuram o paradoxo do Ambiente Digital, surgiram as necessidades profissionais, exigindo novos meios de investigação, a necessária compreensão das novas tecnologias e das características levantadas neste Livro, e a criação de novos quadros regulatórios e judiciais.

Após termos discorrido sobre o Ambiente Digital, bem como sobre o tratamento jurídico do Direito Digital no Brasil, apresentamos as principais tendências, indicando certas diretrizes regulatórias, tendo como perspectiva basilar o futuro das pessoas na era digital.

Devemos, por mais uma vez, enfatizar, que as preleções apreendidas sobre as diversas características da Internet, bem como das normas adotadas no Brasil, e das experiências judicantes trazidas pelos casos analisados, serviram de embasamento para as propostas que se seguiram.

Em nossa perspectiva, as futuras ordenações da Internet devem considerar normativas globais, mais adequadas para responder aos desafios que se colocam.

Em concentração a alguns pontos levantados, compreendemos que o futuro direciona para a utilização da inteligência artificial em todos os segmentos, trazendo impactos ao futuro das pessoas na era digital.

Não obstante, os benefícios práticos da inteligência artificial devem considerar as dificuldades e riscos envolvidos, pois a realidade demonstra que a inteligência artificial está envolta em desafios que exigem certa ordenação global.

Assim como a Internet, a temática interessa a todos os povos, envolve empresas e desenvolvedores multinacionais, ensejando sua abordagem global, e não local.

Em alinhamento, questões como a Internet das Coisas, as smart cities, o patrimônio digital, as criptomoedas, blockchain, smart contracts e os non-fungible tokens- NFTs, enredam e tornam ainda mais complexos os itens como big data, fake news, e metaverso. Diante destes novos pontos, e da atuação impactante das redes sociais, emerge a necessidade de inovadora configuração da responsabilidade digital, em especial das big techs.

Em relevante adendo, em suma, destaca-se que, a necessidade de um diálogo permanente entre os quadros normativos e o contexto global impulsionado pela Internet é um dos maiores desafios para o futuro das pessoas na era digital.

Conforme trouxemos, o Ambiente Digital, ampliado pelas múltiplas formas de conexão pela Internet, tem apresentado gama significativa de repercussões jurídicas que extrapolam as fronteiras nacionais.

Diante deste cenário, as ondas da Internet começam a exigir um tratamento global no que diz respeito à ordenação da rede.

Em consequência, com a verdadeira incorporação dos referidos desafios, concluímos que estamos frente a um contexto digital global. Essencialmente, propomos uma nova Governança Global da Internet, com um Direito Global Digital, com um paradigma de regulação e judicialização constituídos em escala global.

Por todos os títulos, e mais diretamente, propomos a criação de um quadro jurídico global digital, a partir da criação de uma **Organização Global Digital** (Global Digital Organization), com **um Tribunal Internacional para a Internet (an International Tribunal for the Internet).**

REFERÊNCIAS

ADRIAN, Tobias Adrian; FERREIRA, Caio. **Mounting Cyber Threats Mean Financial Firms Urgently Need Better Safeguards.** Washington: International Monetary Fund, 2023. Disponível em: https://www.imf.org/en/Blogs/Articles/2023/03/02/mounting-cyber-threats-mean-financial-firms-urgently-need-better-safeguards .

AKAMAI. **State of the Internet. Security: Pirates in the Outfield**. Volume 8, Issue 1, 2022.

AMAZON. **Virtual Try-on Eyewear and Shoes**. Disponível em: https://www.amazon.com/b?ie=UTF8&node=23595320011 .

ARMSTRONG, Paul. **Disruptive Technologies. A Framework to Understand, Evaluate and Respond to Digital Disruption**. Kogan Page, 2023.

BANCO CENTRAL DO BRASIL. **Drex – Real Digital**. Disponível em: https://www.bcb.gov.br/estabilidadefinanceira/drex .

BAR, Alon. **Banks' top 8 cyber security challenges and how to overcome them**. Check Point Research Team, 2022. Disponível em: https://blog.checkpoint.com/security/banks-top-8-cyber-security-challenges-and-how-to-overcome-them/ .

BASSAN, Fabio. **Digital Platforms and Global Law**. Reino Unido: Edward Elgar Publishing Limited, 2021.

BASTOS, Alder Thiago. **O Reconhecimento da Dimensão Autônoma do Meio Ambiente Digital em um Contexto Global**. New York: Lawinter Editions, 2023.

BBC. **PF vê crime em ação de Bolsonaro: o que acontece agora?** Disponível em: https://www.bbc.com/portuguese/brasil-60238294 .

BECKERS, Anna; TEUBNER, Gunther. **Three Liability Regimes for Artificial Intelligence Algorithmic Actants, Hybrids, Crowds.** Bloomsbury Publishing, 2021.

BRASIL. Código Civil. Lei nº 10.406, de 10 de Janeiro de 2002. Disponível em: https://www.planalto.gov.br/ccivil_03/leis/2002/l10406compilada.htm .

BRASIL. Código Penal. Disponível em: https://www.planalto.gov.br/ccivil_03/Decreto-Lei/Del2848.htm .

BRASIL. Constituição da República Federativa do Brasil de 1988. Disponível em: https://www.planalto.gov.br/ccivil_03/constituicao/Emendas/Emc/emc115.htm .

BRASIL. Decreto nº 11.491, de 12 de Abril de 2023. Promulga a Convenção sobre o Cybercrime (Crime Cibernético) de 2001, ratificada pela República Federativa do Brasil em 30 de novembro de 2022, e que entrou em vigor para o Brasil, no plano jurídico externo, em 1º de março de 2023, e no plano interno em 12 de abril de 2023. Disponível em: https://www.planalto.gov.br/ccivil_03/_Ato2023-2026/2023/Decreto/D11491.htm .

BRASIL. Decreto nº 11.563, de 13 de Junho de 2023. Regulamenta a Lei nº 14.478, de 21 de dezembro de 2022, para estabelecer competências ao Banco Central do Brasil. Disponível em: https://www.planalto.gov.br/ccivil_03/_Ato2023-2026/2023/Decreto/D11563.htm .

BRASIL. Decreto nº 7.962, de 15 de Março de 2013. Regulamenta o Código de Defesa do Consumidor (1990), para dispor sobre a contratação no comércio eletrônico. Disponível em: https://www.planalto.gov.br/ccivil_03/_ato2011-2014/2013/decreto/d7962.htm .

BRASIL. Decreto nº 8.771, de 11 de Maio de 2016. Regulamenta a Lei nº 12.965, de 23 de abril de 2014, para tratar das hipóteses admitidas de discriminação de pacotes de dados na internet e de degradação de tráfego, indicar procedimentos para guarda e proteção de dados por provedores de conexão e de aplicações, apontar medidas de transparência na requisição de dados cadastrais pela administração pública e estabelecer parâmetros para fiscalização e apuração de infrações. Disponível em: https://www.planalto.gov.br/ccivil_03/_ato2015-2018/2016/decreto/d8771.htm .

BRASIL. Decreto-Lei nº 204, de 27 de fevereiro de 1967. Dispõe sobre a exploração de loterias e dá outras providências. Disponível em: https://www.planalto.gov.br/ccivil_03/decreto-lei/1965-1988/del0204.htm .

BRASIL. Decreto nº 12.308, de 11 de dezembro de 2024. Institui o Comitê Interministerial para a Transformação Digital. Disponível em: https://www.planalto.gov.br/ccivil_03/_ato2023-2026/2024/decreto/D12308.htm .

BRASIL. Instrução Normativa RFB nº 2.146, de 29 de Junho de 2023. Disponível em: https://www.in.gov.br/en/web/dou/-/instrucao-normativa-rfb-n-2.146-de-29-de-junho-de-2023-493186915 .

BRASIL. Lei nº 8.078, de 11 de Setembro de 1990. Código de Defesa do Consumidor. Dispõe sobre a proteção do consumidor e dá outras providências. Disponível em: https://www.planalto.gov.br/ccivil_03/leis/l8078compilado.htm .

BRASIL. Lei nº 9.279, de 14 de Maio de 1996. Regula Direitos e Obrigações Relativos à Propriedade Industrial. Disponível em: https://www.planalto.gov.br/ccivil_03/leis/l9279.htm

BRASIL. Lei nº 9.609 , de 19 de Fevereiro de 1998. Dispõe sobre a Proteção da Propriedade Intelectual de Programa de Computador, e sua comercialização no Brasil. Disponível em: https://www.planalto.gov.br/ccivil_03/leis/l9609.htm .

BRASIL. Lei nº 9.610, de 19 de Fevereiro de 1998. Altera, Atualiza e Consolida a Legislação sobre Direitos Autorais. Disponível em: https://www.planalto.gov.br/ccivil_03/leis/l9610.htm

BRASIL. Lei nº 9.983, de 14 de julho de 2000. Disponível em: https://www.planalto.gov.br/ccivil_03/leis/l9983.htm .

BRASIL. Lei nº 10.695, de 1º de Julho de 2003. Altera e acresce parágrafo ao art. 184 e dá nova redação ao art. 186 do Decreto-Lei nº 2.848, de 7 de dezembro de 1940 – Código Penal, alterado pelas Leis nº 6.895, de 17 de dezembro de 1980, e 8.635, de 16 de março de 1993, revoga o art. 185 do Decreto-Lei nº 2.848, de 1940, e acrescenta dispositivos ao Decreto-Lei nº 3.689, de 3 de outubro de 1941 – Código de Processo Penal. Disponível em: https://www.planalto.gov.br/ccivil_03/leis/2003/l10.695.htm .

BRASIL. Lei nº 11.829, de 25 de Novembro de 2008. Altera a Lei nº 8.069, de 13 de julho de 1990 - Estatuto da Criança e do Adolescente, para aprimorar o combate à produção, venda e distribuição de pornografia infantil, bem como criminalizar a aquisição e a posse de tal material e outras condutas relacionadas à pedofilia na internet. Disponível em: https://www.planalto.gov.br/ccivil_03/_ato2007-2010/2008/lei/l11829.htm .

BRASIL. Lei nº 12.015, de 7 de Agosto de 2009. Altera o Título VI da Parte Especial do Decreto-Lei nº 2.848, de 7 de dezembro de 1940 - Código Penal, e o art. 1º da Lei no 8.072, de 25 de julho de 1990, que dispõe sobre os crimes hediondos, nos termos do inciso XLIII do art. 5º da Constituição Federal e revoga a Lei nº 2.252, de 10 de julho de 1954, que trata de corrupção de menores. Disponível em: https://www.planalto.gov.br/ccivil_03/_Ato2007-2010/2009/Lei/L12015.htm#art5

BRASIL. Lei nº 12.551, de 15 de Dezembro de 2011. Altera o Artigo 6º da Consolidação das Leis do Trabalho-CLT para equiparar os efeitos jurídicos da subordinação exercida por meios telemáticos e informatizados à exercida por meios pessoais e diretos. Disponível em: http://www.planalto.gov.br/CCIVIL_03/_Ato2011-2014/2011/Lei/L12551.htm .

BRASIL. Lei nº 12.737, de 30 de Novembro de 2012. Dispõe sobre a tipificação criminal de delitos informáticos, alterando o Código

Penal. Disponível em: https://www.planalto.gov.br/ccivil_03/_ato2011-2014/2012/lei/l12737.htm .

BRASIL. Lei nº 12.865, de 9 de outubro de 2013. Disponível em: https://www.planalto.gov.br/ccivil_03/_Ato2011-2014/2013/Lei/L12865.htm

BRASIL. Lei nº 12.965, de 23 de Abril de 2014. Estabelece princípios, garantias, direitos e deveres para o uso da Internet no Brasil. Disponível em: https://www.planalto.gov.br/ccivil_03/_ato2011-2014/2014/lei/l12965.htm .

BRASIL. Lei nº 13.185, de 6 de Novembro de 2015. Institui o Programa de Combate à Intimidação Sistemática (Cyberbullying). Disponível em: https://www.planalto.gov.br/ccivil_03/_ato2015-2018/2015/lei/l13185.htm .

BRASIL. Lei nº 13.188, de 11 de Novembro de 2015. Disponível em: https://www.planalto.gov.br/ccivil_03/_ato2015-2018/2015/lei/l13188.htm .

BRASIL. Lei nº 13.441, de 8 de Maio de 2017. Altera a Lei nº 8.069, de 13 de julho de 1990 (Estatuto da Criança e do Adolescente), para prever a infiltração de agentes de polícia na internet com o fim de investigar crimes contra a dignidade sexual de criança e de adolescente. Disponível em: https://www.planalto.gov.br/ccivil_03/_Ato2015-2018/2017/Lei/L13441.htm .

BRASIL. Lei nº 13.467, de 13 de Julho de 2017. Dispõe sobre as novas relações de trabalho. Disponível em: http://www.planalto.gov.br/CCIVIL_03/_Ato2015-2018/2017/Lei/L13467.htm#art1 .

BRASIL. Lei nº 13.709, de 14 de Agosto de 2018. Lei Geral de Proteção de Dados Pessoais. Disponível em: https://www.planalto.gov.br/ccivil_03/_ato2015-2018/2018/lei/l13709.htm .

BRASIL. Lei nº 13.718, de 24 de Setembro de 2018. Altera o Decreto-Lei nº 2.848, de 7 de dezembro de 1940 (Código Penal), para tipificar o crime de divulgação de cena de estupro. Disponível em: https://www.planalto.gov.br/ccivil_03/_ato2015-2018/2018/lei/l13718.htm .

BRASIL. Lei nº 13.772, de 19 de Dezembro de 2018, ao criminalizar o registro não autorizado de conteúdo com cena de nudez ou ato sexual ou libidinoso de caráter íntimo e privado. Disponível em: https://www.planalto.gov.br/ccivil_03/_ato2015-2018/2018/lei/l13772.htm

BRASIL. Lei nº 13.964, de 24 de Dezembro de 2019. Disponível em: https://www.planalto.gov.br/ccivil_03/_ato2019-2022/2019/lei/l13964.htm .

BRASIL. Lei nº 13.968, de 26 de Dezembro de 2019, que altera o Decreto-Lei nº 2.848, de 7 de dezembro de 1940 (Código Penal), para modificar o crime de incitação ao suicídio e incluir as condutas de induzir ou instigar a automutilação, bem como a de prestar auxílio a quem a pratique. Disponível em: https://www.planalto.gov.br/ccivil_03/_ato2019-2022/2019/lei/l13968.htm .

BRASIL. Lei nº 14.132, de 31 de Março de 2021. Acrescenta o art. 147-A ao Decreto-Lei nº 2.848, de 7 de dezembro de 1940 (Código Penal), para prever o crime de perseguição "digital". Disponível em: https://www.planalto.gov.br/ccivil_03/_ato2019-2022/2021/lei/l14132.htm .

BRASIL. Lei nº 14.155, de 27 de Maio de 2021. Altera o Código Penal para tornar mais graves os crimes de violação de dispositivo informático, furto e estelionato cometidos de forma eletrônica ou pela Internet, e altera o Código de Processo Penal), para definir a competência em modalidades de estelionato. Disponível em: https://www.planalto.gov.br/ccivil_03/_Ato2019-2022/2021/Lei/L14155.htm#art1 .

BRASIL. Lei nº 14.188, de 28 de Julho de 2021, que criar o tipo penal de violência psicológica digital contra a mulher. Disponível em: https://www.planalto.gov.br/ccivil_03/_ato2019-2022/2021/lei/l14188.htm .

BRASIL. Lei nº 14.442, de 2 de Setembro de 2022. Dispõe sobre o teletrabalho ou trabalho remoto. Disponível em: http://www.planalto.gov.br/CCIVIL_03/_Ato2019-2022/2022/Lei/L14442.htm#art6 .

BRASIL. Lei nº 14.478, de 21 de Dezembro de 2022, que dispõe sobre diretrizes a serem observadas na prestação de serviços de ativos virtuais e na regulamentação das prestadoras de serviços de ativos virtuais. Disponível em: http://www.planalto.gov.br/ccivil_03/_ato2019-2022/2022/lei/L14478.htm .

BRASIL. Lei nº 14.533, de 11 de Janeiro de 2023, que Institui a Política Nacional de Educação Digital. Disponível em: https://www.planalto.gov.br/ccivil_03/_Ato2023-2026/2023/Lei/L14533.htm .

BRASIL. Lei nº 14.790, de 30 de Dezembro de 2023, que dispõe sobre a modalidade lotérica denominada apostas de quota fixa; altera as Leis n.º 5.768, de 20 de dezembro de 1971, e 13.756, de 12 de dezembro de 2018, e a Medida Provisória nº 2.158-35, de 24 de agosto de 2001; revoga dispositivos do Decreto-Lei nº 204, de 27 de fevereiro de 1967; e dá outras providências. Disponível em: https://www.planalto.gov.br/ccivil_03/_ato2023-2026/2023/lei/L14790.htm .

BRASIL. Lei nº 14.811, de 12 de Janeiro de 2024. Institui medidas de proteção à criança e ao adolescente contra a violência nos estabelecimentos educacionais ou similares, prevê a Política Nacional de Prevenção e Combate ao Abuso e Exploração Sexual da Criança e do Adolescente e altera o Decreto-Lei nº 2.848, de 7 de dezembro de 1940 (Código Penal - Cyberbullying), e as Leis nºs 8.072, de 25 de julho de 1990 (Lei dos Crimes Hediondos), e 8.069, de 13 de julho de 1990 (Estatuto da Criança e do Adolescente). Disponível em: https://www.planalto.gov.br/ccivil_03/_ato2023-2026/2024/lei/L14811.htm .

BRASIL. Lei nº 14.852, de 03 de Maio de 2024, que cria o Marco legal para a indústria de jogos eletrônicos. Disponível em: https://www.planalto.gov.br/ccivil_03/_ato2023-2026/2024/lei/l14852.htm .

BRASIL. Lei nº 14.902, de 27 de Junho de 2024, que dispõe, entre outros pontos, sobre o imposto de importação de remessas oriundas do E-commerce, alterando o Decreto-Lei nº 1.804, de 3 de setembro de 1980. Disponível em: https://www.planalto.gov.br/ccivil_03/_ato2023-2026/2024/lei/L14902.htm .

BRASIL. Portaria MF nº 612, de 29 de Junho de 2023. Disponível em: https://www.in.gov.br/en/web/dou/-/portaria-mf-n-612-de-29-de-junho-de-2023-493173583

BRASIL. Lei nº 15.071, de 23 de dezembro de 2024, que altera o Decreto-Lei nº 1.804, de 3 de setembro de 1980. Disponível em: https://www.planalto.gov.br/ccivil_03/_ato2023-2026/2024/lei/L15071.htm

BRASIL. Lei nº 15.100, de 13 de janeiro de 2025. Dispõe sobre a utilização, por estudantes, de aparelhos eletrônicos portáteis pessoais nos estabelecimentos públicos e privados de ensino da educação básica. Disponível em: https://www.planalto.gov.br/ccivil_03/_ato2023-2026/2025/lei/L15100.htm

BRASIL. Lei nº 15.123, de 24 de abril de 2025. Altera o art. 147-B do Decreto-Lei nº 2.848, de 7 de dezembro de 1940 (Código Penal), para estabelecer causa de aumento de pena no crime de violência psicológica contra a mulher quando praticado com o uso de inteligência artificial ou de qualquer outro recurso tecnológico que altere imagem ou som da vítima. Disponível em: https://www.planalto.gov.br/ccivil_03/_ato2023-2026/2025/lei/l15123.htm.

BREMMER, Ian; SULEYMAN, Mustafa. **The AI Power Paradox. Can States Learn to Govern Artificial Intelligence—Before It's Too Late?** Foreign Affairs, 2023. Disponível em: https://www.foreignaffairs.com/world/artificial-intelligence-power-paradox .

BUSINESS OF APPS. **E-commerce App Revenue and Usage Statistics (2023)**. Disponível em: https://www.businessofapps.com/data/ecommerce-app-market/ .

CENTRE FOR INFORMATION POLICY LEADERSHIP: CIPL. **Ten Recommendations for Global AI Regulation**. Washington-DC, 2023. Disponível em: https://www.informationpolicycentre.com/ai-project.html .

CHEN, I-Ching. **Government Internet Censorship Measures and International Law**. Alemanha: Lit Verlag, 2020.

CNN BRASIL. **No STF, Meta e Google negam inércia e descartam aumentar responsabilidade a big techs.** Disponível em: https://www.cnnbrasil.com.br/tecnologia/meta-e-google-negam-inercia-e-descartam-aumentar-responsabilidade-a-big-techs/ .

CNN BRASIL. **STF adia para junho julgamento sobre Marco Civil da Internet e responsabilidade de big techs**. Disponível em: https://www.cnnbrasil.com.br/politica/stf-adia-para-junho-julgamento-sobre-marco-civil-da-internet-e-responsabilidade-de-big-techs/ .

COMMUNICATIONS DECENCY ACT OF 1996. **United States Code/Title 47/Chapter 5/Subchapter II/Part I/Section 230.** Disponível em: https://transition.fcc.gov/Reports/tcom1996.txt

CONSULTOR JURÍDICO. **Ataque Hacker. TRF-3 suspende prazos processuais e adia transmissão de precatórios** (2022). Disponível em: https://www.conjur.com.br/2022-abr-01/trf-suspende-prazos-processuais-adia-transmissao-precatorios .

CONFAZ. Convênio ICMS nº 135, de 6 de dezembro de 2024. Disponível em: https://www.confaz.fazenda.gov.br/legislacao/convenios/2024/CV135_24

Council of Europe. **Council of Europe Framework Convention on Artificial Intelligence and Human Rights, Democracy and The Rule of Law**. Disponível em: https://rm.coe.int/1680afae3c .

Council of Europe. **Additional Protocol to the Convention on cybercrime, concerning the criminalisation of acts of a racist and xenophobic nature committed through computer systems**. Disponível em: https://rm.coe.int/168008160f .

COUNCIL OF EUROPE. **Convention on Cybercrime, Budapest, 2001**. Disponível em: https://rm.coe.int/1680081561 .

Council of Europe. **Second Additional Protocol to the Convention on Cybercrime on enhanced co-operation and disclosure of electronic evidence**. Disponível em: https://rm.coe.int/1680a49dab .

COURT OF JUSTICE OF THE EUROPEAN UNION. Statement on the Court of Justice of the European Union Judgment in Case C-311/18 - Data Protection Commissioner v Facebook Ireland and Maximillian Schrems. Disponível em: https://edpb.europa.eu/our-work-tools/our-documents/other-guidance/statement-court-justice-european-union-judgment-case-c_pt .

CYBERSECURITY VENTURES. Disponível em: https://cybersecurityventures.com/cybercrime-to-cost-the-world-8--trillion-annually-in-2023/ .

DELERUE, François. **Cyber Operations and International Law**. Reino Unido: Cambridge University Press, 2020.

DIRECTIVE (EU) 2022/2555 of the EUROPEAN PARLIAMENT and of the COUNCIL of 14 December 2022 on measures for a high common level of cybersecurity across the Union, amending Regulation (EU) No 910/2014 and Directive (EU) 2018/1972, and repealing Directive (EU) 2016/1148 (NIS 2 Directive). Disponível em: https://eur-lex.europa.eu/legal-content/EN/TXT/HTML/?uri=CELEX:32022L2555 .

EMPRESA BRASIL DE COMUNICAÇÃO. **Operação contra pirataria bloqueia cerca de 270 sites e aplicativos. Pirataria causa ao Brasil prejuízos anuais de R$ 15 bilhões**. 2023. Disponível em: https://agenciabrasil.ebc.com.br/geral/noticia/2023-03/operacao-contra-pirataria-bloqueia-cerca-de-270-sites-e-aplicativos .

EUROPEAN COMMISSION. **Shaping Europe's digital future**. Disponível em: https://digital-strategy.ec.europa.eu/en .

EUROPEAN COMMISSION. **The future of the electronic communications sector and its infrastructure** (2023). Disponível em: https://digital-strategy.ec.europa.eu/en/consultations/future-electronic--communications-sector-and-its-infrastructure .

EUROPEAN PARLIAMENT. **EU AI Act: first regulation on artificial intelligence**. 2023. Disponível em: https://www.europarl.europa.

eu/news/en/headlines/society/20230601STO93804/eu-ai-act-first--regulation-on-artificial-intelligence .

EUROPEAN PARLIAMENT. **The use of Facebook users' data by Cambridge Analytica and the impact on data protection. European Parliament resolution of 25 October 2018 on the use of Facebook users' data by Cambridge Analytica and the impact on data protection (2018/2855(RSP))**. Disponível em: https://eur-lex.europa.eu/legal-content/EN/TXT/PDF/?uri=CELEX:52018IP0433 .

EUROPEAN UNION AGENCY FOR CYBERSECURITY. **About ENISA - The European Union Agency for Cybersecurity**. Disponível em: https://www.enisa.europa.eu/about-enisa/about-enisa-the-european-union-agency-for-cybersecurity .

EUROPEAN UNION AGENCY FOR CYBERSECURITY. **Countering SIM-Swapping** (2021). Disponível em: https://www.enisa.europa.eu/publications/countering-sim-swapping

EUROPEAN UNION AGENCY FOR CYBERSECURITY. **How to Avoid SIM-Swapping – Leaflet** (2021). Disponível em: https://www.enisa.europa.eu/publications/how-to-avoid-sim-swapping-leaflet .

EUROPEAN UNION AGENCY FOR CYBERSECURITY. **NIS Directive tool**. Disponível em: https://www.enisa.europa.eu/topics/cybersecurity-policy/nis-directive-new/nis-visualtool .

EUROPEAN UNION AGENCY FOR CYBERSECURITY. **Topics**. Disponível em: https://www.enisa.europa.eu/topics .

EU-U.S. DATA PRIVACY FRAMEWORK. Disponível em: https://trade.my.salesforce.com/sfc/p/#t0000000Gydl/a/3d000001S1r1/86CyKiKrJE6NwZd5f0fRPHS.z27HA2rz5h_XyKgDSPY .

FACEBOOK. **Termos de Serviço.** Disponível em: https://pt-br.facebook.com/terms .

FEDERAL BUREAU OF INVESTIGATION (FBI). **Internet Crime Complaint Center (IC3)**. Disponível em: https://www.ic3.gov/ .

FEDERAL BUREAU OF INVESTIGATION-FBI. FBI Records: The Vault. **Hillary R. Clinton**. Disponível em: https://vault.fbi.gov/hillary-r.-clinton .

FEDERAL TRADE COMMISSION. **Fact Sheet on 2019 FTC Order with Facebook**. Disponível em: https://www.ftc.gov/system/files/attachments/press-releases/ftc-imposes-5-billion-penalty-sweeping-new-privacy-restrictions-facebook/2019_order_fact_sheet_facebook.pdf .

FEDERAL TRADE COMMISSION. **FTC Imposes $5 Billion Penalty and Sweeping New Privacy Restrictions on Facebook.** 2019. Disponível em: https://www.ftc.gov/news-events/news/press-releases/2019/07/ftc-imposes-5-billion-penalty-sweeping-new-privacy-restrictions-facebook .

FERNANDES, Isabella Alvares; FREIRE E ALMEIDA, Daniel. **A União Europeia e o Brexit: Paradigmas e Implicações Jurídicas dos Novos Acordos**. New York: Lawinter Editions, 2021.

FILIMOWICZ, Michael. **Deep Fakes. Algorithms and Society**. New York: Routledge, 2022.

FREIRE E ALMEIDA, Daniel. **A Responsabilidade das Redes Sociais sobre as Fake News**. In: FREIRE E ALMEIDA, D. (Org.). Os Cybercrimes na Perspectiva do Direito Internacional na Internet. New York: Lawinter Editions, 2020.

FREIRE E ALMEIDA, Daniel. **A Tributação do Comércio Electrónico nos Estados Unidos da América e na União Europeia**. Coimbra: Faculdade de Direito da Universidade de Coimbra, 2002.

FREIRE E ALMEIDA, Daniel. **A Tributação do Comércio Eletrónico nos Estados Unidos da América e na União Europeia**. São Paulo: Almedina, 2015

FREIRE E ALMEIDA, Daniel. **An International Tribunal for the Internet**. São Paulo: Almedina, 2016.

FREIRE E ALMEIDA, Daniel. **Fake News and The Liability of Social Networks**. Cyberlaw by CIJIC. Revista Científica sobre Cyberlaw do Centro de Investigação Jurídica do Ciberespaço – CIJIC – da Faculdade de Direito da Universidade de Lisboa, Portugal. Lisboa: Cyberlaw, Edição n.º X – setembro de 2020, p. 203/219.

FREIRE E ALMEIDA, Daniel. **International Law under a new Digital Dimension**. CIFILE- Canadian Journal of International Law. Volume 1, Issue 1, Summer 2019. Disponível em: http://www.cifilejournal.com/article_94053_950bffb78a3daaf441afc9fdd284653c.pdf .

FREIRE E ALMEIDA, Daniel. **O Direito Digital em Temas Complexos e Internacionais**. New York: Lawinter Editions, 2021.

FREIRE E ALMEIDA, Daniel. **Os Cybercrimes na Perspectiva do Direito Internacional na Internet**. New York: Lawinter Editions, 2020.

FREIRE E ALMEIDA, Daniel. **The Taxation of Electronic Commerce in the United States of America and in the European Union**. São Paulo: Almedina, 2016.

FREIRE E ALMEIDA, Daniel. **Um Tribunal Internacional para a Internet.** São Paulo: Almedina, 2015.

FREIRE E ALMEIDA, Daniel. **Um Tribunal Internacional para a Internet**. Coimbra: Faculdade de Direito da Universidade de Coimbra, 2012. Tese de Doutorado apresentada à Faculdade de Direito da Universidade de Coimbra, sob a orientação do Professor Doutor Diogo Leite de Campos.

FREIRE E ALMEIDA, Daniel; SCRIPTORE, Verônica (Org.). **O Ambiente Digital e os Novos Desafios ao Direito Internacional**. New York: Lawinter Editions, 2020.

FREIRE E ALMEIDA, Daniel; SCRIPTORE, Verônica F. Almeida. **A Tributação do Comércio Eletrônico – Da Isenção Inicial para a Imposição de Alíquota Incentivadora Mínima.** *In:* GOMES, Fabio

Luiz (coord.). **Reforma Tributária:** Tributação, Desenvolvimento e Economia Digital. São Paulo: Almedina, 2022. p.18-37.

FREIRE E ALMEIDA, Daniel; SCRIPTORE, Verônica F. Almeida. **Os Conflitos Jurisdicionais Digitais na Internet Global.** New York: Lawinter Editions, 2019.

FREIRE E ALMEIDA, Daniel; SCRIPTORE, Verônica F. Almeida. **Os Cybercrimes internacionais e a Convenção de Budapeste – rumo a um Direito global para a Internet**. New York: Lawinter Editions, 2019.

FREIRE E ALMEIDA, Daniel; SCRIPTORE, Verônica F. Almeida. **Proteção de Dados na Perspectiva do Direito Internacional na Internet**. New York: Lawinter Editions, 2019.

FREIRE E ALMEIDA, Daniel; SCRIPTORE, Verônica. **An International Tribunal for the Global e-commerce**. In: FREIRE E ALMEIDA, Daniel; SCRIPTORE, Verônica (Org.). O E-Commerce Global e o Direito Internacional na Internet. New York: Lawinter Editions, 2020, v. 1, p. 201-246.

G1. **Brasil tem ao menos 4 processos por dia por registro e divulgação de imagens íntimas sem consentimento**. 2023. Disponível em: https://g1.globo.com/tecnologia/noticia/2023/02/05/brasil-tem-ao-menos-4-processos-por-dia-por-registro-e-divulgacao-de-imagens-intimas-sem-consentimento.ghtml#dados

G1. **Bruno Gagliasso registra queixa por ofensas racistas contra a sua filha**. 2016. Disponível em: https://g1.globo.com/rio-de-janeiro/noticia/2016/11/bruno-gagliasso-chega-delegacia-para-registrar-queixa-por-racismo.html .

G1. **Justiça de MG condena Facebook a pagar R$ 20 milhões por vazamento de dados de brasileiros**. Disponível em: https://g1.globo.com/mg/minas-gerais/noticia/2023/07/25/justica-de-mg-condena-facebook-a-pagar-r-20-milhoes-por-vazamento-de-dados-de-brasileiros.ghtml .

G1. **Leia a íntegra da decisão que determinou o bloqueio do Telegram no Brasil**. Disponível em: https://g1.globo.com/politica/noticia/2022/03/18/bloqueio-do-telegram-leia-a-integra-da-decisao-de-moraes.ghtml .

GONÇALVES, Pedro Zagacho. **Polícia desmantela rede global de pedofilia no Paraguai com ligações a suspeito de matar Maddie**. Disponível em: https://www.cmjornal.pt/mundo/detalhe/policia-desmantela-rede-global-de-pedofilia-no-paraguai-com-ligacoes-a-suspeito-de-matar-maddie .

Google LLC, v. Commission Nationale de L'informatique et des Libertes (CNIL). Acórdão do Tribunal de Justiça da União Europeia. C-507/17 - Google (Portée territoriale du déréférencement). Luxemburgo: Tribunal de Justiça da União Europeia, 24.09.2019.

GOOGLE. **Relatório de Transparência**. Disponível em: https://transparencyreport.google.com/user-data/overview .

GOOGLE. **Way of a Warrant**. Disponível em: https://www.youtube.com/watch?v=MeKKHxcJfh0 .

GRABOWSKI, Mark; ROBINSON, Eric P. **Cyber Law and Ethics: Regulation of the Connected World**. Reino Unido: Taylor & Francis, 2021.

HAIDAN BEN BAUER, Haiima. **Revenge Porn e a Proteção dos Direitos Humanos da Mulher no Meio Ambiente Digital**. In: FREIRE E ALMEIDA, Daniel. Os Cybercrimes na Perspectiva do Direito Internacional na Internet. New York: Lawinter Editions, 2020.

HAILE, Ana Priscila. **Cybercrimes: A Evolução Tecnológica. A Vitimização por Stalking e Cyberstalking**. In: FREIRE E ALMEIDA, Daniel. Os Cybercrimes na Perspectiva do Direito Internacional na Internet. New York: Lawinter Editions, 2020.

HÖRNLE, Julia. **Internet Jurisdiction Law and Practice**. Reino Unido: Oxford University Press, 2021.

IBM. **IBM Security X-Force Threat Intelligence Index 2023**. Disponível em: https://www.ibm.com/reports/threat-intelligence .

INSTITUTO DE DEFESA COLETIVA. **Indenização pelo vazamento de dados dos usuários do Facebook e do WhatsApp em 2018 e 2019**. Disponível em: https://facebook.defesacoletiva.org.br/ .

INTELIGÊNCIA FINANCEIRA. **Entenda caso de fraude em cartão de vacinas de Bolsonaro que resultou em operação da PF**. Disponível em: https://inteligenciafinanceira.com.br/saiba/politica/entenda-fraude-cartao-de-vacinas-bolsonaro-operacao-pf/ .

INTERNATIONAL CONSUMER PROTECTION AND ENFORCEMENT NETWORK. **Google commits to give consumers clearer and more accurate information to comply with EU rules** (2023). Disponível em: https://icpen.org/news/1287

INTERNATIONAL TELECOMMUNICATION UNION. **United Nations Activities on Artificial Intelligence (AI).** 2022. Disponível em: https://www.itu.int/dms_pub/itu-s/opb/gen/S-GEN-UNACT-2022-PDF-E.pdf .

INTERNATIONAL TELECOMMUNICATION UNION. **Wireless communication systems in beyond 5G era**. ITU Journal on Future and Evolving Technologies, Volume 2 (2021), Issue 6.

INTERNET CRIME COMPLAINT CENTER. Disponível em: https://www.ic3.gov/

Internet Rights & Principles. **10 Internet Rights & Principles**. Disponível em: https://internetrightsandprinciples.org/ .

INTERNET WORLD STATS. **World Internet Usage and Population Statistics**. Disponível em: https://www.internetworldstats.com/stats.htm.

JORNAL DA CIDADE. **OAB institui comissão inédita no País - Comissão de Relações Internacionais e Direito na Internet é a primeira do Brasil a discutir os problemas na rede** (2003).

KAISER, Brittany. **Targeted. The Cambridge Analytica Whistleblower's Inside Story of how Big Data, Trump, and Facebook Broke Democracy and how it Can Happen Again**. HarperCollinsPublishers, 2019.

KAREY, Kelly. **Fake News. How Propaganda Influenced the 2016 Election, a Historical Comparison to 1930's Germany**. Marzenhale Publishing, 2017.

KIRCH, Vanessa. **Social Networks - The Modern-Day Family: Law and Policy of Law and Policy of Regulation**. Swiss: Springer, 2022.

KULESZ, Octavio. **Culture in the Digital Environment**. Paris: UNESCO- United Nations Educational, Scientific and Cultural Organization, 2017.

KUYPERS, Jim A. **The 2016 American Presidential Campaign and the News: implications for American Democracy and Republic**. New York: Lexington Books, 2018.

LEITE DE CAMPOS, Diogo. **A Felicidade somo Nós. Pessoa, contrato e matrimónio**. Rio de Janeiro: Editora Lumen Juris, 2019.

LEITE DE CAMPOS, Diogo. **A Imagem que dá poder: privacidade e Informática Jurídica**. Coimbra: Separata das Actas do Congresso Internacional realizado em Novembro de 1993 pelo Instituto Jurídico da Comunicação da Faculdade de Direito da Universidade de Coimbra. Coimbra, 1996.

LEITE DE CAMPOS, Diogo. **A Internet e o Princípio da Territorialidade dos Impostos**. Lisboa: Revista da Ordem dos Advogados, ano 58, 1998.

LEITE DE CAMPOS, Diogo. **NÓS- Estudos sobre o Direito das Pessoas**. Coimbra: Almedina, 2004.

LESSIG, Lawrence. **Code and Other Laws of Cyberspace**. New York: Basic Books, 1999.

LESSIG, Lawrence. **Code. Version 2.0**. New York: Basic Books, 2006.

LIU, Estelle Xue. **Stay Competitive in the Digital Age: The Future of Banks**. Washington: International Monetary Fund, 2021.

LOHANA, Sarika R. **Digital Banking and Cyber Security**. New Century Publications, 2020.

MARKOU, Christiana; JOUGLEUX, Philippe; SYNODINOU, Tatiana-Eleni; PRASTITOU, Thalia. **EU Internet Law in the Digital Era: Regulation and Enforcement**. Alemanha, Springer International Publishing, 2019.

MILAGRE, José Antonio; JESUS, Damásio de. **Manual de Crimes Informáticos**. São Paulo: Saraiva, 2016.

MILAGRE, José Antonio; JESUS, Damásio de. **Marco Civil da Internet – Comentários à Lei n. 12.965/14**. São Paulo: Saraiva, 2014.

MINISTÉRIO PÚBLICO BRASILEIRO & CONSELHO NACIONAL DO PROCURADORES-GERAIS. **Nota técnica sobre o descumprimento da legislação brasileira que regulamenta o uso da internet** (2016). Disponível em: https://www.mpf.mp.br/sp/sala-de--imprensa/docs/nota-tecnica-crimes-ciberneticos .

MONKIEWICZ, Jan; GĄSIORKIEWICZ, Lech. **The Digital Revolution in Banking, Insurance and Capital Markets**. Taylor & Francis, 2023.

NANXIANG, Sun. **Internet Regulation and the International Trade Regime**. N.p., Taylor & Francis Group, 2022.

NPR. **Trump Suspended from Facebook for 2 Years**. Disponível em: https://www.npr.org/2021/06/04/1003284948/trump-suspended-from-facebook-for-2-years

OPICE BLUM, Renato; NÓBREGA MALDONADO, Viviane. **LGPD - Lei Geral de Proteção de Dados Pessoais Comentada**. São Paulo: Revista dos Tribunais, 2022.

O SUL. **Foi desmantelada uma rede global de pedofilia no WhatsApp. Catorze detidos são menores de idade.** Disponível em: https://www.osul.com.br/

foi-desmantelada-uma-rede-global-de-pedofilia-no-whatsapp-catorze-detidos-sao-menores-de-idade/.

ORGANIZAÇÃO DAS NAÇÕES UNIDAS. **Brasileiro defende Tribunal para a Internet**. New York: ONU News, 2012. Disponível em: https://news.un.org/pt/audio/2012/08/1040211

PECK, Patrícia. **Direito Digital Aplicado 6.0**. São Paulo: Revista dos Tribunais, 2024.

PORTUGAL. ASSEMBLEIA DA REPÚBLICA. Lei n.º 109/2009 de 15 de Setembro. Aprova a Lei do Cibercrime, transpondo para a ordem jurídica interna a Decisão Quadro n.º 2005/222/JAI, do Conselho, de 24 de Fevereiro, relativa a ataques contra sistemas de informação, e adapta o direito interno à Convenção sobre Cibercrime do Conselho da Europa. Disponível em: https://files.dre.pt/1s/2009/09/17900/0631906325.pdf .

PORTUGAL. ASSEMBLEIA DA REPÚBLICA. Lei n.º 46/2018 de 13 de agosto. Estabelece o regime jurídico da segurança do ciberespaço, transpondo a Diretiva (UE) 2016/1148, do Parlamento Europeu e do Conselho, de 6 de julho de 2016, relativa a medidas destinadas a garantir um elevado nível comum de segurança das redes e da informação em toda a União. Disponível em: https://www.cncs.gov.pt/docs/regime-jurdico-da-segurana-do-ciberespao.pdf .

PORTUGAL. CENTRO NACIONAL DE CIBERSEGURANÇA. **Regime Jurídico.** Disponível em: https://www.cncs.gov.pt/pt/regime-juridico/ .

PORTUGAL. **Estratégia Nacional de Segurança do Ciberespaço 2019 -2023**. Disponível em: https://www.cncs.gov.pt/docs/ensc-2019-2023-2.pdf .

PRESIDÊNCIA DO CONSELHO DE MINISTROS. Decreto-Lei n.º 65/2021 de 30 de julho. Regulamenta o Regime Jurídico da Segurança do Ciberespaço e define as obrigações em matéria de certificação da cibersegurança em execução do Regulamento (UE)

2019/881 do Parlamento Europeu, de 17 de abril de 2019. Disponível em: https://www.cncs.gov.pt/docs/decreto-lei-65-2021.pdf .

RÁDIO OBSERVADOR. **Trump vs Twitter: "Ninguém está imune à lei"**. Liberdade de expressão "não está acima de crimes" e as redes sociais "não são imunes à lei". Daniel Freire e Almeida, especialista em Direito Internacional e Internet, sobre a guerra: Trump vs Twitter (2020). Disponível em: https://observador.pt/programas/resposta-pronta/trump-vs-twitter-ninguem-esta-imune-a-lei/ .

REGULAMENTO (UE) 2016/679 do Parlamento Europeu e do Conselho, de 27 de abril de 2016, relativo à proteção das pessoas singulares no que diz respeito ao tratamento de dados pessoais e à livre circulação desses dados e que revoga a Diretiva 95/46/CE (**Regulamento Geral sobre a Proteção de Dados**). Disponível em: https://eur-lex.europa.eu/legal-content/PT/TXT/PDF/?uri=CELEX:32016R0679 .

REGULATION (EC) n. 1007/2008 of the European Parliament and of the Council of 24 September 2008 amending Regulation (EC) No 460/2004 establishing the European Network and Information Security Agency as regards its duration. Disponível em: https://eur-lex.europa.eu/LexUriServ/LexUriServ.do?uri=OJ:L:2008:293:0001:0002:EN:PDF .

REGULATION (EC) n. 460/2004 of the European Parliament and of the Council of 10 March 2004 establishing the European Network and Information Security Agency. Disponível em: https://eur-lex.europa.eu/LexUriServ/LexUriServ.do?uri=CELEX:32004R0460:EN:HTML .

REGULATION (EU) 2016/679 OF THE EUROPEAN PARLIAMENT AND OF THE COUNCIL on the protection of natural persons with regard to the processing of personal data and on the free movement of such data. Disponível em: https://eur-lex.europa.eu/legal-content/EN/TXT/HTML/?uri=CELEX:32016R0679&from=PT .

REGULATION (EU) 2019/881 of the EUROPEAN PARLIAMENT and of the COUNCIL of 17 April 2019 on ENISA (the European

Union Agency for Cybersecurity) and on information and communications technology cybersecurity certification and repealing Regulation (EU) No 526/2013 (Cybersecurity Act). Disponível em: https://eur-lex.europa.eu/legal-content/EN/TXT/PDF/?uri=CELEX:32019R0881 .

REGULATION (EU) 2024/1689 OF THE EUROPEAN PARLIAMENT AND OF THE COUNCIL of 13 June 2024 laying down harmonised rules on artificial intelligence and amending Regulations (EC) No 300/2008, (EU) No 167/2013, (EU) No 168/2013, (EU) 2018/858, (EU) 2018/1139 and (EU) 2019/2144 and Directives 2014/90/EU, (EU) 2016/797 and (EU) 2020/1828 (Artificial Intelligence Act). Disponível em: https://eur-lex.europa.eu/legal-content/EN/TXT/HTML/?uri=OJ:L_202401689

REGULATION (EU) n. 526/2013 of the EUROPEAN PARLIAMENT and of the COUNCIL of 21 May 2013 concerning the European Union Agency for Network and Information Security (ENISA) and repealing Regulation (EC) No 460/2004. Disponível em: https://eur-lex.europa.eu/legal-content/EN/TXT/HTML/?uri=OJ:JOL_2013_165_R_0041 01&qid=1397226946093&from=EN .

REGULATION (EU) 2024/2847 OF THE EUROPEAN PARLIAMENT AND OF THE COUNCIL of 23 October 2024 on horizontal cybersecurity requirements for products with digital elements and amending Regulations (EU) No 168/2013 and (EU) 2019/1020 and Directive (EU) 2020/1828 (Cyber Resilience Act). Disponível em: https://eur-lex.europa.eu/legal-content/EN/TXT/PDF/?uri=OJ:L_202402847

REGULATION (EU) n. 580/2011 of the EUROPEAN PARLIAMENT and of the COUNCIL of 8 June 2011 amending Regulation (EC) No 460/2004 establishing the European Network and Information Security Agency as regards its duration. Disponível em: https://www.enisa.europa.eu/media/news-items/extension-of-enisa2019s-mandate-published-1 .

REGULATION (EU, Euratom) 2023/2841 OF THE EUROPEAN PARLIAMENT AND OF THE COUNCIL of 13 December 2023 laying down measures for a high common level of cybersecurity at the institutions, bodies, offices and agencies of the Union. Disponível em: https://eur-lex.europa.eu/legal-content/EN/TXT/HTML/?uri=OJ:L_202302841 .

REUTERS. **Facebook agrees to pay UK fine over Cambridge Analytica scandal**. 2019. Disponível em: https://www.reuters.com/article/us-facebook-privacy-britain-idUSKBN1X913O .

RUBIN, Victoria L. **Misinformation and Disinformation: Detecting Fakes with the Eye and AI**. Swiss: Springer, 2022.

RUSTAD, Michael. **Global Internet Law in a Nutshell**. Estados Unidos: West Academic Publishing, 2019.

SALGADO, Rebeca Carneiro Costa Moura. **Breve Comentário sobre Ciberespaço, Pornografia de Vingança e Convenção de Budapeste**. In: FREIRE E ALMEIDA, Daniel. O Direito Digital em Temas Complexos e Internacionais. New York: Lawinter Editions, 2021.

SAMUELSON, Paul; NORDHAUS, Willian. **Economics**. New York: McGrall-Hill, 1999.

SCHENDES, William. **Hacker brasileiro derruba perfil pedófilo com quase 100 mil seguidores no Instagram**. Olhar Digital. Disponível em: https://olhardigital.com.br/2022/12/16/seguranca/exclusivo-hacker-brasileiro-derruba-perfil-pedofilo-com-quase-100-mil-seguidores-no-instagram/ .

SCHUSTER, Ernest Joseph. **The Principles of German Civil Law**. Creative Media Partners, 2022.

SEPHORA. **Virtual Artist**. Disponível em: https://www.sephora.my/pages/virtual-artist .

SHACKELFORD, Scott J. **Governing New Frontiers in the Information Age: Toward Cyber Peace**. Índia: Cambridge University Press, 2020.

SNOWDEN, Edward. **Permanent Record.** Metropolitan Books, 2019.

STATE OF CALIFORNIA DEPARTMENT OF JUSTICE. ATTORNEY GENERAL. **California Consumer Privacy Act (CCPA)**, 2019. Disponível em: https://oag.ca.gov/privacy/ccpa .

STATISTA. Global social networks ranked by number of users 2022. Disponível em: https://www.statista.com/statistics/272014/global-social-networks-ranked-by-number-of-users/ .

SUPREME COURT OF THE UNITED STATES. **REYNALDO GONZALEZ, ET AL., PETITIONERS v. GOOGLE LLC.** Disponível em: https://www.supremecourt.gov/opinions/22pdf/21-1333_6j7a.pdf .

SUPREMO TRIBUNAL FEDERAL. **Ação Declaratória de Constitucionalidade 51. Inteiro Teor do Acórdão** *(2023).* Disponível em: https://portal.stf.jus.br/processos/downloadPeca.asp?id=15357625435&ext=.pdf .

SUPREMO TRIBUNAL FEDERAL. Ministro Dias Toffoli. **Manifestação.** Disponível em: https://portal.stf.jus.br/jurisprudenciaRepercussao/verPronunciamento.asp?pronunciamento=7397505

SUPREMO TRIBUNAL FEDERAL. **Petição 12.404 Distrito Federal** (2024). Relator Min. Alexandre de Moraes. Disponível em: https://noticias-stf-wp-prd.s3.sa-east-1.amazonaws.com/wp-content/uploads/wpallimport/uploads/2024/08/30171714/PET-12404-Assinada.pdf .

SUPREMO TRIBUNAL FEDERAL. **Recurso Extraordinário (RE) 1.266.095.** Relator: Min. Dias Toffoli).

SUPREMO TRIBUNAL FEDERAL. **Recurso Extraordinário. RE 1037396. Repercussão Geral Tema 987.** Disponível em: https://portal.stf.jus.br/processos/downloadPeca.asp?id=15357625435&ext=.pdf .

SVANTESSON, Dan Jerker. **Borders on, or border around – the future of the Internet**. Bond University, 2006.

SVANTESSON, Dan Jerker. **Private International Law and the Internet.** Países Baixos: Wolters Kluwer, 2021.

TAGLIAFERRO, Eduardo. **A Inserção do Estupro Virtual como Fato Típico Presente na Atual Ordem Jurídica Penal e seus Desdobramentos no Âmbito do Direito Internacional.** In: FREIRE E ALMEIDA, Daniel. Os Cybercrimes na Perspectiva do Direito Internacional na Internet. New York: Lawinter Editions, 2020.

TECMUNDO. **Claro vai pagar R$ 600 mil por cortar internet de plano ilimitado** (2022). Disponível em: https://www.tecmundo.com.br/mercado/237554-claro-pagar-r-600-mil-cortar-internet-plano-ilimitado.htm .

TELEGRAM. **Perguntas Frequentes**. Disponível em: https://telegram.org/faq .

TERRONES, Pedro Chirinos. **Clickbait: Can it Be an Unfair Competition Practice?** Michigan Technology Law Review. Disponível em: https://mttlr.org/2023/01/clickbait-can-it-be--an-unfair-competition-practice/ .

THE COURT OF JUSTICE OF THE EUROPEAN UNION. Judgment of the Court (Grand Chamber). Case C507/17. 24 September 2019. Google LLC v Commission nationale de l'informatique et des libertés (CNIL). Disponível em: https://eur-lex.europa.eu/legal--content/EN/TXT/?uri=CELEX%3A62017CJ0507 .

THE GUARDIAN. **Media companies scramble after judge rules they are liable for Facebook comments**. Disponível em: https://www.theguardian.com/technology/2019/jun/25/media-companies-scramble-after-judge-rules-they-are-liable-for-facebook-comments .

TRIBUNAL SUPERIOR ELEITORAL. Resolução nº 23.732, de 27 de Fevereiro de 2024. Altera a Resolução do TSE nº 23.610, de 18 de dezembro de 2019, dispondo sobre a propaganda eleitoral. Disponível em: https://www.tse.jus.br/legislacao/compilada/res/2024/resolucao-no-23-732-de-27-de-fevereiro-de-2024 .

UNESCO. **Charter on the Preservation of the Digital Heritage**. 2009. Disponível em: https://unesdoc.unesco.org/ark:/48223/pf0000179529.page=2 .

UNESCO. **Concept of Digital Heritage**. Disponível em: https://en.unesco.org/themes/information-preservation/digital-heritage/concept-digital-heritage .

UNITED NATIONS OFFICE FOR OUTER SPACE AFFAIRS. **International Space Law: United Nations Instruments**. Disponível em; https://www.unoosa.org/res/oosadoc/data/documents/2017/stspace/stspace61rev_2_0_html/V1605998-ENGLISH.pdf .

UNITED NATIONS. **United Nations Convention against Cybercrime.** Disponível em: https://docs.un.org/en/A/79/460 .

UNITED NATIONS OFFICE ON DRUGS AND CRIME. **Cryptocurrencies Course**. Disponível em: https://gpml-crypto.org/modules/Crypto%20English/launch.html .

UNITED NATIONS OFFICE ON DRUGS AND CRIME. **Cybercrime**. Disponível em: https://www.unodc.org/e4j/en/tertiary/cybercrime.html .

UNITED NATIONS. **Interim Report: Governing AI for Humanity.** 2023. Disponível em: https://www.un.org/sites/un2.un.org/files/ai_advisory_body_interim_report.pdf .

UNITED NATIONS. **Roadmap for Digital Cooperation**. Disponível em: https://www.un.org/techenvoy/content/roadmap-digital-cooperation#:~:text=On%2011%20June%202020%2C%20the,technologies%20while%20addressing%20their%20challenges.

UNITED NATIONS. **Transforming our world: the 2030 Agenda for Sustainable Development.** Resolution adopted by the General Assembly on 25 September 2015. A/RES/70/1. New York: United Nations, 2015.

UNITED NATIONS. **UN's rights council adopts 'fake news' resolution, States urged to tackle hate speech** (2022). Disponível em: https://news.un.org/en/story/2022/04/1115412

UNITED NATIONS. **Seizing the opportunities of safe, secure and trustworthy artificial intelligence systems for sustainable development.** Resolution A/78/L.49. New York: United Nations, 2024, disponível em: https://documents.un.org/doc/undoc/ltd/n24/065/92/pdf/n2406592.pdf .

US DEPARTMENT OF STATE. **Declaration for the Future of the Internet**. 2022. Disponível em: https://www.state.gov/declaration-for-the-future-of-the-internet .

WAGNER, Abraham R.; ROSTOW, Nicholas. **Cybersecurity and Cyberlaw**. Estados Unidos: Carolina Academic Press, 2020.

WEBER, Rolf H. **Internet Governance at the Point of No Return.** Suíça: EIZ Publishing, 2021.

WEBER, Rolf H. **Regulatory Models for the Online World**. Países Baixos: Brill, 2021.

WU, Tim. **Network Neutrality, Broadband Discrimination.** 2 J. on Telecomm. & High Tech. L. 141 (2003). Disponível em: https://scholarship.law.columbia.edu/faculty_scholarship/1281 .

X. TWITTER. **Termos de Serviço.** 2025. Disponível em: https://x.com/pt/tos . .

ZITTRAIN, Jonathan. **The Future of the Internet – And How to Stop It.** London: Yale University Press, 2008.